노인 원형과 소년 원형:
세넥스와 뿌에르

노인 원형과 소년 원형: 세넥스와 뿌에르

2020년 03월 01일 초판 1쇄

지은이 제임스 힐만
옮긴이 김성민
펴낸이 김성민
펴낸곳 월정분석심리학연구소/도서출판 달을 긷는 우물
편집 및 디자인 김유빈

등록 2018년 07월 20일 제382-11-00664호
주소 서울시 서초구 강남대로 365 대우도씨에빛 1차 1005호
전화 070-8100-3319
e-mail souyou67@gmail.com

ISBN 979-11-965154-4-7 93180

값 28,000원

Senex and Puer by James Hillman
Copyright ⓒ 2013 by Margot McLean. All rights reserved. Published by Spring Publications.
No part of this book may be reproduced or transmitted in any form or by any means, electronic or mechanical, including photocopying, recording or by any information storage and retrieval system, without permission in writing from the Publisher.

Korean translation copyright @ 2020 by Éditions Le Puits de la Lune

이 책의 한국어판 저작권은 Spring Publications와 독점 계약한 도서출판 달을 긷는 우물 에 있습니다.
저작권법에 의하여 한국 내에서 보호를 받는 저작물이므로 무단 전재 및 복제를 금합니다.

노인 원형과 소년 원형:
세넥스와 뿌에르

제임스 힐만 지음
김성민 옮김

달을 긷는 우물

| 역자 서문

이 책은 미국의 C. G. 융학파 정신분석가이며, 나중에 원형심리학 (Archetypal Psychology)를 창시한 제임스 힐만의 *Senex & Puer*를 번역한 책이다. senex와 puer는 라틴어로 각각 노인과 소년 또는 젊은이를 뜻하는 말인데, 힐만은 그것들을 자연에 있는 하나의 원형들로 보았다. puer가 모든 것이 시작될 때의 생동감, 즉시성, 창조성 등을 상징적으로 나타내는 말이라면, senex는 puer의 상태가 어느 정도 지나서 안정되고, 질서가 잡히면서 전통과 권위가 생기는 것을 의인화한 개념이라는 말이다. 그래서 puer를 대표하는 신이 디오니소스나 헤르메스라면 senex를 대표하는 신은 크로노스-새턴이나 제우스가 될 것이다. .

본서에서 역자는 책 제목을 『노인 원형과 소년 원형』이라고 했지만, 본문에서는 puer/senex를 뿌에르/세넥스라고 음역(音譯)하였다. 독자들이 책을 읽으면서 puer/senex라는 개념에 익숙하게 되면 노인 원형/소년 원형이라는 말보다 더 포괄적인 사상(事象)을 포촉할 수 있을 테고, 힐만 역시 그런 생각에서 그것들을 영어 단어가 아닌 라틴어 puer/senex로 썼을 것이라고 생각하였기 때문이다.

제임스 힐만은 취리히에 있는 C. G. 융 연구소에서 수련 받았고, 1970년 Spring Publications를 설립하면서 분석심리학을 신화, 철학, 예술 등과의 관련 아래서 심층적으로 연구하면서 발달시켰으며, 그 결과로 1975년 『심리학 다시 읽기』(*Re-Visioning Psychology*)이 출판되었다. 거기에서 그는 인간의 정신에는 생명을 움직이게 하는 근본적인 환상이 있으며 정신치료는 신화, 환상, 상상을 통해서 그것을 찾아 "영혼-만들기"(soul making)를 하는 것이라고 주장하였다.

이 책에서도 그런 그의 생각은 잘 나타난다. 그는 융이 고안한 개념인 뿌에르를 받아들였지만, 그것을 융이나 융의 생각을 충실하게 이어받은 폰 프란츠(M.-L. von Franz)가 생각한 것과 조금 다르게 전개시켰다. 폰 프란츠가 뿌에르를 주로 모성 콤플렉스에 영향을 받은 존재로 어느 정도 부정적으로 생각한데 반해서, 힐만은 뿌에르가 모성 콤플렉스와 관계 없는 하나의 원형이며, 다른 원형들처럼 대극(opposite)인 세넥스와의 관계에서 고찰해야 한다고 주장한 것이다. 그러면서 그는 정신이 건강하게 되려면 뿌에르와 세넥스는 어느 한쪽이 일방적으로 발달하지 않고, 둘 사이에 조화와 균형이 이루어져야 한다고 강조하였다.

그런데 뿌에르와 세넥스는 한 사람 속에서만 작용하지 않고, 기관이나 사회, 국가에서도 작용한다. 어느 기관이나 사회, 국가가 처음 시작될 때는 뿌에르의 신선하고, 유연하며, 창의적인 면이 두드러지지만, 시간이 지나면서 세넥스가 작용하여 경직되고, 딱딱해지고, 혼란에 빠지는데, 그것은 뿌에르의 새로운 기운이 고갈되었기 때문이다. 힐만은 현대 사회에 만연한 "신 죽음 현상"도 같은 관점에서 보았다. 현대 사회의 혼란과 무정신성은 물고기좌에서 물병좌로 넘어가는 새 천년 시대에 새로운 정신성이 태동하려는 진통이라는 것이다. 이제 머지않아 "떠오르는 새벽빛"(Aurora Consurgence)이 가까이 올 테니까 우리는 "신중하게 고려하고, 관찰하는 태도"로 현대 사회를 살아가야 할 것이다.

힐만의 주장 가운데 흥미로웠던 것은 그가 뿌에르와 영웅과 아들을 구별하였다는 점이다. 뿌에르는 세넥스와 대극 관계에 있는 독립적인 원형으로 보았지만, 영웅 원형과 아들 원형은 모성 콤플렉스와 관계된 원형으로 본 것이다. 그래서 뿌에르는 뿌에르-와-세넥스로 되어 두 원형이 조화와 균형을 이루면서 작용해야 하지만, 영웅은 어머니와 싸우고, 아들은 어머니에게 굴복하고 그 그늘에서 살아가는 존재로 보면서 거기에 따르는 여러 가지 현상들을 살펴보았던 것이다.

또한 힐만은 사람들에게 있는 영원한 것에 대한 동경이나 그리움, 방랑 기질 역시 프로이드처럼 모성 콤플렉스에 의한 것이 아니라고 주장하였다. 사람들이 영원한 것을 그리워하고, 그것을 찾으려고 떠나는 것은 모성 콤플렉스 때문이 아니라 도플갱어(doppelganger)처럼 그의 내면에 있는 그의 또 다른 나, 진정한 그 자신(Self)에 대한 그리움이며, 사람들은 죽을 때까지 그에 대한 그리움을 가지고 살며, 그것이 심해질 때 방랑을 하게 된다고 하였다. 그렇게 되면 그리움과 동경은 단순히 모성 콤플렉스에서 비롯된 것이 아니라 좀 더 영적인 의미를 가지게 되고, 인간의 삶은 정신치료를 위한 것이 아니라 정신적 완성을 향한 여정이 된다.

한편 힐만은 영(spirit)와 영혼(soul)을 구별하고, 영을 꼭대기, 영혼을 골짜기라는 상징으로 표현하면서 진정한 구원은 영혼-만들기(soul-making)을 통해서 얻어진다고 주장하였다. 그때 영과 영혼은 꼭대기와 골짜기라는 상징이 잘 설명해 주듯이, 영혼은 우리의 몸, 현실, 우리 안에 있는 부정적인 것을 모두 포함하는 정신적 내용이다. 그러므로 영혼-만들기는 몸이나 현실과 관계 없이 정신적인 것만 추구하는 것이 아니라 우리의 모든 부정적인 것들을 끌어안고, 그것들을 받아들이면서 전체성을 이루라는 것임을 알 수 있다. 그러나 현재 우리나라의 기독교인들을 보면, 몸과 현실을 무시하고 너무 영적인 것만 추구하는 것 같아서 문제이다. 그때 정말 영적인 것도 얻어지지 않기 때문이다.

이 책을 번역하면서 어려웠던 점은 힐만의 뿌에르적 특성이었다. 그의 문장에는 상상력이 종횡무진 날아다니는 경우가 많아서 갑자기 튀어나온 그의 상상력을 따라잡지 못했을 경우 갈피를 잡지 못했던 것이다. 그러다가 그의 깊은 통찰을 보여주는 상상력을 따라잡은 다음에는 묘한 쾌감이 들기도 하였다. 그의 글에는 그리스-로마 신화, 북구 신화, 이집트, 바빌로니아 신화 인물들이 많이 나오고, 그것도 주신(主神)들이 아니라 작은 신들, 요정들인 경우가 많은데, 가능한 경우 본문에 역자 주 형식으로 설명하여 독자들의 이해를 도우려고 하였다. 이 책이 분석심리학과 인간의 정신에 관심을 가진 독자들에게 새로운 자극이 되기를 바란다.

2020년 1월 20일
月汀

| 차례

역자 서문.................4
서언(글랜 슬래터)..........................9

제1부: 도입

1. 세넥스와 뿌에르: 역사적, 심리학적 고찰......................34
2. 꼭대기와 골짜기: 정신치료와 영적 훈련 사이에 있는 차이의 기초인 영혼과 영의 구분...............................85
3. 기회에 대한 고찰................................117

제2부: 운동과 병리

4. 태모와 그의 아들과 그의 영웅 및 뿌에르........................142
5. 수직성에 대한 고찰: 창조, 초월, 야심, 발기, 팽창...............197
6. 사그라들지 않는 갈망: 영원한 소년의 향수.....................223
7. 배신....................241
8. 뿌에르의 상처와 오디세우스의 상처.........................267

제3부: 세넥스

9. 세넥스 의식..............................314
10. 부정적 세넥스와 르네상스적 해결책.........................338

제4부: 옛 것과 새 것

11. 코드: 방법론에 관한 고찰......................................384
12. 옛 것과 새 것: 세넥스와 뿌에르..............................392
13. 젖과 원숭이에 대한 담론.....................................406

부록 1......................427
부록 2......................429

| 서언

제임스 힐만은 아무것도 하지 않는다. 그러나 당신이 그가 쓴 글을 읽으면 당신은 그와 대화하거나 논쟁하게 되는데, 그 때의 대화는 당신이 그와 대화하거나, 당신 자신과 대화하거나, 아니면 아주 오래 된 신념 체계와 대화하는 성격의 대화가 된다. 우리가 좋아하는 이론은 보통 우리를 사로잡거나 아니면 우리가 그 이론을 더 가까이 하면서 지키려고 하는 이론일 것이다. 그러나 성격이 소극적인 독자들은 그 작업이 그들을 속박한다고 경계한다. 힐만의 접근이 체계적이지는 않지만-그는 마음의 모델을 만들지 않았다-그의 생각은 정곡을 찌르며, 정확하고, 그가 거쳐 간 정치병리학, 육아법, 고대 아마겟돈의 풍습 등 모든 분야에서 그 어떤 것에서나 날카롭게 규명하였다. 그의 관심은 언제나 수평적이라기보다는 수직적이다. 그는 바위를 들어올려서, 그 밑에 있는 이상한 생물들을 드러내는 것이다. 그는 편협한-마음의 갈라진 틈을 찾아내고, 거기에 있는 맹목적인 영역을 지적한다. 그는 문제를 해결해주는 전통적 지혜와 일목요연한 예지가 심리학적으로 되는데 새로운 길을 마련해주는 것이다. 말하자면, 그가 하는 무위(無爲)는 언제나 새로운 것을 여는 것이다. 그 결과 새로운 안목이 생기게 되고, 설명하기에 앞서서 심화시킨다. 그에게는 일관된 목표가 있는데, 그것은 정신(영혼)을 심리학에 전념하게 하는 것이다.

오늘날 심리학은 사람들에게 별로 영감을 주지 못한다. 물질주의와 숫자들은 사람들의 내면에 그늘을 드리우기 때문이다. 그래서 인지-행동주의와 신경과학이 모든 풍경을 지배하고, 그 토지 위에서 주체는 계량화되고 만다. 그에 따라서 모든 치료를 경제성이 결정하게 되었고, "무엇이 잘못 되었습니까?" 하고 묻기 전에 약을 주려고 한다. 기능적인 것들이 지배하는 것이다. 그 결과 꿈이 들어설 자리는 없어졌고, 의미와 상상력은 더 들어서지 못하게 되었다. 대부분의 이론가들은 프로이드와 융의 심층적 전망을 거들떠 보지 않고, 인간성에 관한 담론에만 열중하며, 대중적인 영혼-추구를 하는 것이 심리학의 주류로 되었다. 심리학은 이제 스키너의 상자 속으로 들어갔는데, 그 빈 공간 안에서 심리학자들은 뇌를 조사하거나 그 활동들만 관찰한다.[1]

유효성과 기능성이 심리학의 주된 목표가 되면, 프로그램을 만드는 기계가 중요한 은유로 떠오른다. 그 결과 약물은 우리에게 이미 정신병리는 "두뇌의 화학적 불균형 때문"이라는 사실을 납득시키려고 한다. 그리고 그런 추세는 콤플렉스와 다면적(多面的) 영혼-실재들을 영역의 바깥으로 내쫓는다. 그래서 사람들은 "정신"을 찾기 위해서 불교로 가거나, 가벼운 심리학 서적을 읽든지 뉴-에이지 연수회에 가야 한다. 이런 대체가 당분간 효과가 있을지는 몰라도, 그것들은 영혼을 교란시키고, 종종 문화적 그림자를 감지할 수 있는 안목이 결여되게 한다. 거기에 정신적인 것이 다소 있을지는 몰라도, 비판적 로고스는 전혀 찾아볼 수 없다. 과학만능주의와 자조(自助)의 노력 사이에서, 심리학 자체와 심리학의 로고스는 길을 찾지 못하는 것이다.

힐만의 작업은 이런 종류의 정신적 소외를 거슬러 올라간다. 그의 글들은 그 영역 안에서 신빙성과 생동성을 회복시켜주기 때문이다. 그의 생각들은 정동과 환상과 은유 가까이 있으면서 우리 마음의 더 시적이고, 상상력이 풍부한 기초 가까이에 있다. 그래서 그의 글들은 우리의 지성을 일깨우고, 마음을 뒤흔든다. 사실 종교와 신화는 언제나 우리에게 정신을 비추어 볼 수 있는 거울이 되는 표현들을 제공하면서, 탁월한 주제를 제공해왔다. 그런데 힐만은 그런 신비를 부정하기는커녕 신비에 구애(求愛)하면서 그 내면에 있는 정신적 삶을 따라간다. 그는 신화의 어두운 곳을 배회하지만, 때때로 신화의 핵심을 올바르게 파악하고, 그 의미를 곧잘 통찰하는 것이다. 무엇보다도 큰 그의 관심은 올바른 관점을 포착하려는 것이었다. 그는 신화를 심리학적으로 보는 방식, 즉 통찰하는 방식을 얻으려고 하면서 그것을 "영혼-만들기"라고 하였는데, 그런 통찰들에 초점이 맞춰졌다.[2] 그 대가가 호기심, 혼돈, 왜곡이지만, 그것들 역시 심리학적 예지의 한 부분이기도 하다. 힐만의 원형심리학은 그가 그 전에 쓴 중요한 책의 제목이 말하듯이 심리학을 재구성하려는 심리학이다.[3]

세넥스와 뿌에르

이 책은 힐만이 인간 정신의 원초적 유형, 즉 그가 인간의 정신을 구성하는 것이 어떤 것인가를 살펴보려고 추구하는 과정에서 만난 원형들을 최초로 모아서 만든 책이다. senex와 puer는 라틴어로 "노인"과 "소년"이라는 말이다. 세넥스(이하에서는 특별한 경우를 제외하고는 senex를 세넥스라고 표기할 것이다-역자 주)는 전통, 상태, 구조, 권위의 축에 속한 것들을 의인화한 것이고, 뿌에르(이하에서는 특별한 경우를 제외하고는 puer를 뿌에르라고 표기할 것이다-역자 주)는 즉시성, 방황, 창안, 이상주의의 축에 속한 것들을 의인화한 것이다. 그래서 세넥스는 굳게 하고, 바닥을 다지며, 어질러진 것을 정리하지만, 뿌에르는 통찰을 통해서 밝아지고, 환상과 창조성으로 가득 차게 한다. 이렇게 갈라지고, 갈등하는 경향들은 궁극적으로 상호의존적이다. 그것들은 하나의 형상 안에 있는 두 면(面)으로 각 면이 멀리 떨어져 있지 않다. "오래된"이라는 말과 "새로운"이라는 말은 이 쌍을 기리기는 제일 좋은 용어일 것이다. 그 말들은 이 세상에 있는 사물을 가리키는 전혀 다른 두 상태를 나타내는 말 같지만, 이상하게도 서로 상당히 관계되어 있다.

세넥스와 뿌에르는 감추어져 있는 것이 아니다. 그것들은 우리가 고개를 돌리기만 하면 어디서나 분명히 볼 수 있도록 국제정치의 현장이나 사회적 상황에서 경직된 보수주의와 자유주의자들의 주장 사이에 깊은 골을 내면서 싸우는 모습을 보이고 있다. 더구나 텔레비전의 심야방송과 토크 쇼에서는 청중들을 붙잡으려고 그들을 대결시키면서 매일 그 양극성을 재확인하게 한다. 양 진영에서 나온 사람들은 우리 안방까지 넘나들고, 모든 사람들의 전체적인 세계관에 불을 붙이는 것이다. 사실 세넥스-뿌에르의 균열은 전쟁을 촉발시켰고, 세계사의 흐름을 결정하였다. 우리는 그 사실을 베트남 전쟁 당시의 정치적 분열에서도 볼 수 있다(힐만은 그 주제에 관해서 1967년부터 글을 쓰기 시작하였다). 그것은 획일적 권력의 부도덕성에 분노하여 자살 폭탄 테러를 하는 곳에서도 발견되고, 참정권을 부여받지 못한 젊은이들과 세계무역기구가 대치하는 데서도 찾아볼 수 있다. 또한 레이건의 통치와 클린턴의 붕괴의 기반에 있는 심리학적, 문화적 균열에서도 찾아볼 수 있는데, 한편은 너무 완고하고, 다른 한편은 너무 예민하다. 뿌에르는 꽃의 힘 같은 이상주의를 표방한다. 오늘날 뿌에르는 그들의 회사가 월 가로 이사가면서 세넥스적 면모를 보이는 실리콘 밸리에 연금술사적인 정신을 주입시키고 있다. 뿌에르는 눈이 반짝반짝하는 창조성을 가지고 있지만, 자기가 가진 비전을 결코 실현시키지 못한다. 그래서 영혼이 고갈되고, 비전이 흐릿해지며, 삶에 활력이 떨어지기 시작할 때, 세넥스는 중년의 나이에 침입한다. 뿌에르와 세넥스의 쌍은 이 세상 어디에나 존재하면서 우리가 알지 못할지라도 우리의 주의를 끌려고 어슬렁거리고 있다.

    힐만은 뿌에르와 세넥스가 정신적 삶의 근본 유형으로 내적 과정에서 작용하고 있는 것을 알았다. 그래서 그는 "이 특별한 원형은 그 어떤 (심리적) 콤플렉스에도 과정적 특성으로 포함되어야 한다"[4]고 강조하였다. 더 정확하게 말해서,

> 뿌에르는 정신의 역동적 씨앗인 모든 콤플렉스와 태도 안에 있는 "촉촉한 불꽃"을 의인화한 것이다. 그 불꽃은 하나의 사물을 그 자체로서의 완전성으로 부르고, 한 사람을 자기, 즉 그 자신의 진정한 모습으로 되도록 부른다. 신적으로 창조된 그의 형상(eidos)과 계속적인 관계를 유지하라고 부르는 것이다.[5]

다른 곳에서 그는 세넥스의 함께 하는 역할에 대하여 이렇게 말하였다.

> 치료는 ... 이제 새턴(Saturn)에 대한 작업으로 된다. 그는 콤플렉스 가운데서 제일 완강하게 버티는 껍질로서 "음울하게 이를 가는" 오래된 습관들인데, 그

것들은 결코 유아시절의 잔재(殘滓)가 아니고, 부모를 내사한 것도 아니다. 그것들은 오히려 세넥스 현상으로 그 콤플렉스가 버티면서 생긴 구조와 원리이다.[6]

뿌에르와 세넥스는 정신적 콤플렉스 안에 있다. 그것들은 삶의 이야기와 정동, 상처와 동경을 묶어주고, 과거, 현재, 미래를 이어주는 내면의 어두운 구멍이다. 융은 콤플렉스를 무의식으로 가는 왕도(via regia)라고 주장하였다.[7] 힐만에 의하면, 그 어떤 콤플렉스와의 작업도 세넥스-뿌에르 이원성과의 만남이 된다. 뿌에르와 세넥스는 각각의 콤플렉스로 나아가는 우리의 태도와 감정을 따라서 나타나는 것이다. 그러므로 정신치료는 "촉촉한 불꽃"과 "음울하게 이를 가는 것"을 인식하고, 서로 충돌하는 이 에너지들을 모두 담을 수 있는 제대로 된 그릇을 찾는 작업이라고 할 수 있다. 예를 들어서 말하자면, 열등감은 사람들을 고갈시키고, 쇠약하게 하며, 우리를 과거로 끌어당기지만, 콤플렉스와의 작업은 새로운 잠재력의 불꽃을 풀어내고, 미래로 나아가는 추구와 부름을 위한 비옥한 터전이 되는 것이다. '오래된' 열등감은 '새로운' 결단을 불태우기도 한다. 그래서 상상력이 습관적이고, 위축되어 있는 것들을 열어제끼려고 할 때, 뿌에르와 세넥스가 만난다. 그리고 이런 만남은 뿌에르와 세넥스를 재통합하게 하고, 종종 깨어져 있는 증상과 영혼을 결합시킨다.

우리는 불꽃과 이를 가는 것은 서로를 필요로 한다고 말할 수 있다. 정신적 탐색이 더 깊어지면, 그런 예지는 더 뚜렷해지는 것이다. 그러나 많은 치료들에서는 이것들 가운데 어느 하나나 다른 하나만 동일시하려고 한다. 인본주의적이고 초개인적 접근은 언제나 잠재능력과 확장을 강조하면서 현실의 더 제한적 측면을 직시하지 않고, 그것을 초월하려고 하면서 너무 많은 불꽃들을 가지려고 한다. 이와 반면에 인지-행동적 치료는 정동(emotion)을 생각이 부족한 데서 나오는 부작용으로 보면서 불꽃에 대해서는 거의 생각하지 않는다. 뮤즈와 악마를 의도적으로 긍정하면서 형상화하거나, 거부하면서 내쫓으려고 하는 것이다. 후기-근대주의적 해체와 여성주의적 비판이 잠깐 동안 사람들에게 깨달음을 주었지만, 정신적 실재(psychic reality)의 중요성과 결정력을 무시하게 하면서 아무것도 남겨주지 않거나 이상적 가치체계만 남겨주었다. 그래서 지금 대학교의 심리학 연구실에서는 아무도 거들떠보지 않는 지극히 미시적이고-세밀한 현상들에 대한 논문들만 양산하면서, 미래에 대한 그 어떤 전망도 볼 수 없는 기초적인 실험 연구에 매달리고 있다.

올바른 심리학은 절정체험의 현존은 물론 지하계의 고통을 모두 인식하면서 원형의 양 측면, 즉 콤플렉스의 두 차원과 관계를 맺게 한다. 그러나 상상력과 영혼에 기반을 둔 심리학은 이 두 측면의 상호의존성을 강조하면서, 가장 높은 것과 가장 낮은 것, 심오한 것과 세속적인 것을 계속해서 만나게 한다. 힐만이 이 책을 쓴 데에는 이런 확신이 자리 잡고 있다.

뿌에르와 세넥스는 살아있는 체험을 파악하는 중요한 양식으로 심리학 자체의 원형적 기초가 된다. 세넥스 형식의 체계, 구조, 그리고 권위에 호소하려는 태도는 우리가 사물을 보는 방식을 지배하려고 한다. 그래서 힐만은 문제를 뿌에르의 측면으로부터 보려고 한다. 뿌에르는 이를 가는 것 안에 담겨 있는 불꽃이기 때문이다. 이 책은 이런 것들을 뿌에르와 세넥스의 형태 속에 있는 "같은 것들의 연합"[8]이라고 제시하면서 통합의 주제를 정신의 다양성에 초점을 맞춘 작업 안에서 수행하려고 한다. 그러나 이런 종류의 통합은 대극의 결합에서 나오는 것이 아니라 의식이 합쳐질 때 나온다. 우리의 태도들과 감수성이 합쳐질 때 탄생하는 것이다: 새롭고, 신선한 것은 무시간적이고, 보편적인 것 안에 있으며, 무시간적이고, 보편적인 것은 매일 매일의 삶 어디에서나 다시 찾을 수 있는 것이다.

배경

심리학은 종종 그의 사상들이 문화적-역사적 상황에 들어있는 것을 보지 못한다. 심리학은 현실에 대한 관점에 영향을 주는 시대정신을 망각하고, 무의식적으로 그 흐름과 풍조에 얽매이게 되는 것이다. 그런데 힐만의 견해에 의하면, "역사 현장에서 일어나는 현재의 사건들은 영원한 신화적 체험의 반영이다."[9] 오늘날 뿌에르의 파괴성이 이상적이고, 순진하며, 지나치게 낙관적인 정치적, 사회적 관점에서 나와서 그 그림자를 드리우는 것처럼, 세넥스의 파괴성은 이슬람 근본주의뿐만 아니라 미국의 권위주의에도 들어있다. 현재는 과거에 의해서만이 아니라, 미래에 의해서도 규정된다. 어떤 특별한 목표가 아직 설정되지 않았을지라도 목적성을 낳는 목적적 과정에 의해서 규정되는 것이다. 우리가 이런 영향들을 깨닫지 못할 때, 영혼은 시들어가고, 영혼에 기반을 둔 심리학은 불가능하게 된다. 힐만은 개인의 문제들은 더 넓은 문화적 문제들과 분리될 수 없으며, 서로가 서로의 반영으로 생각해야 한다고 강조하였다. 우리가 많이 말하는 공허, 의미 상실, 우리 사회의 물질주의 등은 우리가 전통이나 조상들과 관계를 맺지 못해서 생기며, 아무것도 따지지 않고 "전진"에 몰입해서 생긴 결과라는 것이다. 심리학은 시대와 연관되어야 한다. 그래서 이 책에 있는 논문들은 "카이로스, 즉 세계사의 독특한 전환기 ... 우리가 과거와 미래, 옛 것과 새 것 사이의 심리학적 연관성을 살펴보려고 애쓸 때, 우리는 소우주 자체인 각자 개인 안에서 일어나는 전환에 대하여"[10] 인식하라는 부름으로 시작한다. 그 어느 사상가도 융의 가르침을 이용하여 힐만처럼 진지하게 집단적 정신의 진동을 파악하려고 한 사람은 없을 것이다. 이 책은 현대 사회의 시대정신에 대한 심리학적 응답인 것이다.

그와 관계된 "배신"(제7장)이 그보다 좀 일찍 집필되기는 했지만, 세넥스와 뿌에르에 대한 이 논문들은 1967년부터 집필되었다. 이 책보다 먼저 출판된 *Puer Papers*[11]에는 그 주제에 관한 힐만의 논문들과 머레이, 써버슨, 무어, 베어드, 코완의 논문들이 합쳐져 있다. 그때의 것과 비교해볼 때, 이 책에는 "태모와 그의 아들과 그의 영웅 및 뿌에르" 등 중요한 논문들이 새로 저술되었고, 특히 뿌에르 심리학이 왜 어머니-아들의 관계에 국한된 것으로만 이해될 수 없는지에 대한 논문이 덧붙여졌다(제4장). 이 책에는 그 전에 출판되지 않았던 자료도 포함되었는데, "수직성에 대한 고찰: 창조, 초월, 야심, 발기, 팽창"(제5장)은 이 책에서 처음 발표하는 것이다. 힐만은 이 주제를 끈질기게 다루면서 그의 베스트 셀러 『영혼의 코드』[12]를 출판하였는데, 거기에서 그는 뿌에르 사상에 근거를 두고 성격과 부름의 문제에 접근한다. 우리는 그 문제와 관련된 부분인 "코드: 방법론에 관한 고찰"(제11장)을 여기에 요약해서 넣었다. 이 주제들에 관한 길고, 주의 깊은 작업은 뿌에르가 계획을 완수하지 않으려는 저항이 있었음에도 불구하고 이루어졌다. 거기에 대해서 힐만은 *Puer Papers*에서 이렇게 말하였다.

> 우리의 신적인 아이에게는 더 웅장한 비전에 대한 약속뿐만 아니라 일을 완수하지 못하고 흩어버리는 속성이 들어있다. 그에게는 더 많이 알려는 욕망과 완수하지 못하고 실패하는 성향이 뒤섞여 있는 것이다. 그는 그렇게 완벽하기를 바란다. 그가 자신이 뿌에르라는 사실을 드러내기는 하지만, 그의 내면에 있는 뿌에르가 이 책을 완성하지 못하고 붙들고 있다는 통찰은 이 책의 출판 계획에도 뿌에르의 감염이 있었다는 사실을 깨닫고, 웃게 만든다. 그 계획은 앞으로도 독자나 저자 모두를 계속해서 속일 것이다. 그러나 해가 떴을 때, 일을 서둘러야 하는 법이다. 내일 아무것도 가져오지 못하는 것보다 지금 있는 이 지푸라기가 더 나은 것이다.[13]

이 논문들은 거의 뿌에르에 대해서 초점을 맞춰서 쓰여졌지만, 그것들을 묶으니까 경계, 연속성, 훈련의 명확성 등을 선호하는 세넥스가 강조된 점이 있기는 하다. 힐만은 이 주제를 끈질기게 반복적으로 다루면서 하나의 원형 유형을 학문적으로 확장시켰고, 그의 연구의 전면에 내세웠다. 그것들이 집적(集積)되자 "이 지푸라기들"(Hillman)의 다른 측면 – 잘 익은 권위 – 을 보여준다. 우리가 저자의 작업들을 모은 무대는 그 중요성이 반드시 인정받아야 한다. 힐만에게 재치 있게 튀어나오는 위트와 신선한 안목은 여전하지만, 그가 최근에 나온 노화(老化)와 장수(長壽)를 다룬 역작, 『성격의 힘』에서 자신도 인정하듯이, 그는 이제 "노인"이다.[14] 그러나 나이가 가져다주는 당황스럽고, 짐이 될 수도 있는 상황을 맞이하는 그의 태도는 낙천적이고, 경쾌하며, 세넥스의 중력에 단순하게 굴복하는 것에서 벗어나게 한다. 다시 말해서, "같은 것들의 연합"을 실현하는 것이다. 결국 이제는 모든 것을 모아야 하는 시간인 것이다. 그러나 우리는 그런 생각도 너무 깊게 해서는 안 된다. 뿌에르에게는 결정적인 것이 아무것도 없기 때문이다.

원형심리학

원형심리학을 위한 입문서적들은 없다. 그래서 사람들은 책을 많이 읽어야 하고, 거기에 빠지거나, 그 속에서 수영을 해야 한다. 그렇지 않으면, 빠진 다음에 수영을 해야 한다. 원형심리학을 이렇게 체계화해서 설명한 책들이 없는 것은 부분적으로 융의 사상에 푹 빠져 있는 그 분야의 신봉자들 때문이고, 부분적으로는 종교 연구, 문학, 의사소통, 예술 등의 학문적 분야의 특성 때문이기도 하다. 그 사람들은 모두 융의 사상에 마음속으로부터 끌려왔던 것이다. 다른 한편 그 부재는 분석심리학의 창시자인 융의 우상파괴적 성향 때문이기도 한데, 그는 그의 심리학을 규범화하지 않으려고 했기 때문이다. 말하자면, 무엇인가에 집중시키거나 체계화하려는 노력에 저항하는 이 심리학 자체의 다신론적(多神論的) 태도 때문이다. 『심리학 다시 읽기 (Re-visioning Psychology)』은 힐만이 "울타리 기둥"이라고 부른, 심리학이 나아갈 기초점을 제공해준다.[15] 『원형심리학: 간략한 설명』[16]은 힐만이 그 핵심이 되는 주제에 관해서 역사적이고, 문헌적으로 고찰한 책이다. 앞의 책이 원형심리학에 관한 핵심적 저술이라면, 뒤의 책은 그 분야에 대한 다른 저자들의 현저한 공헌들까지 기술한 유용하고, 깊이 있는 개괄서이다. 우리는 이 책들에서 힐만의 사상의 본질적 배경을 전체적으로 살펴보면서 관계되는 문헌들이 별로 없다는 사실을 절감하게 된다.

이 책에서도 그런 부족에 대해서 언급하고 있다. 이 책은 아마 원형심리학의 근간이 되는 저서이고, 논쟁의 여지가 있지만 가장 기본적인 저서라고 할 수 있다. 이 전체적인 계획을 지탱하는 피는 이 논문들을 통하여

흐를 것이다. 그래서 사람들은 이 책을 통하여 해부하려고 하기보다는 동물의 리듬을 듣는 것이 더 좋을 것이다. 이 책에 어떤 구조적 접근은 나와 있지 않다. 하지만 연구자들과 학생들은 저자의 관점이 어떻게 발전했는지에 대한 일종의 논리를 살펴볼 수 있으며, 힐만이 개인적인 입장에서 환원적으로 접근한 것에 대하여 비판할 수도 있을 것이다. 힐만 자신도 여기에 있는 논문들에 대해서 "나의 특성과 행동에 대한 오래 되고, 여전히 불충분한 방어밖에 할 수 없다"고 말한 바 있다.[17]

개인적인 요소는 원형적 전망을 분명히 드러낼 수 있다. 그것은 개인적 특성을 한 사람을 휘몰아가는 더 신비한 기동력(機動力)으로부터 분리시키지 않는 것이다. 사물을 원형적 관점으로 보는 것은 비개인적으로 인도하는 힘과 부름에 대한 생각을 뚜렷이 인식한다. 그리고 한 사람의 성격으로 세상에 드러나는 신경증적 콤플렉스 안에 들어있는 목적적(目的的)인 불꽃도 끌어안을 수 있다. 여기에서 우리는 아주 개인적으로 깊이 영감 받아서 숙고되고, 바닥을 다지며, 작업된 것들이 보편성을 얻을 수 있고, 보편적으로 타당할 수 있다는 사실을 발견하게 된다. 여기에서 특별한 생각에 대한 열정은 거기 담긴 의미를 찾으려는 본능과 그것을 표현하려는 기능과 구분할 수 없게 한다. "개인적 작업"은 조상들과의 대화나 시대정신과의 대화가 되는 것이다. 힐만은 그런 관념들을 『영혼의 코드』에서 가능한 대로 파헤치고 있다.

원형심리학의 뿌리는 뿌에르-세넥스의 문제에서 발견될 수 있다. 그런데 힐만은 원형심리학을 하나의 어떤 이론으로 조직하려는 것에 반대하여, 이 책의 장들은 모두 그의 이론이 나아가는 것의 바탕이 될 것이다. 그런 만큼 이 장들은 그의 다음에 나올 논문들의 초기 불꽃을 담고 있다고 말할 수 있다. 이 책은 최소한 『심리학 다시 읽기』의 자매편이고, 그가 나중에 더 공들여서 수립한 개념들의 본질적 배경으로 생각될 수 있을 것이다. 힐만은 『심리학 다시 읽기』에서 인본주의 심리학(humanistic psychology)에 있는 초월적 철학에 관한 것들을-부정적인 방식으로-공격한다. 그때 그의 에너지는 치열하고, 문체는 전투적이며, 수사(修辭)

는 열정적이다. 뿌에르와 세넥스의 문제에 대한 인식은 우리에게 힐만이 『심리학 다시 읽기』에서 주장하려고 했던 것을 더 잘 알게해 줄 것이다. 그가 심리학이 가진 딱딱함을 완화시키고, 문자주의를 해체하며, 곤경에 대답하게 하는 한편, 심리학의 본래적인 원형적 잠재성과 불꽃을 분출시키면서 심리학 자신의 콤플렉스 작업에 대해서 알게 하는 것이다. 그렇게 하면서 힐만은 세넥스의 속성인 정체성에 사로잡혀 있는 심리학에 뿌에르의 속성인 희망을 불어넣는다.

이러한 힐만의 작업은 '신화적 상상력'에 대한 충성을 통해서 이루어진다. 신화가 인간의 정신적인 삶에서 필연적인 은유의 뿌리를 제공하기 때문이다. 사실 상상력은 우리가 이 세상에 있는 모든 현상들을 이해하고, 깨달으며, 존재의 가장 위에 있는 측면과 가장 아래 있는 측면들을 동시에 보게 하는 인간 정신의 가장 내밀한 활동이다. 신화는 꿈처럼 신비한 것으로부터 나오고, 그곳으로 돌아간다. 그런데 상상력은 정신과 본능을 움직이게 하고, 추상적 원리와 실질적 반응을 모두 포함하기 때문에 마음-몸의 이원론을 반대한다. 신화와 이미지는 심리학이 단지 개인적인 것을 넘어서는 정신을 파악하려는 합리적 시도를 뒤집어 엎는다. 그래서 신화적 상상력은 우리 삶을 지배하면서 우리를 꼼짝하지 못하게 하는 확실성에 어둠을 드리우게 하고, 뿌옇게 한다. 신화적 상상력은 심리학이 인문학과 오랜 세월에 걸쳐서 맺은 유대를 지키면서 동시에 과학적 추구에서 벗어나 시적 비전으로 옮겨놓는 것이다. 힐만에게 로고스는 신적 드라마에서 시작되고 끝나는데, 신적 드라마야 말로 사람들에게 신들의 무릎에 놓인 운명의 의미와 목적과 감각을 알게 해준다. 인간의 정신이 이런 것들과 만날 때, 체험의 형태와 요체를 간직하고 있는 "시인"(詩人)은 그 체험을 개념으로 만들고, 해석하려는 분석가보다 더 우위에 있다. 사실 힐만은 "분석적"이라는 용어는 심리학에서 잘못된 명칭이라고 제안하였다. 왜냐하면 그 단어는 프로이드나 특히 융의 접근이 가진 상징적으로 매우 풍부한 자원들과 반대되기 때문이다.[18] 따라서 우리는 힐만의 글들 속에서 그가 계속해서 예술과 역사가 정신적인 삶에서 나오는 상상력들과 반성의 기록이라고 말하는 것을 볼 수 있다. 이런 관념들을 살아나게 하는 신화론이 없으면, 그 어떤 정신역동이나 구조적 모델도 나타나지 않는다는 것이다. 정태적인 설명들과 치료 개념, 심지어 정태적인 발달과정들은 피해야 한다. 그래야 정신에 대한 탐구가 거기에 맞는 방식으로 초점이 맞춰져 있는 그대로의 고통스러운 삶의 사건들을 지각할 수 있기 때문이다. 이런 올바른 지각 양식은 우리가 "영혼"이라고 부르고, 힐만이 많이 소생시킨 특성을 살아나게 하면서 삶의 사건들을 자라게 하고, 그것들을 심리적 체험으로 변환시킨다.[19] 영혼은 보편적인 것이 독특한 것과 만나면서 심층에 반향이 생기고, 벌어졌던 상처를 들여다보면서 그 살갗 위에 딱지가 생기기 시작할 때 피어난다. 힐만의 견해에 의하면, 신화적 상상력이 매일의 삶에서 일어나는 고통과 바람과 비전을 어르면서 달랠 때마다 영혼은 현존한다. 정신치료의 목표는 이 과정을 불러일으키는 것이다.

융의 맥락

원형심리학은 융이 "보편적인 것"이라고 한 원형적 결정인자를 매우 강조한다. 그것이 인간의 정신적 삶을 형상화하기 때문이다. 하지만 힐만은 집단적 무의식이 정신의 구조나 "층"(層)으로 생각되는 데는 별로 관심이 없고, 원형적 상이 사고, 태도, 생각 등을[20] '이해의 방식'[21]으로 삼는다는 융의 생각을 더 좋아한다. 그는 이미지[22]와 은유[23]를 주된 원형적 표현으로 강조하는 융의 현상학적 측면을 가깝게 따르는 것이다. "정신을 어떻게 생각하느냐 하는 것이 우리의 정신에 영향을 미친다"[24]는 말은 이 가르침의 본질을 말하고 있다. 힐만이 쓴 글들은 융이 영웅의 여정에 관심을 보였던 초기보다 영혼의 문제에 더 머물러 있던 연금술 작업과 더 많은 동조(同調)를 보인다. 그때가 초기의 정신역동에서 보다 정신과 이미지의 중첩이 더 뚜렷하게 나타나기 때문이다.

원형적 접근은 어떤 개념과 모델에 있는 보편적인 것들을 탐구하고, 이론화하기에 앞서 상상력을 동원하여 심리학 자체의 사고, 태도, 생각을 살펴보는 접근법이다. 거기에서 이론은 그 아래 (무의식의) 환상들을 가지며, 원형적 상의 지배를 받는 것으로 여겨진다. 이 이론을 따르면, 원형심리학은 먼저 고전적인 융 사상에 강하게 배어있는 유일신적 관념들을 찾아내고, 그것들에서 벗어나려고 한다. 그런 생각들은 하나 하나의 정신적 사건을 있는 그대로 만나지 못하게 하는 순진한 태도로 이끌기 때문이다. 그 반면에 힐만은 신화의 어느 한 장면에서 나오거나 이본이나 정반대되는 대목에 나오는 실마리를 찾아서 규격적인 사고방식에 도전하고, 인간 정신의 다신론적(多神論的) 본성을 강조한다. 이러한 힐만의 비판에 대해서 많은 융 학파 사람들은 불편해하지만, 또 다른 이들은 인간의 정신을 유일신론적 관점과 다신론적 관점 모두에서 보려고 한다.

원형심리학의 다신론적이고 비체계적 태도는 그 실들을 모두 붙잡는 것이 쉽지 않고, 바람직하지도 않으며, "그 끝을 풀어 헤치는 것"[25]이 바람직하다고 여겼다. 그럼에도 불구하고, 우리는 뿌에르-세넥스에 대한 그의 글들에서 가닥을 엮어놓은 것들과 가닥이 풀어 헤쳐졌지만 다시 묶여 있는 것을 더 많이 볼 수 있다. 그런데 힐만은 이 책의 앞부분에서 세넥스와 뿌에르를 따로 따로 설명한 다음, 그것들의 "내밀한 동일성"에 대해서 말하고, 그런 맥락에서 "같은 것들의 연합"이라는 용어를 사용한다. 그 주제는 이 책 전체에서 서로 다른 모습들로 여러 번 나온다. 이 논문들이 『심리학 다시 읽기』을 보완하는 것이라면, 원형심리학자들은 다수성이 있는 곳 어디에나 있는 이런 통합하는 이미지의 존재에 대해서 만족해야 한다. 뿌에르와 세넥스의 연합은 융의 글들 어디서나 볼 수 있는 '융합'과 대극을 둘러싼 관념들에 반향하면서 계속해서 돌아오는 지점이다. 그렇지 않아도 힐만이 조심스럽게 주장하는 주제인 것이다. 이런 "같은 것들의 연합"은 융이 말한 것으로서, 인간정신에 있는 본래적인 변화되게 하는 상징의 형태를 말하는 '초월적 기능'과 관계된다. 그런 맥락에서 융은 "창조적 공식"과 "이해"의 필요성[26]을 강조하였는데, "창조적 공식"은 더 자발적인 영적 측면을 말하고, "이해"는 더 객관적인 훈련의 측면을 말한다. 이 둘 사이가 분열되면, 이런 특성들은 무엇인지 알 수 없도록 "심미화"되거나,

아무 생명력도 없이 "주지화"로 되고 만다.[27] 힐만은 이 논문들에서 뿌에르와 세넥스의 현존에 대해서 말하면서 "뿌에르의 상처와 오디세우스의 상처"(제8장)에서 "뿌에르 원형"에 초월적 기능을 부여한다.[28] 그러나 그런 비교가 융의 고전적 생각과 원형적 지향의 차이를 모호하게 만들어서는 안 된다. 그렇게 될 때 우리는 부정적인 세넥스의 입속에 들어가서 뿌에르와 분리된 세넥스가 자극적인 생각들만 취하고, 그것을 잘-포장된 계획 속으로 밀어넣는 것을 막지 못하고 만다. 그러나 그런 비교는 여전히 심층심리학이 영혼을 가꾸려는 전망을 보여주고, 그런 상들의 중요성을 말해주는 것을 알 수 있다.

융의 맥락에는 더 특별한 주제들이 담겨있다. 힐만이 이 주제를 오랫동안 다룬 것은 그가 우선적으로 뿌에르의 주제를 다루는 융의 방식에 매료되었기 때문이다. 뿌에르 인격이 한편으로는 변덕스럽고, 일상적인 삶에 저항하며, 에로틱한 분규 빠지지만, 다른 한편으로는 영적 추구를 강하게 하는 것에 매료되었던 것이다. 융은 뿌에르가 현실로부터 도망가고, 하늘로 날아가려는 것을 뿌에르가 무의식적으로 어머니에게 묶여 있는 문제라고 하면서 모성 콤플렉스와 연계시켰다. 그러나 힐만은 뿌에르를 뿌에르-세넥스 현상 안에 넣어 이해하면서, 융이 이렇게 강조하는 것에 도전하고, 문제의 중심을 어머니로부터 아버지로 옮겨 놓았다. 앙투안 드 생텍쥐페리의 『어린왕자』에 대한 해석을 시도한 마리-루이제 폰 프란츠의 『영원한 소년』은 어머니의 영향을 강조한 전통적 해석을 담고 있다.[29] 그러나 힐만의 심리학은 뿌에르적 성격에 있는 정신병리에서 두 가지 중요한 측면을 지적한다. 하나는 일반적인 모성-구속 이론의 지배에 대한 도전이고, 다른 하나는 그 증상에 담겨 있는 전망적이고, 의도적 측면에 대한 중요성이다. (이 점은 융이 이미 강조한 것인데, 그는 증상은 단순히 "해결되어야 하는 것"만이 아니라, 실현되어야 하는 것이라고 주장하였다). 고전적인 융 학파 사람들이 뿌에르에게서 일상적이고, 매일 매일의 현실에 잘 "내려 앉는 것"(着地)의 중요성을 지적한다면, 힐만은 정신과의 결합, 즉 반성하고, 심층으로 들어가며, 복잡한 삶으로 들어가는 결합을 통한 구원을 강조한다.

그런데 그것은 정신적 실재로 돌아가는 것이고, 문자적인 의미에서 매일, 매일의 삶의 터전만이 아닌 정신적 터전으로 돌아가는 것을 의미한다. 그것은 뿌에르가 그의 상처를 낮게 하는 그의 비전에 끈질기게 헌신하는 것을 통해서 얻어지는데, 그 비전은 같은 것들의 연합이다.

　이 책의 제2부에서는 뿌에르적 성격에 대해서 이렇게 수정된 접근, 즉 뿌에르의 심리학과 정신병리가 다루어진다. 따라서 정신치료자들은 이 장들에서 핵심적인 것들을 읽을 수 있을 것이다. 여태까지 출판되지 않은 논문인 제5장에서는 뿌에르의 성욕과 그의 "상승"과 팽창에 대해서 살펴볼 것이다. 여기에서는 상당히 다른 점—그것이 힐만의 글의 특성이기도 하다—들이 여기 저기에 흩뿌려져 있는데, 이 새로운 장에서 다루는 것 가운데 창조성과 비옥성의 융합은 한 부분에 불과하다.

방법론

　"코드: 방법론에 관한 고찰"(제11장)은 뿌에르에 기초를 둔 그의 전망에 대해서 힐만이 가장 명확하게 밝힌 글이고, 원형적 실재에 접근하는 가장 좋은 수단에 대해서 살펴보려는 "기회에 대한 고찰"(제3장)과 연결된다. 이 논문들은 원형적 방법론의 원형적 기초를 세밀하게 설명하면서, 전망(展望)의 심리학이 구조(構造)의 심리학과 어떻게 다른지를 살펴보는 입문서적 논문들이다. 힐만은 그의 접근법에 있는 신화적 배경에 대해서 고찰하면서 신들의 전령(傳令), 헤르메스를 불러내는데, 헤르메스는 하늘, 땅, 지하계 등 모든 영역 사이를 다닐 수 있는 유일한 신이다. 전령으로서의 그의 능력은 대부분 각 신들의 언어를 말하고, 각각의 사정들을 타협하게 하면서 만신전에 이르는 그의 방법에서 온다. 헤르메스는 모든 신들 가운데서 의사소통을 제일 잘하는 신이다. 그는 기회, 행운, 문지방, 교차로의 신인데, 해석학—의미와 해석의 철학—에 깃들어 있는 신도 헤르메스이다. 그는 뿌에르의 특성을 많이 보이는데, 힐만의 방법론에 깃들어 있는 것도 이 교차점이다. 끊임없이 움직이고, 날카롭게 통찰적이며, 신들이 어디로 가든지 신들을 따라가는 해석학적 재능에 있는 것이다. 헤르메스는 다신론적 목표를 가진 심리학에 가장 알맞은 방법론을 줄 수 있는 신이다.

헤르메스가 각각의 신들에게 서로 다른 방식으로 접근하는 것처럼, 힐만 역시 특별한 원형적 상황을 이야기한다. 그렇게 하면서 그는 신들을 인식하는데 중요한 문체와 수사학에도 관심을 기울인다. 그는 헤르메스 자신에 대해서 기술하면서 헤르메스의 문체를 따르는 것이다. "기회에 대한 고찰"은 앞으로 나아가는 헤르메스의 재능을 가져다준다. 거기에 있는 문단들은 짧고, 간결하며, 논지는 여기에서 저기로 재빨리 움직이고, 여기저기에서 정곡을 찌른다. 헤르메스는 그 자신의 일련의 도약을 통해서 그 자신을 나타낸다. 이 특정한 논문에 명백하게 드러나는 이 재능은 모든 원형적 작업에서도 필요하다. 어떤 주제가 심미적 관점을 필요로 하면 아프로디테의 미적 감각이 지배하고, 명확성과 체계가 필요하면 아폴로가 불려 나온다. 힐만은 헤르메스처럼 끊임없이 움직이면서, 하나의 논문에서 여러 가지 감수성을 보여준다. 그렇게 그는 다른 사람들의 글에서 신성(神性)을 지켜보고, 그 어느 문체로 된 것에서도 그런 관점을 읽을 수 있는 감각을 가지고 있는 것이다. 그의 비판은 퇴위된 신의 냄새를 맡음으로써 시작된다. 그의 관심은 내용뿐만 아니라 색조와 결에도 있다. 그것이 원형적 "방법론"이다.

헤르메스-뿌에르 방식의 특성 가운데 하나는 모순이다. 힐만은 어떤 때는 이렇게 말하고, 다른 때는 그와 반대되는 것 같은 말을 한다고 비판받는다. 그가 태모(Great Mother)에 대해서 쓴 초기의 논문에서 우리는 그가 헨더슨이 뿌에르의 긍정적 측면과 부정적 측면을 언급하면서 정신적 영역에 도덕적으로 잘못된 관점을 들여왔다고 비판했지만,[30] 또 다른 곳에서는 그가 세넥스의 아무 거리낌 없이 긍정적 측면과 부정적 측면에 대해서 말하는 것을 본다. 그에게서 이런 모순은 드물지 않은데, 우리가 그것을 서로 다른 원형적 상황을 감안하고 읽지 않는 한 잘 이해되지 않는다. 세넥스의 긍정적 측면과 부정적 측면에 대한 논의는 세넥스 자체의 양극적 성향 때문이다: "세넥스가 나타날 때, 대극(對極)의 문제도 나타난다."[31] 서로 다른 상황에서 서로 다른 점이 보이고, 서로 다른 점은 서로 다른 상황에서 나타나는 것이다. 이런 사실을 이해하기만 하면, 우리는 똑같은 현상도 그가 서있는 심리학적 입장에 따라서 상당히 다르게 나타난다는 사실을 이해할 수 있다. 이 글들을 현학적으로 만들고, 합리적인 사람들을 화나게 하는 것은 힐만의 입장이 이렇게 바뀌기 때문일 것이다.

힐만의 입장 가운데서 지배적인 것은 그가 영혼을 강조하는 것인데, 그는 제2장에서 영성에 대해서 이렇게 비판한다: "골짜기에서 꼭대기를 보면 어떻게 보일 것인가?"[32] 이 말의 뜻은 영에 대한 심리-학적 견해가 쉽지 않다는 것이다. 영(spirit)과 영혼(soul)은 두 개의 서로 다른 담론 양식이다. 영이 영혼과 멀리 떨어져서 "꼭대기"를 향해서 올라가는 영적 추구를 상기시킨다면, 영혼은 "골짜기"에 있는 삶을 향하여 아래로 내려가는 것을 상기시킨다. 이 장(章)은 영적 전망과 그의 추상화하는 경향이 우리를 어떻게 정신의 바탕으로부터 끌어내는지를 보여주면서 우리에게 심리학에 있는 영적 수사에 대해서 알게 한다. 힐만은 영-영혼의 대화를 뿌에르-프시케의 결혼과 관련시키면서, 다음과 같이 말하였다:

> 영혼이 거울에 비친 상(像)은 우리에게 영적 충동에 담긴 광기와 그 광기의 중요성에 대해서 알게 한다 영은 이 광기에 대해서 증언할 필요가 있다. 그렇지 않으면, 다른 말로 표현해서, 뿌에르는 그의 충동과 목표를 은유적으로 알 수 있게 해주는 상이 존재하지 않을 때 그것들을 문자 그대로 받아들일 것이다.[33]

영혼의 구불구불한 방향과 혼란은 분명하고, 일관성 있는 것을 바라는 영의 요청과 반대된다. 그래서 영은 마치 제3의 눈(지혜의 눈)이 제거된 것처럼, 전체적 조망을 할 수 있는 중립적 입장이 가능한 객관성이라는 환상과 제휴하게 된다. 그러나 인간의 정신에 대해서 진지하게 생각하는 그 어떤 심리학자들처럼 힐만은 완전히 중립적인 입장은 있을 수 없다고 생각한다. "중립"이란 다른 관점에서 살펴보면 모를까 하나의 환상이며, 모든 것은 가치나 편견으로 가득 차있는 것이다. 그러므로 융이 "무의식의 원형"³⁴이라고 했던 신(神), 헤르메스에게 돌아가야 하고, 영에 앞서서 영혼으로 돌아가야 하며, 정신적 실재에게 돌아가야 한다.
　이런 생각들이 제11장에서 힐만이 뿌에르에 대해서 언급한 배경이다.

> 뿌에르의 영향은 이론들을 모두 과감하게 주장할 것이다. 그들은 예외성을 요구하고, 심미주의도 노골적으로 드러낼 것이다. 그것은 그의 무시간성과 보편적 타당성을 강조하지만, 그의 타당성에 대해서는 전혀 입증하려고 하지 않는다. 그것은 그 안에서 뿌에르의 춤을 추고, 야심만만하게 상상하며, 인습에 대해서 반항할 것이다.³⁵

　이 "뿌에르의 춤"이 살아 있고, "입증"하려는 것과는 전혀 관계없지만, 이 춤 뒤에는 실체와 엄격함과 진중함이 있다. 그래서 힐만의 작업에는 철학적 깊이가 있고, 문학적이며 역사적 전거가 풍부하다. 그것은 지금 여기에서의 적합성에 정확하게 맞추려고 할 뿐만 아니라 수많은 사회적, 정치적, 문화적 확충을 담고 있다. 그 춤은 전혀 산만하지 않으며, 깊은 사려와 균형과 그 배경이 되지만, 학문에 대한 세넥스적 관심을 보여서 같은 것들의 연합을 나타내는 특성으로부터 생겨난다.

결어

　원형심리학은 결코 완전하지 않은 생각들을 두려워하지 않는다. 인간의 정신은 사물들을 단정하게 묶어 놓지 않기 때문이다. 신화는 그 자체가 빈틈의 세계이고, 완결되지 않은 사건들이다. 영혼은 상상력을 살아있게 하면서 그렇게 빠진 것들을 찾게 하고, 이 책의 마지막 부분은 그런 것들에 관해서 다룬다. 이 책의 각 장은 단편들이다. 그런데 각 단편은 논의를 서로 다른 각도에서 새롭게 보게 하면서 전체적인 구도를 알 수 있게 한다.
　나는 앞에서 "코드: 방법론에 관한 고찰"은 그것보다 더 완성도가 높은 언급을 한 "영혼의 코드"에서 채록하였다고 말한 적이 있다. 그런데 힐만이 문화 속에 나타난 뿌에르와 세넥스의 현상에 대해서 로라 포조와 한 대화는 그 주제와 꼭 맞는다. 그래서 거기에서 느낄 수 있는 대화체의 음조는 힐만의 관심 뒤에 있는 정동을 잘 보여준다. 그것을 위해서 우리는 두 가지 중요한 존재에 대한 기초적인 주제와 고찰인 "젖과 원숭이에 대한 담론"을 수록하였다. 거기에는 우리가 이 책을 시작하면서 말한 본래적인 세넥스와 뿌에르에 관한 강연의 두 가지 결정적 세부 사항들이 축약되어 있다. 그러므로 우리는 이 책의 말미에 있는 논문들을 가지고 다시 처음으로 돌아가서 그가 처음 통찰했던 것들이 더 깊고, 넓게 탐색되었다고 결론지을 수 있을 것이다. "젖에 대한 담론"은 심리학의 발달이라는 단일-신화를 거부하면서 얻은 관점을 가지고 어머니와 젖가슴을 문자 그대로 해석하지 않으면서 '원형적 실재로서의 관계'에 대한 의문으로 되돌아간다. 거기에 대해서 힐만은 "결국 젖은 우리가 그렇게 '기억하기를' 바라는 세계에 대한 본래적인 관계와 끊임없는 갈증을 '나타낸다'"[36]고 하였다. 여기에서 우리는 비록 전적으로 다른 평면이기는 하지만 어머니의 문제로 다시 돌아간다. 마지막으로, 힐만은 "원숭이에 대한 담론"에서 심층심리학이 시작되면서 제기된 질문을 끄집어낸다: "우리 안에 있는 동물에게는 어떤 일이 생겼나?" 거기에 대한 그의 지적은 놀라운데, 삼십 년 전보다 지금 더 타당하게 들린다. 나는 다음과 같은 힐만의 언급을 조심스럽게 읽고, 또 읽기를 제안하는데, 그 이유는 우리가 지금 우리 안에 있는 동물적 존재를 소외시키는 시대를 살기 때문이다. 거기에 대해서 그는 다음과 같이 말한다.

> 사람으로 산다는 것은 그 중심에 있는 인간-이하의 것, 즉 사람들의 그림자이자 천사이며, 무의식 자체이고, 무엇이라고 말로 할 수 없는 그 자신의 광기이기도 한 것과 정신적으로 관계 맺을 것을 요청한다.[37]

본능으로의 복귀는 프로이드 이래 우리가 심층심리학에서 다녔던 꾸불꾸불한 길이며, 모든 것의 기반이었다. 그래서 이 책은 원숭이, 유인원, 비비

(baboon)로 끝나고, 제일 높은 것은 제일 낮은 것이라는 역설, 오직 바보이자 현인만 아는 역설로 끝난다.

나는 이 책을 편집하면서 가능한 한, 이 주제를 제일 잘 형상화시킬 수 있는 논문들의 구조와 내용들을 살려내려고 하였다. 대부분의 편집자들은 중복되고, 겹치는 내용들을 잘라내려고 하기 때문이다. 그래서 나는 본문에서 두 개의 긴 절(節) — 본래 "세넥스와 뿌에르"(제1장)의 도입 부분과 "태모와 그의 아들과 그의 영웅 및 뿌에르"(제4장)에서 곁길로 나가서 레오나르도 다 빈치와 그의 비전에 대해서 다룬 부분 — 은 부록에 싣기로 하였다. 이 계획이 진척되면서 저자는 각 장들을 자세하게 읽으면서 교정하고, 수정했으며, 가능한 한 시대에 맞추려고 하였다. 그는 언제나 그의 자료들은 그 시점에 맞아야 한다고 주장하기 때문이다. 그래서 나는 몇 가지 점에서 그에게 어떤 것들은 그 당시의 상황에 맞춰서 그대로 둘 필요가 있다고 하였으나, 그는 그 당시의 흐름에 맞춰서 재단하였다. 『노인 원형과 소년 원형』은 그렇게 모습을 드러냈다. 나는 어떤 것들은 같은 것들의 연합이 되기를 바란다. 힐만을 처음 대하는 독자들이 이 책을 통해서 심리학은 도전적이고, 우아하며, 영감을 주는 학문이라는 인상을 받았으면 좋겠다. 그리고 이 책이 융 학파 사람들에게 특별한 원형상들과 가장 확실하게 만나게 해줄 수 있다면 더 이상 바랄 바가 없을 것이다. 또한 원형심리학자들은 그 전에 출판되지 않았던 자료들과 함께 제임스 힐만의 논문들이 이 한 권으로 편집, 출판된 것을 기뻐해주었으면 한다. 정신치료자들은 뿌에르 심리학의 통찰과 도전을 평가하리라고 생각하고, 심리학의 역사가들은 원형적 관점의 역할과 의미에 관한 대화에 흥미를 느끼지 않을까 하고 생각한다. 또한 비평가들은 힐만의 명확한 관점이 모두 나온 것을 보고 반가워할 것이다. 그림자에 대한 명상과 기이한 것들을 찬양하는 것에서 위로를 받은 시인들은 꿈을 꿀 것이다.

글랜 슬래터
Pacifica Graduate Institute

| 주석

1 B. F. 스키너는 최근에 20세기에서 가장 저명한 심리학자로 명명되었다. 그는 미국심리학협회의 *Monitor on Psychology* 33권 제7집에 수록되었고, *The Review of General Psychology* 6권 제2집에 수록되었는데, 거기에서 고려한 요인 가운데 중요한 것은 그가 미국심리학협회 회장을 역임했었다는 점이다. 참고하자면 융은 23번째 심리학자이다.
2 힐만은 이 용어를 키츠에게서 취했다. "원한다면, 세상을 부르시오. '영혼을 만드는 세상'. 그때 당신은 이 세상을 제대로 사는 방법을 알게 될 것이오. …" 영혼 만들기에 대해서는 제2장을 참조하시오.
3 J. Hillman, *Re-Visionning Psychology*(New York: Harper and Row, 1975)
4 제1장.
5 Ibid.
6 제10장.
7 *CW* 8:210.
8 제1장
9 Ibid.
10 Ibid.
11 J. Hillman, *Puer Papers*, ed. J. Hillman(Dallas: Spring Publications, 1979).
12 J. Hillman, *The Soul's Code*(New York: Random House, 1996).
13 "독자들에게", *Puer Papers*, 100. 거기에서 힐만은 다음과 같이

덧붙인다: "내가 "영원한 소년"에 대한 주제에 대해서 쓸 때마다 나는 그 작업이 나중에는 더 좋을 것이라고 약속하면서 아직 좀 미흡하다는 복잡한 변명을 하는 경향이 느껴진다. 나는 다시 한 번 이것들은 더 큰 책에 있는 장(章)들 가운데서 골라서 만든 책인데, 그것도 한 군데서 고르지 않았으며, 어떤 것은 1967년까지 거슬러 올라가고, 어떤 것은 이 글처럼 최근에 다시 썼기 때문에 문체와 생각이 똑같지 않다는 사실을 말하면서 시작한다. 이 책에 포함되지 않은 두 개의 중요한 논문들은 우리가 뿌에르에 대해서 말할 때는 언제나 배경으로 간주되어야 하는 세넥스에 관한 두 개의 논문과 함께 주(註)의 앞부분에 소개되었다." 그는 이것보다 2년 전에 이 책의 제10장에 재수록한 "부정적인 세넥스와 르네상스적 해결책"(*Spring: An Annual of Archetypal Psychology and Jungian Thought*, 1975)의 도입부에서 다음과 같이 썼다: "내가 지난 1966년에 시작한 뿌에르와 세넥스 현상에 대한 심리학적 연구를 다 끝내지 않고 출판하는 것이 나에게 너무 다반사이기 때문에, 필요하기만 하면 아직 다 마치지 않은 타이프 원고를 급하게 출판하게 되었다. 따라서 다음의 것은 네 개의 다른 책에 있는 논문들이다: "세넥스와 뿌에르: 역사적, 심리학적 고찰", "세넥스 의식", "태모와 그의 아들과 그의 영웅 및 뿌에르", "사그라들지 않는 갈망: 영원한 소년의 향수". 이 네 논문은 이 책의 제1, 9, 4, 6장에 각각 수록되었다.

14   J. Hillman, *The Force of Character*(New York: Random House, 1999).

15   *Re-Visionning Psychology*, xvi.

16   J. Hillman, *Archetypal Psychology: A Brief Account*(Dallas: Spring Publications, 1983). 개정 증보판은 *Archetypal Psychology* UE 1(Putnam, Conn: Spring Publications, 2004).

17 *Re-Visionning Psychology*, xiii의 1992년 판 서문.
18 J. Hillman, *The Myth of Analysis*(Evanston: Northwestern University Press, 1972). 183-190.
19 *Re-Visionning Psychology*, xvi.
20 *CW* 9. 1: 45, 69.
21 *CW* 8: 277.
22 *CW* 9. 1: 152,
23 Ibid., 267.
24 제4장.
25 이 용어는 힐만의 초기 논문들을 묶어서 펴낸 *Loose Ends: Primary Papers in Archetypal Psychology*(New York/Zurich: Spring Publications, 1975)의 제목이었다.
26 "The Transcendent Function", in *CW* 8: 172.
27 Ibid., 183.
28 제5장.
29 Toronto: Inner City Books, 2000.
30 제4장
31 제10장.
32 제2장.
33 제2장.
34 *CW* 13: 299.
35 제11장.
36 제13장.
37 Ibid.

제1부
도입

제1장
세넥스와 뿌에르:
역사적, 심리학적 고찰

그녀는 "지금은 불평할 때가 아니라, 고쳐나가야 할 때이다"라고 말하였다.

—보에티우스, 『철학의 위안』

우리는 그리스인들이 "신들이 변환되고", 근본적 원리와 상징들이 변환되는 카이로스—바로 그 시간—라고 부른 시간을 살고 있다. 우리가 의식적으로 선택하지 않은 것이 분명한 우리 시간의 이 특이성은 지금 변화 중에 있는 우리 안에 있는 무의식적 인간의 표출이다. 인류가 그 자신의 기술과 과학으로 스스로를 파괴시키지 않으려면, 앞으로 오는 세대들은 이 중요한 변환에 주의를 기울여야 한다.

— C. G. 융, 『아직 찾지 못한 자기』

오늘날 우리의 특별한 문제는 바로 이것이다: 우리는 본질적으로 인간이라는 종(種)이 살았던 지난 역사 전체와 거의 다른 삶의 방식에 우리 자신을 맞추려고 절망적으로 싸우는 원시인들이다. … 원시인으로부터 복잡 다단한 기술 사회로의 전환이 한시바삐 이루어져야 한다—자원의 문제는 더욱더 그렇게 되기를 요청한다. 오늘날 우리는 그 전에 살았던 아주 긴 원시 시대도 아니고, 미래의 아주 잘 정리된 풍요한 시대도 아닌, 아주 독특한 순간을 살고 있다. 이것이 우리가 사는 세기, 새 천년(millenium)이다. 우리는 이 전환의 국면을 살아야 하는 운명을 타고났기 때문에 어쩔 수 없이 막대한 긴장은 견뎌야 한다. 이 특별한 국면을 사는 우리들에게는 자연히 아주 단순한 논리를 가지고서는 풀 수 없는 사회적 문제들, 압력, 상황들이 닥쳐온다. 우리들은 아직 미래를 만드는 힘들과 제대로 접촉하지 못하고 있는 것이다.

— 프레드 호일, 『인간과 은하수』

"미래를 만드는 힘들과 제대로 접촉하지 못하면"(Hoyle)[1], 전환의 카이로스(kairos)에서 실패할 수밖에 없다.[2] 우리가 이 카이로스와 제대로 접촉하려면 우리는 과거와 미래 사이의 연관을 찾아내야 한다. 역사의 전개에 영향을 줄 수 있는 균형추(均衡錘)[3]가 되는 우리, 각자는 과거와 미래 사이의 정신적 연관을 발견해야 하는 것이다. 그렇지 않으면, 우리 속에 있는 고태적 과거의 흔적인 무의식의 상들은 우리의 미래를 재난적으로 만들지 모른다. 그러므로 세계사적 전환이 전개되는 이 독특한 시기, 카이로스는 우리가 과거와 미래, 옛 것과 새 것 사이에 있는 정신적 연관 안에서 싸울 때 소우주인 우리 안에서, 개인적으로 전환(轉換)된다. 세넥스와 뿌에르의 양극으로 원형적으로 드러날 것이다.

I. 심리학과 역사

세넥스와 뿌에르 사이의 극적(極的) 분열은 역사의 장 바깥에 있는 우리 모두에게도 똑같이 일어난다. 우리는 이에 대한 좋은 예를 고대 사회의 체계에까지 거슬러 올라가는 인구학에서도 찾아볼 수 있다. 사람들은 이제 다시 나이든 사람들과 젊은 사람으로 나누어지는 것이다. 사회 구조를 파악하려면 이제 그동안 중요했던 범주인 인종, 지역, 종교, 계급, 직업, 경제적 활동, 성별 등만으로는 충분하지 않다. 현대 도시 사회는 다시 연령에 따른 구분을 강조하고 있다. 미국에서는 이제 새로운 공동체, 즉 젊은이들이 떠나서 완전히 버려졌다고만은 할 수 없지만, "나이든 사람들"만 살게 된 작은 마을들이 생겨난다. 은퇴자들이 모든 도시를 차지해서, "나이든 사람들의 집"이 된 곳이 수 마일씩 넓혀지는 것이다. 프랑스에서는 그곳에 사는 사람의 평균 연령이 21세 이하인 도시의 외곽 지역이 새롭게 생기고,

스웨덴, 영국, 미국에서는 그 마을에 신혼부부만 사는 공동체들도 있다. 그래서 생활의 기반과 아파트와 놀이시설이 오직 젊은이들만을 위한 구역이나, 나이든 사람들만을 위한 구역이 늘어간다. 이제는 정신치료 분야에서도 두 가지 새로운 분야－노인의 문제와 청소년의 비행－가 생겨서, 노인심리와 젊은이의 심리만 다루는 전문가들도 있다. 이렇게 복잡해진 미래의 세계에서 기존의 국가들과 신생국들이 나누어진다. 한쪽에는 산아제한을 하고, 나이든 사람이 많으며, 모든 것들이 천천히 진행되고, 이미 정비가 잘 된 나라들이 있고, 다른 쪽에는 새로 이주하고, 젊으며, 평균 연령을 낮추는 출산율이 높고, 어린아이가 많은 가난한 나라들이 있다.

가정에서의 분열은 세대 간의 갈등 때문에 생기는데, 그들은 이제 서로를 이해하지 못해서 대립하지도 않고, 말을 하지 않는다. 나이든 사람과 젊은이 사이에 의사소통 체계가 분열된 것이다. 오늘날 젊은이들은 인쇄된 활자와 전통적 형태로부터 배우지 않고, 도시에 집단적으로 있는 다른 매체로부터 배운다. 젊은이들은 이제 어른들이 만들지 않은 자기-폐쇄적인 사회 계층을 형성하였고, 그 바깥에 있는 사람들과는 의사소통도 하지 않는다.

그 분열이 정치계에서는 나이든 지도자들, "법과 질서"를 수호하려는 조직과 "권리와 자유"를 부르짖는 소장층의 항거 집단으로 나누어진다. 그것을 가리켜서 어느 법 철학자는 이렇게 말하였다: 미국 역사상 우리처럼 이렇게 법을 많이 제정하고, 법학이 발달했으며, 법 집행이 많이 이루어지지만, 이렇게 무질서와 폭력이 난무하는 시대는 일찍이 없었다.

> 매는 조련사의 말을 듣지 않고,
> 모든 것들은 서로 떨어져서, 중심이 붙잡고 있지 못하네.
> 무정부주의만이 온세계에 널부러져 있고,
> 붉으래한 피의 물결이 넘실거리네...
> 가장 좋은 것에는 확신이 부족하고, 가장 나쁜 것에는
> 열정적인 강도가 충만하네.

어떤 계시가 가까이 오고 있음이 틀림없다.
구원자의 재림이 가까이 오고 있음이 틀림없다.[4]

예이츠(W. B. Yeats)는 그의 시 "재림"에서 이렇게 읊었다.
세넥스-뿌에르의 문제가 제기하는 분열을 감지한 신학에서도 성부와 성자 사이의 분열을 신의 죽음으로 읽으면서 새로운 계시를 기다린다. 왜냐하면 "왕이 죽었다"는 소식이 들리면, 곧 "대왕폐하 만세" 소리가 잇따르기 때문이다. 왕이 죽으면, 왕자가 새로운 왕으로 등극하는 것이다. 신(神)이 죽으면, 어떤 왕자적인 세력이 계승할 것인가? 현재의 침묵은 어떤 이유 때문이고, 어디서 승계가 이루어지는가?

세넥스와 뿌에르 사이의 극적(極的) 분열, 매와 매 조련사 사이의 분열은 우리를 둘러싸고 있으며, 그것은 우리의 역사적 관심사이다. 그러나 그것은 역사적인 것만이 아니고, 역사가들의 문제만도 아니다. 정신은 역사와 떨어져 있지 않고, 심리학도 역사적 현장과 담벼락을 사이에 두고 떨어져서 두 사람이 두 개의 의자에 앉아 있는 작은 방에서만 행해지는 것이 아니다. 그 방 역시 역사적인 방이다. 정신이 그 뒤에 수천 개의 조상의 나무 뿌리들이 딸린 역사적 현재에 자리 잡고 있듯이, 역사에도 심리학적 실존이 담겨있다. 엘리아데(M. Eliade)는 불가역적 시간의 축적인 역사적 사건들에서 우선적인 것은 사실에 있지 않음을 보여주었다.[5] 역사적 사실은 부차적인 것이다. 그것들은 그 전과 그 다음을 부르는 완결되지 않았고, 불완전한 행위들이고, 역사적으로 선행하는 사건들 위에 세워진 역사적 결과들이다. 그래서 그 사실들이 그 안에서 중심적 의미(central meaning)를 지적하지 않는 한, 무의미한 죄와 고통의 축적일 뿐이다. 역사적 "사실들은" 그 가운데 있는 원형적 핵(核)으로부터 나오고, 그것과 관련된 환상들이다. 그 사건들이 뒤엉켜진 유형(pattern) 아래 영혼에게 운명에 대한 느낌과 중요한 것이 일어나는 종말론적 감각을 주는 체험들이 있고, 열정적으로 중요한 심리적 실재들과 신화적인 층이 있다. 그것은 사람, 한 개인에게 중요하다. 그 사람이 없으면, (그 범주들의 균형추가 되는) 그 사람의 개인적 영혼에 대한 감각이 없으면, 우리는 단지 집단적 운명만 지닌 전(前)역사적 유령일 뿐이다. 그래서 영혼에 대한 감각이 없으면, 우리에게는 역사도 아무 의미를 가질 수 없다. 우리는 역사 속으로 결코 들어가지 못하는 것이다. 영혼의 핵(核)이 사건들을 모아서 기억을 되살려 의미 있는 이야기 유형으로 짜 넣으면서 역사를 창조하기 때문이다. 역사에서는 무엇보다도 이야기가 먼저이고, 사실은 나중인 것이다.

우리가 소위 "현재의 사건"이라고 부르는 환상, 즉 역사적인 장 바깥에서 일어나는 사건들은 영원한 신화적 체험의 반영이다. 그 사건들에 대한 역사적 분석－늙은 모택동과 홍위병, 히피 젊은이들의 꽃과 나이 듦의 사회학－은 그것들을 의미로 이끌지 않는다. 우리가 한 사람의 영혼을 그의 사례 이야기를 다루는 사건들을 통해서 이해할 수 있는 것처럼 TV 뉴스를 통해서는 시대의 영혼을 알 수 없다. (스물두 권이나 되는 워렌 보고서만 가지고서는 신화의 살아있는 발효를 다 알 수 없는 것이다). 우리가 그 본질을 원형적 유형을 통하여 안에서부터 파악하지 않는 한, 그 어떤 것도 신문이나 추문(醜聞) 기사를 통해서 드러나지 않는 것이다. 그러나 원형은 그 사이에서 공통점을 전혀 찾을 수 없는 사실과 의미를 묶을 수 있는 기반을 제공한다. 외부로 드러난 역사적 사실들은 그 본질적인 심리학적 의미가 드러나도록 원형적으로 착색되는 것이다. 그래서 역사적 사실들은 영원히 재현되는 우리들 개인의 영혼과 역사의 신화적 주제들을 드러내준다. 역사는 우리가 영혼의 신화적 주제를 상연하는 무대인 것이다.

역사를 가능하게 하고, 역사보다 먼저 존재하는 체험은 클리오(Clio)라고 불렸다. 클리오는 첫째 딸로서 뮤즈의 어머니인 기억(Remembering)과 특별한 관계에 있다. 클리오라는 이름은 gloria, 즉 명예, 축하를 의미한다. 그녀는 영웅들의 행동을 제일 잘 기억한다. 그러나 그녀는 엘리아데가 "속적인 시간"(profane time)이라고 부른, 세계에서 매일 일어나는 일들에는 거의 관심이 없다. 오히려 그녀는 독특한 핵심적인 순간들, 즉 영혼의 핵에 있는 원형이 계시되는 영웅적 순간들이나 단순한 사실들의 맹목성을 구속(救贖)하는 순간들에 관심을 두고 있다. 모든 사람들이 개인적으로 그들의 삶에서 일어난 일들을 기억하면서 개인사적(個人史的) 사건들에 묶여 있는 것처럼, 한 사회의 문화도 속적인 시간의 역사에 중독되어 있다. 그러나 중독은 언제나 더욱더 많은 것들을 요구하고, 더욱더 묶어놓으려고 한다. 지금 우리의 창의성은 다만 사건들을 만들고, 모으며, 재생하는 일에만 사용되고 있다. 시간이 밀레니엄을 향하여 달려가면서 사건들은 속도를 높인다. 우리에게는 더 많은 "정보들"이 필요한데, 기다릴 시간은 많지 않다. 우리는 슐레징거(Arthur Schlesinger)가 "현대사"라고 부른 "간편한 역사"를 만들었는데, 거기에서 모든 사람들에게 공적으로 일어난 것들은 반드시 기록되어야 하고, 기록된 것들은 즉시 공표되어야 한다.[6] 영웅들의 세속적인 추문 기사들―불경한 것들―이 클리오의 영광을 대체하는 것이다.

우리는 정신분석을 통하여 사건들에 대한 원형적 이해는 한 사람의 개인사에 대한 강박적 매혹을 치료할 수 있다는 사실을 알았다. 사실은 변하지 않지만, 다른 신화를 통해서 그 질서에 또 다른 차원이 주어지게 되는 것이다. 그것들이 다른 이야기를 통해서 들려지기 때문에 다르게 체험되고, 다른 의미를 얻게 되는 것이다. 그러므로 세속사에 대한 중독의 구원도 똑같은 방식으로 얻어질 수 있다. 그것은 우리를 고통스럽게 하는 사건을 다른 방식으로 원형적으로 구성한다. 이런 재구성은 무엇보다도 먼저 우리의 기억을 바꿀 것을 요구한다. 사람들에게 매일 "어떤 일이 생겼는가?" 하고 묻지 않고, "영혼에 어떤 일이 생겼는가?"하고 묻게 하는 것이다. 우리가 사건을 이런 방식으로 기억할 때, 기억은 근본적인 생각들의 기억으로 되돌아가고, 인간 체험의 뿌리가 되는 은유와 연관되게 된다. 그렇게 변환된 기억은 먼저 영혼의 체험들을 등록하고, 그 다음에 실제로 일어난 사건들을 등록한다. 그렇지 않더라도 그 사건들을 심리학적으로, 제의적으로 파악할 수 있고, 그 사건의 희생자가 되지만은 않는다.[7]

이런 원형적 이해는 이야기를 정반대로 만들고, 정화시키면서 거듭나게 할 수 있다. 그런 작업은 매우 힘들고, 클리오가 경축하였던 영웅적 격렬성을 요청한다. 그런 이유 때문에 영혼을 집단적 수준에서 원형적으로 작업하는 것은 매우 "영웅적인 일"이다. 심리적인 변화들—태도의 변화, 인격의 변화, 영혼에 대한 근본적인 정화—은 이야기를 거듭나게 하는 것이기도 하다. 조상들의 뿌리와 뒤엉켜 있는 유형들을 파헤쳐서 가족의 태도까지 변환시키는 것은 개인분석의 차원을 넘어서는 문제이다. 그것은 한 세대를 집단적 유형으로부터 해방시키는 역사적 작업인 것이다. 우리는 그 집단적인 것을 변화시킴으로써 역사 자체도 변화시킬 수 있다. 자신의 과거의 숲에 있는 작은 조각을 정화시키는 사람은 어느 누구나 시간을 구원하고, 죄 때문에 시간을 파괴하는 희생자를 구원하는 영웅이 된다. 그러므로 우리는 역사적 전환기에서 균형추이고, 우리가 우리 자신의 정신적 삶을 가지고 하는 일은 개인의 영혼만 역사로부터 구원하는 내적 측면에서의 작업만이 아니라 역사적으로도 중요한 일이다. 더 나아가서, 그것은 우리 바깥에서 집단적으로 운행되는 역사 자체를 정화시키고, 치유하는 길이기도 하다.

역사에서 세넥스와 뿌에르라는 양극성은 원형적으로 심리적인 기초가 된다. 첫째로, 전통적인 의미에서 뿌에르와 세넥스는 그 자체가 처음부터 끝까지 하나의 과정으로 연속과 전환이 이루어지는 역사이고, 둘째로, 문제로서의 역사, 즉 내가 그 안에서 살고, 고통 받으며, 구원받기를 바라는 역사는 부성적 시간과 영원한 젊은이, 순간성과 영원성이라는 쌍에 의해서 주어지고, 그것들이 뒤얽혀서 수수께끼 같은 역설로 되는 것이다. 이런 상들과 관계를 맺는 것은 역사 속으로 들어가는 것이다. 이 가운데 어느 하나와의 동일시는 역사에서 어느 한 원형적 태도에 지배받는 것이 된다: 뿌에르는 역사를 초월하고, 시간을 뛰어넘는 비-역사적이거나 저항하고, 반항하는 반-역사적 태도를 보이고, 세넥스는 역사 자체의 이미지와 역사를 통해서 계시된 영원한 진리라는 이미지를 가지고 있다.

세넥스-뿌에르의 원형에 관한 우리의 관심은 천년기(millennium)의 전환 때문에 시작되었고, 우리 문화의 최근의 상황을 잘 보여준다. 커티우스(Curtius)는 "뿌에르 세넥스라는 용어는 후기 고대사회에서 이교도들이 창안한 말"이고, 고대 사회에서는 나이든 사람을 존경하고, 젊음을 예찬했으며, "그 다음 시기들에서는 젊은이-노인의 양극 사이에 균형을 맞추려는 이상(理想)을 향해서 나아갔다"[8]는 그의 주장을 뒷받침하기 위해서 고전 라틴문학에서 많은 증거들을 찾아냈다. 그러므로 우리가 그 문제에 관심을 가지는 것은 우리를 둘러싼 문화 속에서 상징적으로 드러나고, 우리 내면세계에 있는 콤플렉스들 속에 드러난 원형의 반영(反映)이라고 해야 한다. 그러므로 이 양극성의 분열은 현대 사회의 역사적 위기를 보여준다. 따라서 우리가 시행하는 이 원형에 대한 작업은 세넥스-뿌에르 사이의 균형을 회복시키는 한편, 역사적 위기를 소산시키는 효과를 가져 올 수 있다.

우리는 특정한 사례와 그에 따르는 무정부 상태에는 관심이 없다. 그리고 노인심리학이나 젊은이의 반항과 전통, 아버지와 아들의 문제, 인생의 단계 같은 "시사적인 주제들"에 대해서도 관심이 없다. 그런 문제들은 우리의 관심을 분산시키는 것들이다. 인간의 영혼은 젊지도 않고, 나이들지도 않았다. 그 둘을 동시에 가지고 있다. 현대 사회에서 사람들이 나이에 신경을 쓰고, 젊음을 예찬하는 것은 영혼이 시간과 물질주의의 계량체계로 추락한 것을 보여준다. 그 뒤에서 모든 것들은 원형적으로 분열되어 있는 것이다. 그러므로 우리의 관심은 원형적 치료나 원형의 치료에 초점을 맞추어야 한다. 우리가 역사에서 정신적인 것들을 찾으려면, 우리의 접근은 급진적인 것이어야 한다. 그래서 우리는 이 사건들을 빠르고, 폭넓게 다루기 위해서 역사적인 문제들을 심리학적 증상처럼 취급하려고 한다. 우리는 우리를 사로잡고 있는 분열을 우리 개인의 영혼에 있는 원형적 분열의 징표로 보면서 그것들을 정신적 문제로 다루려고 하는 것이다.

더 나아가서 이 특별한 원형(세넥스-뿌에르)은 과정으로서의 시간과 특별한 관계에 있기 때문에 그것은 그 어떤 콤플렉스의 과정적 특성에도 포함될 수 있다. 그 어떤 정신적 태도나 인격의 부분에 새 것과 옛 것 또는 일시적인 것과 지속적인 것의 형태로 관여할 수 있는 것이다. 세넥스와 뿌에르는 발달의 본성 자체와 묶여 있기 때문이다. 예를 들어서 말하자면, 그 어떤 태도도 이제 막 생겼다면, 그것은 뿌에르의 날개 위에 있고, 하늘을 향해 있으며, 그것이 농익은 시간을 지나면, 참신한 것과의 관계를 잃고, 그 세력에 집착하고, 도(Tao)에서 벗어나게 된다. 그래서 노자는 이렇게 말하였다: "만물이 전성기를 지나면, 늙기 시작하는데, 그것은 도의 반대쪽으로 가는 것을 의미한다. ..."[9] 뿌에르적인 태도는 젊은이들에게만 있지 않고, 세넥스의 특성 역시 나이든 사람에게만 있지 않다. 그런데 정신적 발달과 생명의 생물학적 과정이 완전히 일치했던 적은 한 번도 없다. 모든 사람의 정신에는 그 자신의 길이 있고, 그 자신의 시간이 있는 듯하다. 뿌에르뿐만 아니라 세넥스도 삶의 많은 국면에서 나타날 수 있고, 그 어떤 콤플렉스에도 영향을 줄 수 있다. 그러므로 우리는 정신적인 삶을 역사적 조건에 일치시키거나 "인생의 전반기/인생의 후반기"라는 좁은 생물학적 틀에 일치시킬 수 없다. 우리가 그렇게 한다면, 그것은 우리가 분열이라는 원형의 잘못된 생각에 너무 쉽게 굴복한 것을 말해주는 셈이 된다.

우리 자신을 살펴보면, 우리는 인생의 전반기/인생의 후반기라는 도식이 잘 들어맞지 않는다는 사실을 곧 발견하게 된다. 천년기의 전환을 사는 우리 세대가 그 전 세대로부터 물려받았지만 이제 그 내적 가치를 잃어버린 사회적, 생물학적 규범들에 적응하려고 애쓰면서 의미의 문제, 종교의 문제, 정체성의 문제를 "좀 나중으로" 미룰 수 있을까? 오늘날 젊은이들은 인생의 후반기의 문제를 인생의 전반기에 해결해야 한다는 압력을 받는다. 그는 애초에 인생의 후반기 속으로 들어왔다. 다시 말해서 시대의 끄트머리에 태어난 것이다(그것은 이제 막 시작하는 그 다음 시대에 전적으로 새로운 정신으로 인생의 전반기를 살도록 강요받는 나이든 사람과 마찬가지이다). 우리에게는 우리 자신의 문제만 있는 것이 아니다. 역사적 필연성 때문에 우리에게 부과된 개성화라는 집단적 문제까지 가지고 있다. 우리는 우리 등에 역사의 꾸러미를 지고 가면서 과거의 문화를 갱신해야 한다. 그러므로 우리는 나이든 뿌에르(puer senilis)로 시작해야 한다. 우리 나이보다 더 노숙하게 행동하면서 동시에 우리의 노쇠함을 영웅적으로 무찔러야 하는 것이다.

오늘날 "뿌에르의 문제"는 집단적 신경증의 문제만은 아니다. 그것은 역사적 요청, 역사적 부름의 정신적 표현이다. 정신에너지가 전통이라는 외부에 있는 통상적인 수로(水路)를 따라서 흐르지 못하면, 안으로 들어와서 무의식을 활성화시킨다. 그때 "어머니"로서 무의식은 마치 젊은이의 적응부전의 문제가 모두 그 자신의 개인적 모성-콤플렉스 때문인 것처럼 작용하게 된다. 그러나 그런 병리 현상들은 우리가 사는 시대가 전환의 시기라는 사실의 반영이지, 융이 말한 것처럼 "우리가 선택해서 그런 것은 아니다." 그것은 "지금 변화하고 있는 우리 안에 있는 무의식의 사람"을 내비친다. 무의식에 있는 이 사람의 문제를 인생의 후반기까지 미룰 수 있을까?

토성(Saturn)이 천궁도(天宮圖)에 처음부터 있었던 것처럼 인생의 후반기는 처음부터 우리와 함께 있다. 그것은 "왜"라고 질문하는 어린아이와 어린 에로스와 날개 달린 천사가 죽는 날까지 우리와 함께 있는 것과 마찬가지다. 뿌에르는 사물이 꽃을 피우도록 영감을 주고, 세넥스는 그것들을 거두게 한다. 그러나 꽃을 피우는 것과 거두어들이는 것은 일생동안 교대로 이루어진다. 우리는 죽음을 관장하는 이가 누구인지 아는가? 큰 낫을 든 회색빛 수염을 달고 있는 이인가? 아니면 젊은 천사인가?

II. 분석심리학과 양극성

뿌에르-세넥스의 원형을 만나는 것이 양극(兩極)으로 나누어진 형식이기 때문에, 우리는 먼저 분석심리학에 있는 일반적인 양극성에 대해서 살펴보아야 한다. 이론적 구조로서 분석심리학은 양극적 구조로 되어 있다. 융의 삶과 사상은 다른 그 어느 중요한 심리학적 관점보다 양극성을 더 많이 활용한다.[10] 양극적 모형은 그의 모든 중요한 심리학적 사상에서 기본적 모델인 것이다.[11]

이 모든 것들 가운데서 가장 기본적인 극은 그것을 정신 안에 있는 위상(位相)이나 존재의 양태로 보거나, 아니면 정신의 내용과 행동을 형용하는 진술로 보거나 의식과 무의식의 극이다. 그의 심리학에서 모든 극들은 이 기본적 구분을 따른다. 그런데 이 기본적인 양극성은 원형 안에서 오직 잠재적으로만 주어진다. 이론적으로 볼 때, 원형은 극으로 나누어지지 않는 것이다. 원형은 그 자체로 영과 본성, 정신과 물질, 의식과 무의식을 모두 품으면서 양가적이고, 역설적이다. 원형 안에서 예와 아니오는 하나이다. 그 안에는 낮도 없고 밤도 없으며, 계속해서 동 터오는 것만 있을 뿐이다. 원형 안에 있는 본래적인 대극은 그것이 자아-의식 안으로 들어올 때, 두 극으로 나누어진다. 낮은 자아와 함께 시작되고, 밤은 그 뒤에 남는다. 우리의 일상적인 낮의 의식은 오직 한 부분만 포착하고, 그것을 극(極) 안에 집어넣는다. 그래서 분석심리학에서 양극성의 존재론적 기초는 자아-의식이다.

　우리는 양가성을 가진 원형으로부터 빛의 조각을 취하기 때문에 자아의 빛으로 깨달은 밝은 부분을 비춰가면서 그 방의 다른 부분들은 더 어둡게 한다. 우리는 빛을 비추면서 마치 그 빛이 새벽과 여명의 그늘진 부분으로부터 빛을 훔치는 것같이 "그 바깥에 어둠을" 만든다. 원형의 역설적인 빛으로부터 빛을 훔치는 것이다. 의식과 무의식은 본래적인 여명(黎明)으로부터 창조되는 동시에 양극으로 나누어진다. 그리고 그 창조를 계속해서 동시에 이어간다. 그러므로 의식의 형성과정은 무의식의 형성과정이기도 하다. 융은 그 불편한 진실에 대해서 이렇게 말하였다: "그래서 우리는 다음과 같은 역설적 결론에 이르게 된다. 어떤 점에서 볼 때, 이 세상에는 무의식적이지 않은 의식적 내용이 없고, 의식적이지 않으면서 동시에 무의식적인 정신 역시 없을 것이다."[12] 그러므로 어둠으로부터 출현하는 빛의 발달 과정, 즉 어둠이 사라지면서 빛이 확장되는 것은 있을 수 없다. 빛은 빛이 없는 어둠으로부터 탈취되는 것이 아니라는 말이다. 오히려 자아는 본래적인 신의 반쯤만 환한 빛(half-light)을 하나의 극에 모으면서, 신성(神性)을 어둡게 한다. 초의 심지를 자르라. 그러면 그 전에 들어갈 수 없이 그림자가 가득했던 골방이 끄트머리에서 어렴풋하게 밝아질 것이다. 다시 말하면, 심리학에서 양극성 현상은 원형적으로 기본적인 것이 아니라, 자아가 빛을 동화시키면서 생긴 결과인 것이다. 그것은 마치 양극성이라는 용어가 서구 언어에 데카르트적인 자아나 계몽주의와 같이 들어온

것과 같은 현상이다.[13]

우리가 빛과 비전이라는 은유 안에 머무르는 한, 어느 것이 먼저이고, 어느 것이 최선인지는 중요하지 않다. 비전이라는 은유와 직관이라는 은유는 논리는 물론 가치도 요구하지 않는다. 거기에는 명확성만 있으면 된다. 원형에서 두 극은 필요하고, 서로 동등하다. 이 비전과 직관의 평면에서, 우리는 대극을 벗어나고, 선악을 벗어난다. 따라서 우리는 모든 삶의 방식에서 긍정적이거나 부정적인 가치를 나타내는 기본적인 예와 아니오가 단순하게 공존하는 양극성을 복잡하게 만들고, 훼방하는 것을 보게 된다. 우주에서 최우선적 가치의 판단자인 성서의 하느님이 빛을 선하다고 선포하였고, 그것을 낮이라고 부르면서 밤의 어둠과 갈라놓았다는 사실은 밤의 어둠은 선하지 않다는 것을 암시한다. 그래서 +와 - 기호는 의식과 무의식이라는 기본적인 극과 결부되게 되었다. 그리고 인간의 세상은 복잡하게 지각하는 것들에 감정적 가치를 부여하면서 시작되고, 우리는 양극성을 느끼면서, 도덕적 선택을 한다.

그래서 우리가 의식에 대해서 말할 때, 우리는 좋은 의식, 아니면 나쁜 의식이라고 하고, 그와 동시에 무의식에도 그와 반대되는 신호를 보낸다. 그런 경향은 모든 대극의 쌍에도 같이 행해진다. 우리가 대극의 쌍으로 가진 관점과 가치는 다른 극의 입장으로부터 취해진다. 다시 말해서, 의식의 본성이 무의식의 대극이기 때문에, 우리는 무의식으로부터 전적으로 바깥에 있을 수 없는 것이다. 그러므로 소위 의식적 관찰자의 객관적 입장이라고 부르는 것은 실제로는 같은 원형 안에서 이루어지지만, 그것과 반대되는 극으로부터 나오는 것이라는 점에서만 다를 뿐이다. 부정적 세넥스의 가장 예리한 계시는 그의 아들에게서 오는 것이 아닐까? 마찬가지로 부정적 뿌에르의 가장 객관적인 비판은 그의 아버지에게서 오는 것이 아닐까?

그러므로 뿌에르와 세넥스는 모두 긍정적이기도 하고, 부정적이기도 하다. 이 상(像)들이 야누스처럼 머리가 두 개인 원형을 만들기 때문에 우리는 그 두 개가 대극 구조를 이루고 있는 한, 어느 하나가 나쁘다고 하지 않으면서 다른 하나가 좋다고 할 수는 없다.

그럼에도 불구하고, 고전적인 뿌에르-세넥스의 투쟁에서처럼 양극성이 서로 반대되는 것으로 나누어지고, 서로가 서로를 향해서 투쟁할지라도, 그것들은 다시 가까워진다. 이렇게 근본적인 분열을 치유하기 위하여 대극을 화해시키는 것은 정신분석이 하는 주된 작업이다. 우리는 이렇게 화해시키려고 하면서 그것이 완전히 파괴되어 서로에게 등을 돌리기 전에 원형의 본래적 조건으로 되돌아가려고 한다.

여기에서 나는 화해의 중요성을 아주 강하게 강조하려고 한다. 화해시키려는 시도는 그것이 가져다 줄 성공이나 치료 때문이 아니라 각각의 시도가 우리에게 분열이 있음을 알게 하고, 그것을 통해서 치료가 시작되게 하기 때문이다. 서로 무관하거나 모순 속으로 들어가는 분열은 영혼을 찢으면서 떼어놓는다. 영혼 자체는 "제3의 요소"로 모든 종류의 대극의 한 가운데 자리잡고 있다. 그것은 언제나 천국과 지옥, 영과 살, 안과 밖, 개인과 집단 사이에서 반쯤만 존재한다. 그렇지 않으면 이 대극들은 그 바닥을 알 수 없는 깊이 속에 뭉쳐 있다. 영혼은 헤라클리투스의 칠현금(七絃琴)으로부터 융의 스펙트럼에 이르기까지 양극성을 조화시키고 있다. 그것이 정신적 관계이다. 그러나 지금 자아는 영혼을 대신하여 의식적 인격의 중심으로 되어서 긴장을 견디지 못한다. 자아는 그의 본래적 합리성 때문에 영혼이 감정적으로 연계시키고, 신화적으로 통합했던 것들을 분열시키는 것이다. 그래서 영혼은 혼란에 빠지게 되었는데, 영혼의 고통과 병은 원형의 찢겨진 상황을 말해준다.

우리는 이런 상황이 재통합을 촉구하는 신호로 양가성을 새롭게 생각하게 된다. 심리학에서는 종종 양가성을 부정적으로 생각해왔다. 그래서 그것을 조현병과 결부시키기도 하였다. "어슴푸레한 상태"라는 용어처럼 "양가성"이라는 용어를 자아의 잘못된 상태와 결부시켰던 것이다. 그러나 양가성은 자연스러운 것이다. 그것은 마치 정신적 전일성이 본래 모호해서, 그 빛이 어슴푸레한 상태와 같은 것이다. 양가성은 물론 어슴푸레한 의식이 심리학적으로 볼 때, 병리적인 것처럼 보일지라도 그 자체가 병리적인 것은 아니다. 양가성 속에서 사는 것은 예와 아니오, 빛과 어둠, 올바른 행위와 잘못된 행위가 너무 가까워서 구별하기 어려운 상태에서 사는 것을 의미한다. 그래서 심리학은 보통 이런 상태를 결단과 분화를 통하여 의식을 재확인함으로써 대처하려고 하였다. 자아를 굳건하게 하고, 강화시키려고 했던 것이다. 인생의 전반기나 나이든 때에도 감정이 혼합되어 있는 것에서 벗어나려고 했던 것이다.

그러나 결단하는 것에 길이 있는 것처럼 양가성에도 길이 있다. 그 길은 우리를 정신양(psychoïd)[14]의 수준으로까지 내려가게 하면서 원형을 전체성 안에서 이해하게 한다. 양가성은 사실 역설적인 것들과 상징의 더 심오한 것들을 포용하는데 더 알맞다. 그것들이 명확하고, 결정적이지 않은 양가적 감정을 풀어내는 것이다. 역설과 상징은 양극성의 공존과 논리적으로 모순이지만, 상징적으로 진실인 머리가 둘 달린 기본적 이중성을 나타낸다. 양가성은 이 전일적 진리에 대한 전체 정신의 적합한 반응인 것이다. 양가성을 지닌 것이 우리가 동시에 존재하는 두 실재의 얼굴을 보는 것인 반면, 양가성을 제거하는 것은 우리가 그런 역설을 볼 수 있는 눈을 제거하는 것이 된다. 나누어지지 않은 것은 합쳐져서는 안 된다. 그러므로 양가성을 지나치는 것은 자아의 통합 노력을 방해하는 것이 된다. 사람들은 양가성을 지니고 있음으로써 대극의 긴장으로서의 통합 안에 있기 때문이다. 이 길이 처음부터 전체적인 것을 통하여 반쪽만이 아니라 전체적으로 작업하는 길이다. 그 길은 더 느리고, 행동에 제약도 많을 것이다. 그래서 사람들은 상징적인 것들 속에서 어렴풋한 불빛 아래 어리석은 것처럼 손으로 더듬더듬할 것이다. 우리는 이와 같은 길과 비슷한 것을 노자에서 많이 발견할 텐데, 특히 다음 구절은 더 그렇다: "빛을 부드럽게 하고, 그 먼지와 같아지라."[15]

III. 세넥스

10세기 경 아랍의 점성술과 마술에 관한 책으로 중세 서구 사회에서도 널리 알려져 있던 피카트릭스(*Picatrix*)에 있는 새턴(Saturn)에 대한 기도로 시작하자.

> 고귀한 이름과 커다란 힘의 주인, 지고의 주인이여; 오, 주인 새턴이여: 당신, 차갑고, 불모이며, 음울하고, 유독함이여; 당신, 그 삶은 진지하고, 그 말은 믿을 만 하도다; 당신, 슬기롭고, 홀로이며, 아무도 꿰뚫을 수 없구나; 당신, 그 약속은 지켜진다; 당신, 약하고, 지쳐 있도다; 당신, 그 누구보다 더 많이 돌보았고, 쾌락과 기쁨도 모르도다; 당신, 나이가 들고, 꾀가 많으며, 기술의 대가이며, 속임수를 잘 쓰고, 영리하고, 사려분별이 있네; 당신은 번영을 가져다주지만, 망하게도 하고, 사람들을 행복하게 하지만, 불행하게도 하네! 그대, 나는 그대에게 맹세한다. 오, 지고의 아버지여, 당신의 위대한 자비와 너그러운 하사품으로 제가 청하는 것들을 들어주소서... [16]

다행하게도 우리의 출발점은 이중적이다. 크로노스-새턴은 한편인 것이다.

> 자비로운 농업의 신 ... 인간이 모든 것을 풍성하게 가졌던 황금기(黃金期)의 지배자 ... 도시의 빌딩들과 ... 축복 받은 이들이 사는 섬의 주인 ... 다른 한편, 그는 바다와 육지의 제일 끄트머리에 살고, 폐위되었으며, 외롭고, 음울한, "추방된 ... 지하계의 신", ... 저승(Tartarus)의 수인(囚人) 또는 보증인 ... 죽음과 죽은이들의 신이다. 한편에서 그는 사람들과 신들의 아버지이지만, 다른 편에서는 어린이들을 집어삼키고, 생고기를 먹으며, "모든 신들을 꿀꺽 삼키고", 모든 것들을 소멸시키는 이이다. ... [17]

새턴에 관한 워부르그 연구소의 믿을 만한 연구 결과에 의하면, 그리스의 신들 가운데서 크로노스처럼 그렇게 근본적이고, 실제적으로 이중적 측면을 가진 신(神)의 상(像)은 없다. 그래서 "본래 양가적인 구석이 없이 선하기 만한" 로마의 새턴의 모습이 나중에 덧붙여졌을지라도, 새턴의 복합적인 이미지에는 양극적인 핵이 남아 있다. 새턴은 원형의 노현자, 독립적인 지혜, 모든 긍정적인 도덕과 지성의 덕목을 지닌 오래된 바위로서의 라피스(lapis)의 이미지를 가지고 있으면서 동시에 거세된 식인귀(食人鬼)를 거세하는 '늙고 병든 왕'[18]이다. 그는 도시의 건설자로서 세계이면서 동시에 추방자로서의 비-세계이다. 그는 만물의 아버지이면서 동시에 모든 것을 소멸시킨다. 그는 그 자신의 가부장적 태도에 충만해서 아버지로 살고, 그의 부성(父性)을 가지고 싫증이 날 정도로 먹는다. 새턴은 긍정적이고, 부정적인 이미지를 둘 다 가진 세넥스인 것이다.

우리는 세넥스에 대해서 제일 처음 묘사한, 유명한 점성학-마술서 피카트릭스[19]로 돌아가는데, 그 이유는 점성학이 사람들의 성격적 특질에 대해서 제일 잘 묘사하기 때문이다. 점성학은 인간의 성격이 몇 가지 변하지 않는 특성들로 되어 있을 때, 그 어떤 분야보다 더 성격의 심리학적 배경에 대해서 잘 설명해준다. 인간의 성격을 유전, 기질, 덕과 악덕 등 고정된 성격적 관점으로 보는 것은 오늘날 성격이론과 정신병리론에서 그렇게 많이 찾아볼 수 없다. 성격이론과 정신병리론은 정신-역동, 학습이론, 조건화와 행동주의를 더 선호하는 경향이 있으며, 때때로 그것이 너무 극단적으로 나아가서 정신의 구조적 장애와 내인성적(內因性的) 장애도 타고나는 특성이 아니라 반동 형성에 의한 것이라고 보았다.[20] 그런데 점성학적 성격이론은 모든 것을 토성의 영향 때문으로 본다. 토성이 점성학의 "지배자"이기 때문이나. 그와 반면에 정신-역동은 수성적(水星的)이다. 거기에서는 그 어느 것도 미리 주어진 것이 없고, 모든 것은 변환 가능하다. 모든 한계는 극복될 수 있고, 조건들은 재학습, 행동치료, 충동강화와 정신-역동을 통해서 변화된다. 치료 자체의 뒤에 있는 추진력은 더 수성적인 낙관주의의 영향을 받지, 성격적 특성에 의해서 주어지는 운명적 한계를 생각하는 토성적 태도의 영향을 받지 않는다. 정신적 기질이 타고나는 것임에도 불구하고 말이다. 여기에서 타고난다는 것은 탄생, 즉 점성학적인 것과 동시성적이라는 사실을 의미한다.

그러나 토성(土星)의 비관주의에는 더 깊은 함축이 들어 있다. 성격에 있는 덕성과 악덕이 변화될 수 있지만, 그것들은 한 사람의 본성에 원죄(原罪)의 선물처럼 깃들어 있기 때문에 치료를 통해서도 완전히 사라지지 않는다. 사람들이 타고나는 성격의 구조는 그에게 카르마(karma)로 작용하고, 성격은 운명이다. 따라서 점성학에서 말하는 세넥스의 성격 묘사는 세넥스에 의한 세넥스의 진술이 된다. 그것은 내면으로부터의 기술(記述)이고, 성격학적 한계 때문에 다 말하지 못하는 인간의 본성에서 나온 조건에 대한 자기-기술이다. 그런데 지혜는 그 한계들 때문에 받을 수밖에 없는 고통을 통해서 온다.

우리는 점성학, 유머(humor)라는 의술, 민간전승과 도상학 및 신화들로부터 세넥스의 원형적 이미지인 크로노스-새턴의 중요한 특성을 추려낼 수 있는데,[21] 그의 이중성에 대해서는 이미 언급한 바 있다. 점성학에서 이 이중성은 전통적으로 출생 도표에서의 토성의 자리에 대한 검토를 통해서 이미 알고 있는 사실이다. 그 자리에서 그의 본성에 타고난 선악의 축이 확인되는 것이다. 그의 성격은 차가울 텐데, 그 차가움은 거리(距離)로 나타날 수 있다. 외로운 방랑자는 떨어져 있고, 추방당하는 것이다. 그의 차가움은 차가운 현실을 나타내기도 한다. 사물들은 그 자리에 있는데, 새턴은 현실의 끄트머리에 있다. 그는 저승의 주인으로, 세상을 바깥으로부터, 그가 보는 거리의 깊이로부터 본다. 말하자면 모든 것을 뒤집어엎고, 구조적이고, 추상적으로 보는 것이다. 구조와 추상에 대한 그의 관심은 그것이 시간, 계급, 정확한 과학, 체계, 한계와 경계, 힘, 내성과 반성을 통한 것이거나 그것이 주는 기반과 형태를 통한 것이거나 상관없이 그를 질서의 원리로 만든다. 또한 차가움은 느리고, 무겁고, 답답하고, 건조하거나 냉습하다. 그러나 언제나 슬프고, 우울하며, 병적 우울감이 매우 짙은 기분들로 나타나는 짙고, 느리고, 무거운 것들을 더욱더 굳게 만든다. 따라서 그는 검고, 겨울이며, 밤이다. 그러나 그의 날인 토요일 때문에, 그는 거룩한 일요일의 빛이 돌아오는 전령이기도 한다. 성욕과 그의 관계도 이중적이다: 그는 한편으로는 성욕을 마르게 하고, 성적 불능으로서 독신자와 고자(鼓子)의 보호자이지만, 다른 한편으로는 개와 호색적인 염소로 나타나기도 한다. 그래서 그는 농업을 창안한 다산의 신, 땅과 농부의 신, 수확의 신, 농신제(農神祭)의 신이고, 열매와 씨앗의 지배자이다. 그러나 수확도

하나의 무대이다: 다 익은 산물(産物)과 수확은 또 다시 이중적으로 될 수 있는 것이다. 새턴의 방패 아래, 수확은 탐욕과 독재의 특성을 보일 수 있는데, 거기에서 수확은 그것들이 언제나 없어지지 않게 하면서 인색한 돈주머니에 넣는 작업이 될 수 있다. (그래서 새턴은 동전, 화폐 주조, 부를 관장하는 신이기도 하다). 여기에서 우리는 새턴의 인색, 폭식, 강탈의 특성을 보는데, 힌두교에서는 "세상을 집어삼키는" 보가(bhoga), 중동지방의 몰록(Moloch; 암몬족의 신으로 어린이를 희생제물로 받았고, 그 제의는 아주 잔인하게 시행되었다—역자 주)[22]과 동일시하기도 한다. 긍정적인 측면에서 그는 극단적 희생을 요청해서 아브라함이나 모세로 이해될 수도 있다. 그는 극단적인 것을 요청한 부족장적 멘토였기 때문이다.

그의 여성과의 관계는 다음과 같은 짧은 말로 설명되었다: 토성 아래서 태어난 사람은 "여성들과 같이 걷고, 시간 보내기를 좋아하지 않는다." "그들은 여성이나 아내를 좋아하지 않는 것이다." 그래서 새턴은 과부, 무자식, 고아, 어린이—유기 등과 관련되고, 새로 태어나는 아이를 잡아먹기 위해서 출산 자리를 지킨다. 새로운 생명을 얻는 모든 것은 세넥스의 먹이가 되는 것이다. 오래된 태도와 습관은 새로운 내용들을 동화시키며, 그때 모든 것들은 영원히 변하지 않는다. 그것이 그 자신의 변화의 가능성을 잡아먹기 때문이다.

그의 도덕적 측면은 양면적이다. 그는 말에서 정직과 속임수를 주재하고, 비밀과 침묵—수다스러움과 중상모략—을 주재한다. 그리고 그는 충성과 우정뿐만 아니라 이기주의, 잔인성, 교활, 절도, 살인을 주재한다. 그는 정직하게 계산하지만, 사기를 치기도 한다. 그는 거름, 옥외 변소, 더러운 셔츠, 좋지 않은 포도주의 신이면서 동시에 영혼의 정화제이다. 그의 지적 특성에는 천사학이나 신학 및 예언자적 열광 같은 매우 밀교적인 비밀뿐만 아니라 우울증을 유발하는 영감 받은 천재, 관조(觀照)를 통한 창조성, 과학과 수학에서 하는 심사숙고 등이 포함된다. 그는 코끼리 등에 올라앉은 인도의 노인이며[23], 노현자이고, 어거스틴이 이단자와 논쟁할 때 새턴이 끌어들인 자라고 한 "현명한 창조자"이다.[24]

이런 확충을 통해서 세넥스 원형을 현상학적으로 기술할 수는있지만, 그것이 심리학이 될 수는 없다. 심리학이 원형적 주제들에 기초를 두고 있지만, 심리학은 우리가 가진 콤플렉스를 통해서, 그 안에서 정동적 실재로 체험되는 이 지배적인 것들이 우리 삶을 이끌고, 형성하는 것으로 느껴질 때 시작된다. 세넥스는 그 어떤 콤플렉스의 핵(核)에도 자리 잡고 있으며, 그 심리학적 과정이 마지막 국면으로 넘어갈 때 그 어떤 태도에도 관여한다. 우리는 다음과 같은 이미지들이 보여주는 것처럼 세넥스는 생물학적 노화와 관계되는 것이라고 생각한다: 메마름, 밤, 차가움, 겨울, 수확 등은 시간의 과정과 자연의 과정에서 온 것이다. 그러나 더 정확하게 말하자면, 세넥스 원형은 단순한 생물학적 노화를 넘는 것이며, 처음부터 정신 전체와 정신의 각 부분 안에 있는 질서, 의미, 목적론적 성취－그리고 죽음－의 잠재성으로 주어진다. 그래서 세넥스가 가져오는 죽음은 생물학적인 것만이 아니고, 완성과 질서를 통해서 오는 죽음이다. 그것은 성취와 충족의 죽음이고, 그 어떤 콤플렉스나 태도 안에 있는 힘 속에서도 커가는 죽음이다. 왜냐하면 그 심리적 과정은 습관적이고, 지배적으로 되면서－그러므로 다시 무의식화되면서－의식을 통해서 질서를 만들며 성숙하기 때문이다. 역설적이게도 우리는 우리가 가장 잘 의식하고 있는 곳에서 제일 덜 의식적이다. 우리가 자아-충족적이고, 습관적이며, 가장 확실하다고 느끼고, 가장 잘 안다는 것의 지배를 받을 때, 우리는 가장 덜 반성적으로 되고, 깨닫지 못하는 것이다. 빛 가까이 가면, 우리 시야는 제일 짧아지는 법이다. 우리는 가장 가까운 이웃들에게 파괴적일 수 있는데, 그것은 우리의 자아-중심성이라는 빛에서 비롯된 그림자 때문이다. 자아가 그 자신의 빛 바깥에 있으면, 그림자를 만든다. 자아는 그 자신의 그림자인 것이다. 어쩌면 자아가 그림자인지도 모른다. 그러므로 세넥스는 우리 자신의 자아-확신, "나는 알고 있어"라고 말할 수 있는 자아-집중성의 번쩍거리는 딱딱한 껍데기가 끌고 다니는 죽음의 세력을 나타낸다. 왜냐하면 그것은 알고 있으며, 그 지식은 힘이기 때문이다. 그것은 메말라 있고, 차가우며, 그 경계는 그 자신의 명확성으로 둘러쳐져 있다.

의식이 경직되는 과정은 늙은 왕[25]이라는 상징으로 표상되어왔다. 늙고 병든 왕은 부정적 라피스, 다시 말해서 돌처럼 된 라피스를 나타내는 연금술적 이미지이다. 사람들은 이 마지막 국면에서 여성성이 부족하게 되어 차갑고, 메마르게 된다. 삶을 윤택하게 하는 영약(靈藥)은 흘러나오지 않고, 황폐하게 되면서 부정적 색조(色調)가 주위를 얼룩지게 한다. 자아는 이런 세넥스적 상황에서 불평을 쏟아 내는데, 세넥스적인 자아가 다른 사람들의 "태도가 잘못되었다"고 하면서 손가락으로 톡톡 치며 도덕적-교육적 훈육을 하는 것이다. 그렇게 의식이 자신에게 집중되는 것은 자아의 잘못이다. 자아의 권력욕이 의식의 귀를 닫게 하고, 자신의 관점을 독선적으로 몰고 가는 것이다. 그때 자아는 삶으로부터 자신을 떼어내고, 너무 합리주의적이거나 일방적인 태도를 취한다.

자아와 세넥스의 관계에 대해서 다시 생각해보자. 우리는 방금 확충을 하면서 세넥스는 모으고, 저장한다고 하였다. 세넥스는 선험적으로 차가움과 딱딱함의 원형적 원리이고, 생명으로부터 멀어지게 한다. 세넥스는 응고와 기하학적 질서의 원리로서 마르게 하고, 질서를 잡아준다. 세넥스는 "도시를 건설하고", "돈을 만들며", 감정이 충만한 정동의 해체하는 축축함을 극복하면서 굳게 하고, 형태를 만들고, 쓸모 있게 한다. 자아를 불확실한 원리에서 벗어나게 하고, 희미한 빛 같은 혼돈과 의심에서 벗어나게 하는 것도 세넥스의 확실성이다. 세넥스에 권위를 부여하고 궁극적으로 독재자가 되게 하는 것은 자아가 아니다. 오히려 자아는 세넥스 원형과 관계를 가지면서 잠시 권위를 부여 받을 수 있다. 심지어 자아가 스스로를 의식의 지배적인 권위자로 생각하게 하는 것도 원형적인 세넥스로부터 나온다. 노현자와 늙은 왕은 자아가 생기기 전, 태초부터 존재하였고, 그 내용들을 지식 안에 의미 있게 구조화하고, 의지의 통제 범위를 넓히는 등 자아의 형성 과정을 신비로울 만큼 체계화하는 것을 지배한다. 융이 "삶의 단계들"에 대해서 말하면서 지적하듯이, 자아가 있다는 사실은 사람이 무엇을 알게 되었다는 말과 같은 말이고, 어린아이에게 자아가 형성되는 순간부터 앎이 시작된다.[26] 이런 앎은 자아가 "나는 안다"고 하는 것보다 앞선다. 인식 능력은 인식을 앞서고, 인식은 다시 자아-주관성보다 앞선다. 자아는 결코 "무로부터 나오는" 것이 아니다. 자아는 그의 주의를 그 주변에 스포트라이트를 비추는 것처럼 돌리면서 이 세계를 실재하게 하며, 세계를 인식한다. 자아는 인식하는 의식의 선재하는 단편으로부터 "마치 죽 늘어선 섬들이나 군도(群島)가 하나씩 보이는 것처럼" 조금씩, 조금씩 형성된다.[27] 자아가 인식하는 것보다 앞서고, 의미를 주며, 단편적으로 빛나는 의식에 질서를 부여하는 어떤 것이 있는데, 그 "어떤 것"은 자기(Self)이다. 자기의 또 다른 이름은 의미의 원형[28] 또는 노현자이다.

그러므로 우리는 세넥스가 처음부터 자아-형성의 원형적 뿌리로 존재하였다는 결론을 내릴 수 있다. 세넥스는 자아의 경계를 명확하게 해서 정체성을 확립하게 하면서 자아를 굳건하게 하고, 의식과 연합하여 모든 것을 탐욕스럽게 집어삼키면서 자아를 확장하고("모든 신들을 집어삼키고"), 습관, 기억, 반복, 시간을 통해서 자아가 지속적으로 되게 한다. 우리가 자아를 묘사하는 이런 특성들—경계선을 획정하는 정체성, 의식과의 연합, 지속성—들은 각각이 세넥스인 크로노스-새턴의 속성들이다. 영의 주재자(主宰者)로서 세넥스는 영에 확실성을 준다. 그래서 우리는 자아의 발달은 자아 안에 질서와 강인함을 주는 세넥스 영(靈)의 현상이라고 말할 수 있다. 그런데 그것은 자아 에너지의 본능적 원천인 것처럼 매우 강압적—영웅의 프로메테우스적인 추진력도 마찬가지이다—이다. 우리는 여기에서 프로이드의 타나토스라는 관념을 떠올리게 된다.

부정적인 세넥스는 자아의 잘못이 아니기 때문에 자아에 의해서 고쳐질 수 없다. 부정적인 세넥스의 문제는 (마치 자아가 더 잘해야 한다거나, 더 예의바르거나, 아니면 겸손하거나, "의식적이어야 한다" 등) 도덕적 태도의 문제가 아닌 것이다. 더구나 그것은 시대에 뒤떨어진 생각의 문제이거나 (마치 자아가 시대에 맞춰가야 하거나), 생물학적인 활성화의 문제이거나 (마치 자아가 제대로 되고, 적극적으로 되어야 하거나), 여성성의 부재 때문도 아니다. 이런 자아의 문제들은 결과이지 원인이 아닌 것이다. 그것들은 자아의 원형적 기반에 있는 선험적 장애를 반영하는 것이다.

자아의 문제의 기반에는 세넥스-와-뿌에르가 있다. 그것은 한편으로 구조적인 것이고, 다른 한편으로는 기동력의 문제이다. 그러므로 그것들은 합쳐져서 자아에게 소위 창조력과 의도성을 부여하고, 그렇지 않으면 영적인 의미 충만함을 가져다 준다. 이 기반에 있는 이중성이 양극으로 나누어지면, 우리는 교대로 하나의 반쪽과 다른 반쪽에 긍정적인 가치와 부정적인 가치의 지배를 받을 뿐만 아니라, 더 근본적으로는 부정성의 지배를 받게 된다. 분열된 원형과 그 결과들의 영향을 받는 것이다. 그때 자아-의식은 원형적 실재인 신들로부터 떨어져 나오게 된다.

더 나아가서 우리는 부정적 세넥스는 그 자신의 뿌에르적 측면으로부터 분할된 세넥스라고 결론지어야 한다. 그는 그 자신의 "아이"를 잃어버린 것이다. 이제 나누어진 원형적 핵(核)은 그 자신의 본래적 긴장과 본래적 양가성을 잃어버렸고, 그 자신의 광휘(光輝)를 잃어버렸다. 그래서 부정적인 검은 태양(*Sol Niger*)으로서의 그 자신의 어둠까지 잃어버렸다. 모든 권위 있는 것은 아들의 열정과 사랑이 없으면, 그 이상(理想)도 잃게 된다. 그래서 그것은 오직 독재와 회의(懷疑)로 이끌리면서 그 자신만 영속시키려고 한다. 의미는 체계와 질서만 가지고서는 지탱될 수 없다. 그런 영은 일방적인 것이고, 일방성은 절름발이다. 그때 존재는 흐르지 않게 되고, 충만은 불가능해진다. 완곡하게 말해서 "경험"이라고 부르고, 더 자주 세속 역사를 경직되게 하는 시간이 모든 것을 관장하게 되고, 진리를 증언하기도 한다. 그래서 진리는 시간의 딸이라는 말도 있다. 사람들은 언제나 새 것을 옛 것보다 더 좋아한다. 싱싱한 에로스가 없는 성욕은 호색이고, 쇠잔은 불평거리이며, 창조성이 없어지고, 편집증적 외로움만 남는다. 콤플렉스는 씨앗을 만들거나, 씨를 뿌릴 수도 없어서 마치 자기 자녀들을 기르는 것처럼 다른 콤플렉스들을 자라게 한다. 자신의 아이나 어리석음으로부터 떨어지면, 콤플렉스는 우리에게 말할 것이 아무것도 없게 된다.[29] 어리석음과 미숙성이 다른 사람들에게 투사되는 것이다. 어리석음이 없으면, 지혜도 없고, 오직 진지하고, 우울하며, 학술적 창고에 쌓거나, 힘처럼 행사하는 지식만 남게 된다. 그때 여성적인 것은 비밀 속에 갇히고, 침울의 여신,

즉 새턴의 악취를 풍기며 죽어가는 콤플렉스에서 흘러나오는 분위기처럼 음울한 배우자가 된다. 인격의 통합은 인격을 다스림을 통해서 이루어진다. 스스로를 다스림으로써 통일을 이루고, 굳은 원리를 똑같이 반복하면서 성실성을 길러야 이루어지는 것이다. 그렇지 않을 경우, 뿌에르 측면이 다시 일깨워져서 강박적인 콤플렉스 때문에 사랑에 빠지게 된다(비너스는 새턴에서 절단된, 이루어지지 않은 성욕의 상상적인 거품, 즉 억압된 환상으로부터 태어났다).

이제 세넥스에 대해서 요약해 보자: 원형의 지배력은 처음부터 존재하며, 우리는 그것을 "나는 알아요", "내 것이에요"라고 하면서 자신의 존재를 다해서 강력하게 주장하는 작은 아이에게서도 찾아볼 수 있다. 우리는 아이들을 불쌍해하지 않아도 되고, 아이들은 독재자인 것이다. 그들은 자기가 만든 것들을 부수며, 아이들은 약해 보이지만 구강기적 환상 속에 살면서, 자신의 경계선을 지키고, 다른 사람들이 설정한 한계들을 시험한다. 아이들 속에도 세넥스가 살아 있지만, 세넥스 영은 우리가 사용하는 기능과 우리가 가진 태도와 정신의 콤플렉스가 그의 전성기를 지나서 응고하기 시작할 때, 제일 뚜렷하게 드러난다. 세넥스가 잘 떨어지지 않게 하고, 짙게 하며, 천천히 미친 것처럼 우울하게 하는 것—납 중독에 걸린 광기—은 콤플렉스 안에 있는 새턴이다. 새턴이 콤플렉스가 파괴되지 않고, 영원히 지속되는 것 같은 느낌을 주는 것이다. 새턴은 여성적인 것을 금지하고, 안으로 들어가게 하며, 소외시키면서, 콤플렉스를 생명과 여성적인 것으로부터 떼어낸다. 이렇게 세넥스는 우리의 완고한 습관 뒤에 숨어 있고, 그 습관을 끈질기고 지속되게 하면서 우리의 운명으로 되게 한다.

세넥스는 하나의 콤플렉스로서 사람들이 노인의 치렁치렁한 토가(toga: 로마 시대에 입었던 헐렁하게 늘어진 옷—역자 주)를 입기 오래 전부터 꿈에 나타난다. 세넥스는 꿈꾼 이의 의식을 학생으로 만들면서 꿈에서 아버지, 멘토, 노현자로 나타나는 것이다. 세넥스가 강조될 때, 그는 그 어느 곳이든지 마비시키면서 그에게로 모든 힘을 끌어당기는 듯하고, 사람들은 신탁이나 비전의 소리를 듣기 위해서 무의식에 상의하여 도움을 받지 못하면 아무 결정도 내리지 못한다. 이런 상담이 꿈이나 계시로부터 오는 듯하지만, 그것은 그 문화의 표준 규범으로부터 오는 것처럼 집단적이다. 그런데 의미 있고, 총명한 말, 심지어 영적 진리도 좋지 않은 조언(助言)이 될 수 있다. 이런 표상들 – 아버지, 나이든 사람, 멘토, 노현자 – 은 꿈꾼 이의 체험을 뛰어넘는 지혜와 권위를 준다. 그래서 그것들은 그를 사로잡아서 그에게 무의식적 확실성을 가지고 그의 나이보다 더 현명하게 행동하게 하고, 그 나이 또래에 있는 사람의 의견들을 참지 못하게 하며, 그보다 나이가 많은 사람들에게 인정받으려고 애쓰게 한다.

또한 세넥스 영은 사람들이 창조적 명상을 통하여 궁극적 의미에 대해서 탐구하고, 운명과 관계 맺으며, 가장 심오한 "왜"라는 질문을 던질 때, 그 어떤 태도나 콤플렉스에도 영향을 준다. 그때 외부의 힘에서 벗어난 습관적 태도의 껍데기는 알곡으로 된다. 그러나 이 작은 씨의 한계 안에 갇힌 것은 모두 콤플렉스의 힘 때문이다. 그러므로 금욕이나 정화의 우울한 기분에서 벗어나 모든 것이 사라지는 지점으로 돌아가면, 세넥스는 상실의 어둡고, 추운 밤에 미래와 더불어 외로운 대화를 나눈다. 그때 세넥스 영의 예언자적 천재성은 추수하는 큰 낫의 파괴적인 날 뒤에 있는 것을 보여주고, 그가 벤 낟알로부터 푸른 새싹이 돋는 것을 보여준다.

부정적-긍정적 크로노스-새턴이 상(像) 속에 있는 이 이중성은 모든 사람의 삶에 어려운 문제들을 안겨준다. 어떻게 나의 태도에 있는 늙은 왕은 변할 것인가? 나의 지식은 어떻게 지혜로 바뀔 것인가? 나는 어떻게 나의 경계에 있는 불확실성, 무질서, 비상식적인 것들을 받아들이는가? 우리는 어떻게 역사적 전환기에 영향을 주는 이 주제들을 가지고 작업을 할 것인가?

우리는 긍정적 세넥스와 부정적 세넥스 사이의 차이를 한쪽에서는 힘을 가진 늙은 왕과 세속적인 뿌에르-영웅의 말기적 단계의 외향성, 다른 한쪽에서는 지식을 가진 노현자와 성스러운 뿌에르-메시아의 말기적 단계의 내향성 사이에 있는 차이의 문제라고 너무 쉽게 생각한다. 그러나 우리는 이미 추장과 주의(呪醫)라는 지배적 세넥스의 보편적 이중성으로 나타나는 크로노스-새턴의 이중적 이미지를 지닌 원형적 구조를 알기 때문에 이렇게 단순하게 주장할 수 없다. (이 상들은 질서와 의미라는 두 가지 길을 가진 세넥스의 내적 양극성을 나타내는데, 그 어느 것도 그 자체로 긍정적이거나 부정적인 것이 아니기 때문이다). 그런 지나친 단순화는 세넥스의 이중성이 그것보다 더 기본적인 원형적 양극성인 세넥스-뿌에르 원형에 기초를 두고 있기 때문에 주장될 수 없다.

그러므로 "어떻게 살아야 하는가?"를 묻게 하고, 우리의 개인적인 삶의 문제와 직결되면서 괴물과 지혜 또는 "부정적인 세넥스"와 "긍정적인 세넥스"라는 용어로 말해지는 중요한 정신적 문제는 같은 원형 안에 있는 세넥스와 뿌에르 사이의 근본적 분열로부터 파생되는 것이고, 새 천년기의 증상들을 결정할 것이다. 긍정적인 세넥스의 태도들과 행동이 그 원형의 일치를 나타낸다면, 부정적인 세넥스의 태도들과 행동은 원형의 분열의 결과인 것이다. 따라서 "긍정적인 세넥스"나 "노현자"라는 용어는 뿌에르의 변환된 연속을 가리키는 것이다. 우리는 여기에서 우리가 살펴보는 주제의 첫 번째 부분의 논지에 도달한다: 부정적인 세넥스와 긍정적인 세넥스의 특성의 차이는 세넥스-뿌에르 원형의 분열 또는 관계의 반영이다.

IV. 뿌에르

분석심리학에서 '영원한 소년'(*puer aeternus*)이라는 말은 세넥스라는 용어와 달리 광범위하고, 자유롭게 사용된다. 그 단어는 융의 저술(1912)[30] 초기부터 나타났고, 그 이래 융과 다른 사람들에 의해서 다양하게 발전하였다.[31] 우리는 특히 뿌에르의 상(像)과 그것의 문제에 대한 마리-루이제 폰 프란츠의 작업에서 많은 도움을 받았다.[32] 단일한 원형은 하나로 합쳐지려는 경향이 있다: 영웅, 신적인 아이, 에로스 상, 왕의 아들, 태모의 아들, 영혼의 안내자, 메르쿠리우스-헤르메스[33], 트릭스터, 메시아 등은 하나로 합쳐지려고 하는 것이다. 우리는 영원한 소년 안에서 이 "인격"들이 연금술적으로 펼쳐지는 것을 본다: 자기애적이고, 영감을 주며,

남자답지 못하지만, 남근적이고, 호기심 많고, 창의력이 많으며, 생각이 많고, 소극적이며, 불같고, 변덕이 많은 성격을 보는 것이다. 더 나아가서 뿌에르에 대한 묘사는 그것이 긍정적인 것이든지 부정적인 것이든지 원형적 배경과 신경증적 분위기가 뒤섞여 있고, 분명하게 구별되지 않아서 복잡하게 그려진다. 이제 영원한 소년의 중요한 정신현상에 대해서 살펴보자.

영원한 소년이라는 개념은 초월적이고, 영적인 힘을 의인화하거나 그 힘과 특별한 관계에 있는 원형적 주상(主想)을 가리킨다. 뿌에르 상(像)은 인간의 정신에 있는 영적 측면의 화신(化身)이며, 뿌에르의 충동은 영으로부터 오는 메시지이거나 영으로의 부름으로 생각될 수 있다. 어떤 사람의 삶에서 집단적 무의식이 주로 부모의 상으로 나타나면, 그가 행동으로 나타내는 뿌에르적인 태도와 충동은 오염된 모습을 보이면서 어머니의 아들(mother's boy)이거나 아버지의 아들(fils du papa)로 나타난다. 그는 청소년 상태를 벗어나지 못하고, 임시적인 삶을 사는 것이다(임시적인 삶은 영원한 소년의 특징적인 태도로서 어떤 일을 하든지 실패할 것을 두려워하면서 전력투구하지 않고, 뒤로 빼는 태도이다 – 역자 주). 그때 겉으로 드러난 신경증적인 분위기는 뒤에 있는 원형적 배경을 흐릿하게 가린다. 청소년기를 부정적이고, 짜증 내면서 보내고, 아무 발전도 없고, 현실과 실세로 집촉하지 못하면서 사는 것은 뿌에르의 전형적인 문제이다. 그들이 신경증적인 부모와의 관계 때문에 영적인 것과 관계를 제대로 맺지 못했기 때문이다. 그때 뿌에르가 느끼는 초월에의 부름은 왜곡돼서 가정의 문제에서 벗어나 콤플렉스 안에 살면서 그의 부모를 구원하거나 부모의 메시아가 되려고 한다. 그러나 그것은 진정한 부름이 아니고, 약물 복용이나 자살 시도 같은 저돌적인 것으로 나타나기도 한다.

하지만 부모 콤플렉스가 원형적 뿌에르 상(像)의 절름발이 같고, 무능하며, 거세된 것 같은 모습에 대한 책임을 전적으로 다 져야 하는 것은 아니다. 이런 장애는 뿌에르가 하는 모든 일들의 초기부터 나타나는 특별한 연약성과 무기력의 원인이 된다. 이카로스-가니메데(Ganymede: 그리스 신화에 나오는 트로이의 미소년으로 신들의 술잔을 담당하였다 – 역자 주)의 비상(飛上)과 추락은 그들 안에 내재해 있는 이런 수직적 일방성을 보여준다.[34] 뿌에르의 집은 땅에 있지 않아서, 그는 땅에서 약하다. 사물들은 침입으로부터 생겨난다. 그것들은 뿌에르의 선물로서 그 사람 속에 위에서부터 내려오거나, 꽃이나 대추야자처럼 땅에서 솟아난다. 그러나 처음에는 어려움이 많다. 그래서 어린아이는 위험에 처하고, 곧 포기한다. 우리가 "현실"이라고 부르는 시-공의 연속체인 수평적 세계는 그의 세계가 아닌 것이다. 그래서 새로운 것은 이 세상에서 태어나는 것이 아니기 때문에 죽기 쉽고, 죽음은 영원 속에서 새로운 것을 확증해 준다. 그에게서 죽음은 중요한 문제가 아니다. 뿌에르는 그가 또 다른 때 다시 새롭게 출발하면서 올 수 있다는 느낌을 주기 때문이다. 필멸성은 불멸을 가리키기도 한다. 뿌에르의 위험은 언제나 "현실"의 비현실성을 높이고, 수직적 관계를 강화시키는데 있다.

뿌에르에게 목표에 대한 비전과 목표 자체가 하나이고, 영에 수직적이고 직접적으로 접근하기 때문에 그는 날개를 단 듯이 빠르고, 급하게-심지어 지름길을 가는 듯이-달려간다. 뿌에르는 시간을 보아가면서 천천히, 돌아가지 않는 것이다. 그는 때를 살피고, 기다리지 못한다. 그가 쉬어야 하거나, 현장으로부터 물러나야 할 때, 그는 시간과 조화를 맞추지 못하고, 세월이 지나가는 것에 대해서 안절부절하지 못하는 것 같다. 그가 방황할 때, 그는 오디세우스처럼 어느 곳에도 정착하지 못하고, 무엇인가 체험하지 못하면서 정신적으로 방황하는 것 같다. 그는 무엇인가를 써버리거나, 붙잡으려고 하며, 불태우거나, 행운을 잡으려고 한다. 그러나 집에 가려고는 하지 않는다. 그에게는 그를 기다려줄 아내도 없고, 이타카에 그의 아들이 있는 것도 아니다. 그는 세넥스처럼 들을 수 없고, 배우지도 않는다. 그러므로 뿌에르는 반복과 일관성을 통해서 어떤 것이 얻어지는지에 대해서 이해하지 못하는 것 같다. 즉 그는 일을 통해서, 그렇지 않으면 앞뒤로 움직이고, 왼쪽과 오른쪽으로 움직이며, 들어가고 나오면서 무엇을 얻을 수 있는지 알지도 못한다. 그것이 수평적인 세계의 미궁 같은 복잡성을 통해서 한걸음, 한걸음 앞으로 나아가면서 무엇인가 미묘한 것을 만드는 것인데 말이다. 이런 가르침들은 그의 날개 달린 발뒤꿈치에서 힘을 뺄 뿐이다. 왜냐하면 그곳이, 즉 그의 아래와 뒤가 특별히 취약한 부분이기 때문이다. 그는 어쨌든 걸으려고 하지 않고, 날으려고 한다.

영과의 직접적인 관계는 태모를 통해서나 태모에 의하여 잘못 인도될 수 있다.[35] 뿌에르적인 인물들은 종종 그들을 영의 운반자로 삼으면서 사랑하는 태모와 특별한 관계를 맺어서, 뿌에르와의 근친상간 관계는 그녀-뿌에르들도 마찬가지이다-를 고취시켜서 과도한 엑스타시 상태로 이끌어가고, 파괴시킨다. 또한 그녀는 뿌에르들에게 욕망의 불을 붙이고, 그 불길에 부채질하면서 이 수평적 세계, 즉 그녀의 물질적 세계에 희망적 관점을 품게 하고, 정복할 수 있다고 부추긴다. 뿌에르의 충동은 그녀의 영웅-연인이나 영웅-살인자가 돼서 우리가 신경증적이라고 부르는 영적 과장으로 이끌면서, 태모 원형과 뒤엉켜서 강화된다. 이런 과장 가운데서 주목해야 하는 것은 변덕스러운 기분과 영이 기분에 의존되어 있다는 점이다. 그것들은 그들이 자주 쓰는, 높이와 깊이, 영광과 절망 같은 수직적 언어에서 잘 드러난다. 우리는 아티스를 위한 축제의 메아리에서도 그것을 들을 수 있다.[36]

영원한 영은 그 자체로 자족적이며, 모든 가능성을 품고 있다. 세넥스가 시간이 지나면서 완전해지는 것처럼 뿌에르는 본래 완전하다. 따라서 뿌에르에게는 발달이 없다. 발달에는 부침과 가능성의 제한 등 권력의 이양을 의미하기 때문이다. 그래서 뿌에르는 이런 가변성 때문에 세넥스처럼 근본적으로 발달하지 않으려고 한다. 모든 것을 알고, 아무것도 필요하지 않다고 하는 이런 자기-완결성은 모든 콤플렉스에서 발견되는 자급자족적이고, 소외된 상태의 진정한 뒷면이고, 자기애적 태도에서 잘 볼 수 있다. 남성성과 여성성이 너무 완벽하게 결합돼서 그 어떤 것도 필요로 하지 않는 천사 같은 헤르마프로디테적 특질인 것이다. 그러므로 거기에서는 그 어떤 마술적인 뿌엘라(puella: puer의 여성형-역자 주)나 모성상도 필요 없다. 그것들이 자신의 원형적 본질과 그 자신이 예외적으로 양성구유적 통일을 이룬 상태를 깨뜨리지 않는 한 필요 없는 것이다. 거리감과 냉담, 허무감, 돈환의 바커스적인 성욕, 동성애 등은 모두 이렇게 영과 원형적으로 특별한 관계를 맺은 것으로부터 파생된 것처럼 보인다. 그런데 그것은 이상적인 파란 불꽃을 보이면서 타지만, 인간관계에서는 아무 결실도 맺게 하지 못한다.

영원성은 변하지 않기 때문에 뿌에르가 지배하는 것은 나이를 먹지 않는다. 그래서 그의 얼굴은 시간의 흐름을 보여주는 성숙한 얼굴이 아니다. 그의 얼굴은 원형적으로 주어진 보편적인 얼굴이라서, 마주할 수 없고, 오직 개인적으로 직면해야 한다. 그는 남근적 기사, 생각이 많은 시인, 메신저와 같은 자세를 취하는데, 적응을 잘하는 페르조나는 가지고 있지 않다. 영의 계시는 영원히 유효한 진술이고, 언제나 선한 것이지만, 인격 안에 개인적으로 자리 잡지 못한다.

그러나 그것은 얼굴이 없는 모습으로 정신을 붙잡는다.[37] 뿌에르는 정신의 대극이기 때문에 정신은 뿌에르에게 압도당한다. 뿌에르 영은 거의 심리학적이지 않고, 영혼도 거의 없다. 뿌에르의 "예민한 감성"은 유사심리학적인 것이고, 헤르마프로디테적 유약성에서 비롯된 것이다. 뿌에르는 무엇인가를 찾고, 모험을 감행한다. 그에게는 통찰력이 있고, 심미적 직관이 있으며, 영적 야망이 있다. 그러나 그것들은 모두 심리학적인 것이 아니다. 심리학은 시간, 영혼의 여성성, 뒤엉키는 관계성을 요청하기 때문이다. 오히려 뿌에르의 태도는 심리학보다는 미학적 관점을 나타내면서 아름다운 이미지나 광대한 시나리오로서의 세계를 보여준다. 거기에서 삶은 문학이 되고, 지성이나 과학의 모험 또는 종교나 행동의 모험이 된다. 그것들은 언제나 비반성적이고, 비관계적인 것이라서 심리학적이지 않다. 그것은 "관계를 맺지 못하게" 하고, 그릇으로부터 증발하게 하는, 콤플렉스에 있는 뿌에르이다. 응고시키지 않고, 해체시키는 것은 뿌에르의 원리인 것이다. 그런데 비반성적인 것은 강박적이거나 탐욕적으로 되게 한다. 그 어느 콤플렉스 안에 있는 뿌에르도 구강기적 허기(虛飢)나 유아적 전능감 뿐만 아니라 원형적인 측면에서 볼지라도 이 세상은 영의 요구를 충족시키거나 영이 바라는 아름다움을 맞춰주지 못하기 때문에 콤플렉스를 몰아가고, 빠르게 움직이게 하며, 너무 많은 것을 바라고, 너무 멀리 나아가게 한다. 그러나 영원한 체험에 대한 허기는 사람들을 세속적인 것들에 빠지게 한다. 뿌에르 영이 대중 경기장에 빠지면 세상을 따라가기 바쁘게 되는 것이다.

마지막으로, 코빈(Henry Corbin)이 종종 지적했듯이 영원한 소년상(少年像)은 태초의 우리의 본성적 비전이고, 우리 본래의 아름다운 그림자이며, 미(美)와 가까운 우리 모습이고, 신의 전령(傳令)이자 신적 메시지로서의 천사 같은 우리의 본질을 보여준다.[38] 우리는 뿌에르에게서 우리 운명과 사명에 대한 감각을 받고, 신에게 영원히 술을 따르라는 메시지를 받는다. 그런데 그 메시지는 우리의 흘러넘치는 원기(元氣)와 영혼의 촉촉한 열광을 바쳐서 우주의 원형적 배경을 영원히 새롭게 하면서 신들에게 봉사하라는 당부이다.

따라서 뿌에르는 영의 본래적인 역동적 씨앗인 그 어떤 콤플렉스나 태도 안에 있는 촉촉한 불꽃을 의인화한 것이다. 그것은 어떤 사물을 그 자체의 완전성으로 부르는 부름이고, 한 사람을 그의(또는 그녀의) 다이몬으로 부르는 부름이며, 그 자신의 진리로 부르는 부름이다. 뿌에르는 영과 직접적인 관계를 맺게 한다. 그런 수직적 관계가 깨어지면, 그는 날개가 부러져서 땅에 떨어진다. 그러나 뿌에르가 땅에 떨어지면 우리에게는 갑자기 절실한 목표가 사라지고, 우리는 궁정의 방들을 지나가면서 심장병을 앓는 늙고 병든 왕을 향해서 가는 긴 행진을 시작한다. 그 왕은 종종 외투를 입었는데, 병든 노현자나 노현부인과 잘 구분되지 않는다.

이렇게 "영웅이 정복되어" 꺼진 불꽃은 그 뒤에 슬픈 회한과 쓰라림과 냉소를 남기는데, 바로 부정적인 세넥스의 정동이다. 우리는 신경증의 표면에 있는 부모 콤플렉스를 극복할 때 그 뒤에 있는 원형적 배경을 질식시킨다. 그때 뿌에르는 대극의 역전 때문에 세넥스 안에 들어가서 고통당하고, 그는 야누스의 얼굴들을 돌려놓는다. 그래서 우리는 부정적인 뿌에르와 부정적인 세넥스 사이에 생물학적인 나이의 차이 이외에 근본적으로 아무 차이가 없다는 사실을 알게 된다. 생물학적으로 삶의 중반기에 나타나는 이 과정의 중요한 시간은 우리의 태도나 정신적 기능의 중간 지점에서도 똑같이 나타난다. 시간만 지날 뿐, 아무것도 변하지 않는 것이다. 그래서 처음에 왕성했던 에로스와 이상주의는 우리가 세넥스에 대해서 살펴보았던 것처럼 성공과 권력에 굴복하게 된다. 그리고 우리가 성공과 권력을 잃어버리고, 새턴이 이 세상으로부터 추방되어야만 다시 그것들을 찾게 된다. 그때 충성심과 우정으로 변질되었던 에로스와 예언자적 통찰과 명상으로 변질되었던 이상주의는 제 모습으로 돌아온다.

그때 이 모든 것 가운데서 의미가 제일 손상되는데, 이상주의가 냉소주의로 왜곡되기 때문이다. 영(spirit)은 세넥스의 질서를 통해서 의미로 되기 때문에 뿌에르는 의미의 또 다른 얼굴이다. 뿌에르는 원형적 구조로서 의미의 영감(靈感)이고, 뿌에르가 나타날 때마다 의미는 비전을 가져다준다. 그래서 시작할 때는 언제나 의미가 충만하고, 에로스의 흥분으로 가득 차있다. 우리가 의미를 느낄 때 긍정적인 뿌에르와 긍정적인 세넥스는 눈에 보이지 않게 일치된다. 의미의 뿌에르적인 측면은 어린아이가 "왜?"라고 질문하는 역동적 추구에 담겨 있다. 탐구, 질문, 찾기, 모험하기 등은 한 사람을 뒤에서 붙들고, 앞으로 나아가게 한다. 모든 것은 확실하지 않고, 임시적이며, 의문 아래 있는 것이다. 그래서 모든 사람에게 앞은 열려 있고, 사람들은 계속해서 질문한다.

하지만 뿌에르가 부정적 세넥스에게 설득당하여 시간성의 세계 안에 들어가면, 그가 지니고 있던 의미의 측면과 단절되어 부정적 뿌에르로 된다. 그러면 뿌에르는 죽고, 아주 소극적인 상태로 되며, 세상으로부터 물러서고, 심한 경우 실제로 죽기까지 한다. 이런 뿌에르들은 히아신스, 나르시스, 코로커스 같은 화초-인간이다. 그들의 눈물은 아르테미스의 아네모네로 되었고, 그들의 피는 아도니스-장미와 비탄(regret)의 아티스-제비꽃으로 되었다. 그들은 그들 자신의 의미를 끝까지 끌고 가지 못하는 화초-인간이고, 꽃이기 때문에 열매를 맺거나, 씨를 만들기 전에 시들고 만다. 영원한 생성(becoming)은 오직 가능성이고, 약속일 뿐 존재로 실현되지 못한다. 그렇지 않으면, 부정적인 뿌에르는 과도하게 행동적으로 되기도 하는데, 우리는 그것을 그들의 행동이 강화되고, 물질적으로 되는 것에서 볼 수 있다. 그러나 거기에는 의미의 일관성이 없다. 매가 매 사냥꾼의 소리를 듣지 못하면, 매의 날개 짓은 표적을 잃은 미사일처럼 서두르기만 하고, 열광주의에 빠지는 것이다. 사람들은 사회 혁명의 뿌에르적인 활동이나 지적 활동, 신체적 모험 등에 과도하게 에너지를 쓰면서 빠져 들어가기도 하는데, 그들에게서 정작 목표는 뚜렷하지 않다. 그들에게 모든 새로운 것은 그것이 독창적인 약속을 하기 때문에 숭배되지만, 역사적인 것은 이제 원수가 된 세넥스에 속해 있기 때문에 버려진다. 그들은 객관적인 지식보다 개인적인 계시를 더 좋아한다. 그래서 미세한 것들을 아는 것이 문화의 고전(古典)보다 더 가치가 있다. 그래서 의미는 모순의 철학으로 변질되고, 그들의 행동은 자유로운 활동이나 폭력, 중독, 미래로의 비행(飛行)이 된다. 그 결과 혼돈이 다시 찾아오는데, 그것은 원형으로서의 뿌에르가 대극이라고 부른 것이다. 사람들은 그 위로 날아가기 위해서 역사를 거부하고, 역사를 무의식 속에 던져버릴 때, 무의식적으로 역사를 되풀이할 수밖에 없다. 무의식에서 세넥스의 자리가 역사적 필연성 때문에 굳건한 위치를 확보하기 전까지 강박적인 복수심을 가지고 자기 자리를 차지하려고 한다. 그때 새로운 진리는 오래된 상투적인 것으로 위축되고, 뿌에르적이기만 한 것은 곧 세넥스적이기만 한 것으로 변하면서 그 다음 세대와 더 분리된다.

뿌에르는 우리가 영과 관계를 맺게 하고, 언제나 우리 자신과 세계의 영원한 측면에 대해서 관심을 가지게 한다. 하지만 이 관심이 단지 뿌에르적이고, 예외적이며, 부정적이면 그 세계는 다른 세계 안에서 해체될 위험에 빠지는데, 우리는 이 위험을 특히 우리 시대의 파편화된 정신과 역사에서 보게 된다.[39] 그러므로 뿌에르가 지나간 것으로서가 아니라, 모든 콤플렉스 속에 있는 미래상으로 우리에게—긍정적이든지 부정적이든지—미래를 가져다주기 때문에 뿌에르를 인식하고, 그 가치를 평가하는 것은 무엇보다도 중요하다. 에로스를 통한 갱신(更新)의 가능성과 영의 영원성 위에 세워진 의미에 대한 부름으로 나아가는 길을 내고, 미래를 향해서 나아가는 의미에 대한 전망을 높이 평가해야 하는 것이다. 따라서 부정적인 반명제를 만들면서 뿌에르를 세넥스로부터 분열시키는 원형적 분열의 치유는 무엇보다도 중요하다. 그때 우리 안에는 뿌에르적 상상력이 방해 받으면서 마음이 굳어지고, 천사가 악마로 된다. 뿌에르를 통해서 생긴 새로운 것이 악마화되기 때문이다. 원형이 분열되면, 역동성이 질서에서 벗어나 제멋대로 작용하는 것이다. 그때 우리는 우리가 너무 잘 아는 전형(典型)에 빠진다: 알지 못하면서 행동하거나, 행동하지 않으면서 알기만 하고, 광적으로 되거나 냉소만 짓는 것이다. 젊은이들과 나이든 사람에게서 많이 볼 수 있는 전형적인 태도이다. 이런 부정적인 모습은 젊은이들이나 인생의 전반기는 물론 새로운 운동이 시작될 때 많이 찾아볼 수 있다.

그러므로 우리는 야코비, 포댐, 던(Dunn) 등이 예를 들면서 제시한 것처럼 다시 한번 일반적으로 인생의 전반기와 후반기를 나누지 말아야 한다.[40] 그렇게 될 경우, 뿌에르와 세넥스는 잘못 나누어진다. 뿌에르는 언제나 세넥스–뿌에르의 이중성 안에서 기술되어 부정적으로 인식되는데, 그 이중성 안에는 긍정적인 세넥스의 관점도 포함되어 있다.

이제 인생의 "전반기"에 대한 대책 또는 "뿌에르를 어떻게 치료할 것인가?"라고 흔히 처방하는 것들에 대해서 살펴보자. 그것들은 대체로 무의식을 분석하고, 환상을 버리며, 광란을 달래고, 직관을 제대로 보며, 모든 것을 땅과 현실로 끌어내리고, 시를 산문으로 바꾸라고 하는 것들이다. 그 의도는 성을 관계성으로 향하게 하고, 실습, 희생, 제한, 담금질 등 작업훈련을 통해서 장애를 극복하려는 것이다. 그때, 우리는 얼굴을 들 수 있고, 우리 입장은 방어되며, 임시적인 삶은 헌신이라는 영약(靈藥)을 통해서 극복된다. 집중력, 책임감, 뿌리, 역사적 연속성과 정체성을 확립하려고 하는 것이다. 한 마디로 해서 자아를 강화시키려는 것이다. 그러나 잘 보아야 한다. 이것들은 모두 새턴적 이미지들이다.

의무로서의 헌신은 새턴이 헌신을 통하여 사슬에 묶인 것처럼 사람들의 날개를 자르고, 발에 족쇄를 채우게 한다. 자아를 강화시키면 그 어떤 족쇄로도 묶을 수 없는 단단한 그림자가 자라게 된다. 자아가 강하면 언제나 그림자도 강해지고, 반짝이는 것은 언제나 그의 그늘을 만든다. 이렇게 세상적인 일에 헌신하게 하는 처방은 뿌에르를 그의 수직적인 축과 끊어 내는데, 그것은 세넥스 인격을 반영한다. 그래서 그 사람은 부모상을 원형적인 것으로부터 분리시키지 못해서 그 자신의 어린이, 남근, 시(詩)로부터 끊임없이 공격을 받는다.

 우리가 젊은이나 일의 시작 단계의 과제에 대해서 생각할 때, 그것들은 영적인 관계에서 주어지는 의미 없이는 완수되지 못한다. 입문자들을 현실로 들어가게 하는 입문식은 그를 그의 본래적인 원천-유아시절-에서 분리시키려는 것이 아니다. 그 원천에 개인적인 것들과 부모에게 나온 것들이 뒤섞여 있어서 그것으로부터 분리시키려고 하는 것이다. 입문식은 모든 것들을 비신화화 하면서 "고단한" 현실로 들어가게 하는 것이 아니라 모든 현실 안에 있는 신화적 의미를 긍정하게 하는 것이다. 그래서 입문식은 "고단함"을 의미 있고, 참을 만하게 하는 동시에 그것이 파괴되지 않게 하는 환상을 제공하면서 현실에 신화적 전망(展望)의 층들을 채움으로써 현실을 "부드럽게 만든다." 뿌에르 상들-발뒤르, 탐무즈, 예수, 크리슈나-은 신화를 현실 안에 들여놓고, 그의 안에 역사를 초월하는 신화적 현실을 선물로 준다. 뿌에르의 메시지는 신화적이다. 그는 그가 이 세상에 있는 모든 일들의 하부-구조라고 하면서 신화-그렇게 상처 받기 잘하고, 쉽게 살해되지만 언제나 다시 태어나는-를 이야기 한다. 긍정적인 세넥스가 작동하는 전통적인 뿌에르의 입문식은 원형과의 이 관계를 확증한다. 그러나 입문식을 대체하는 어떤 것들-분석도 그 가운데 하나이다-은 그러는 대신에 이 관계를 잘라버린다.

 그 어떤 원형과의 관계에도 팽창으로 지적되는 빙의(憑依)가 있다. 그것은 특히 뿌에르에게 공중 비행과 신화적 행동들이 많이 나타나기 때문에 더욱더 그렇다. 물론 세넥스에게 빙의(possession)되는 것도 우울증, 비관주의, 냉담 등 똑같이 위험한 기분과 행위의 문제를 가져온다. 그러나 나는 나로서의 나일뿐이라는 정신적 각성이 조금이라도 있다면 원형적 빙의에 빠지지 않는데, 이런 인식은 정신의 반향(反響)하는, 반성적 기능으로 가능하다. 이 반성 기능은 인간의 정신 체계가 영과 의미를 추구하게 하고, 사람들이 부정적인 것들에 사로잡히지 않게 해준다. 그래서 뿌에르의 주된 문제는 그들에게 세상을 향한 현실성이 부족한 데 있지 않고, 정신적 실재(psychic reality)가 부족한 데 있다. 그래서 뿌에르는 이 세상의 질서에 투신하기보다는 그가 자연적으로 끌려가는 정신(psyche)과 합쳐져야 하고, 역사적 연속성과 수평적인 것에 뿌리 박기보다는 아니마에 헌신해야 한다. 그는 먼저 정신에 몰두하고, 그 다음에 세상에 몰두해야 한다. 그렇지 않으면 그는 정신을 통해서 세상으로 나아가야 한다. 아니마에게는 미궁에서 나갈 수 있는 실이 있고, 춤의 스텝을 알며, 뿌에르가 문을 열고, 닫으며, 왼손과 오른손의 미묘한 동작들을 가르쳐줄 수도 있다. 양가성의 반쯤만 밝은 것에 익숙해지고, 그것을 통해서 비전을 볼 수 있도록 할 수 있는 것이다.

    우리는 이것을 생활철학이나 "치유"를 위한 심리학적 처방 정도로 잘못 취급해서는 안 된다. 남성들이 실제의 여성과의 관계를 통해서 쉽사리 그의 어머니와 결부된 청소년적 강박으로부터 나올 수 있다고 생각해서는 안 되는 것이다. 우리가 지금 논의하는 것은 "어떻게 하는가"가 아니라 원형적 구조이다. 삶의 어느 순간, 누구에게, 그 어느 곳에서 생긴 "중요한 생각"도 심리학화되기를 요구한다. 그때 그 생각은 먼저 정신과의 관계성 안에 담기면서 영혼과 관련 되어야 한다. 모든 콤플렉스들은 실현되기를 바라고, 뿌에르의 성미 급한 강박은 영혼의 소금으로 길들여지며, 관계 맺게 되기를 요구한다. 그런데 이 소금은 사물들을 저장하고, 진정한 맛을 내게 한다. 하지만 싱싱하고, 타오르는 유황은 그것이 고정되고, 무거워지기 전에 정신적 실재의 휘발성의 수은과 합쳐지려고 한다.

    이런 영혼으로의 귀환은 이 세상에서 나와서, 즉 세넥스의 힘과 체계의 영역에서 벗어나 우리의 콤플렉스와 관계 맺는 것을 의미한다. 그것만이 역사와 기술 발달의 속도를 늦추고, 우리가 영혼도 없이, 정보의 조각 속에서 급속하게 부분인(部分人)으로 되는 것을 늦출 수 있다. 그것은 우리의 탐구와 추구는 심리학적 탐구와 추구, 즉 심리학적 모험이 되어야 하며, 메시아적이고, 혁명적인 충동은 무엇보다도 먼저 영혼과 관계를 맺고, 영혼을 구속(救贖)하는데 관심을 기울여야 한다는 사실을 의미한다. 이것만이 뿌에르의 메시지를 인간화시키고, 영혼을 삶에 들여와 싹틔우게 하는 길이다.[41] 뿌에르의 선물들이 처음으로 필요한 것은 영혼의 이 영역이다.

V. 같은 것들의 연합

우리는 세넥스와 뿌에르의 현상학을 살펴보면서 실제로는 두 개의 반(半)이 가진 내밀한 동일성에 대해서 살펴보았다는 사실을 알게 된다. 그것은 삶에 있는 두 개의 반이 아니라, 하나의 원형에 있는 두 개의 반이다. 그런데 이 내밀한 동일성은 우리를 그렇게 놀라게 하지 않는다. 왜냐하면 우리가 여성의 인격의 중심에 이 여성적인 '같은 것들의 연합' (어머니-딸의 신비)이 자리 잡고 있다는 사실을 알기 때문이다. 하나의 상에 두 개의 측면이 있는 원형적 표상들은 다음에서도 나타난다: 쟁기질을 한 밭고랑에 있는 회색-수염을 한 소년인 에트루리아(기원전 800년 경 소아시아에서 로마에 침입하여, 로마인들에게 문명을 전해준 민족-역자 주)의 신 타게스(Tages), 흰 수염이 난 세상 사람이라고 믿기 어려울 정도로 아름다운 소년 키드르(Chidre), 그 이름이 세넥스-뿌에르라는 의미인 노자(老子) 등인데, 노(老)는 늙음이라는 뜻이고, 자(子)는 "스승"이라는 의미도 있지만 "어린이"라는 의미도 있다(그 밖에 다른 뿌에르-세넥스의 양극성을 나타내는 문자나 상형에 대한 묘사는 Curtius[42]가 자세하게 기술한 것이 있다). 우리는 융의 저작을 통해서 같은 것들의 연합에 대해서 알 수 있는데, 첫째로 젊으면서 크로노스적이기도 한 위험하고, 원시적인 수준의 모습인 보탄,[43] 둘째로 세넥스-와-뿌에르로서의 메르쿠리우스,[44] 디오니소스[45], 그리스도 상, 셋째로 치료를 하는 아스클레피우스, 넷째로 똑같이 두드러진 얼굴을 한 연금술에서의 왕과 왕자 등이 그것이다. 이 신화적 상들은 정력적으로 활동하고(보탄), 변환하며(메르쿠리우스, 디오니소스), 치료하고(아스클레피우스), 새롭게 하며, 대속(代贖)하는 같은 것들의 연합을 나타내는데, 그것들은 모두 원형은 무시간적이라는 심리학의 공리(公理)를 말한다. 원형은 나이나 역사적 축적과는 전혀 관계가 없는 것 같아 보인다. 그것들은 그 어떤 순간에도 모두 존재하기 때문에, 시간이 흐르는 것과 아무 갈등을 일으키지 않는다. 그러나 자아-의식은 자기(Self)를 구분하는 도구로 그의 "아버지"나 "아들"이며, "원수"인데, 그것을 나누고, 차이를 드러낸다. 자아는 자기의 그림자처럼 행동하는 것이다.

우리는 우리가 즉석에서 심리학적 상투어로 "전형적인 뿌에르"라거나 "전형적인 세넥스"라고 부르는 것에서도 내밀한 동일성을 발견하곤 한다. 거기에서도 똑같이 제멋대로 토라지거나 변화에 저항하는 태도가 있으며, 똑같이 자아-중심성과 감정적으로 냉정한 것이 있고, 삶에서의 중도적 가치를 깔보고, 빈정대며, 멸시하면서 파괴적인 영향을 끼치기도 하는 것이다. 그러므로 "전형적인 뿌에르"나 "전형적인 세넥스"는 어느 한 모습에 사로잡힌 것이라고 해야 한다. 그 둘 사이에 내밀한 동일성이 있기 때문에 그가 어떤 모습에 사로잡혔느냐 하는 것은 문제가 되지 않는다. 둘이 똑같은 것이다. 그래서 "전형적인"이라는 말은 "오직"이라는 말을 의미한다. 전형적인 뿌에르는 전형적인 세넥스와 똑같아서, 그 사람은 뿌에르-세넥스가 아니라 뿌에르이기만 하든지, 세넥스이기만 한 것이다. 그들은 '같은 것들의 연합'이 가진 양가적 의식을 잃어버려서 부정적 동일시라는 측면에서는 똑같다. 그들이 변화되지 못하고, 어디엔가 "고착되어" 있으며, "움직이지 않는" 데서 오는 비극(그것들은 "귀머거리", "마음의 병", "절름발이" 등의 상징으로 표현된다)은 이 부정적 동일시 때문으로 설명된다. 세넥스가 변화되지 않으려 하고, 뿌에르가 변화될 수 없다면(변화를 위해서는 경청, 감정, 한 걸음, 한 걸음 앞으로 나아가는 것이 필요하다), 그것은 알파-오메가의 양극성이 부정적으로 동일시되었고, 그에 따라서 제거되었기 때문이다. 원형의 본질이고, 원형의 의미를 전반적으로 지니고 있는 이 양극성이 상실되었다면, 거기에는 과정이 없고, 완전만 있으며, 이곳에서 저곳으로의 움직임과 과거에서 미래로의 움직임도 없게 된다. 양가적인 대극의 긴장이 변화의 전제-조건적 구조이기 때문이다.

융이 말하였듯이, 한 개인의 삶에서 변화의 중요한 나이는 40대라는 삶의 중간 지점 부근이다. 그때 삶의 과정의 원형은 때때로 사람들에게 신체적 활동을 거의 하지 못하게 하면서 상징적인 의미에서 두 개의 반으로 나누어진다. 뿌에르의 충동이 "죽거나" 세넥스의 가치로 전환될 때, 그 중요한 중간 지점은 생물학적 사실이기보다는 정신적 상징처럼 보인다. 그런데 그 중간 지점은 생리학적 지배보다 원형적 지배를 더 많이 받는 것 같다. 그래서 뿌에르와 세넥스 원형은 그 두 상(像)이 서로에게 아주 가까워졌지만, 반대 방향을 향하는 것처럼 보이는 그때 특히 그 중간 지점에 배열되어 있다. 그러므로 그가 (실제로 늙어서 그런 것이 아니라) 감정과 태도의 양가성이 두드러지게 나타나는 상징적 상황의 한 복판에 있고, 두려움과 혼돈을 느끼는 것이라는 사실을 깨닫는 것은 상당한 치유적 가치를 가져다줄 수 있다. 그의 정신이 이제 '같은 것들의 연합'에 지배 받을 것이라는 깨달음은 그로 하여금 자아의 대극적 관점이나 선택에서 벗어나게 할 것이기 때문이다. 따라서 이 중간 지점에 있는 치유의 열쇠는 같은 원형의 두 측면의 내밀한 동일성에 있다. 사람들은 그들의 뿌에르 영에 진실되게 하고, 그것을 의식적으로 긍정함으로써 이미 세넥스의 책임감과 질서의 덕성을 살려나갔기 때문이다.

우리는 이 두 측면의 동일성을 심리학적 관찰뿐만 아니라 신화적 확충을 통해서도 입증할 수 있다. 각각의 반쪽의 주된 특성을 재검토해 보면 서로 다른 것들이 상징적으로는 동일하다는 사실을 알 수 있는 것이다.

거룩한 노인은 아테네 사람[46]으로서 감춰져 있었고, 새턴으로서는 모자를 쓰거나 머리를 외투 속에 파묻었다. 또한 소년 하르포크라테스(Harpocrate)는 두건을 써서, 얼굴이 보이지 않거나 모자를 썼으며, 아티스[47]와 텔레스포로스도 마찬가지다. 새턴의 턱수염은 빈약하고, 메르쿠리우스의 턱수염도 처음에는 솜털이었거나 아주 적었다. 새턴은 말이 없고, 비밀을 지키며, 하르포크라테스는 그의 손가락을 입술 위에 댄다. 메르쿠리우스에게 날개가 있듯이, 크로노스-새턴에게도 날개가 있을 수 있고, 아이온처럼 묘비 위에 날개가 있을 수 있다. 둘 다 죽음, 시간, 영원, 황금시대와 관계되는 것이다. 바티칸에 있는 어떤 무덤 위에 "새턴은 아티스가 다른 무덤 위에서 그러는 것처럼 음울하게 과거를 떠올리면서 나타난다"는 말이 새겨 있다. 이것들은 모두 진리와 관계되며—사기, 교활, 절도와도 관계가 된다. 그들의 동물은 같은 계통이다: 염소나 새끼 염소이며, 때로는 개다. 이것들은 모두 다리가 비정상인 것을 보여준다. 새턴은 다리를 절뚝거리고, 아티스의 다리는 묶여 있으며, 메르쿠리우스의 다리에는 톱니바퀴가 달린 날개가 달려 있고, 아킬레스의 발뒤꿈치는 매우 취약하다. 어떤 이는 걸을 수 없고, 다른 이는 날기만 한다. 그들이 기형(畸形)인 것은 각 존재에게는 전체 실재의 반밖에 없다는 사실을 말한다. 융이 말하듯이 "그들은 기형 때문에 분리되어 있는 것이다." 아티스와 새턴은 거세의 모티프와 차갑고, 성(性)과 단절된 것을 보여준다. 어떤 사람들은 메르쿠리우스가 천문을 주관하고, 이성의 원리, 수학, 지리학, 글쓰기, 지식, 지혜를 나타낸다고 하는데, 다른 사람들은 그것들이 새턴에게 속해 있다고 한다. 그런데 이것들은 모두 차갑고, 건조하다. 새턴은 병적 우울증의 주인인데, 우울과 걱정을 주는 것은 메르쿠리우스이다. 하르포크라테스는 늑대 가죽옷을 입었으며, 상인의 주인인 메르쿠리우스는 이익에 대한 탐욕을 보여준다. 새턴은 탐욕스러운 존재이며, 집에서는 인색하고, 바깥에서는 강탈하는 자이다. 그들은 모두 방랑자이고, 추방당한 존재들이다. "마술과 주연"(酒宴: 이것은 뿌에르에게 속한 것이라고 말할 수도 있다)을 주관하는 새턴은 사회에서 자본가의 규범을 거스르는 것이라고 할 수도 있다. 뿌에르가 자살과 관계된다면, 새턴은 자기–파괴를 주관한다. 이들은 모두 여성적인 것의 부재를 보여주며, 바커스에 속한 남근적 태도를 가지고 있다. 하늘의 바닥(*imum coeli*)에서 멀리 떨어진 새턴은 다른 극에서 볼 때 하늘로 날아가는 이카로스–가니메데와 잘 어울린다. 또한 술잔을 나르는 가니메데는 우리 시대인 뉴 에이지의 징표인 물잔, 물병좌로서의 새턴에 상응(相應)한다. 그러나 정반대로 연금술에서 메르쿠리우스의 영은 추방당해서 땅 속 깊이 묻혀 있다. 가장 밑바닥에 묻혀 있는 것이다. 그들을 이어주는 수직의 축은 그들에게 영적인 관점을 준다. 그것들은 모두 세상을 영원의 상 아래서(*sub specie aeternitatis*) 보는 것이다. 하나는 우울증에서 나온 소극적인 전망으로 세상에서 고통당하면서 범죄자나 농부처럼 세상을 아래로부터 본다면, 다른 하나는 세상을 위로부터, 그리고 사물을 진정한 형상(eidos)으로 보는 신적인 씨앗-불꽃으로 안에서부터 본다.[48]

우리는 이런 병합을 우리의 삶에서도 찾을 수 있다. 우리는 극단적인 갈등을 '같은 것들의 연합'으로 변환시키려고 하는 것이다. 우리 시대와 우리 시대의 치유 받으려는 열망은 그 두 극단이 하나로 되고, 우리에게 그렇게 가까이 있는 다른 반쪽, 즉 우리가 쫓아버린 그림자처럼 우리와 그렇게 닮은 반쪽이 우리의 빛의 원 안으로 들어오라고 촉구하는 것이다. 우리의 또 다른 반쪽은 오직 다른 성(性)에만 있는 것이 아니다. 대극의 연합-남성과 여성-만이 우리가 바라고, 우리를 구속시키는 연합이 아니라, '같은 것들의 연합', 즉 수직적 축의 재통합 역시 분열된 영을 치유한다. 아담은 이브와 재통합되어야 하지만, 그에게는 하느님과 재통합되어야 하는 과제도 남아 있다. 태초의 아담은 역사의 마지막 순간 두 번째 아담과 하나가 되어야 하는 것이다. 의식과 무의식의 균열로 체험되는 이 분열은 우리 안에서 개성화 과정의 치유되지 않은 중심에 자리 잡고 있다. 우리의 주제가 너무 중요해서 우리가 상처 받지 않고서는 결코 세넥스-뿌에르의 문제를 해결할 수 없음은 틀림없는 사실이다. 또한 우리가 아무리 파헤쳐도 그 문제를 충분히 살펴볼 수 없다는 사실도 의심할 여지가 없다. 하지만 우리는 지금 그 문제의 한 복판에 있어서 그 문제를 명료하게 알 수 없다. 그 분열이 우리의 고통인 것이다.

우리는 영의 분열을 현대 사회에서 신(神)과 문명의 노화와 갱신에서 찾아볼 수 있다. 그래서 지금 사람들은 삶의 철학에 매료를 느끼고, 삶의 단계에 대한 이론에서 위로를 주는 금언을 찾으려고 한다. 그러나 그런 것들은 아무것도 치유해 주지 못한다.[49] 이 분열은 우리에게 아버지-아들의 문제와 세대 사이에서 발견되는 침묵의 거리에서 오는 아픔의 문제를 제기한다. 아버지를 찾는 아들과 자신의 아들이 돌아오기를 바라는 아버지는 모두 삶의 의미에 대한 추구와 갈망을 반영하며, 신학에서도 성부와 성자 사이의 수수께끼로 나타난다. 그것은 우리에게 우리가 우리 자신의 비숫한 것과 분열되어 있고, 비슷한 것과 같은 것을 다른 쪽으로 돌려놓았다는 사실을 말해준다. 여성에게 영혼은 아니무스로 나타나기 때문에 이와 똑같은 분열은 그녀를 분열시키고, 그녀를 다른 사람들과 갈라놓는 원인이 된다. 그러면서 그녀에게 사랑을 따를 것인가 아니면 충성을 따를 것인가, 원칙을 따를 것인가 아니면 그것을 포기할 것인가 사이에서 그녀의 아니무스가 선명하게 되기를 강조하면서 분열을 더욱더 심화시킨다. 그리고 그녀로 하여금 영감을 받은 뿌에르를 돌볼 것인가 아니면 세넥스의 영감을 받는 딸이 될 것인가를 선택하도록 한다. 똑같은 분열은 동성애적 사랑, 천사 같은 사랑에 대한 추구, 나이 먹는 것에 대한 두려움, '같은 것들의 연합'에 대한 동경에 대한 좌절을 가져온다. 마찬가지로 우리는 그것을 선생과 학생 사이에 있는 해결할 수 없는 전이의 문제에서도 발견하는데, 그 이유는 세넥스-선생에게는 제자가 필요하지만 뿌에르-학생에게는 선생이 전달해준 노현자가 존재하기 때문이다.[50] 그런데 정신은 보통 그런 방식으로 전달된다. 그러나 바로 이런 외적인 배열이 각 사람의 내면에 분열을 가져온다. 분열의 원형 때문에 부정적인 양극성이 불가피하게 배열되는 것이다.[51] 이것은 세대 사이와 슬기롭지 못하고, 지혜가 없는 왕이나 권력자 사이의 저주, 배신으로 이끌어가고, 선생이 그의 학생을 인정하지 못하고, 학생에게 상처를 주게 한다. 그러면 학생은 그 자신의 왕국을 건설하기 위해서 "늙은 왕을 시해하지만", 결국에 가서는 그 역시 시간이 지난 다음에 늙은 왕이 된다.

이 같은 것들의 연합은 어떤 것과 같은 것인가? 양극성이 치유된다면 그것은 어떻게 될 것인가? 우리는 그것에 대해서 오직 짐작만 할 수 있다: 개념이나 이미지로밖에는 알 수 없을 것이라는 말이다.

같은 것들의 연합에 대한 주된 이미지는 "르네상스 시대에서 가장 널리 사랑 받았던 금언"인 '천천히 서두르라' (festina lente)는 말에 담겨 있는 것 같다. E. 윈드(Wind)는 그 금언이 대극들을 긴장의 균형 가운데서 잘 잡고 있으라는 것을 의미한다는 사실을 수도 없이 많은 다양한 상징들로 보여주었다. 뿌에르-세넥스도 '천천히 서두르라' 는 중요한 예시 가운데 하나이다. 성숙이라는 이상적인 상태는 뿌에르가 "두 층으로-된-진리"의 본질적인 면 가운데 하나이기 때문에 결코 뿌에르적인 측면을 부정해서는 안 되는 것이다.[52]

다른 말로 해서 '천천히 서두르라'는 것은 양면성을 가진 원형에 기초한 자아-이상을 드러낸다. 그것은 성취되어야 하는 이상(理想)이다. 하지만 그것은 뿌에르의 측면을 지니고 있을 때에만 이루어진다. 그런데 우리가 우리의 뿌에르적 본성에 진실하다는 것은 우리가 우리의 뿌에르적인 과거를 받아들이는 것을 의미한다―뿌에르의 장난과 동작과 햇빛을 향한 동경을 받아들여야 하는 것이다. 우리는 이런 이야기로부터 그 영향들을 끄집어낼 수 있다. 그리고 이 영향들을 드러냄으로써 우리의 지난 날들이 우리 자신을 알아차릴 수 있게 하고, 그럼으로써 서두르지 않고 천천히 나아갈 수 있다. 이야기는 뿌에르에게 실체를 주는 뿌에르의 세넥스적인 그림자이다. 뿌에르는 개인적인 이야기를 통해서 세넥스와 합체될 수 있고, 영원은 시간 속으로 들어올 수 있으며, 매는 매 사냥꾼의 어깨로 돌아올 수 있다.

어떤 것의 역동성은 다른 것의 질서와 결합된다. 우리가 신비주의의 역설에서 보는 것처럼, 양극적인 영은 양가적이라서 논리적으로는 일관성이 없지만, 상징적으로는 일관성을 가진다. 자연에서도 시간과 영원은 이상하게 뒤섞여 있다. 일시적 지속성, 역사의 우발적 연쇄, 질서의 기초와 자아의 기초는 영원에 의해서 해체되거나, 영원에 의해서 앞으로 나아간다. 새턴은 메르쿠리우스에 의해서 꿰뚫어지고, 수은은 연속적 시간 속에서 굳어진다: 양자(量子)가 도약하고, 즉각적인 사건들이 생기는데, 그것은 모든 것을 알고 있는 가운데서도 그것들을 모두 망각하고, 어리석고, 쓸데없이 일어나는 것처럼 보인다. 에릭 노이만이 말했듯이, 예측할 수 없는 "불연속인" 것이다.[53] 그러나 이것은 혼돈이 아니고, 되는대로 일어나는 파괴도 아니다. 오히려 이렇게 그 테두리 속에서 질서 있게 일어나는 것들은 그 나름대로 의미가 있고, 의미가 살아 있다. 의미와 무의미는 그것이 같은 "위상 공간"에 있느냐 아니면 구별되고, 불연속적인 것이냐 하는 것과 관계되지 않고, 전적으로 영혼의 선물로서의 체험에 의해서 주어진다. 그리고 우리는 그런 체험을 통해서 거기에 의미가 있다거나 우리 자신이 의미 가운데 있다거나 아니면 개인적이며, 개별적으로 의미 있다고 느낀다. 우리는 그것을 의미 있는 불연속성이나 운명에 의해서 지배받는 우연이나 융이 동시성이라고 설명한 원리로 산다.

또 다른 힌트는 지(知)와 무지(無知)의 역설, 즉 대화의 현상 뒤에 있는 원형적 신비로부터 온다. 왜냐하면 대화는 오직 거기에 관여하는 사람 하고만 하는 것이 아니고, 그들의 관여가 어떤 실존적인 초-개념 위에 서있는 것도 아니기 때문이다. 연합하게 하는 변증법의 효과인 대화, 즉 지식을 찾고 의미를 발견하기 위해서 변증법 속으로 들어가려는 우리 안에 있는 압력은 이미 "왜"라는 질문과 "나는 알아"라는 대답의 형태로 세넥스-뿌에르의 관계성이라는 원형 안에 심어져 있다. 의미는 아는 것 속에 있는 것만큼 질문 속에도 있는 것이다. 융은 그것에 대해서 그의 자서전에서 이렇게 말하였다:

> 나의 실존의 의미는 삶이 나에게 질문을 제기한 것에 있다. 그렇지 않으면, 그와 반대로 나 자신 자체가 이 세상에 제기하는 질문이고, 나는 나 나름대로의 대답을 하기 위해서 세상과 의사소통을 해야 한다. … 또한 나는 한 사람이 이룬 것을 통해서 이 세상에 질문이 제기되고, 그는 그 나름대로 거기에 대답해야 하는 것이 아닌가 하는 생각이 든다.[54]

우리가 우리 자신의 질문에 대답할 때, 우리는 뿌에르-와-세넥스이다. 그리고 그 자신의 대답에 질문할 때, 우리는 세넥스-와-뿌에르이다. 이 두 얼굴은 각각 대화 속에서 돌려진다. 그 자신과 하는 이 끝이 없는 대화와 그 자신과 세상 사이의 대화는 우리를 의미 안에 있게 한다.

연금술은 라피스의 역설 속에서 더 깊은 힌트를 던져준다. 돌은 세넥스의 얼굴처럼 단단하지 않고, 옥(玉)처럼 장수하거나, 불멸하는 다이아몬드의 몸체도 아니다. 라피스는 러셀[55]과 코르빈[56]이 신중하게 연구하였듯이 영원한 소년(puer aeternus)이기도 하다. "가장 긴 길"(via longissima)의 끝은 어린이이다. 그러나 어린이는 새턴의 영역, 즉 납이나 바위, 재나 검은색의 영역 안에서 시작되고, 어린이가 실현되는 것도 그곳이다. 그때에만 문제들이 아무것도 아닌 것으로 되고, 다 소비되어서 마르게 되며, 전혀 기대하지 않았던 본질을 드러내기 때문에 어린이는 재(滓)의 목욕통 안에서 생명으로 데워진다. 불사조는 어둠, 차가움, 콤플렉스가 다 타버린 상태에서 솟아오른다. 아이를 낳는 바위(petra genetrix; 로마의 태양신, 미트라는 바위로부터 탄생하였다-역자 주): 돌로부터 아이가 태어났는데, 그는 웃고 있으며, 아주 부드럽다. 조지 리플리(George Ripley)는 돌은 "너무 부드럽고, 매끈거리는 물질이라서 모든 축축한 장소에서 용해되려고 한다"[57]고 말한다. 그래서 돌은 건조한 장소에서 설탕처럼 취급되어야 한다. 창조는 그것을 만지기 부드럽게 만든다. 납, 메르쿠리우스, 금은 모두 비슷하게 부드럽다. 그것들은 광택제와 비슷하고, 펴서 늘릴 수 있기 때문에 쉽게 "유형"을 취할 수 있고, 새겨질 수 있으며, 그 다음에 지워지고, 잊혀질 수 있다. 지나간 것이 아무 흔적도 남기지 않을 수 있는 것이다. 그 돌은 사람의 손길과 체온이 닿으면 그 형태를 쉽게 바꾼다. 그것은 미끈하고, 두텁게 기름을 바르는데, 그것이 접촉하면 은혜가 펼쳐진다. 그리스도와 메시아도 기름 부음을 받았다. 그것의 본성은 "물 위를 걷는" 것처럼 미끈하고, 상처들을 치료한다. 그럼에도 불구하고, 변함없는 물질인 이 돌은 그 형태와 표면에서 불연속적이다. 그것은 쉽게 어떤 입장을 취하지만, 곧 거기에서 벗어날 수 있다. 그것은 어떤 자국(imprint)도 받아들이지만, 그 어떤 형상에도 전념하지 않고, 그 자신의 실체를 가진다. 따라서 그것은 순수한 활동(purus actus)이다: 그것은 순수하게 어떤 활동을 하는, 그 물질과 구분할 수 없는 영이기도 하다. 깊은 인상을 줄 수 있지만, 아무 흔적을 남기지 않는다. 그것은 잠시 어떤 형상을 가질 수 있지만, 조금 따뜻하게 하면 곧 다시 풀어진다. 굳게 된 것은 언제나 새롭게 용해되고, 세넥스의 확실성은 언제나 임시적인 뿌에르인 것이다.

이것들이 우리 치료의 힌트들이다. 영이 전일성을 이루고, 의미가 같이 있는 곳에 도달하기 위해서 우리는 신화적 이미지들로 다가가는 방법으로부터 시작하였다. 신화의 언어는 양가적이기 때문에 이런 방법으로 원형을 치료하면 좋다. 그 어느 것도 이것이나 저것이 아니기 때문이다. 신들과 무희(舞姬)들이 가만히 있지 않은 것이다. 그들은 뚜렷한 모습으로 나타나지 않고, 오직 비전으로만 보여준다. 게다가 클라크혼은 레비-스트로스를 이렇게 요약해서 말한다: "신화적 사고는 언제나 묵상으로 나아가면서 이항(二項) 대립에 대한 인식을 가지고 작업한다. 다시 말해서, 신화는 모순을 극복할 수 있는 논리적 모델을 제공하는데 도움이 된다."[58]

우리가 제대로 된 방법을 선택한 것인가? 이항 대립과 극적인 좌표는 마음과 의지의 노력을 통해서는 치유될 수 없다. 의지로 가득 찬 마음은 분열시키는 요체인 것이다. 호일(Hoyle)[59]이 말했듯이 우리는 시대의 문제를 지극히 단순한 논리적 과정으로 해결할 수 없다. 평상적인 마음에서 나오는 그 어떤 해결책도 일방적인 것이다. 그것은 자아의 세넥스나 뿌에르에서 나온 해결책이기 쉽다. 그러므로 자아는 먼저 그의 분열된 뿌리를 원형적인 방식으로 치료 받아야 한다.

오늘날 자아는 "그 한계의 끝에 도달한 마음"이다. 자아가 할 수 있는 모든 것은 스스로를 은혜와 갱신의 가능성에 활짝 열어 놓는 것이다. 그때 자아의 부재 속에서 은혜와 갱신 일어나기 때문이다. 자아의 부재와 비움 안에서 이미지들은 신화적 해결책을 제공하면서 정신을 연계시키거나 세넥스/뿌에르의 모순을 "점차적으로 매개"하면서 흘러나올 수 있다. 이 신화적 해결책들은 불분명하고, 양가적이며, 어리석게 보일지 모른다. 자아-부재는 처음에는 자아-약화처럼 느껴질 수 있고, 그 해결책 역시 문제를 새로운 지평으로 나아가게 하기보다 퇴행시키는 것처럼 느껴질 수 있을 것이다. 그러나 우리는 이 전환의 순간, 우리가 우리 안에 있는 무의식의 상들이 우리를 사로잡게 하기 위해서 먼저 그 안으로 깊숙히 들어가고, 뒤로 물러나지 않으면 앞으로 나아갈 수 없다. 우리는 그것들과 힘을 합치지 않는 한 분열을 치유시킬 수 없는 것이다. 우리가 분열된 것은 그 무의식의 상들로부터 유래한 것이기 때문이다. 그러므로 우리는 그들의 협동을 이

끌어내기 위해서 그 길의 한 부분으로 나아가야 하고, 이 세상의 그늘 속으로 들어가야 한다.[60]

| 주석

에라노스에서 처음 발표되었고, 에라노스 연감 35(1967)에 수록되었다. 또한 이 논문은 *Art International* 15/1(1971)과 힐만이 편집한 *Puer Papers*(Dallas: Spring Publications, 1979)에도 수록되었다. 이 책에는 원래 논문에 있던 처음 세 문단을 부록에 옮겨놓았다.

1. F. Hoyle, *Of Men and Galaxies* (London: Heinemann, 1965). 65.
2. 카이로스에 대한 더 깊은 탐구, 특히 기회와 새로운 장을 여는 의미로서의 카이로스를 위해서는 제3장을 참조하시오.
3. "균형추"라는 말은 "한 개인이 그가 전체 규모를 결정하는 균형추가 된다는 사실을 알 것인가?"하는 융의 말에서 나온 것이다. –편집자
4. W. B. Yeats, "The Second Coming", *Collected Poems*(London: Macmillan, 1952).
5. M. Eliade, *The Myth of the Eternal Return* (New York: Bolligen, 1954)
6. A. Schlesinger, "On the writing of Contemporary History", *Atlantic Monthly* 219 (1967).
7. 이런 관점을 더 깊이 논의하려면 J. Hillman, *Healing Fiction*(Putnam, Conn: Sprinf Publications, 2004)를 참조하시오.

8   E. R. Curtius, *European Literature and the Latin Middle Ages* (New York: Pantheon, 1953), 98-101.

9   Wing-tsit Chan, *The Way of Lao Tzu*(Tao-te-king) (Indianapolis: Bobbs-Merril, 1963). 제55장.

10 물론 융은 정신구조 모형을 설명할 때 그밖에도 다른 체계들을 사용한다. 1)그는 정신의 수준을 묘사할 때나 개성화의 과정을 기술할 때는 지층이론과 계급적 도식을 사용하고, 2)정신치료와 해석에 관해서 말할 때는 상황적 조건론-실존주의자들의 주요한 관념 모델-을 사용하며, 3)정신의 전체적인 발전, 발달, 변환의 측면에 대해서 설명할 때는 유기체의 기능 모델을 사용한다. 4)또한 우리는 그가 인간 정신의 배열이나 연상에 대해서 설명할 때는 원자적-분자적 모델을 사용하는 것을 본다. 이 각각의 것들은 잘 포착할 수 없는 정신적 실재들을 파악하려는 은유들이다. 그 가운데서 그가 가장 좋아했던 것이 대극의 구조이다.

11 융이 사용한 양극적 모형에서 중요한 것들은 다음과 같다: 1)인간의 정신은 우선 의식과 무의식으로 나누어졌으며, 그 둘 사이에는 보상적 관계가 있다. 2)정신에너지는 대극(opposite)들에 의해서 다양하게 성격이 바뀌는 두 극 사이를 흐른다. 3)정신적 태도(내향성과 외향성)와 네 가지 정신기능들은 양극의 쌍으로 기술된다. 4)본능적인 행동유형과 원형적 이미지는 분광-연속체의 양극적 체계로 되어있다. 5)분석심리학에서 자주 등장하는 양극적 주제들은 다음과 같은 것들이다: 로고스와 에로스, 권력과 사랑, 자아와 그림자, 정신과 본성, 영성과 종교, 합리적인 것과 비합리적인 것, 개인과 집단, 담는 것과 담기는 것, 인생의 전반기와 인생의 후반기 등뿐만 아니라 두 가지 사고방식에서 나온 관념들 및 양극단은 만난다는 생각들이다. 6)양극성은 융이 정신치료의 실제는 대화적인 것이라고 쓴 논문들뿐만 아니라 제1의 인격/제2의 인격 등 그 자신에 대해서 쓴 글들에서도 기본적으로 나

타난다. 7)결국 그의 말년에서도 주요한 주제이다: 남성-여성의 양극성과 그 다양한 연금술 형태 안에서의 연합. (에라노스 연감 2 (1934): 379-81, 3(1935): 248-53, 4(1936): 298-329, 20(1951): 408-410)

12 C. G. Jung, "The Spirit of Psychology", in *Spirit and Nature: Papers from the Eranos Yearbooks*, ed. J. Campbell(Princeton, N.J.: Princeton University Press, 1982). 399.

13 O. Barfield, *History in English Words*(London: Faber, 1962).

14 융은 정신양(psychoïd)이라는 용어를 1946년(CW 8)부터 사용하였는데, 정신양은 원형적 실재에는 정신과 물체가 겹쳐지는 측면이 있음을 가리키기 위한 용어이다.

15 *Tao-te-king*, 20, 55.

16 J. Seznec, *The Survival of the Pagan Gods*(New York: Harper Torchbooks, 1961). 53.

17 R. Klibansky, E. Panofsky & F. Saxl, *Saturn and Melancholy*(London: Warburg Institute/Nelson, 1964). 134.

18 P. Wolff-Windegg, *Die Getröenten*(Stuttgart: Klett, 1958).

19 *Picatrix*, tr. by H. Ritter & M. Plessner from *Arabic into German*(London: Warburg Institute, 1962).

20 최근 생물발생적 결정론은 황금기의 생리적 운명론으로 넘어가고 있다. 즉 우리는 모두 어떤 유전형질을 타고난다는 것이다.

21 내가 말하는 전통적인 특성들은 다음 자료들을 압축한 것이다: *Saturn and Melancholy*, 127-214; E. Panofsky, "Father Time", Studies in *Iconography*(New York: Harper Torchbooks, 1965); *Picatrix*, 117, 209, 213ff, 333-35, 360.

22 *Saturn and Melancholy*, 135n & 208.

23 Ibid., 204.

24 Ibid., 161-64.

25 *CW* 14. sec. IV(Rex et Regina).
26 *CW* 8: 754-55.
27 Ibid., 387.
28 *CW* 9.1: 66ff.
29 Cf. Guggenbüehl-Craig, *The Old Fool and the Corruption of Myth*(Putnam, Conn.: Spring Publications, 2006).
30 C. G. Jung, *Wandlungen und Symbole der Libido* (Leipzig/Vienna: Deuticke, 1912); CW 5: 194, 392, 526; CW 9.2 ("Psychological Aspects of the Mother Archetype," "The Psychology of the Child Archetype," "On the Psychology of the Trickster Figure"); CW 16: 336; CW 13 ("The Spirit Mercurius"); CW 11: 742.
31 H. Baynes, "The Provisional Life," in *Analytical Psychology and the English Mind* (London: Kegan Paul, 1950); M. van Leight Frank, "Adoration of the Complex," in *The Archetype*, ed. A. Guggenbühl-Craig (Basel: Karger, 1964); H. Binswanger, *Vol de Nuit von A. de St.-Exupéry: Versuch einer Interpretation*, Diss., C. G. Jung Institut, n.d.; H. A. Murray "American Icarus," in *Clinical Studies of Personality*, ed. A. Burton (New York: Harper, 1955).
32 M.-L. von Franz, *The Problem of the Puer Aeternus* (New York: Spring Publications, 1970); Commentary to *Das Reich ohne Raum* by B. Goetz (Zurich: Origo, 1962); "Über religiose Hintergründe des Puer-Aeternus Problems," in *The Archetype*, op. cit.
33 K. Kerényi, *Hermes der Seelenführer* (Zürich: Rhein, 1944).
34 이 주제에 대해서는 제5장에서 더 깊이 다룰 것이다.
35 이 주제에 대해서는 제4장, "태모와 그의 아들과 그의 영웅 및 뿌

에르"에서 더 깊이 다룰 것이다.

36 M. J. Vermaseren, *The Legend of Attis in Greek and Roman Art* (Leiden: Brill, 1966).

37 E. Neumann, *Amor and Psyche* (New York: Bollingen, 1956).

38 Cf. H. Corbin in *Eranos Yearbooks* 17 (1949), 19 (1950), 25 (1956), and 27 (1958).

39 이 논문은 1960년대의 서구 사회에서의 사회 혁명이 한창일 때 집필된 것이다 – 편집자.

40 J. Jacobi, *Der Weg zur Individuation* (Zürich: Rascher, 1965); M. Fordham, "Individuation and Ego Development," *Journal of Analytical Psychology* 3.2 (1958); I. J. Dunn, "Analysis of Patients Who Meet the Problems of the First Half of Life in the Second," *Journal of Analytical Psychology* 6.1 (1961); also M. E. Harding, *The Parental Image* (New York: Putnam, 1965).

41 이 중요한 주제를 더 깊이 다룬 것을 위해서는 제2장을 참고하시오.

42 Curtius, *European Literature and the Latin Middle Ages*, loc. cit.

43 *CW* 10: 375, 393ff.

44 *CW* 13 ("The Spirit Mercurius").

45 *CW* 5: 184; K. Kerényi, *Dionysos: Archetypal Image of Indestructible Life*, trans. R. Manheim (Princeton University Press, 1976); W. F. Otto, *Dionysos: Myth and Cult*, trans. R. Palmer (Bloomington: Indiana University Press, 1965).

46 G. Scholem, "Die mystische Gestalt der Gottheit in der Kabbala," *Eranos Yearbook* 29 (1960), 175.

47 *The Legend of Attis in Greek and Roman Art*, 54 n.

48 *Saturn and Melancholy*, 196-7; 213; 131-34; 157, 177-79; 203; 266 n.; *The Survival of the Pagan Gods*, 294ff.
49 M. Eliade, "Dimensions réligieuses du renouvellement cosmique," *Eranos Yearbook* 28 (1959), 251.
50 Panofsky, "Father Time," in *Studies in Iconography*, 75, 78.
51 *CW* 5: 184.
52 E. Wind, *Pagan Mysteries in the Renaissance* (Harmondsworth: Peregrine, 1967), 98ff.
53 E. Neumann, "Das Bild des Menschen in Krise und Erneuerung," *Eranos Yearbook* 28 (1959), 42ff.
54 *Memories, Dreams, Reflections*, 318.-
55 E. Rousselle, "Seelische Führung im lebenden Taoismus," *Eranos Yearbook* 1 (1933).
56 H. Corbin, *Temple and Contemplation* (London and New York: KPI and Islamic Publications, 1986), 169.
57 G. Ripley, "The Bosom Book" in *Collectanea Chemica* (London: Stuart, 1963), 141.
58 C. Kluckhohn, "Recurrent Themes in *Myths and Mythmaking*" in H. A. Murray, ed., *Myth and Mythmaking* (New York: Braziller, 1960), 58.
59 F. Hoyle, *Of Men and Galaxies*, 65.
60 1967년에 한 에라노스 학회 강연의 결론 부분("젖과 원숭이에 대한 담론")은 이 책의 제4부 마지막 장에 수록되어 있다.-편집자.

제2장
꼭대기와 골짜기:
정신치료와 영성훈련 사이에 있는 차이의 기초인
영혼과 영의 구분

이 세상을 거쳐서 가는 길을 찾는 것은 이 세상을 뛰어넘어서 가는 길을 찾는 것보다 훨씬 더 어렵다.

— 월러스 스티븐스, "파니니에게 하는 대답"

I. 영혼을 찾아서

아주 먼 옛날, 캘리포니아와 아주 멀리 떨어지고, 캘리포니아에서 하는 활동들이나 관심사들, 일들과 멀리 떨어져서 서기 869년 콘스탄티노플에서 가톨릭교회[1]의 공의회가 개최되었고, 우리는 그때 열렸던 회기와 그보다 백년 전에 열렸던 회기(니케아, 787) 때문에 오늘 밤 이 자리에 모였다.

콘스탄티노플에서 열렸던 그 공의회 때문에 영혼은 그의 지배력을 잃어버렸다. 우리의 인류학, 즉 인간의 본성에 대한 우리의 생각은 영과 영혼과 몸(또는 물질)으로 되어 있는 삼차원적인 우주가 영(또는 마음)과 몸(또는 물질)이라는 이원론으로 넘겨졌기 때문이다. 그런데 이것은 787년 니케아에서 열렸던 다른 공의회에서 이미지들이 그의 본래적인 진정성이 박탈당했기 때문이기도 하다.

우리가 오늘 저녁 이 자리에 모인 것은 우리들이 융이 언젠가 말했던 것처럼 '영혼을 찾는 현대인'이기 때문이다. 우리는 여전히 그 세 번째 자리, 정신을 매개해주는 영역—그것은 이미지와 상상력의 영역이기도 하다—을 복구시키려고 한다. 우리가 천 년보다 더 먼저 그 영역으로부터 신학적으로, 영적으로 추방당했기 때문이다. 그것은 데카르트와 우리가 그에게 책임을 돌리는 이분법(dichotomy)보다도 오래 된 일이고, 계몽주의와 현대의 실증주의, 과학주의보다도 오래 된 일이다. 이 오래 된 역사적 사건들은 서양 사회의 정신적 문화와 우리 각자의 영혼의 문화의 뿌리가 영양 부족 상태에 처하게 된 책임이 있다.

콘스탄티노플 공의회에서 영혼의 문제에 대해서 다룬 내용은 바울로부터 시작된 영혼을 영으로 대치시키고, 분장시키고, 혼동했던 오래 된 과정이 정점으로 치달은 것이라고 할 수 있다. 사실 바울은 (영혼이라는 뜻과 가까운) psyche라는 단어를 바울 서신에서 네 번밖에 사용하지 않았다. 신약성서 전체에서 (영을 의미하는) pneuma라는 단어가 274번 나오는 것과 비교해서 psyche는 57번밖에 나오지 않는다.[2] 상당히 적은 것인다! 그런데 57번 나오는 것도 반 이상이 사도행전에 나온다. 기독교 교리와 기독교의 가르침을 제시하는 서신이 신학과 심리학을 영혼이라는 단어를 사용하지 않고도 나타낼 수 있다고 한 것이다. 바울에게는 psyche이라는 단어를 네 번밖에 사용하지 않아도 충분하기 때문이다.

이와 똑같은 것은 꿈과 신화에서도 마찬가지였다.[3] 꿈(dream)이라는 단어는 신약성서에 나타나지 않고, onar(dream)라는 단어만 마태복음의 세 장(章)에서 발견된다(마태 1, 2, 27장). 그리고 mythos(신화 체계, 신화)라는 단어가 단지 다섯 번, 그것도 경멸적인 의미로 사용된다. 그 대신 영의 현상에 대한 강조는 많다: 기적, 방언, 비전, 계시, 엑스타시, 예언, 진리, 믿음 등.

우리가 전통적으로 영혼에 대해서 등을 돌렸기 때문에 우리 각 사람은 영혼(soul)과 영(spirit) 사이의 구분을 명확하게 하지 못한다. 그래서 우리는 정신치료(psychotherapy)와 영적 훈련(spiritual discipline)을 혼동하고, 그 둘이 어디에서 만나고, 어디에서 갈라지는지 알지 못한다. 이렇게 전통적으로 영혼을 거부한 것은 기독교인이거나 아니거나 간에 우리 각자의 태도 속에서 지속되어 왔다. 우리 모두가 우리의 문화적 전통에 무의식적으로 영향을 받았고, 집단적 삶의 무의식적 측면에 영향을 받았기 때문이다. 터툴리아누스(Tertullian)가 영혼은 자연히 기독교적이라고 선포한 이래, 서구인들의 영혼 속에는 반(反)영혼적 영성인 잠재적 기독교 정신이 자리 잡았다. 이것은 결과적으로 우리를 심리학적인 방향감각 상실로 이끌어갔고, 그 결과 우리는 동양으로 눈을 돌리지 않으면 안 되게 되었다. 서양인들은 그들의 방향감각 상실을 동양 정신에서 자리 잡으려고 하거나, 대체시키려고 하거나 투사한 것이다. 내가 이 강연에서 하려는 것은 영혼을 위해서 무엇인가를 하는 것이다. 이 과제의 한 부분은 문틈 사이에 낀 터키 고관의 손가락을 지렛대를 이용하여 빼내듯이 영혼을 우리 작업의 장(場)에 주된 체험으로 복구시키고, 영혼을 실현시키는 방법을—특히 이미지들을 통하여—보여줌으로써 융이 했던 작업을 가리키는 것이 될 것이다.

II. 정신과 이미지

787년 니케아에 모인 300여 명의 주교들은 주로 비잔틴 제국의 군대 요원이었던 이미지의 반대자들을 반박하면서 이미지의 중요성을 강조하였다. 사실 이미지들은 고대 세계에서 존중 받았고, 숭배되었다. 상들과 이콘(icon)들과 그림들과 진흙으로 만든 형상들은 지역 예배의 한 부분이었으며, 기독교와 다신론적 종교 사이의 갈등의 중심에 있었다. 니케아 공의회가 개최되었을 때 또 다른 긴 논쟁이 전개되었는데, 영과 영혼, 추상(抽象)과 이미지, 우상파괴와 우상숭배 사이에서 논쟁이 벌어졌다. 그것은 마치 르네상스 시대와 종교개혁 시대에 크롬웰의 부하들이 영국의 교회들에 있는 그리스도와 성모의 상이 기독교인들이 만든 것이 아니라 악마의 작업이라고 하면서 파괴했던 것과 같은 일이었다.

이처럼 이미지에 대한 증오와 그 힘에 대한 두려움과 상상력에 대한 두려움은 우리 문화에서 매우 오래 되었고, 뿌리가 깊다.

니케아에서는 미묘하지만 곤혹스러운 분화(differentiation)가 만들어졌다. 이미지주의자들이나 우상파괴자들 가운데 어느 한쪽도 완전히 이기지 못했던 것이다. 한편으로는 이미지 찬양자와 이미지로부터 자유로운 형식을 주장하는 사람들 사이의 구분이 이루어졌고, 다른 한편으로는 이미지를 숭배하는 사람들과 이미지를 권위를 가지고 통제하려는 사람들 사이의 구분이 이루어졌다.[4] 교회 공의회가 머리카락을 나누었는데, 그 뿌리는 여전히 머리 속에 남아서 분열이 깊어지게 된 것이다. 니케아에서는 이미지 사이의 구별이 확실하게 이루어져서, 한편에서는 이미지의 힘과 그것의 신적이거나 원형적 실재, 다른 한편에서 이미지가 나타내고, 가리키고, 의미하는 것들 사이가 구별되었다. 그래서 이미지는 이제 알레고리(allegory; 추상적인 내용을 구체적인 대상이나 이미지로 표현하는 문학 기법으로 우의 또는 풍유라고 한다. 예를 들어서 말하자면, 성서에 나오는 가나의 혼인잔치를 알레고리적으로 해석하면 사람들이 죽은 다음에 천국에 가서 벌어지는 환영 잔치라고 할 수 있다—역자 주)로 되었다.

이미지들이 알레고리로 될 때, 우상파괴주의자들은 승리하였다. 그때 이미지는 미묘하게 무력화되었다. 그렇다. 이미지들을 사용해도 된다. 그러나 그것은 오직 신학적 교리를 설명해주는 공식적으로 인정된 이미지들에 한해서 만이다.[5] 한 사람에게서 자발적으로 나온 심상(imagery)은 진정한 것이 아니고, 악마적이거나 악령에 의한 것이며, 이교도적이거나 불신앙적인 것이다. 그렇다. 이미지를 사용해도 된다. 그러나 그것은 오직 그것이 나타내는 것이 존경 받을 만한 것이어야 한다. 그 추상적인 생각들과 윤곽들과 그 이미지 뒤에 있는 초월성이 존경 받을 만해야 한다. 이미지들은 교리를 지각하는 길이 되었고, 환상에 초점을 맞추는데 도움을 주는 것으로 되었다. 이미지들은 이제 신적인 능력의 현존이나 표현하는 것이 아니라 그것을 반영하는 것으로 되었다.

787년은 영이 영혼을 능가하게 된 서구의 전통에서 또 다른 승리를 가져온 해였다. 사실 융은 이미지를 소생(蘇生)시킴으로써 영혼을 다시 불러왔으며, 영혼이 상징의 자발적 형성자이고, 환상에 생명을 불어넣는 요소라고 주장하였다(그렇게 될 때, 그가 지적하듯이 영혼은 다신론과 연계된다).[6] 융은 이미지를 강조함으로써, 787년 역사적으로 영혼을 무력화시키고, 869년 합리적이며, 지성적인 영으로 환원시킨 과정을 거스르면서 영혼을 되찾았다.

이것은 역사이지만, 단지 역사만은 아니다. 왜냐하면 당신이나 내가 이미지를 그 어떤 것인가를 나타내는 표상이라고 할 때마다—남성의 성기나 태모, 또는 권력 충동, 본능, 또는 그 어떤 일반적인 것, 우리가 선호하는 추상적 개념 등—우리는 그 뒤에 있는 생각을 위해서 이미지를 분쇄하였기 때문이다. 상상력에 해석의 의미를 부여하는 것은 상상력을 알레고리적으로 생각하고, 상상력을 무력화시키는 것이 된다.

여기에서 나는 여러분들이 내가 나의 생각을 발달시키게 된 융의 입장에 대해서 상기해 보기를 바란다. 융의 심리학은 영혼에 바탕을 두고 있다. 그의 심리학은 세 부분으로 되어 있는 심리학인데, 그것은 물질과 두뇌에 기반을 두지 않고, 마음, 지성, 영, 수학, 논리, 형이상학에 기반을 두지도 않는다. 또한 그의 방법론은 자연과학이나 지각의 심리학이 아니고, 형이상학이나 진술의 논리도 아니다. 그는 그의 토대는 그 사이에 있는 제3의 장소라고 말한다: "영혼에 기초한다"(*esse in anima*).[7] 그래서 그는 그의 그런 입장을 그의 건강하지 못한 환자들과 그가 좌절했던 기간 동안 그가 보았던 이미지들로 직접 돌아감으로써 발견한다.

우리의 의식적인 문화로부터 오랫동안 소외되었던 영혼과 영혼의 이미지들은 오직 소외당한 사람들에 의해서만 인식될 수 있다. (그렇지 않으면 우리의 문화인류학에서 오랫동안 상상력과 광기가 구분할 수 없을 정도로 가깝다고 생각된 예술가들에게만 알려지는 것이다). 그래서 융은 당신이 영혼을 찾는다면, 먼저 당신의 환상으로 가야하는데, 정신은 그 자신을 그렇게 직접적으로 제시하기 때문이라고 말하였다.[8] 의식은 모두 환상의 이미지에 의존하고 있다. 우리가 이 세상에 대해서나 마음과 몸에 대해서, 아니면 영과 신의 본성을 포함해서 그 어떤 것이든지를 아는 것은 모두 이미지로부터 오고, 환상을 이렇게나 저렇게 구성해 놓은 것이다. 이 말은 영적인 상태를 순수한 빛, 공백이나 부재 또는 지복(至福)으로 합쳐지는 것이라고 생각할 때, 진리라는 생각이 든다. 왜냐하면 그 각각의 상태는 하나나 또 다른 원형적 환상 유형에 따라서 영혼 안에 포착되거나 형성되는 것이기 때문이다.[9] 이 모든 유형들은 원형적이기 때문에 우리는 언제나 이런 원형적 형태나 저런 원형적 형태, 이런 환상이나 저런 환상 속에 들어있는데, 그 안에는 영혼에 대한 환상이나 영에 대한 환상도 포함된다. 그 안에 원형들을 품고 있는 "집단적 무의식"은 원형을 가지고 우리의 관점들과 생각들과 행동들을 지배하는 우리의 집단적 환상에 대한 무의식을 의미한다.

내가 "모든 정신과정은 하나의 이미지이고, 이미지를 그리는 것이다"[10]라고 말한 — 우리가 비록 이 강연에서는 거의 추상과 사고의 부분을 통해서 말하고 있지만 — 융에 대해서 좀더 말해 보자. 우리에게 있는 즉각적이고, 직접적인 유일한 지식은 이 심리적 이미지들이다. 더구나 융이 이미지라는 말을 사용했을 때, 그는 어떤 대상이나 지각(知覺)에 대한 반성을 의미하지 않았다. 그것들에 대한 기억이나 나중에 생긴 이미지를 의미하지 않았던 것이다. 그 대신에 그가 사용한 용어는 "시적인 것으로부터 나온 것, 다시 말해서 공상을 형상화시킨 것이나 환상적 이미지"[11]로부터 나온 것이다.

내가 이렇게 말한 것은 모두 여러분들이 내가 지금 하는 것이 어떤 것인지 알기 원하기 때문이다. 나는 지금 영혼이 영을 어떻게 보고, 꼭대기가 골짜기로부터 어떻게 보며, 우리 의식의 전환된 구조인 환상의 세계 안에서 어떻게 보는지와 언제나 원형적 이미지에 의해서 형상화되는 공식들을 보여주려고 한다. 우리는 항상 이런 또는 저런 근본적인 은유, 원형적 환상, 신화적 전망 안에 있다. 우리는 영혼의 관점으로부터는 우리 정신적 실재의 골짜기에서 빠져나올 수 없다.

III. 영혼과 영

나는 이 강연의 제목을 "꼭대기와 골짜기"이라고 붙였으며, 가능한 한 이 이미지들을 생생하게 대조시키기 위하여 이 이미지들로부터 떨어지려고 의도하였다. 그런데 떨어지고, 분리되는 부분은 미움의 정동(emotion)

이다. 그래서 나는 심리학의 아버지라고 할 수 있는 헤라클리투스가 모든 것의 아버지라고 말한 미움과 투쟁욕 또는 에이리스(eris; 그리스 신화에서 불화의 여신- 역자 주)나 폴레모스(polemos: 그리스 신화에서 전쟁을 의인화한 것- 역자 주)를 가지고 말하려고 한다.

"꼭대기 또는 정상"(peak)이라는 단어의 현대적 의미는 매슬로우(Abraham Maslow)에 의해서 발달하였는데, 그는 원형적 이미지를 떠올리게 한다. 꼭대기는 시내 산과 올림푸스 산, 파트모스 산, 감람산, 최초의 족장인 아브라함의 모리아 산 이래 영과 관계되었기 때문이다. 여러분들도 여러분 나름대로 영과 관계된 수많은 산을 떠올릴 수 있을 것이다. 정상체험(peak experience; 매슬로우는 '정상체험'은 인간에게 있는 결핍 욕구에서 나온 것이 아니라 존재 욕구에서 나온 것으로, 예술이나 스포츠 영역 등에서 정상체험을 하면 사람들은 자기실현을 더 잘할 수 있다고 주장하였다-역자 주)이 영적 체험을 묘사하는 것이고, 사람들이 영을 찾으려고 정상에 올라가는 것은 스스로를 찾으려는 영의 충동이라는 사실을 깨닫는 데에는 그렇게 많은 설명이 필요하지 않다. 매슬로우가 정상체험에 관해서 사용한 언어—"자기-확인, 자기-정당화 등은 그것과 더불어 그 자신의 내적 가치를 가져다준다—는 전통적으로 신과의 유사성이나 신과의 인접성 또는 절대주의와 강렬함 등 영적 체험을 묘사하는데 사용한 언어였다. 매슬로우는 그가 비록 오래 전부터 프뉴마(pneuma; 여기에서는 영이라는 의미로 생각할 수 있다-역자 주)를 정신(psyche)과 혼동했던 흐름에서 벗어나지 못했지만, 프뉴마를 심리학에 재도입해서 우리에게 감사를 받을 만하다. 그러면 심리학에서 정신(psyche)은 무엇인가?

영혼과 관계되는 모든 것들이 가능한 한 명확하고, 주의 깊게 상상될 필요가 있기 때문에 골짜기에 관해서 더 많이 고찰할 필요가 있다. "골짜기"는 낭만주의에서부터 나온다: 키이츠(Keats)는 그 용어를 편지에 썼으며, 나는 키이츠가 쓴 이 문장을 심리학적 모토로 삼았다. "원한다면, 세상을 '영혼을 만드는 골짜기'라고 부르시오. 그러면 당신은 세상의 효용 가치를 발견할 수 있을 것이오."

우리 문화의 종교 언어에서 골짜기는 정동적으로 우울한 장소이다 - 눈물의 골짜기라는 말이나, 예수가 그 황량한 계곡을 걸었다는 말이나, 사망의 음침한 골짜기라는 말들이 있는 것이다. 옥스퍼드 영어사전에서 "계곡"이라는 말의 첫 번째 정의는 "길게 내려가는 곳 또는 우묵한 곳"이다. 또한 골짜기와 계곡의 의미는 해가 지나가는 것이나 나이를 먹는 것 같이 서글픈 것이나 세상을 고통스럽고, 슬프고, 서러운 것으로 보거나 죽을 수밖에 없고, 지상적이며, 아래 있는 것으로 지칭하는 하위 범주 전체를 담고 있다.

골짜기는 여성적인 것을 연상시키기도 한다. 우리는 그것을 도덕경에서 볼 수 있고, 프로이드의 형태학적 은유에서 동물들이 많이 사는 수목이 울창한 계곡은 여성의 질과 같다. 또한 신화에서 계곡에는 여성을 함축적으로 나타내는 것도 많다. 계곡은 요정들이 사는 곳이기 때문이다. 요정(nymph)이라는 단어의 어원 가운데 하나는 요정이 계곡이나 산록(山麓) 또는 샘 위에 걸려 있는 구름이나 구름 한 조각을 의인화한 형상에서 온 것이다.[12] 요정은 우리의 비전을 베일로 가리고, 우리의 시야를 좁히며, 근시가 되게 하고, 사로잡는다. 산꼭대기에서 보는 것 같이 멀고 긴 시야를 주지 못하고, 예언적인 것을 주지 못한다.

이 골짜기-꼭대기의 쌍은 제14대 티베트의 달라이 라마도 사용한 말이다. 그는 어느 편지(Peter Goullart)에서 이렇게 기록하였다.

> 높은 곳과 영성을 관련시킨 것은 단지 은유적인 것만은 아닙니다. 그것은 물리적 실재이기도 합니다. 지구상에서 가장 영적인 사람은 고지대에서 삽니다. 가장 영적인 꽃들도 마찬가지입니다. ... 저는 저의 존재의 높고 밝은 측면을 영, 어둡고, 무거운 측면을 영혼이라고 부르겠습니다.
>
> 영혼은 깊고, 그늘진 계곡을 편안해 합니다. 무겁고, 둔한 꽃들은 검은색과 더불어서 거기서 자라고 있습니다. 강들은 따뜻한 시럽(syrup)처럼 흘러갑니다. 그것들은 영혼의 깊숙한 바다를 비웁니다.
>
> 영은 높은 세계이고, 하얀 봉우리 같고, 보석 같이 빛나는 호수이고 꽃입니다.

이 세상에는 영혼의 음악, 영혼의 음식, 영혼의 춤 등이 있고, 영혼의 사랑도 있습니다.

영혼이 승리를 하면, 목자(牧子)는 라마교 사원으로 갑니다. 영혼은 같이 하기를 좋아하고, 합창을 부르기를 좋아하기 때문입니다. 그러나 창조적인 영혼은 영을 갈망합니다. 어느 날 가장 아름다운 수도승들이 그들의 동료에게 인사를 하고 라마교 사원의 정글에서 나와서 혼자 꼭대기를 향해서 나아갔고, 거기에서 우주와 하나가 되었습니다. ...

그 어떤 영도 처량한 것을 걱정하지 않습니다. 처량한 것은 깊은 것이고, 더욱더 처량하게 될 것이기 때문입니다. 이 높은 곳에서 영은 영혼을 뒤에 멀리 남겨둡니다. ...

사람들은 산이 단지 거기 있기 때문에 오르지 않습니다. 오히려 영혼에 가득한 신성이 영과 친구가 되려고 올라갑니다. ... (생략).

나는 이 편지에서 한두 가지 재미있는 부분을 지적하려고 한다. 그것들은 우리에게 영혼과 영의 차이를 잘 보여준다. 첫째, 당신은 한 사람이 "단지 은유적으로가" 아니라, 문자 그대로 영적인 관점을 취할 때, 그것이 얼마나 중요한지 아는지 모르겠다. 또한 이런 관점은 고도, "높이"의 물리적 감각을 필요로 한다. 당신은 가장 아름다운 수도승들이 그들의 형제를 떠나서 우주와 하나가 되었는데, 그 하나됨이 눈과 비교될 만한 것이라는 사실을 아는가? (서양에서 마녀-사냥을 할 때, 영혼을 그릇된 영으로부터 보호하려는 관심에 과도하게 사로잡혀 있을 때 — 아니면 그 반대의 경우에도 — 악마는 차가운 정액과 얼음의 성기와 동일시되었다). 마지막으로 당신은 아니마의 상징이 두 가지 종류로 되어 있는 것을 눈치 챘는가? 따뜻한 시럽의 강가에 있는 어둡고, 무겁고, 둔한 꽃과 빙하 지대에 있는 질(窒) 같은 꽃잎을 가진 꽃들을 말이다.

나는 언어의 이미지들을 우리가 구분한 것에 끌어들이려고 한다. 그것은 영혼이 앞으로 나아가는 방식이다. 꿈, 생각, 환상, 몽상, 시, 그림 등은 그렇게 나아가기 때문이다. 우리는 심상(心象)과 언어의 양식에 의해서 영적인 것이 무엇인지 알 수 있다. 영혼도 마찬가지다. 영과 영혼의 의미를 정의하는 것은—영은 추상적이고, 통일되어 있으며, 집중되어 있고, 영혼은 구체적이고, 다양하며, 내재적이다—그 구분과 문제를 영의 언어 속으로 집어넣는 것이 된다. 우리는 이미 계곡을 떠났을 것이다. 우리는 상상력을 따르기보다 논리와 법칙을 따라서 어떤 것이 누구에게 속한 것인지 정리하면서 이미 검사관처럼 차이를 밝혀낸다.

이제 우리의 관심을 시간적으로 좀 떨어져 있지만 우리에게 다소 가까이 있는 또 다른 문화로 돌려보자. 우리가 우리의 영성 훈련을 의미하는 서방 세계의 수도원 전통의 설립자라고 부르는 이집트의 초기 사막의 성자들을 생각해보자.

우리는 먼저 그들이 이집트 사람이라는 것과 맥더모트(Violet MacDermott)[13]가 지적했듯이, 그들의 영적 움직임은 이집트의 종교적 배경을 거슬러서 이루어졌다는 것을 이해해야 한다는 사실을 떠올려야 한다. 다신교적인 종교 전통을 물려받은 사람처럼 사막의 성자는 "고대 종교의 심리학적 영향을 거스르려고" 했던 것이다. 그의 수련 방식은 수도사들을 인간의 공동체와 자연으로부터 분리시키려는데 목표를 두었는데, 그 두 가지는 신적인 것과 인간적인 것이 어디서나 상호 침투하고 있다고(즉, 꼭대기나 사막뿐만 아니라 계곡에서) 생각하는 다신교적 종교에서 매우 중요한 점이었다. 사막의 성자는 동굴—고대 종교에서 매장의 장소였다—에 살면서, 죽음의 상태를 모방하였다. 더구나 그의 영적 수련은 그의 특별한 자세, 금식, 철야, 어둠에 있기 등으로 매우 엄격하였다. 그런 엄격성은 그로 하여금 그 자신의 개인적이고 문화적인 과거뿐만 아니라 죽은 조상으로부터 유래한 영향들이나 악마의 공격과 싸우는데 도움을 주었다.

> 이집트에서 하느님의 세계는 죽은 자들의 세계이다. 죽은 자들은 꿈을 통해서 산 사람과 의사소통을 한다. ... 그러므로 잠은 그의 영혼이 몸과 과거의 종교로부터 유래된 영향들에 굴복하는 시간이다. ... (그래서) 그는 되도록 잠을 적게 자려고 하였다.[14]

당신은 다시 잠과 꿈에서 돌아서고, 자연과 공동체에서 돌아서며, 개인과 조상의 과거사 및 다신교적 복합으로부터 돌아서는 것을 주목해야 한다. 그러나 영적 수련이 벗어나려고 하는 이런 요소들은 영혼의 본성에 특별한 지시를 한다.

우리는 영혼과 영을 또 다른 방식으로 대조시키는 것을 우리가 이미 검토하였던 영적 작업의 용어에서도 찾아볼 수 있다. E. M. 포스터(Forster)는 그의 작은 책자 『소설의 여러 면들』에서 소설 기법의 기본적인 요소들을 개진한다. 그러면서 그는 환상과 예언 사이를 구분한다. 그는 환상과 예언은 모두 신화와 신들을 포함하고 있다고 주장하면서 환상을 다음과 같이 설명한다.

> … 이제 더 낮은 곳, 얕은 물가, 더 작은 언덕에 사는 모든 존재들, 목신(牧神)들과 숲의 요정들과 잊어버린 것들과 우연의 일치들 및 판(Pan)들을 불러내도록 하자. 모든 중세적인 것들은 무덤의 이쪽에 있다(나는 이것을 그가 조잡하고, 통상적이며, 유머러스하거나 일상적인 것들과 기괴하고, 변덕스러우며, 심지어 상스럽지만 흥겨운 것을 지칭하지 않을까 하고 추측한다).[15]

포스터가 예언(prophecy)에 다가갈 때, 우리는 영에 대한 이미지들을 더 많이 얻게 된다. 소설에서 예언은 다음과 같은 것과 관계되기 때문이다.

> … 우리의 능력들을 뛰어넘는 것은 그 어떤 것이나, 심지어 그것이 인간의 능력들을 뛰어넘는 열정일 때에도 인도, 그리스, 스칸디나비아, 유대의 신성들과 관계된다. 무덤을 넘어서는 모든 중세적인 것들과 관계되고, 아침의 아들인 루시퍼와 관계되는 것이다(나는 이것을 그가 "선과 악의 문제"를 지칭하는 것이 아닌가 하고 생각한다). 우리는 그들의 신화를 가지고 소설의 이 두 가지 종류를 구분할 것이다.[16]

우리 역시 그들의 신화를 가지고 우리의 치료법도 구분할 것이다.

포스터는 비교를 더 한다. 그러나 우리는 몇 가지 고찰들만 더 살펴본 다음에 거기에서 그치려고 한다. 영(또는 예언적 양식)은 겸손하지만, 유머는 없다. "그것(영)은 인류를 계속해서 따라다녔던 그 어떤 종류의 믿음을 넌지시 비출 것이다. 기독교, 불교, 이원론, 악마주의를 암시하거나 그렇지 않으면 인간의 사랑을 높이고, 그런 힘을 미워해서 보통의 그릇으로는 그것들을 담을 수도 없다."[17] (당신은 라마가 우주와 하나가 되고, 사막의 성자가 혼자 있는 것을 떠올릴 것이다). 예언(또는 영)은 우리가 D. H. 로런스(Lawrence)와 도스토예프스키(Dostoevsky)의 소설에서 보는 것처럼 주로 사람의 목소리와 같은 음조를 가지고 있으며 어떤 것을 강조해서 말한다. 환상(또는 나의 용어로 영혼)은 매일의 삶에서 놀랄만한 특질을 가지고 있다. "환상의 힘은 우주의 모든 구석까지 파고 들어가지만, 그것을 지배하는 세력은 파고 들어가지 못한다―하늘의 두뇌인 별들과 불변의 법칙인 군대는 건드리지 못하는 것이다. 이런 유형의 소설들에서는 즉흥적인 기운이 감돈다. ..."[18] 여기에서 나는 심리학의 방법론으로 프로이드가 제안한 자유연상이나 나중 문단이 그 앞의 문단과 논리적으로 이어지지 않는 융의 글쓰는 양식, 또는 솜씨 좋은 사람과 그렇지 못한 사람이 같이 뜯어 붙인 것 같은 레비-스트로스의 브리꼴라주(손에 닿는 것 아무것이나 뜯어붙이기 하는 것―역자 주) 상을 떠올리게 된다. 그때 방향을 돌리고, 비워내면서 심도 있게 초점을 맞춰서 한 초월적 묵상으로부터 나온 이 심리학적 양식들이 얼마나 다른가 하는 것을 생각하게 된다.

마지막으로 포스터는 우리의 목적과 관계해서 환상적 소설 또는 영혼의 글쓰기에 대해서 이렇게 말한다. "신 하나를 특별히 불러야 한다면, 헤르메스―전령이며 도둑이며 영혼의 지휘자인 헤르메스를 부르도록 하자. ..."[19]

포스터는 (환상에 대한 그의 관념을 가지고) 영혼에 대해서 무엇인가를 가리키는데, 이 무엇인가는 과거사(過去史)이다. 영혼은 우리를 과거사 안에 담아 놓는다. 우리의 개인적인 삶의 이야기, 치료 이야기, 과거사로서의 우리의 문화 등에 담아 놓는 것이다. (우리는 콥트의 수도자들이 영적 실천을 통해서 그들의 조상의 역사를 극복하려고 했다는 사실을 살펴보았다). 여기에서 나도 케임브리지에 있는 그의 방에 있던 작고, 까다로운 사내였던 늙은 포스터 같은 사람과 이제는 죽은 프로이드와 융과 그들의 신화, 학문, 단어의 어원과 역사를 살펴보고, 세상에 있는 지리적 장소로서의 진짜 골짜기 등으로 거슬러 올라가면서 영혼의 언어를 이야기하고 있다. 왜냐하면 이것이 영혼이 나아가는 방식이기 때문이다. 이것이 심리학적 방법론이고, 심리학적 방법론은 이런 골짜기 세계에 남아 있으며, 그것을 통해서 역사는 우리의 "조상들인" 그 흔적들을 스쳐 지나가고, 남겨 놓는다.

그러나 꼭대기는 역사를 지워버린다. 역사는 극복되어야 하는 것이다. 낡은 것들을 예언자적으로 바꾼 제조업자 헨리 포드는 역사는 여물통이라고 하였고, 예언자적인 가수 칼 샌드버그는 과거를 재떨이라고 말하였다. 그래서 영의 작업자와 영을 추구하는 사람은 역사의 잔해(殘骸)을 타고 넘어야 하거나 역사의 종말이나 비현실에 대해서 예언하고, 그들의 개인적이고, 특별한 지역이나 특별한 민족적이고, 종교적 뿌리(융은 일찍이 "인종적 무의식"이라는 불쾌한 용어를 쓴 적이 있다)의 역사뿐만 아니라 시간이 환상이라는 것을 증언해야 한다. 그러므로 영적인 관점에서 보면, 우리의 선생님이 폴란드 출신의 짜딕(Zaddik, 의로운 사람, 덕망이 있고, 경건한 사람이라는 의미-역자 주)인지, 멕시코의 선인장 아래서 살던 아메리카 원주민인지, 돌의 정원에서 살던 일본의 선사(禪師)인지 하는 것은 아무 차이가 없다. 이런 차이들은 모두 역사적 조건이고, 개인적 문제이기 때문이다. 영은 비개인적이며, 지역적인 영혼에 뿌리를 두지 않고, 무시간적이다.

나는 역사의 말 잔등이 나를 떨어트릴 때까지 그 위에 올라탈 것이다. 역사가 가장 억압되었다고 생각하기 때문이다. 프로이드의 시대에 성(性)이 가장 억압되었고, 그에 따라서 성이 사람들에게 정신-신경증을 일으킨 내적 효소였다면, 오늘날 우리가 참을 수 없는 것은 역사이다. 그러나 사실은 그렇지 않다. 우리 각자는 모두 가능성이라는 가방을 가지고, 판도라의 상자를 열어서 희망을 품으면서, 아무 방해도 받지 않은 채, 우리 앞에 있는 그렇게 다양하고, 아름다우며, 새로운 미래를 향해서 나아가는 프로메테우스이다. 과학이라는 공상 속을 향해서 나아가는 새롭고, 해방된, 살아 있는 남성과 여성인 것이다. 그래서 역사는 저 아래서 덜컹거리면서 우리의 정신적 콤플렉스들을 가지고 계속해서 작업한다.

우리의 콤플렉스들은 영혼 안에서 작업 중에 있는 역사이다: 휴 헤프너가 감리교 정신에 반발하였고, 킨제이가 보이스카우트에 반발하였으며, 닉슨이 퀘이커 정신에 반발했던 것처럼 나는 아버지의 사회주의, 할아버지의 근본주의에 반발한다. 산 꼭대기에 올라가고, 거기에서 무엇인가가 오도록 하면서 역사를 초월하는 것이 우리 안에 있는 역사를 가지고 진정한 변화를 가로 막는 우리의 반응, 습관, 도덕성, 견해, 증상들과 작업하는 것보다 훨씬 쉬울 것이다. 계곡에서 일어나는 변화는 우리에게 역사를 깨닫고, 영혼을 고고학적으로 발굴하며, 그 폐허를 파헤치고, 다시 모을 것을 요청한다. 그리고 지리적이고, 역사적인 토양에 그 고유한 냄새와 맛이 있는 것을 죽은 이의 영과 관련시키고, 땅에 심으면서, 백(魄)-영혼을 저 아래 바다로 내려보낸다.

골짜기에 있는 생명과 영혼의 관점에서 볼 때, 산에 올라가는 것은 도망가는 것처럼 보인다. 라마승들과 성자들이 "그들의 동료들에게 작별 인사를 하는 것"과 같은 것이다. 나는 여기에서 영혼의 변호인이기 때문에 영혼의 관점을 제시해야 한다. 그것은 상승의 고양을 동반하는 계곡의 길고, 움푹한 우울증으로 나타난다. 영혼은 뒤에 남겨진 것처럼 느껴지고, 우리는 이 영혼의 반응을 아니마 원한으로 본다. 영적 훈계는 입문자에게 종종 내성적인 숙고(熟考)와 질투, 원한, 편협 및 감각과 기억에 대한 집착을 경계하게 한다. 그런데 이런 것들은 영이 작별 인사를 하고 떠날 때 영혼이 느끼는 현상들이다.

어떤 사람이 정신치료와 베단타, 호흡 훈련, 초월적 명상 등 영적 수련을 동시에 한다면, 영적 교사는 정신분석을 사소한 것이나 환상에 매달리는 시간 낭비로 볼 테고, 정신분석가는 영적 수련을 정신의 그릇에서 무엇인가 누출되거나, 아니면 형이상학적으로나 신체적으로 도피하려는 것으로 볼 것이다. 즉 그가 정신적인 것을 신체화하거나, 히스테리컬한 전환 반응을 하는 것으로 볼 것이다. 그러나 그것들은 모두 같은 울타리에서 자라는 조건들이다. 그것들은 모두 자기 나름 대로의 개념을 실체화하면서, 구체화시키고, 본질로 돌아가려고 하는 것이다. 그들이 서로 비난한다면, 그들은 형이상학적인 것 자체가 하나의 환상 체계라는 사실을 망각하고, 그것을 문자 그대로 실제인 것으로 생각했기 때문이다. 그들은 은유적 접근에서 말하는"마치 ... 인 듯한" 관점을 상실한 것이다.

 이런 사소한 상호 비난을 뛰어넘어서, 우리가 분석 현장에서 묻는 더 근본적인 질문이 있다: 그 여행을 하는 것은 누구인가? 그것은 교리나 목표의 상대적 가치에 대한 토론이 아니고, 우리가 본 비전과 느낀 경험을 분석하려는 것도 아니다. 우리가 이미 그와 비슷한 체험을 지방의 병원과 꿈과 환각여행을 통해서 보았기 때문에 그 질문은 본질적으로 영적 체험의 내용을 분석하려는 것이 아니다. 비전을 보는 것은 어려운 일이 아니다. 마음은 환상의 즙과 수액을 분출하고 스며들게 할 뿐만 아니라 그것을 영원한 진리라고 고집한다. 그런데 환각여행 속에서 우주를 단추 구멍이나 리놀륨 같은 것으로 보는 듯한 환각적인 빛과 동시성적인 영적 광경은 결코 하찮은 사건이 아니다. 그것은 일상적인 치료 현장에서 매일의 가정사에 엉켜 있는 것들을 푸는 것처럼 하찮은 것이 아니라는 말이다.

 어떤 것이 하찮고, 어떤 것이 의미 있는가 하는 질문에 의미를 부여하는 것은 원형에 달려 있으며, 의미는 자기(自己)라고 융은 말한다. 자기가 배열되면, 의미는 자기와 함께 드러난다는 것이다. 그러나 자기에는 모든 원형적인 것들처럼 미분화된 어리석은 측면이 있다. 그래서 우리는 에로스에 압도당하여 우리 영혼(아니마)이 절망적이고, 우스꽝스러운 사랑의 아픔 속으로 빠져드는 것처럼 왜곡되고, 열등하며, 과대망상적인 의미에 압도당하기도 한다. 한편으로는 동시성적 사건의 하찮은 내용과 다른 한편으로는 거기 연관된 거대한 의미 사이의 불균형은 내가 말하는 것이 있을 수 있다는 사실을 보여준다. 사랑에 빠진 사람처럼 의미를 추구하는 사람은 그의 콤플렉스가 야기하는 원형적 체험과 관계되고, 그의 방어기제를 불러일으키는 지극히 작은 일들에서도 그가 잘못되지 않았고, 정당하다는 것을 확인받으려고 한다. 그러므로 우리가 그림자 때문에 생긴 도덕적 혼란을 정당화하려고 하거나, 아니마 때문에 미적 혼란에 빠져 있거나, 자기 때문에 의미의 혼란에 빠져 있거나, 정신-역동적으로 볼 때, 아무 차이도 없다. 편집증은 의미의 장애라고 정의되어왔다. 그것은 미분화된 자기-원형의 영향 때문인 것이다. 어떤 편집증은 동시성 현상이 일어났을 때 별것도 아닌 일치성에 깊은 의미를 부여해서 생기기도 한다.

우리는 여기에서 다시 영의 목소리는 겸손하고, 영혼의 목소리는 유머러스하다는 포스터의 말을 떠올리게 된다.[20] 우리가 겸손한 태도를 취할 때 의미에 의해서 경외와 놀라움에 사로잡히고, 영혼은 똑같은 사건을 더욱더 팬(Pan)의 농담과 익살로 대하는 것이다.[21] 겸손과 유머는 그 사람의 본래적 기질(humus), 즉 인간적인 조건으로 내려가는 두 가지 길이다. 겸손은 우리로 하여금 세상을 낮은 자세로 맞게 하고, 마땅히 해야 할 것을 현실에서 하게 한다. 가이사의 것을 가이사에게 돌리게 하는 것이다. 하지만 유머는 우리가 엉덩방아를 찧게 한다. 그때 심각한 현실은 의심스러워져서, 세상을 꿰뚫어볼 때, 이 세상은 우스워진다. 그에 따라서 동시성 현상이 저절로 생기는 것처럼 편집증이 해소된다.

그러므로 영적인 사건에 관여하는 영혼의 분석가는 원리나 내용의 문제를 떠나게 된다. 우리의 관심은 이제 그 사람, 산에 올라간 사람이 누구인가 하는 것이 된다. 그래서 우리는 누가 벌써 거기에 올라가서 부르는가? 하고 묻는다.

이 질문은 영적 수련에서 제기되는 질문과 다르지 않으며, 매우 중요한 질문이기도 하다. 왜냐하면 그것은 여행이나 여행에서 거치는 정거장이나 여로(旅路)가 아니고, 사다리의 계단이나 가로 막대도 아니며, 정상과 정상 체험이나 정상에서의 귀환에 대해서 묻는 것도 아니기 때문이다. 오히려 그 모든 시도를 하는 사람 속에 있는 존재에 대해서 물어보는 것이다 여기에서 우리는 다시 역사, 역사적 자아, 북미주에 사는 이들의 의지력에 대해서 생각하게 된다. 선교사들, 사냥꾼들, 목장주들, 농장주들, 미국의 개척 이민자들, 오클라호마와 아칸서스 주의 유랑농민들(Okies and Arkies), 오렌지와 포도 재배자들과 캘리포니아에서 금광이 발굴되었을 때 그곳에 갔던 사람들과 거기에 철도를 놓을 때 일했던 사람들을 떠밀어서 가게 했던 의지력에 대해서 묻게 되는 것이다. 이것은 우리가 달콤한 냄새가 나는 명상의 방으로 들어갈 때, 그때까지 신고 있던 낡고, 먼지가 나는 신발처럼 문가에 내던질 수 있는 것일까? 우리는 어떤 집에 들어간 다음 우리에게 처음 문을 열어준 사람을 바깥에 두고 문을 닫을 수 있을까?

머리를 굴리거나, 매일의 수퍼-마케트 안에서 사는 지루한 삶으로부터 초의식으로 옮겨가고, 쓰레기 같은 것에서 초월적인 것, 즉 "의식의 변화된 상태"로 접근하는 것은 이 역사적 자아를 거부하는 것이 된다. 그것은 나중에 바울로 된 초기의 사울로 돌아가면서 회심을 무화시키는 것이다.

그러므로 당신의 원형적 질문은 영혼/영의 갈등이 어떻게 생기거나 왜 생기는지를 묻는 것이 아니라 당신의 인격을 구성하는 다양한 상들 가운데 어떤 상이나 인격이 여기 개입되었는지를 질문하는 것이라는 사실을 알게 된다. 어떤 신이 우리를 산에 올라가게 부르는가? 아니면 골짜기에 붙들고 있는 것인가? 원형심리학에서는 모든 관점과 모든 입장에 신이 있다고 생각한다. 우리의 영을 조직하는 것들을 포함해서 모든 것들은 정신적 이미지에 의해서 결정되어 있는 것이다. 그래서 모든 것들은 의식에 이런 또는 저런 신적 전망 가운데 하나를 제시한다. 우리의 비전은 신들의 이런 또는 저런 모방의 상(像)인 것이다.

산에 올라가는 것은 누구인가? 우리 안에 있는 무의식적 기독교인인 선행자(善行者), 즉 자신의 유서 깊은 기독교 정신을 상실한, 무의식의 십자군, 기사, 선교사, 구원자가 아닌가? (나는 우리 무의식의 기독교 정신에 있는 "기독교인 병사"가 소위 말하는 잠재적 정신병, 잠재적 동성애자 또는 잠재적 우울증 환자보다 사회적으로 더 위험하다고 생각한다).

산에 올라가는 것은 누구인가? 마침내 산 자체가 되는 등반가, 러쉬모어 산(산 중턱에 워싱턴, 제퍼슨, 링컨, 루즈벨트의 거대한 두상이 새겨져 있는 사우드 다코다 주에 있는 산 – 역자 주) 위에 올라간 내가 아닌가? 나는 지금 겸손하게, 당신을 기다린다. 이제 보라. ...

그것은 영웅적 자아가 아닌가? 그것은 지금도 여전히 노역(勞役)중인 헤라클레스가 아닌가? 더러운 마구간을 청소하고, 늪에 있는 괴조(怪鳥)를 죽이며, 여인이 부르는 것을 거부하고, 열 두 계단을 올라가면서 그의 동물들을 곤봉으로 때리는 헤라클레스가 아닌가? (모든 것은 결국 미치고, 나중에 헤베와 결혼하는 것으로 끝이 나는데, 헤베는 그의 어머니인 헤라의 더 젊고, 상냥한 정신을 한 형상이다).

그렇지 않으면, 그것은 영원한 소년(puer aeternus)의 상승하는 영적 기세, 우리 각자 안에 있는 날개 달린 신같은 이마고, 즉 영의 아름다운 소년이 아닌가? 이카루스는 태양을 향해서 가던 중에 밀랍으로 붙인 날개와 함께 떨어졌고, 파에톤은 태양의 수레를 몰다가 통제하지 못해서 세상을 불에 태웠으며, 벨러로폰은 날개 달린 하얀 말을 타고 올라가다가 들판에 떨어져서 다리를 절게 되었다. 이것들은 모두 높이 올라가려는 뿌에르, 하늘을 향해서 나아가는 돌격대원들이다. 그들의 사랑은 횃불과 에로스의 사다리를 비추고, 화살을 찾는 그의 추구는 더 높고, 더 멀며, 더 순수하고, 더 나은 것을 향한 열망이다. 이것이 없다면, 우리 삶에 영향을 주는 원형적 내용에는 아무 영적 추동도 없고, 새로운 불꽃도 없으며, 주어진 것을 뛰어넘으면서 나아가는 것도 없다. 그리고 개인적 운명의 장엄함과 의미도 없을 것이다.

그래서 심리학적으로, 어쩌면 영적으로도 중요한 문제는 뿌에르의 위를 향한 추동과 영혼의 모호하고, 방해하는 포옹(抱擁)을 결합시키는 것이다. 이 둘이 결합될 수 있다면 두 가지 탈선이 방지될 수 있다. 첫째는 영혼도 똑같이 위로 올려서 골짜기로부터 "떠나게" 하는 것인데, 초월주의자들이 바라는 것이다. 둘째는 영을 콤플렉스로 축소시키면서 뿌에르의 정당한 야망과 하늘을 나는 기술을 부정하는 것인데, 정신분석가들이 바라는 것이다. 우리는 여기에서 가스통 바슐라르와 무하마드 알리가 했던 말, 즉 하늘을 날 줄 모르는 사람은 상상할 줄도 모른다는 말을 떠올려야 한다.

정말 높이 날라갔다가 자유롭게 떨어지는 것을 상상하고, 영적 실재를 체험했다가 팽창도 해보려면, 사람들은 계곡에서 벗어나고, 농토와 일용할 양식을 벗어나는 상상을 해야 한다. 이것은 때때로 뿌에르의 원형적 요청을 인식하지 못하는 직업적 분석가들에게도 마찬가지이다. 그것들이 상상을 방해하기 때문이다.

이제는 뿌에르와 정신이 서로에게 강요하지 않도록 하면서 그 둘의 관계에 대해서 살펴보자.

IV. 뿌에르-정신의 결혼

한편으로는 높이 날아가는 영과 다른 한편으로는 요정, 계곡 또는 영혼 사이의 화해를 뿌에르-정신의 결혼으로 상상할 수 있다. 그것은 여러 가지 방식으로 설명되어왔는데, 예를 들어서 말하자면 융은 그것을 『신비적 융합』에서 개체적 물질의 연금술적 융합, 아풀레이우스의 민담에서는 에로스와 프시케의 융합으로 설명하였다.[22] 우리도 이런 모델들처럼 개별적인 방식으로 생각할 수 있을 것이다. 그때 우리는 우리 안에 있는 서로 다른 욕구들을 서로 다른 사람들의 의지, 즉 뿌에르가 우리의 영적 비상(飛上)이고, 아니마(또는 프시케)가 우리 영혼에 있는 존재로 느낄 수 있다.

아니마[23]의 주된 요소는 우리가 언제나 정신에 대해서 말해왔던 것들이다. 그것은 깊이를 알 수 없고, 포착할 수 없는 것이다. 아니마는 융이 "삶의 원형"이라고 말했듯이, 그 안에 혼란이 있고, 더 나은 결과가 있을 것이라는 막연한 희망과 함께 불만, 거짓, 환상을 가져다주는, 그 자체가 실제의 삶이 되는 정신의 기능이다. 아니마가 제시하는 문제들은 영혼이 깊은 것만큼 끝이 없고, 이 끝이 없는 미궁 같은 "문제들은" 아니마의 심층이다. 아니마는 융의 또 다른 정의에 의하면 "관계의 기능"을 수행하면서 우리들을 조이고, 비틀며, 혼란에 빠트리고, 분쇄될 지점으로 데려가는데, 그 정의는 우리가 관계는 바로 유연성을 의미하는 것이라는 사실을 깨달을 때에만 납득할 수 있다.

이런 정신의 혼란은 뿌에르 의식이 통합될 필요가 있다는 사실을 말해준다. 영(spirit)을 반대하는 것들을 한 꺼풀을 벗기면 그것들은 무엇보다도 소란을 일으키는 것들이다. 아침에 일어났을 때 우울한 기분, 여러 가지 증상들, 거기에 얽혀들게 되는 거짓말, 허영심 등인 것이다. 뿌에르는 내면에 있는 이 "여성"이 자아내는 짜증과 싸워야 한다. 그녀의 소극적인 게으름, 달콤함, 아첨을 좋아하는 성향 등—정신분석이 "자기-성애"라고 부르는 이 모든 것들과 싸워야 하는 것이다. 이 싸움은 아니마, 즉 많은 친교 관계에서 어떤 입장을 취하고, 깊이 있게 받아들이고, 헌신하려는 것을 물리치거나, 거기에 대항하여 싸우는 것이 아니라 그것과 함께 싸운다. 뿌에르적인 광기가 어디에서 정신적 혼돈과 일탈로 여겨지고, 왜곡된 모습으로 비치는지는 확실하지 않다. 그 적이 나 자신의 영혼과 마음, 그리고 가장 깊은 열정 안에 담겨 있어서 우리는 적이 어디에 있고, 어떤 무기를 사용해야 하는지 알지 못한다. 뿌에르는 그의 광기와 함께 남겨졌는데, 그 광기는 그가 위에서 말했던 싸움을 통해서 너무 자주 의지하게 돼서, 그것을 아주 귀중하게 생각하고, 그 자신의 독특성과 한계로 여기게 된다. 영혼의 거울을 통해서 자신을 살펴볼 때, 사람들은 광기를 자신의 영적 충동으로 보게 되고, 그 광기가 얼마나 중요한지 알게 된다.

이것이 특히 아니마와의 투쟁이며, 투쟁의 자리로서 정신치료가 하는 모든 것이다. 즉 자신의 광기와 자신의 독특한 영을 찾고, 그의 영과 광기의 관계를 파악하며, 그의 영 안에 광기가 있고, 그의 광기 안에 영이 있다는 사실을 알게 되는 것이다.

영은 이 광기에 대해서 증언해야 한다. 그렇지 않을 경우, 뿌에르는 그의 충동과 목표를 은유적으로 해석하지 못하고, 그것들을 문자 그대로 취하게 된다. 영혼은 영의 활동을 체험하면서 받아들이고, 형상화하는 주체가 되면서, 뿌에르의 충동들을 환상 속에 담고, 기르며, 작업할 수 있다. 그러면서 동시에 그것들을 감각화하고, 심화시키며, 삶의 망상들 안에 집어넣으면서 좋은 방향이나 나쁜 방향으로 이끌어가기도 한다. 그때 그의 내면에서 이 두 가지 내용을 잘 결합한 사람에게는 숙고하는 거울과 메아리가 작동하기 시작한다. 그리하여 그는 그의 영적 활동들이 정신에서 어떤 의미를 가지는지 알게 된다. 정신으로 방향을 돌린 영은 높은 자리를 차지하거나 우주적 사랑을 추구하면서 일탈하지 않고, 계곡에서 불투명한 것들과 난해한 것들을 보면서 앞으로 더 나아가려고 한다. 그때 계곡 안에 햇빛이 비치고, 가십과 잡담 안에 말씀이 들어오게 된다.

영은 정신이 그것을 부수거나, 멍에를 씌우거나, 그것을 특별하고, 비정상적인 것이라고 내던지지 않고, 그의 작업을 도와달라고 요청한다. 또한 영은 정신의 이름으로 작업하는 분석가에게 영혼으로 하여금 뿌에르의 모험을 배척하지 않고, 뿌에르와 영혼이 서로의 욕망을 실현시키게 준비시키도록 요청한다.

불행하게도 정신치료에 종사하는 대부분의 치료자들은 헤라(Hera)의 사회 적응의 전망의 지배를 받고 있으며, 그녀가 제일 좋아했던 방법인 헤라클레스의 강한 자아에 관심을 기울인다. 헤라는 잘못된 뿌에르 영을 취해서 그것을 가지고 무엇인가 눈에 보이는 일을 "하려고" 나선다. 그때 뿌에르 영은 그의 진정한 원형적 가치를 보이지 못한다. 헤라의 사제와 여사제들인 심리상담가들은 내담자가 어디에서 잘못되었는지 이해하게 하면서 문제를 명확하게 밝히게 하고, 치료적인 도움을 주려고 한다. 그러나 심리상담은 문제들을 문자 그대로 다루면서 내담자들에게 있는 광기를 통해서 무엇인가를 볼 수 있는 가능성을 제거함으로써 영을 죽이고 만다.

영을 충분히 감안하지 않는 심리학자들은 영이 통합에 본질적인 구성요소이고, 그것이 정신분석에 영향을 미치는 것으로서 결코 제외되어서는 안 되는 것이라는 사실을 망각하고 있다. 사람들이 영을 소홀히 하면, 그것은 동시성 현상, 마술, 기적, 공상과학 소설, 자기-상징, 만달라, 타로, 점성술 및 그밖에 다른 엉터리 같은 것들이나, 예언적인 것들이나, 비역사적인 것들의 모습을 하고 심리학의 뒷문으로 들어온다. 왜냐하면 영은 그것을 다른 많은 영 비슷한 것들로부터 분별되기를 요청하기 때문이다.

영분별 자체는 성령의 선물이다. 그런데 뿌에르의 작용을 거부하는 심리학자들은 이미 죽어버린 스승들의 교조적 매카니즘에 사로잡혀 있으며, 그들의 상상력은 지극히 제한되고, 위축되어서 상상력의 돛이 찢어지거나, 아예 내걸리지도 못하게 된다. 그에 따라서 그들의 정신치료도 제대로 이루어지지 못한다.

그러나 영이 일단 영혼을 향해서 나아가면, 영혼은 그 자신의 욕구를 새로운 방식으로 보게 된다. 그때 그 욕구들은 이제 더 이상 헤라의 문명에 의한 요청이나 비너스가 말하는 사랑이 신이라는 주장에 귀를 기울이지 않고, 아폴로의 의료적 치료나 프시케의 영혼을 만드는 작업에도 관심을 두지 않는다. 사람들은 사랑하는 법만 배우거나, 공동체만 강조하거나, 더 나은 결혼생활과 가족 관계를 조성하려고 하지 않고, 정신병 증상과 신경증적 요청 때문에 독립성을 기르려고만 하지도 않는다. 오히려 이런 요구들이 모두 영감을 위한 것이고, 안목을 길게 하는 비전을 바라는 것이며, 에로스를 증진시키라는 요청이라는 사실을 안다. 그리고 그것들은 사람들을 더 살아 있게 하고, 강화시키며(완화시키는 것이 아니라), 철저하게 하고, 초월성과 의미를 향한 요청이라는 사실을 안다. 간단하게 말해서, 정신에는 영적 욕구가 있는데, 뿌에르 부분이 그것을 완수할 수 있는 것이다. 영혼은 그의 관심사가 하찮은 것으로 치부되지 않고, 더 높고, 깊은 관점, 즉 영의 수직성을 향해서 나아가려고 한다는 사실을 존중받으려고 한다. 우리가 우리 정신의 불만이 심리학이 제공하는 것을 뛰어넘는 영적 허기에서 비롯된 것이고, 우리의 영적 건조함이 영적 수련이 제공하는 것을 뛰어넘는 정신적 샘물에 대한 욕구에서 비롯된 것이라는 사실을 깨달을 때, 우리는 치료와 수련 모두를 위해서 움직이기 시작한다.

뿌에르와 정신의 결혼은 무엇보다도 먼저 내면성의 증가에서 생긴다. 그 결혼은 벽이 있는 공간, 즉 내실이나 신방(新房)을 만드는 것이다. 그들은 꼭대기나 골짜기에 있는 것이 아니라 그 둘이 유리창이나 문으로 닫힌 곳에서 볼 수 있게 하는 것이다. 이렇게 내면성이 증가하면서 뿌에르의 새로운 영감이 가능해져서, 어느 누구든지, 삶의 어떤 순간에서든지 기발한 생각이 나올 수 있다. 더구나 그것은 우선 영이 일방적으로 "높이" 올라가기만 하려는 것에서 벗어나 그것을 감았다가 풀어주고, 다시 다양하게 양육하면서 영혼의 미로와 같은 방식으로부터 끌어내게 된다. 그 옛날 연금술적 영웅인 오디세우스처럼 여러 측면이 있는 다양한 변화로 이끌도록 발달시키는 것이다.[24] 그때 영혼은 뿌에르의 화살을 에둘러 가게 하면서 영의 유황같이 타오르는 강박을 영혼의 소금 같이 오래 견디는 것으로 변화시킨다.

이처럼 신방(bridal chamber)은 영혼에게 형체가 없는 구름 같은 상태로부터 어떤 것을 향해서 나아가는 욕구의 상태를 세워주면서 부화(孵化)하게 하고, 열을 공급하며, 압력을 가한다. 그러면서 이것들은 뿌에르의 도움으로 언어로 형상화된다. 그 사람의 꿈과 욕망의 삶 안에 과정과 방향과 연속성의 감각이 생기는 것이다. 그때 고통은 의미 있게 된다. 어디서나 볼 수 있는 어리석고, 순결한 처녀와 젊은 요정들이 계속해서 짝지어진 채 등장하지 않고, 이제는 사람들 속에 정신적 잉태가 이루어지고, 그의 삶에 진정한 작업이 시작된다.

결국 뿌에르-정신의 결혼은 우리 콤플렉스들을 이 세상과 영적 체계의 영역 모두로부터 취하는 것이다. 그것은 우리의 탐구와 추구가 정신적 탐구와 추구로 되게 하는 것을 의미한다. 즉 영에 의해서 정신적 수태를 위한 영혼의 탐사가 이루어지게 하는 것이다. 그때 메시아적이고, 해방시키며, 초월적인 운동은 먼저 영혼과 관계된다. 그래서 "이것은 무엇을 의미하는가?"라고 묻는 대신(이것은 순전히 영에 의한 엉의 실분이다), "내 영혼 안에서 움직이는 이것은 무엇인가?"(이 질문은 훨씬 더 내면화된 질문이다) 하고 묻는다. 이렇게 할 때에만 정신적 가치를 그 안에 첨가하면서 정신적 실체가 뿌에르의 메시지와 행적에 들어가고, 뿌에르의 메시지는 영혼과 접촉하면서, 생명력을 가지게 된다. 그것은 특히 영혼의 영역에 있기 때문에-그동안 너무 잃어버렸고, 비어 있었으며, 무지하였다- 처음으로 뿌에르 영의 선물들이 필요하게 된다. 영의 관심이 필요한 것은 영혼, 정신, 심리학이다. 키츠(John Keats)처럼, 산에서 수도하는 것에서 내려와서 골짜기에서 영혼-만들기(soul-making)를 해야 한다.

V. 네 가지 차이점

이 지점에서 나는 다시 영혼으로 돌아가기 위하여 뿌에르의 열광적인 관점에서 떠나려고 한다. 그래서 나는 영적 수련과 근본적으로 구별되는 영혼-만들기의 특징 세 가지에 대해서 제시하려고 한다. 그 첫 번째는 병리학화[25]이다. 그것은 우리 삶의 정신병리에 대한 흥미이다. 다시 말해서, 정신의 로고스와 파토스에 대해서 예민하게 관심을 기울이는 것이다. 우리는 영혼의 병리학에 귀를 기울임으로써 영혼이 유한성, 한계, 죽음과 밀접한 관계를 유지하게 할 수 있다. 두 번째는 아니마이다. 샘물가의 모호한 기분에 성실하게 임하는 것, 즉 정신적인 삶의 미로와 같은 길, 거기에 있는 요정들, 어두운 마녀들, 버림받은 파괴적인 신데렐라와 페르세포네, 아니마가 만들어내는 사라지고, 홀리는 환상들, 영혼 안에 있는 영혼의 이미지들을 모두 의인화해서 나타내는 내면의 여성상의 유혹적인 몸짓과 움직임에 귀를 기울여야 하는 것이다. 세 번째는 다신론이다. 한결같은 마음으로 불화와 불협화음에 전념하고, 아직 하나가 되지 않고 다양한 것, 서로 떨어져 있는 수만 가지의 다양한 것들, (중앙이 아니라) 주변적이고, 모서리에 있는 것, (이 강연처럼) 영혼의 일화적(逸話的)이고, 우연하며, 떠도는 것에 전념하는 것이다. 그것은 수많은 신들에게 있는 수많은 길을 찾으려고 실수의 계곡에 강박적으로 다시 가고, 어쩔 수 없이 실수를 하는 것을 의미한다.

이 강연은 동-서 문제, 즉 종교적 수련과 정신치료를 연관시키려고 마련되어서, 나는 내가 생각하기에 그렇게 중요하지 않은 주제(동-서 문제)에 대해서 언급해야 하는 것을 알고 있다. 하지만 나의 흥미를 더 끄는 것은 남-북 문제, 즉 억압적인 북구의 개신교 국가나 미국과 알프스 산맥 아래 있는 억압받는 지중해의 어두운 라틴 국가들 사이의 위쪽 지역과 아래 지역 사이의 문제이다. 그 구분은 광적으로 산업화된 북쪽과 우울한 농촌의 남쪽, 즉 샌프란시스코와 로스엔젤레스 사이가 될 수도 있다.

그러나 니들맨(Needleman) 교수는 정신치료자와 영적 인도자 사이의 선(線)이 흐릿해졌다고 하면서 그 선을 마치 대륙을 나누듯이 동-서가 산 꼭대기를 넘어가도록 영적으로(다시 말해서 수직적으로) 그으려고 한다. 그러나 나는 그 선을 마치 강이 아래로 흘러가듯이 수평적으로 그었으면 한다. 내가 방금 말한 이 세 가지 특성들-병리학화, 아니마, 다신론-은 다소 무겁고, 무디게 그은 것이다.

나는 이 세 가지 요소를 마치 종교처럼 중요하다고 생각하면서 관여하는 사람들은 누구나 다 정신치료와 심리학에 관여하는 사람이라고 생각한다. 그 반면에 영적 수련에 더 관심을 가지는 사람은 성장을 위해서 병리학화를 거부하거나 자아강화나 영적 조명을 위해서 아니마의 혼란을 배제하고, 단일성을 위해서 복수성과 다양성 사이의 분화를 소홀히 하려고 한다.

나는 그 두 과업 사이의 선을 이렇게 긋고 싶다. 하지만 나는 그 구분선을 그 사람이 어떤 말을 하느냐 하는 것보다 그가 일상적인 일, 즉 매일 매일 살면서 하는 작은 일에 얼마나 무게를 두느냐 하는 것에 따라서 그어야 한다고 생각한다. 예를 들어서 말하자면, 이 세상에는 "정신치료자"로 불리고, 실제로 정신치료를 하지만 위에서 말한 기준에서 볼 때 영(靈)에 관계되는 사람들이 많다. 그들이 강조하는 것과 그들의 가치 기준, 주된 관심사는 상승(더 발전하는 것), 강화시키는 것, 단일성, 전일성에 있는 것이다. 그러나 나는 비록 사물의 영적인 측면에 그렇게 익숙하지는 않지만 영적 스승들도 그들이 신봉하는 교리에도 불구하고 내면의 여성상을 인도자나 천사처럼 따르면서 인도받을 때는 종종 정신치료에 관여하게 된다고 믿는다. (우리가 주로 쓰는 단어가 콤플렉스, 조현병, 내향성-외향성, 로르샤와 브로일러 등이고 약들로 Cibb-Geigy, Sandoz, Hoffmann-La Roche 등 스위스에서 온 것들이 많다. 우리가 가진 환상은 당신의 역사적이고 지정학적인 상황 때문에 더 영적인 것으로 결정될 수밖에 없었던 당신보다 더 정신의학적, 정신병리학적인 것은 사실이다. 정말 당신이 사는 곳들의 이름은 유레카, 새크라멘토, 버클리, 로스앤젤레스, 샌디에고, 산타크루즈, 산타모니카, 카멜, 산타바바라 등 거룩하고, 영적인 것들이다). 그들이 환상과 비전을 더 발전시키고, 증상들이 더 다양한 소리를 내게 하며, 병리학화하기보다 내면의 스승에 주의를 기울이고, 그들의 관심을 일반적이고, 추상적인 것으로부터 실제로 일어난 사건들의 더 구체적인 즉각성과 다가치성으로 돌릴 때, 더 그렇게 된다.

다른 말로 해서, 정신치료와 영적수련, 영혼과 영을 구분하는 선은 환자나 선생이 어떤 사람이냐 또는 환자나 선생이 나이아가라에서 태어났느냐 아니면 히말라야에서 태어났느냐 하는 것에 달려있지 않고 그의 작업 관점에 어떤 원형적 주상(主想)이 작동하느냐에 달려 있다.

더구나 병리학화, 아니마, 다신론은 서로에게 아주 밀접하게 연관되어 있다. 우리가 여기에서 이 연관성의 내적 논리를 설명하기는 너무 나아간 듯하고, 나 역시 그것을 간결하게, 잘 설명할 수도 없다. 더구나 내가 이 상호연관성을 주로 다룬 논문들도 많이 있다. 사람들은 그의 작업이나 다른 사람의 작업에서 영혼-만들기의 이 기준들이 서로 다른 것을 함축하고 있다는 것을 곧 발견할 수 있다. 아니마의 많은 상들, 꼬마 요정의 영감(靈感), 남자와 여자를 움직이는 기분은 사람들에게 이중적인 감정을 가져다준다. (어떤 원형 또는 여신이 개인 심리학에서 어떤 성에만 한정적으로 존재하는 것처럼 규정하면서 여성에게는 오직 아니무스만 있고, 영혼이 없다고 주장하는 것은 비상식적이다). 자아가 팽창되지 않았는데도, 나에 대한 감각(sense of me-ness)이 있고, 개인적 중요성을 느낄 수 있으며, 영혼의 감각을 느낄 수 있다. 그와 동시에 그의 주관성이 많은 요소들로 되어 있고, 변해서 알 수 없으며, 유동적이고, 공기나 불이나 흙 같다고 느껴질 때가 있다. 그래서 어떤 때는 바로 곁에 있으면서 아주 가깝고, 현명하게 조언하는 아테네처럼 도움을 주지만 또 다른 때는 약삭빠르고, 사라지며, 페르세포네처럼 사람들을 나이브하게 절망적인 구멍에 밀어 넣기도 한다. 또한 그 다음 순간에는 바닷가의 거품과 둘로 갈라진 핑크빛 음문(陰門)을 보이면서 내면의 귀에 환상을 불어넣는 아프로디테가 되는가 하면, 곧 그 자신은 멀리 떨어져서 자연스럽게 모든 것을 명예롭게 하고, 형제자매들 사이에서 처녀의 영혼을 잃지 않는 당당하고, 키가 큰 아르테미스가 되기도 한다.

아니마는 우리로 하여금 많은 부분들을 느끼게 한다.

융이 말했듯이, 아니마는 정신의 다신론적 측면들을 의인화한 것이다.[26] "다신론"이란 많은 영혼의 세계에 대한 체험을 말하는 신학적이거나 인류학적 개념이다.

우리는 이와 똑같은 다양성의 체험을 증상들에서도 발견한다. 그 증상들 역시 우리에게 영혼은 자아의 것과 다른 목소리와 의도를 가지고 있다는 사실을 알게 해준다. 정신병리학은 영혼이 본래 여러 가지가 합쳐진 본성으로 되어 있다는 사실과 그 혼합 속에 많은 신들이 반영되어 있다는 사실을 증언한다. 여기에서 나는 융이 말한 두 가지 언급을 예로 삼으려고 한다: "우리 안에 있는 신적인 것은 지하계에서 소동(騷動)이 난 것처럼 위, 장, 방광의 신경증으로도 작동한다. 그때 우리를 보살피는 신들은 잠 자러 가서, 땅 속에서만 움직인다."[27] 또 융은 "그 신들은 병들로 되었다. 제우스는 이제 더 이상 올림푸스를 다스리지 않고, 태양 신경총으로 되었고, 의사의 진료실에서 이상한 표본들만 만들 뿐이다"[28]라고 하였다.

사람들이 때때로 산을 올라가기만 하고, 지하세계로부터 벗어나려고 해서, 신들은 모든 종류의 신체적 장애를 가지고 저 밑에서부터 나타난다. 그때 그들은 장이 꾸룩 꾸룩 소리를 내고, 방광에 타는 듯한 통증을 통해서 신들이 하는 소리를 듣는다.

행동 치료와 긴장-이완 치료는 심리학의 옷을 입고, 산을 올라가는 것같이 한다. 그러나 증상을 치유할 수는 있지만, 신은 잃게 된다. 야곱이 다이몬과 격투를 벌이지 않았더라면, 그는 상처를 받지 않았을 테고, 야곱도 될 수 없었을 것이다. 마찬가지로 위와 같은 방식으로 해서 증상은 없어졌을지 모르지만, 그 사람은 다시 그의 자아를 가지고 세상으로 돌아간다.

여기에서 내가 강조하려는 것은 영혼-만들기는 신들을 거부하지 않고, 신들을 추구한다는 점이다. 그러나 신들을 그리스나 이집트 사람들처럼 더 가까이에서 찾는다. 그들에게 신들은 모든 사물들 안에 있었다. 이 세상에 존재하는 모든 것에는 신들로 가득 차 있었고, 사람들은 언제나 그들과 함께 살았다. 모든 신화가 말하는 것은 이런 관계이다. 신화가 전통적으로 말하는 것은 사람과 신의 상호관계이다. 사람들이 신을 흉내내지 않는다면, 사람들은 있을 곳이 없고, 무엇을 할 수도 없으며, 생각할 수조차 없다. 그래서 우리는 인격의 구조와 정신역동과 정신병리에 대해서 알기 위해서 신화학을 연구한다. 하인리히 침머가 흔히 말하듯이 신들은 안에 있으며, 우리의 행동들과 생각들과 감정들 속에 있다. 그러므로 우리는 별이 빛나는 곳으로 가거나, 하늘 꼭대기로 갈 필요가 없고, 화학 약물을 복용하여 숨어 있는 신이 튀어나오게 할 필요도 없다. 신들은 당신이 생각하고, 느끼며, 당신의 기분이나 증상을 체험하는 바로 그 속에 있다. 아폴로는 우리가 멀리 떨어져서 정교하고, 명료한 것을 만들려고 하고, 독특한 생각을 하려고 할 때, 바로 거기에 있고, 늙은 새턴은 우리가 편집적인 판단 체계에 갇혀서 방어적 책략을 쓰고, 우울한 결론을 내리려고 할 때 나타나며, 마르스는 점수를 따기 위해서 흥분하고, 누군가를 죽이려고 할 때 동원되며, 숲의 요정 다프네–다이아나는 우리가 숲으로 물러나면서 순결성을 가장하고, 자연으로 돌아가서 자살하려고 할 때 나타난다.

마지막으로 나는 한 가지 더 네 번째 것을 주장하려고 하는데, 꼭대기와 골짜기의 다른 점은 죽음에 대한 차이에 있다고 말하고자 한다.

영이 다음 가운데 어떤 방법으로 죽음을 초월하려고 한다면—우리가 해체되지 않으려고 통합되거나, 자기(自己)와 하나가 되거나(그때 자기는 신이다), 죽지 않는 몸이나 옥(玉)–같은 몸을 만들거나, 무시간적, 무공간적, 무념적, 무상적(無像的) 세계로 가거나, 집착의 자리인 이 세상에서 죽음으로써 초월하려고 한다면—영혼–만들기는 죽음이라는 배, 즉 영혼의 세계로 가는 죽은 자를 담은 배를 도끼로 패고, 자르려고 한다. 여기에서는 정신적 삶이란 근본적으로 바닥으로 미끄러지는 혼백(魂魄)의 삶이라고 생각한다(도교에서 인간을 구성하는 정신적인 것 가운데서 魂은 위로 올라가는 부분이고, 魄은 아래로 내려가는 부분이라고 생각한다—역자 주). 즉 삶은 단지 신체적으로 죽는 순간에만 죽은 것이 아니라 언제나 바닥으로 미끄러지고, 내려가며, 언제나 구체적인 현실로 깊이 가고, 현실을 활성화하는 것이라고 생각하는 것이다.

그러므로 나는 옛날 스승들처럼 어떤 절대적인 말, 현명한 마지막 말로 결론을 내릴 수 없다. 계속되어야 하는 담론에는 마지막이 없고, 요약이나, 꼭대기가 없는 것이다. 왜냐하면 그렇게 하면 모든 것이 닫히기 때문이다. 나 역시 결론을 맺지 않고, 모호한 채로, 그 어떤 추상적이고 영적인 메시지 없이 — 그 어떤 특별한 이미지 없이 남겨 놓으려고 한다. 당신에게는 당신 나름대로의 결론이 있을 것이기 때문이다. 영혼은 아마 끊임없이 그것들을 만들어낼 것이다. 우리, 인간은 유인원도 아니고, 천사도 아니라, 그 중간에 있는 존재이다. 우리는 마지막과 시작이 합쳐지는 이 전환의 시기에 어떤 것이 앞으로 가고, 어떤 것이 뒤로 가는지 말할 수 있을까? 그런데 그 두 길은 만날 것인가?

| 주석

샌프란시스코에 있는 캘리포니아 대학교 의료원에서 1975년에 했던 강연과 처음 *On the Way to Self-Knowledge*, ed. J. Needleman and D. Lewis (New York: Knopf, 1976)에 수록하였고, *Puer Papers*, ed. J. Hillman (Dallas: Spring Publications, 1979)와 *Working with Images*, ed. Benjamin Sells (Woodstock, Conn.: Spring Publications, 2000)에 수록한 논문을 수정한 것이다.

1 C. J. Hefele, *Conciliengeschichte* (Freiburg: Herder, 1860), IV: 320, 404 (Canon 11).
2 D. L. Miller, "Achelous and the Butterfly," *Spring: An Annual of Archetypal Psychology and Jungian Thought* (1973), 14.
3 Cf. M. T. Kelsey, *God, Dreams, and Revelation* (Minneapolis: Augsburg Publishing House, 1974), 80-84; A. N. Wilder, "Myth and Dream in Christian Scripture," in *Myths, Dreams*

and Religion, ed. J. Campbell (New York: Dutton, 1970), 68-75; H. Schär, "Bemerkungen zu Träumen in der Bibel," in Traum und Symbol (Zürich: Rascher, 1963), 171-79.

4 C. G. Hefele, A History of the Councils of the Church, trans. W. R. Clark (Edin-burgh: Clark, 1896), 5: 260-400, esp. 377-85.
5 Hefele, op. cit., 402 (Canon 3).
6 CW 8: 92.
7 CW 6: 66.
8 CW 8: 618, 623; CW 11: 769.
9 CW 8: 746.
10 CW 11: 889.
11 CW 6: 743.
12 Ausführliches Lexikon der griechischen und römischen Mythologie, ed. W. H. Roscher (Leipzig: B. G. Teubner, 1884), III: "Pan."
13 V. MacDermott, The Cult of the Seer in the Ancient Middle East (Berkeley/Los Angeles: University of California Press, 1971). See H. Frankfort, Ancient Egyptian Religion (New York: Harper Torchbook, 1961), chap. 1.
14 Ibid., 46.
15 E. M. Forster, Aspects of the Novel (Harmondsworth: Pelican, 1971, originally published 1927), 115.
16 Ibid.
17 Ibid., 129.
18 Ibid., 116.
19 Ibid.
20 기분과 정신의 관계에 대해서는 Miller, "Achelous and the Butterfly," op. cit.를 참조하시오.

21 동시성과 팬(Pan)에 대해서는 졸고 "An Essay on Pan" in *Pan and the Nightmare*, with W. H. Roscher (Putnam, Conn.: Spring Publications, 2007)를 참조하시오.

22 융 학파 심리학자들이 이 민담을 해석한 것은 여러 개가 있다. Cf. M. L. von Franz, *A Psychological Interpretation of the Golden Ass of Apuleius* (New York/Zurich, 1970); E. Neumann, *Amor and Psyche* (New York: Pantheon, 1956); J. Hilman, *The Myth of Analysis* (Evanston: Northwestern University Press, 1972), 55ff.

23 아니마에 대해서 융이 언급했던 것들에 대해서 모두 설명한 것들을 보려면 나의 다음 두 논문을 살펴보면 좋을 것이다. "Anima" in *Spring: An Annual of Archetypal Psychology and Jungian Thought* (1973), 97-132, and (1974), 113-46. 이 책은 나중에 다음 제목으로 출판되었다. *Anima: An Anatomy of a Personified Notion* (Dallas: Spring Publications, 1985 [1996년, 재판]).

24 제8장 뿌에르의 상처와 오디세우스의 상처 -편집자.

25 병리학화는 그의 그 어떤 행동과 체험에 병, 병리, 상애, 비정상, 고통을 만들고, 삶을 그렇게 왜곡되고, 고통스러운 관점에서 보게 하는 정신의 자율적 능력을 가리킨다. 나의 *Re-Visioning Psychology* (New York: Harper & Row, 1975)의 제2부 "Pathologizing"을 참조하시오.

26 CW 9.2: 427. 또한 내가 그 주제에 대해서 다룬 논문은 "Psychology: Monotheistic or Polytheistic?" *Spring: An Annual of Archetypal Psychology and Jungian Thought* (1971), 193-208인데, 그 논문은 *Working with Images*, ed. B. Sells (Woodstock, Conn.: Spring Publications, 2000)에 재록되었다.

27 C. G. Jung, "Psychological Commentary on Kundalini Yoga" (from the Notes of Mary Foote, 1932), *Spring: An Annual of Archetypal Psychology and Jungian Thought* (1975), 22.
28 *CW* 13: 54.

제3장
기회에 대한 고찰

Ⅰ.

"기회"(chance)와 "체계"(system)는 뿌에르와 세넥스를 말하는 두 개의 다른 말이다. 세넥스 의식은 이미 계획한 기대 곡선을 따라서 사는데, 어떤 것을 설립하려면 예측 가능성이 있어야 한다. 우리는 결과가 어떻게 될 것인지 계획하고, 미래를 위해서 무엇인가를 하며, 위험한 일을 도모하지 말아야 한다. 그래서 세넥스의 우주에서 기회는 "우연히 일어난 일"처럼 무의미하게 생각되거나 "통계적으로 일어날 수 있는 일" 정도로 여겨진다. 그렇지 않으면, 기회는 불확실한 것으로 되고, 그것을 쫓는 사람은 모험가가 된다. 호기(opportunity)는 편의주의적이고, 그것을 쫓는 사람은 행운을 쫓는 사람이다. 그러나 뿌에르의 실존은 호기에 기반을 두며, 뿌에르의 실존의 원형적 측면은 이 방식을 비추고 있다. 그래서 우리가 편의주의에 대해서 잘 살펴보면, 뿌에르가 어떻게 사는지 알 수 있다.

먼저 "호기"라는 말부터 살펴보자. 오니안스(Onians)의 주장에 의하면 그 단어는 *porta, portus*, "입구", "통해서 지나가다"라는 말에서 온 것이 틀림없고, *portunus*는 문과 관계되는 말이다. "그러므로 *opportunus* 라는 말은 '틈'(구멍, opening)이나 '틈' 앞에 있는 것, 또는 '지나갈 태세가 되어 있는 것'을 의미할 것이다."[1] 오니안스는 호기라는 단어의 의미를 그것을 통해서 행운이 지나가는 특별한 출입구인 로마의 *porta fenestella*와 연계시키고, 창문은 "상징적으로 '틈', '호기'라는 의미로 사용된다"[1]고 하였다. 그리고 *porta, portus* (의미는 "통과", "길", "수단" 등)의 어원은 그리스어의 포로스(*Poros*)[2]인데 포로스는 플라톤의 『향연』에 의하면 에로스의 아버지이다. 이상하게도 *poroi*는 몸에서 흘러가는 것과 관계되기 때문에 관(管)이나 연결 부위(혈관, 관)를 나타내고, "구멍"(pores)은 피부에 있는 '틈'(opening)을 나타낸다.

영어에서 일련의 의미들로 뿌에르 의식의 그림자적 특성과 연결시킬 수 있는 또 다른 단어로는 "새긴 눈금"(nick)이라는 단어가 있다. "이길 수 있는 눈금을 굴려서 내다"(to nick)라는 말은 "주사위 놀이에서 이기다. 마침 그때, 바로 그 순간에 점수를 맞추다의 의미이다."[3] 그래서 알맞은 시간에 나 있는 눈금은 그것을 통하여 기회를 포착할 수 있도록 법과 질서의 체계로 제대로 끼워 넣을 수 있는 안성맞춤의 입구가 된다. 또한 nick은 통속적인 의미로 감옥을 의미하고, nicked는 속았다라는 의미이며, nickel은 위조 주화를 의미한다. 그러므로 Old Nick은 악마를 의미하고, 성 니클라우스(St. Nicklaus)는 언제나 변장을 하고, 밤중에 굴뚝을 타고 내려와서 결코 붙잡히지 않는데, 본래 일종의 다이몬의 현현인 도깨비 같은 존재였다. 기적과 같은 선물을 가져오는 어린 그리스도와 도깨비 사이의 밀접한 연상이나 심지어 그 둘 사이의 동일시는 기독교 문화에서 크리스마스 무렵의 아주 재미있고, 완전히 연금술적인 모습을 보여준다.[4]

호기(opportunity)를 나타내는 중요한 그리스 말은 호머 시대의 언어로 "꿰뚫고 들어오는 틈"을 의미하는 카이로스(kairos)였다. 뿌에르-세넥스의 대극을 나타내는 이 글을 오니안스의 말로 들어보자: "핀다르나 아이스킬로스 등을 보면, 초기 그리스의 궁수(弓手)는 과거의 강함, 갑옷, 골격 등을 되찾기 위하여 하나의 틈이나 일련의 틈들 ... 카이로스를 겨누었는데, 그것은 그가 목표로 하는 것을 나타낸다."[5]

"틈"에 대한 똑같은 생각은 '옷감을 짜는' 기술에서도 발견된다. '옷감을 짜기', 시간, 운명은 종종 서로 연계되어 있는 생각이다. 옷감에 나있는 틈은 시간에 있는 틈, 즉 옷감의 본이 너무 빡빡하거나 너무 헐거울 때 생기는 영원한 순간일 수 있다. 옷감을 짜는 사람은 날실에 있는 틈이 벌어지는 시간은 아주 짧고, '던져 넣는 것'은 그것이 벌려졌을 때 해야 하기 때문에 제때, 즉 바로 그때(kairos) 날실에 있는 틈 사이로 실패나 북을 던져 넣어야 한다.[6]

카이로스(Kairos)의 이미지는 뿌에르 상에 대한 체험을 또 다른 의인화된 모습으로 나타내는데, 하나는 갈망의 향수를 나타내는 포토스(pothos, 애욕)이고, 다른 하나는 사랑의 불타오르는 동시에 우울한 복합적인 모습을 한 에로스(eros)이다.[7] 이 뿌에르 상들은 원형적 체험을 말한다. 그러므로 그것들은 단지 젊은이나 특별한 사람들만이 아니라 젊은이와 노인, 남자와 여자 모두에게 영향을 주는 의식(意識)이다.

여태까지 발견된 것 가운데서 제일 초기의 거대한 규모의 카이로스의 시각적 이미지는 기원전 4세기 펠로포네소스의 중요한 조각가 시키온의 리시포스(Lysippos of Sikyon)가 조각한 것이다. 이 상을 다시 조각한 것은 카이로스에게 앞에는 머리카락이 있지만, 뒤에는 머리카락이 없고, 발뒤꿈치에 날개가 달린 신을 신고 달리는 발가벗은 모습을 한 젊은이 상이다. 그는 오른손에 면도칼과 저울을 들고 있고, 가끔은 바퀴나 공 위에 서 있는 모습으로도 나온다.[8] 나중에 그는 더 상징적인 모습을 하면서 날개를 단 시간(등에 날개가 달린)이나 시간을 재촉하는 것(채찍을 든 모습) 등 다른 속성들이 덧붙여진다.[9] 그러나 귀머거리와 같은 다른 특성은 쉽게 찾아볼 수 없다.

카이로스를 시적으로 그린 것은 그를 제우스의 가장 어린 아들로 부르고, 그에 대한 예배를 올림피아의 제우스에 대한 예배와 같이 드리는 5세기의 노래에 나타난다.[10] 카이로스의 이런 모습은 에트루리아의 타게스(Tages, 에트루리아 종교의 창시자로 알려진 전설적 인물-역자 주)와 비교할 만한데, 그는 회색 머리를 한 작은 소년이었고, 그 역시 어떤 순간에 신적 현현으로 나타났다. 그 역시 마술과 예언을 통해서 시간에 대한 통찰을 나타낸다.[11]

II.

우리는 좋은 기회라는 것을 그것을 통하여 카이로스(뿌에르)가 이미 제정된 질서 속으로 들어갈 수 있는 아주 좋은 시간(세넥스)으로 간주하면서, 뿌에르의 개방성과 피암시성에 대해서 더 잘 이해할 수 있다. 이것은 언제나 여지를 남겨 놓는 의식이다. 그 어느 것도 닫아 놓지 않는 의식으로, 앙드레 지드의 『위폐범들』에 나오는 젊은이의 경구인 "언제나 열려 있어, 언제나 할 수 있어"(toujours ouverte, toujours disponible)라고 말하는 의식이다. 우리는 그것을 통해서 뿌에르의 상처와 거기에서 비롯된 구멍이 많고, 좀 느슨한 약한 자아에 대해서 더 잘 알 수 있는데, 그것들 역시 영(spirit)을 들여 보내려고 문을 반쯤 열어 놓고, 길을 내 놓은 것이다. 무엇인가를 배우는데 있어서 공백이나 기억에서의 구멍, 체계적인 작업을 할 때 특히 시간과의 관계에서 얼룩이 있는 것은 (약속을 지키거나 계획표에 있어서나 마감 시간과의 관계에서 허둥대거나 하는 등) 세넥스의 질서의 요청을 불러오도록 열려 있고, 규제 받아야 하는 것이다. 뿌에르들은 의식적인 면에서 볼 때 일관되게 이 구멍들을 닫는 법이 없고, 인격의 통합의 면에 있어서도 언제나 간극이 있고, 부재하며, 닫혀 있지 않다.

    카이로스는 세넥스의 "확인 해봐. 어떻게 알았니?" 또는 단순히 "다시 말해봐"라는 질문에 약하다. 뿌에르 의식은 그렇게 하지 못하는 것이다. 그는 귀가 먹었고, 자신이 조금 전에 무슨 말을 했는지 알지 못해서 다시 말하지도 못한다. 뿌에르의 머리 뒤통수에 머리카락이 없기 때문이다. 그에게 생각들은 쏟아져 나오지만, 그 다음에는 아무 것도 다시 떠올리지 못한다. 뿌에르는 진실을 공표하지만, 그것을 다시 반복하지 못하는 것이다.

    뿌에르는 세넥스의 주장에 약하지만 세넥스의 빈틈을 찾아서 세넥스의 체계를 위협한다. 찌르는 예리한 논평이 때때로 거대한 방어를 간단하게 무너뜨리고, 뿌에르는 그가 "우연히 지적한 것" 때문에 놀라기도 한다. 뿌에르의 창이 세넥스의 방패와 만나면, 시의 적절한 통찰 때문에 편집증적 반발이 생기는 것이다.

    뿌에르 의식에 있는 구멍은 쌍방통행을 가능하게 한다. 새로운 생각은 결코 우연히 떨어진 과일이 아니다. 즉시 먹을 수 있는 사과가 아닌 것이다. 우리가 그것을 충분히 품어야 우리를 품어준다. 우리를 뚫고 들어온 육감(六感)은 우리가 그것과 동일시하게 한다. 그래서 우리는 그것을 선물 받았다고 느끼고, 영감 받으며, 흥분한다. 그 메시지는 우리에게 무엇인가를 요구하고, 우리가 현재 있는 자리를 떠나서 하늘을 날게 하는 전령일 수도 있다. 뿌에르 인간은 그에게 온 천사가 되면서 그 메시지의 원형적 부름에 곧 영향받을 수 있는 것이다.

그 구멍으로 들어온 것의 원천은 벽 너머에 있고, 그 입구에 있는 간극(혼돈)과 쉽게 떨어질 수 없다. 호기들은 단순하지 않고, 그것이 좋은 선물인지 금방 알 수도 없다. 그것들은 배경을 잘 알 수 없어서 우리를 더 유혹하면서 어둡고, 혼란한 것들을 이끌고 온다. 통찰은 또 다른 통찰로 이끌고, 발명은 또 다른 변용으로 이끈다. 그래서 우리는 점점 더 그 구멍의 압박을 받고, 가능성의 혼돈 속으로 이끌린다.

이 호기(好機)에서 시작된 혼돈은 우리에게 제우스적인 우주 생성의 환상을 배열한다. 그래서 우리는 새로운 체제, 새로운 형태, 새로운 비전을 창조하도록 부름 받았다고 느낀다. 처음에 뿌에르는 작은 구멍이나 발가벗은 주자(走者)의 발뒤꿈치에 있는 날개의 깃털처럼 들어오지만, 곧 서두른다. 우리가 생각하기도 전에 우리의 자원을 벗어나는 사업 속으로 이끄는 것이다. 올림푸스 산에 살던 제우스는 그의 지배자로서의 비전을 위하여 가니메데(Ganymede, 프리지아의 미소년으로 제우스가 납치하여 그의 술잔 시중을 들게 하였다—역자 주)[12]가 일어선 채로 독수리 날개를 타고 오게 하였고, 행운의 능력에 대한 환상은 제우스의 아들이며, 전령인 헤르메스의 방문의 결과일 수 있다.

Ⅲ.

우리는 비록 카이로스가 "운(luck)이나 주사위를 던져서 맞추는 것과 아무 관련이 없고, 오히려 그 자신의 능력과 통찰로 얻어야 하는 상서로운 순간과 더 관련이 깊다"[13]고 하였지만, 우리는 나중에 호기와 운(運) 사이에 유사성이라도 있는 듯이 카이로스와 헤르메스, 티케(Tyche, 그리스의 행운의 여신으로 나중에 로마에서 Fortuna와 동일시된다. 그 여신은 행운과 불행을 제멋대로 나누어준다고 알려졌다—역자 주), 네메시스(Nemesis, 복수의 여신 또는 율법의 여신, 그녀도 사람들에게 행운과 불행을 나누어준다고 생각되었다－역자 주)[14] 사이에 모종의 관계가 있는 듯한 것을 볼 수 있다. "헤르메스를 만나면 재수가 좋고, 헤르메스는 사람들에게 행운의 조각을 선물로 준다."[15] 카이로스를 마치 화살로 과녁을 맞추는 듯이 잡아야 한다는 속언(俗諺)은 뿌에르의 영웅적인 모습을 강조한다. 다른 한편 카이로스와 운을 날카롭게 구분하는 것은 신들의 역할에 대해서 강조한다. 주사위를 던질 때 티케나 포르투나의 역할을 강조하는 것이다. 호기(opportunity)가 찾아왔을 때, (그의 능력과 통찰을 가지고) '한 사람이 어떻게 하는가'를 강조하는 것은 그 호기를 존재의 질서 속에 자리 잡게 하는데 도움을 준다. 그와 반면에 기회(chance)의 포착만 강조하는 것은 통제할 수 없는 무질서의 요소들을 (그럼으로써 악운 역시) 전면에 배치시키는 것이 된다. 월터 오토(W. Otto)는 호기가 헤르메스와 관련되는 두 가지 다른 측면에 대해서 지적하였다.

> 헤르메스로부터 (두 가지 방식의) 것이 오는데, 하나는 현명하게 계산된 것이고, 다른 하나는 전적으로 예측할 수 없는 것이다. 그런데 대부분의 경우 예측할 수 없는 것이 온다. 그것이 그의 본래적인 특성이기 때문이다. 어떤 사람이 길에서 가치 있는 것을 발견하거나, 갑작스러운 행운을 얻게 되었다면, 그는 헤르메스에게 감사한다. 예기치 않은 행운을 나타내는 단어는 헤르마이온(hermaion)이고, … 장사하는 사람들이 믿는 것은 헤르메스이다. 교활한 계산이 나오는 것도 그로부터이고, 다행스러운 기회도 그로부터 오는데, 그가 없으면 아무리 빈틈없는 계산도 아무 소용이 없어진다.[16]

케레니(Kerényi)가 헤르메스－메르쿠리우스를 아메리카 원주민들의 트릭스터 상[17]으로부터 분화시키고, 오토가 헤르메스－메르쿠리우스를 힌두교 베다의 푸샨(Pushan, 베다에 나오는 태양신, 그는 여행자들을 산적으로부터 보호했다－역자 주)[18]으로부터 분화시켰을 때, 그들이 중점을 두었던 것은 헤르메스에 의해서 제기된 질서－무질서의 문제와의 관련이다. 왜냐하면 트릭스터, 로키, 푸샨, 헤르메스가 비슷하기는 하지만 고전적인 고대 시대에 신들은 세계의 어떤 특정한 영역을 지배하지 않았고, 무질서나 악의 분리된 원리를 대표하지도 않았기 때문이다.[19] 헤르메스의 영역과 질서는 우리가 사는 세계와 구별되지 않고, 반대되지도 않는다.

헤르메스는 세계 자체이다. "헤르메스"는 세상에서 사는 삶의 방식, 즉 자신의 형상대로 "우주" (합법적 질서, 이해할 수 있는 정돈, 아름다움 등)를 창조한 어떤 실존 형태나 특별한 종류 의식을 가리킨다.[20] 헤르메스와 같은 어떤 종류의 의식은 세계를 자기-모순이 없는 세계로 보아서, 세계와 인류를 자신의 이미지를 따라서 창조한다. 거기에 세계와 인류의 다양성은 없을 테지만, 신들은 많이 있다. 신들이 그들의 형상을 따라서 세계를 창조할 때, 똑같은 세계를 사용해야 했을 것이다. 신들이 그들의 존재와 지각 양식을 창조할 때 우리의 하나밖에 없는 세계는 수많은 관점을 따라서 변화되어야 했을 것이다. 우리는 어떤 때는 제우스 흉내를 내고, 그 다음에는 아프로디테나 아레스를 흉내 냈어야 했을 것이다. 그렇지 않으면 그것들이 모두 똑같은 순간에 나타나지만, 우리는 하나밖에 보지 못한다. 같은 세계가 다른 신들의 형상과 비슷한 모습을 했기 때문에 우리 의식은 여러 가지 형태로 나타날 수 있다. 신들의 형태의 이 다양성 자체가 헤르메스-메르쿠리우스가 전하는 최초의 메시지인데, 융은 헤르메스-메르쿠리우스는 "생각할 수 있는 모든 대극들로 이루어져 있다"[21]고 하였다. 그래서 해석학적 인식은 의식이 자아의 대극적 구조를 신적 다양성을 말해주는 메시지라는 사실을 경험하게 하면서 우리 영혼을 안내한다. 그때 모든 것들은 신들을 체험할 수 있는 신적인 기회가 된다.

IV.

타산적인 기회주의자에게는 고정된 입장이 없고, 그가 가운데 있다는 감각도 없다. 그는 그의 눈을 선언에서 암시, 사실에서 추측, 보고에서 환상으로 넘어가는 문이나 문지방에 고정시킨다. 메르쿠리우스는 신들의 전령이라서 신들이 무슨 말을 했을지라도 그 메시지를 들을 수 있어야 한다. 이것이 다른 것을 통해서 들을 수 있는 귀이고, 경계선 의식이다. 그래서 헤르메스는 경계선에서 숭배되었다.[22] 경계선은 우리가 두 가지 사항을 동시에 들어서 마음에 이중적인 것이 생길 때, 어디에서나 만들어진다.

　기회주의자의 눈은 모든 벽과 옷감에서도 구멍을 볼 수 있다. 그 어떤 것에도 구멍이 숭숭 나있기 때문이다. 어느 초현실주의자가 말했듯이 "또 다른 세계가 존재한다. 그러나 그것은 이 세계 안에 있는 것이다."[23] 벽돌과 회반죽은 실제적인 동시에 초현실적인 것이다. 통찰이라는 날카로운 촌평으로 관점을 바꾸는 이 갑작스러운 틈들은 헤르메스적인 순간이다. 한 신의 우주는 헤르메스를 통해서 갑자기 다른 신의 우주에 열려지고, 우리는 다른 관점을 통해서 어떤 관점을 알 수 있다. 이것이 우리 비전을 중간에 있는 신인 헤르메스적으로 운용하는 것이다. 우리가 그 세계에 있으면서 동시에 그 세계로부터 벗어나게 하는 방법인 것이다. "우리 안에 있는 회전문은 우리를 초인간적 상태인 망각의 공간으로 이끌어간다."[24]

　좋은 기회에서는 소리가 난다. 그것들은 영웅적 행동이나 놀음꾼의 손뿐만 아니라 해석학적 공식으로도 붙잡을 수 있다. 판도라에게 준 헤르메스의 선물도 "음성"이었고, 우리는 꿈이 그 의미를 직접적으로 말하는 것처럼 환각적 예감으로 기회의 소리를 듣는다. 뿌에르는 이런 음성을 기다린다. 그렇지 않으면, 당신에게 그가 혼자였을 때 어디에서 어떻게 우주 생성 원리에 대해서 들었고, 일확천금을 벌 수 있는 열정적인 지도자가 될 수 있는지에 대해서 말할 것이다.

　우리 각자에게 있는 통상적인 세넥스 자아는 기회들을 잘 포착하지 못하기 때문에 그것들은 잘 빠져나가고, 어둠속에 있는 듯하다. 우리는 육감을 신뢰하지 않고, 운을 통해서 오는 것을 의심스럽게 생각한다. 뿌에르의 메시지들은 익숙하지 않고, 너무 새롭고, 생경하다. 결국 좋은 기회는 단지 초기 상태(*status nascendi*)에 머물러 있다고 해야 한다. 때때로 그것은 분열적인 신조어나 융용된 시적(poetic) 뭉치로부터 나오는 듯하다. 그렇지 않으면, 그것은 가벼운 슬로건이나 상업적인 것처럼 들린다. 그러나 이 거의 초자연적인 모순은 뿌에르 의식이 지구 끝까지 추격해야 하는 계시를 담고 있다. 뿌에르 단어는 비슈다의 코끼리[25]에 의해서 언어적으로 단단한 형태로 구성되어 있지 않고, 지식에 바탕을 둔 권위의 명령하는 음성으로 확립되지 않는다. 뿌에르 의식에는 각주가 없고, 당신은 그의 생각들을 지배할 수 없다. 그의 단어들은 창문을 통해서 산들바람처럼 지나가서 시원하기는 하지만 붙잡을 수 없다. 그래서 그것을 구체화하려면, 뿌에르 의식은 앙드레 브르통(André Breton, 1924년 "초현실주의 선언"을 발표한 프랑스의 시인―역자 주)이 아무 경고나 사전 계획도 없이 "창문 유리를 두들기듯이"[26] 몇 문장으로 거대한 문학적 선언을 한 것처럼 분열적으로 되거나 초현실적으로 된다. 단어는 영혼을 거치지 않고 섬광 속에서 살로 되는 것이다. 호기는 문 밖, 창 안에서 사건으로 문자화되는 것이다.

뿌에르 의식은 그가 아는 것을 가지지도 않고, 그가 직관한 것을 알지도 못한다. 어쨌든 지식은 세넥스에게 속해 있고, 뿌에르가 아는 것은 문지방과 여명에 있으며, 거기에서 뿌에르의 의미는 인식으로 되기 전에 가득 차있다. 뿌에르는 그 자신의 아이디어를 알려고 하지 않아서, 그 아이디어들은 메시지의 형태로 남는다. "나에게는 어떤 생각이 있어.", "이런 생각이 났어요." "자, 이것을 말해 볼께." 우리 마음은 밥그릇으로 더럽혀지는 것이다.

시의에 알맞은 생각은 도둑처럼, 그렇지 않으면 표절이나 은재 기억(cryptomnesia, 과거의 기억이 잊혀지고 그것이 마치 새로운 사실로 의식에 나타나는 현상―역자 주)으로 헤르메스처럼 다가온다. 카이로스는 귀머거리인데, 그것은 아마 그 자신의 자생적 과정만 들으려고 해서인지도 모른다. 뿌에르의 아이디어는 세넥스의 권위에 뿌리박지 않고 순간의 공중 속에서 꽃피운다. 그 아이디어의 특징은 신선함에 있다. 그래서 모든 새로운 진리는 뿌에르의 옷을 입고 온다. 그것은 사람들에게 새롭게 "발견된 것"으로 느껴지고, 완전히 자기-창작적이다. 그 아이디어는 그것이 드러났다는 사실만으로도 권위를 가진다. 과학계에서는 새로운 생각이나 발명을 가지고 누가 먼저냐 하는 우선권 다툼이 많은데, 그 분쟁의 처리를 맡는 것은 편집적이고, 기계적 특성을 가진 세넥스에 속한 특허 변호사와 저작권 회사들이다. 진리가 새로움에 있고, 새로운 것이 진리라면, 앞서서 가는 것은 진리의 징표이다. 그러므로 기회주의와 이중성은 본래적인 것 속에 들어 있다.

 이중성이라는 것이 다리 하나는 안에 들여놓고, 다른 하나는 바깥에 내놓은 채 창가에 앉아서 이런 말을 했다가 저런 말을 하는 것처럼 하나의 확고한 입장을 가진 것이기 때문에 완전히 뿌에르 의식의 특성이라고 말할 수는 없다. 그것은 정말 뿌에르의 자리는 아니다. 그것은 이런 입장을 취했다가 저런 입장을 취할 수 있는 영리한-녀석의 문자 그대로의 야누스-새턴적인 경계선적 자세이기 때문이다. 헤르메스적인 기회주의의 더 확실한 것은 가장자리나 창가에 앉아 있는 듯한, 좀 멀리 떨어져 있는 태도이다. 그때 우리의 감각은 살아남기 위해서 우리의 육감까지 동원해야 하기 때문에 아주 예민해 있어야 한다. 다른 데서 들려오는 소리까지 듣지 않으면 우리의 운이 다해서 실패할 수도 있다. 그래서 우리는 뿌에르가 지배적인 삶에서 정상에서 좀 벗어난 듯한 옷차림이나 걸음걸이가 풍기는 괴벽스럽고, 건들거리는 듯한 모습을 보게 된다. 그런 사람들은 우스꽝스러운 모자를 쓰거나, 옷소매는 헤져 있고, 그들이 타고 다니는 자동차도 다른 사람들의 것과 좀 다르고, 벽에는 부적 같은 것을 붙여 놓기도 하고, 중심의 규칙적인 삶에서 벗어난 듯한 삶, 언제나 좋은 기회만 엿보는 듯한, 초현실적인 삶의 천을 짠다.

 뿌에르는 영(spirit)의 '불연속성'을 감지한다.[27] 그것은 그의 영감과 기분처럼 오간다. 우리는 삶에 우연한 일들이 많이 일어나고, 사랑할 때 동시성적인 일들이 생기는 것에서 그런 불연속성을 가장 잘 접할 수 있다. 그것들은 우리 운명이 시간, 공간, 인과법칙 같은 세넥스의 범주를 뛰어넘는 어떤 알지 못하는 질서에 의해서 이루어지는 것을 입증한다. 그래서 뿌에르 의식은 운(運)의 제단에 바쳐진 카이로스를 숭배한다. 주역, 꿈, 심지어 다른 사람이 꾼 꿈, 책을 펼치다가 나온 페이지 숫자도 어떤 사람을 갑자기 캘리포니아로 가게 한다. 다다이스트(1920년대에 프랑스, 독일, 스위스의 전위적인 미술가와 작가들이 본능이나 자발성, 불합리성을 강조하면서 기존 체계와 관습적인 예술에 반발한 문화 운동에 참여한 사람들-역자 주)

운동은 운을 법률처럼 신봉하였다. 한스 아르프(Hans Arp)는 "운의 법칙은 가장 높고, 가장 깊은 법이고, 근본에서 샘솟는 법'이라는 결론"[26]을 내렸다. 이들은 얼마나 동시성을 신봉하는 (Weisbeiten의 세넥스들이 만든) 뿌에르 종교인들과 비슷한가? 쥐리히에서 생긴 이 두 집단인 다다이스트와 동시성의 신봉자들은 비슷한 방법을 사용한다. "초현실주의자들이 운에 물어볼 때, 그것은 신탁을 얻으려는 것이다."[28] 분석가들은 모성 콤플렉스를 극복하지 못한 사람들은 이렇게 마술적으로 어느 것도 결정하지 못하고 임시적인 삶을 산다고 비난한다. 그런데 그들에게 무엇인가를 하게 하는 것은 어머니(Mama)가 아니라 허무(Dada)이다.

V.

뿌에르 의식에 있는 거짓말하고, 빙 돌아서 가고, 체계에서 벗어나려는 성향은 도덕적인 문제이다. 분석가들은 기회주의를 그림자에 속해 있고, 확고하게 서지 못하며, (영웅들처럼) 결과에 직면하지 못하는 약한 자아에서 비롯된 것이라고 생각한다. 그러나 기회주의가 뿌에르 구조의 원형적 필요조건으로 원형적인 층에 속한 것이라면, 우리는 뿌에르가 모든 것을 에둘러서 하는 것과 기회주의적인 이중성을 선과 악이라는 관념에서 따로 떼어내고 다시 생각해 보아야 한다.

우리가 보통 가지고 있는 자아에 대한 관념은 에머슨적이거나 파우스트적이거나 아폴로적이다. 파우스트를 창조하려고 수 년 동안 애쓴 바이마르 지방의 늙은 독일 사람은 죽는 순간에 "나에게 빛을 더 다오"라고 하였다고 알려진다. 우리가 우리 본성의 이 원형적 측면에 작위를 수여하여 자아 백작(伯爵)이라고 높인다면, 우리는 태양의 의식에 통치권을 부여하는 셈이 될 것이다. 그렇다면 황혼의 어스름한 빛에서 사는 메피스토펠레스 형제는 어떻게 될 것인가?

도둑, 거짓, 마술적 사기, 비밀스러운 경계선 지역은 그림자 속으로 떨어지지만, 사술(詐術)과 절도 등 때문에 예기치 않게 주의를 더 기울이게 된다.

햇빛이 비치는 세상에서 교활한 사기꾼은 기회주의자이고, 심리학에서는 그들을 그림자라고 부른다. 그러나 헤르메스는 그림자를 빛으로 내쫓지 않고, 루시퍼도 마찬가지다. 그는 우선 어둡고, 밤에 속해 있다.[28] 헤르메스적 관점과 뱀 같은 눈으로 보았을 때, 그는 오히려 영웅이고, 해에 고정되어 있으며, 움직이지 않고 중앙에 있는 어두운 사람이다. 그의 의식은 흑과 백의 관점에서 보는 의식이고, 우리가 언제나 그의 신화 속에서 찾아내는 수많은 파괴들을 정당화시키기 위해서 악을 가리키는 의식이다. 순전히 그림자 심리학, 즉 헤르메스적 심리학의 관점에서 볼 때, 태양-자아는 어둠 속에 있는 검은 태양이다. 그의 빛은 종종 태양과 함께 나타나는 믿을 수 없는 검은 새들이다.[29]

영웅이 있는 곳에는 그림자가 있다. 심층심리학에서는 너무 오랫동안 영웅이 그림자를 통합한다고 강조하였는데, 영웅은 오히려 그림자를 만드는 자인지도 모른다. 헤라클레스가 태어났을 때, 그의 탄생을 지키고 있던 것은 족제비였다. 그가 헤라클레스를 처음 알아보고, 헤라클레스의 탄생을 세상에 알렸다.[30] 본래 영웅들은 아무도 모르게 나타나고, 영웅들의 충동이 드러나려고 할 때마다 무엇인가 속임수 같은 것이 작용한다. 그 족제비가 과연 영웅이 출현하기를 바랐을까? 만일 그랬다면, 영웅주의와 이기주의는 밀고(密告)를 조장(助長)하지 않을까? 이 지점에서 "자아"라는 용어와 "그림자"라는 용어는 서로에게 녹아들어가기 시작한다. 우리는 헤르메스를 따라서 의식과 충동의 뱀과 같은 근원을 향해서 나아갔는데, 그것들은 자아와 그림자 같은 개념들로는 도저히 다 담아낼 수 없는 것들이다.

우리가 이미지와 관점을 헤르메스적으로 보면, 흑과 백의 문제는 도저히 다 설명할 수 없다. 흑이 백으로 될 수도 있고, (오디세우스의 조상이기도 한) 헤르메스의 아들 아우토리코스(Autolykos)[31]는 상황에 따라서 흑과 백의 앞과 뒤를 바꾸기도 한다. 더구나 헤르메스가 전해야 하는 메시지에는 갈라지는 색깔들이 너무 많아서 흑과 백은 같이 짝지을 수도 없다.

게다가 헤르메스적인 관점을 떠나서 생각할 때도 도둑인 헤르메스는 아폴로의 동생이다.[32] 헤르메스는 아폴로의 그림자로서 아폴로와 함께 세상에 들어왔고, 그의 사술, 명석함, 약함을 짊어지고 있다. 이 신화는 우리에게 뿌에르의 헤르메스적 측면은 뿌에르의 아폴로적 측면과 어떤 점에서는 그림자적인 관계에 있다는 사실을 떠올리게 한다. 우리가 아폴로적으로 이상주의에 빠져 있을 때, 헤르메스적으로 볼 때는 가장 어두운 상태에 있는 것과 별반 다르지 않다. 아폴로와 헤르메스는 아주 좋은 쌍인 것이다. 그래서 고상한 목적을 추구하는 희미한 빛은 종종 그렇지 못한 수단을 통해서 더 빛날 수 있다. 그 두 형제는 잘 계산된 그림자를 가진 헤르메스적 자아 인격 안에서 같이 가는 것이다.

우리가 그림자의 통합에 관한 심리학적 공리(公理)를 따르지 않고, 영웅을 따라서 빛으로 나아가는 통합의 방법을 따른다면, 우리는 헤르메스-아폴로의 관계를 따르는 셈이 된다. 본질에 있어서 그렇다는 말이 아니라 구조에 있어서 그렇다는 말이다. 헤르메스는 수많은 신들, 특히 하데스, 제우스, 아테네, 아프로디테, 디오니소스 등과 "그림자적인" 관계 안에서 나타난다. 그림자가 통합될 수 있는 것은 그런 2인용 자전거 안에서이다. 우리가 그림자를 통합하는 것이 아니라, 그 신들 속에서 그림자가 통합되는 것이다. 이것이 바로 그림자를 지각하는 연금술적(hermetic) 방법이다. 헤르메스가 다양한 의식의 구조와 같이 어떻게 움직이는가를 살펴보는 것인데, 이런 원형적 그림자에 대한 연금술적 인식은 그 자체가 각 신들이 헤르메스를 통해서 우리에게 전하려는 메시지이다.

그러나 아폴로에게는 그의 동생을 품을 수 없는 무엇인가가 있다. 제우스, 디오니소스, 아프로디테, 심지어 아테네도 헤르메스의 계략을 가지고 일을 잘 할 수 있는데 말이다. 그러면 아폴로의 의식에서 이런 연금술적 인식을 가지지 못하게 하는 것은 무엇인가? 우리는 그 문제를 다시 처음으로 돌아가서 설명해야 한다. 아폴로는 헤르메스의 그림자이기 때문이다. 그는 옛날에는 빛을 비추면서 좀 멀기는 하지만 합리적 인식을 주기도 했지만, 이제 더 이상 예리한 모서리도 없고, 광인의 나라에 들어오는 문도 가지고 있지 않아서 쫓겨났다.

아폴로적 성질에 헤르메스적인 것이 없지만, 헤르메스적 의식은 아폴로와 아폴로의 모든 빛과 함께 나아가기를 배워야 한다. 헤르메스가 그 어느 신으로부터도 메시지를 전달받을 수 있는 것처럼 아폴로도 그래야 한다. 헤르메스 유형에 속한 뿌에르 의식은 아폴로와 헤르메스 사이의 갈등에 대해서 이렇게 말한 아우덴(Auden)의 말을 새겨들어야 한다: "당신이 기회들 사이에서 선택해야만 한다면, 좀 엉뚱한 것을 선택해야 한다."[33] 그러나 우리는 호기(opportunity)를 단지 기회(chance)나 엉뚱함 등으로 문학화 하는 것에 그치지 않고, 일상적인 것에서 벗어나 명석하고, 차분하게 찾으면서 형제 사이의 갈등과 대극 갈등의 문제만으로 취급하지 말아야 한다. 문학화 된 헤르메스는 헤르메스가 아니라 그의 아폴로적 측면에 사로잡힌 헤르메스이다. 자기도 모르게 세넥스화된 뿌에르인 것이다.

VI.

이제 기회주의가 제공할 수 있는 다른 이점에 대해서 살펴보자. 기회주의는 단지 뿌에르적 실존의 우연한 일시성만 나타내지 않는다. 그것은 이 세상을 헤르메스적인 우주로 만들면서 이 세상을 사는 방법 가운데 하나이다.

우리는 실존주의 언어에서 이 헤르메스적인 우주로 들어가는 통로를 빌려올 수 있다. 카이로스는 하나의 상황으로 나타나는데, 거기에서 위치는 사물의 눈에 보이지 않는 구조나 층(層)이다. 뿌에르 영은 순간의 소리이고, 그것은 상황을 순간적으로 포착한다. 여기에서 윤리는 상황적이다.

상황주의 윤리(situationalist ethic)는 사람들이 (그것을 어떻게 해야 하느냐가 아니라) 그것이 어떻게 배열되어 있느냐에 따라서 행동하게 한다. 그에 따라서 뿌에르 의식에게는 그 어떤 상황도 "나쁘거나" "불가능하지" 않다. 거기에는 언제나 길이 있거나, 없다. 뿌에르적 관점에서 볼 때, 인간의 모든 복합성과 심리적 콤플렉스는 그 자신의 목적에 기여하는 하나의 상황이다. 뿌에르적 용어로 볼 때, 인간의 모든 심리적 삶에는 의도가 있다. 모든 상황은 언제나 어디로인지 나아가려고 하는 것이다.

여기에서 신화는 헤르메스가 배열이 바뀔 때까지 길을 열어주는 꾀와 사술(詐術)을 알고 있음을 보여준다. 그래서 헤르메스는 에로스와 비슷한데, 그의 아버지는 "자원이 풍부하고", "길을-찾는" 포로스(Poros)이다. 사랑도 언제나 길을 찾는데, 헤르메스는 밤에 연인들이 길을 찾는데 도움을 주는 특별한 재주가 있다. 그의 윤리는 상황적이고, 사랑은 상황윤리를 좋아한다. 여기에서 헤르메스는 여러 가지 어려운 고비들 속에서 길을 찾았던 그의 후손 오디세우스와 비슷해진다. 호기들은 자원이 풍부한 이 원형적 영을 일깨우기 때문에 뿌에르 의식을 자극한다.

상황들은 문이 어디 있고, 언제 목소리가 나는지 알아야 하기 때문에 상황의 지배자는 콤플렉스를 제어할 줄 안다. 어떤 만남에서 (마피아가 고도의 체스 게임을 하듯이 협상하는 것을 상상해 보라) 상대방의 정신에 있는 빈틈과 약점은 나에게 기회를 제공한다. 그러므로 기회를 포착하려면, 먼저 나 자신의 상처에서 오는 민감성이 있어야 한다. 여기에서 우리는 뿌에르적 약함이 상황에 적응하는데 매우 중요한 일종의 연금술적이고, 내밀한 지각을 주고 있음을 알 수 있다. 우리가 상황을 결과로 몰아가려는 영웅으로가 아니라 상황에서 만들어질 수 있는 것을 숨기는 도둑처럼 적응하려면 이 모델을 따라야 한다. 우리의 약한 부분이 우리를 이 세상으로 나아가게 하는 것이다. 우리는 우리에게 있는 많은 구멍들을 통해서 느끼는데, 그 구멍들은 바람이 불어오는 길이다. 그때 우리는 바람 쪽으로 몸을 돌린다.

호기(opportunity)는 우리가 직관이라고 부르고, 상황에 대한 다이몬(daimon)을 계시하는 차가운-뱀 같은 감각을 요청한다. 고대 사회에서 장소의 다이몬은 어디가 길지(吉地)이고, 거기에는 어떤 특질이 있으며, 어떤 위험이 있는지 알려준다는 말이 있었는데, 다이몬은 거기 사는, 그곳을 잘 아는 뱀이라고 생각되었다. 그런데 우리가 어떤 상황에 대해서 알려면, 우리는 거기에 어떤 것이 숨어 있는지 감지해야 한다.

인식의 이 더 깊은 측면은 기회주의에 다른 가치를 부여한다. 호기를 헤르메스의 뱀, 즉 영웅 숭배에 나오는 지방의 뱀과 연계시키고, 우리 안에 있는 (우리의 마음과 의지 보다 아래에 있는) 두려움과 탐욕에 대한 신경-식물계적 반응을 하는 친숙한 뱀과 연계시킴으로써, 우리는 뿌에르적인 기회주의가 정신적 실재에 대한 본능적 적응이라는 사실을 알 수 있다. 뿌에르의 재빠른 전환과 급격성은 내면에 있는 수호신(콤플렉스)과 바깥에 있는 다이몬(상황) 사이에서 일어나는 반응인 것이다. 그때 뱀은 구멍을 통해서 다른 뱀과 정상적으로 소통한다. 이것이 스페인 문학의 천재가 악당들이 나오는 소설들에서 포착한 기회주의이다.

VII.

우리는 다시 그림자의 심리학에 다가가게 된다. 우리가 그림자의 반대편이 아니라 그 안에 있을 때, "그림자"란 무엇인가? 문지방이 검열대가 아니라 관문으로 생각될 때—그래서 의식 자체가 미끄러져 내려가고, 허물을 벗으며, 두 갈래로 갈라진 혀로 말하는 곳에서 뱀 같은 관점에서 보는 희미한 영역은 어떻게 되는가?

무엇보다도 먼저, 무엇인가를 잃어버리는 꿈은 이런 그림자 심리학에서 볼 때 다르게 나타난다. 사기치고, 강도짓 하며, 도둑질 하는 모티브들은 옛 자아의 희생을 통하여 지하 세계에 무엇인가 좋은 것을 가져다 주는 이득을 가리킬 것이다. 옛 자아는 이제 더 이상 아무것도 가지고 있을 수 없다. 그는 가방을 잃어버린다. 그의 세넥스적 축적은 작은 자(little people)들에게 빼앗겼다. 약탈은 가치를 숲속에 억압되어 있는 힘인 미지의 다이몬에 넘겨주면서 재화를 재분배한다. 옛 자아가 허약해졌다고 느낄 때, 더 깊고, 더 어두운 가치들이 느껴지는 것처럼, 우리가 화가 났을 때 우리 속에서 무엇인가 새로운 것이 솟아오르는 것을 느낄 수 있다. 로빈 후드는 우리의 뜨거운 가슴에 새로운 계절을 가져오는 선구자인 것이다.

둘째로, 정신치료의 재료인 "사례들"과 "증상들"은 그들의 원인론(그것 역시 헤르메스에 속해 있는 단어-놀이)에 있어서 우연적이고, 기회주의적인 의미를 드러낸다. 사례(case)의 어원과 관계되는 *casus*(사건, 기회)라는 말에는 '떨어지다'(*caere*)는 의미가 있는데, (독일어에서) Fall(낙하, 추락)은 물체들이 뜻밖에 떨어지고, 그것들이 어떻게 존재하는지 등의 상황을 가리킨다. "인과율"(causality)과 "사고"(accident) 역시 똑같은 라틴어 어근, *caere*(떨어지다)로 거슬러 올라간다. 세넥스는 이런 낙하(落下)를 사고라고 하고, 인과율을 따라서 체계적으로 설명하지만, 뿌에르 의식은 각각의 낙하를 의미 있는 순간으로 생각한다. 그리스어 symptoma라는 단어에서 나온 증상이라는 말도 그 어느 것이든지 '떨어지는 것', '우연한 일', '기회' 등을 말한다. 뿌에르 의식은 사례 이야기와 증상을 이런 뜻밖의 관점이나 인과적 관점을 가지고 들을 수 있다. 하나의 증상은 주역 점을 칠 때 막대기가 내놓은 괘나 주사위를 던져 놓은 모습으로 읽을 수 있다. 증상 자체, 그 그림, 그 시점, 그 즉각적 결과를 자세하게 보면, 의미 있는 유형을 찾아볼 수 있다. 그때 그 사례는 비정상일 뿐만 아니라 증상 역시 하나의 장애라는 것을 알 수 있다. 그것들은 모두 어떤 계제에 생겨난 것이다.

헤르메스적인 뿌에르는 '영혼의 안내자'(*psychopompos*)이다. 뿌에르의 정신치료는 뿌에르를 치료하는 것이 아니라, 뿌에르에 의한 치료이다. 생각해 보면, 우리는 지금 기회주의에서 너무 멀리 나간 것 같다. 그러나 우리는 그 안에서 움직이는 영을 회복하기 위해서 고통의 끝까지 갔어야 했다. 그리고 우리는 그것으로부터 고통을 받는 똑같은 뿌에르 의식의 내면에 들어가서 생각하면, 기회주의 자체가 하나의 기회라는 것을 알 수 있다. 치유가 병으로부터 비롯되기 때문에, 그렇지 않으면 연금술적으로 상상할 때 치유 자체가 병이기 때문에 연금술사들이 말하듯이 영혼의 안내자가 "수은에 닿을 때" 그것은 정신병리 그 자체이다.

그림자 같은 도플갱어(Doppelgaenger, 쌍둥이, 이방인)는 우리 자신이 기회주의자이고, 가짜이며, 무엇인가 얼버무려진 존재가 아닌가 하는 느낌을 준다. 그와 동시에 우리 의식의 이런 이중성, 즉 약속된 것과 시행된 것, 느껴진 것과 보인 것, 보인 것과 보았다고 한 것 사이의 이중성은 우리에게 적어도 두 개의 삶이 동시에 이루어지는 것이 아닌가 하는 생각을 하게 한다. 우리가 지금 여기 있지만, 전혀 여기 있지 않고, 감춰져 있지 않은가 하고 생각하게 하는 것이다. 반대되는 것에 초점을 맞출 때 기회는 사라진다. 헤르메스의 현존은 '사이'에 있는 현존이기 때문이다. 뿌에르인 헤르메스는 여태까지 모든 것을 이렇게 했을 것이다. 헤르메스는 우리가 앞에서 말한 것을 다시 생각나게 하면서 우리의 인식을 이중적으로 되게 한다. 왼쪽으로 꿈틀거렸다가 동시에 오른쪽으로 꿈틀거리면서 밖에는 앞으로 나아갈 수 없는 뱀처럼 말이다. 우리는 헤르메스적 인식을 대극을 같이 붙잡고, 그것들을 극복하며, 더 나아가서 그 안에서 통합이 이루어지도록 사이(betweenness)를 요청하고, 창조하는 초월적 기능으로 생각하지 말아야 한다. 왜냐하면 이런 종류의 인식은 도덕적으로 대립되는 것 앞에서도 꿈틀거리기 때문이다. 이 세상에 흑이나 백밖에 없으면 뱀을 움직일 수 없게 된다.

그의 영토가 많은 흐름들이 어깨를 맞대고 사는 경계선에 있는 헤르메스에게는 구획된 정신이 없다. 그래서 그는 "아주 순진한 얼굴로 위증할 수 있으며, 아기-얼굴을 한 동생이 아주 뻔뻔한 거짓말쟁이일 수 있다. 경계선에는 언제나 양쪽이 있고, 헤르메스는 이 사이-세계에서 잘 지낸다. 심리학자들이 사이를 조현병적 간극이나 정신병리적 공간으로 평가 절하할 때, 그들은 헤르메스를 고려하지 않는 셈이 된다. 그때 분석가들은 맨 바닥에서 일하는 노무자가 아니라, "대극의 문제"를 가지고 협곡 사이에 치유의 다리를 놓는 교량 건설자이다. 우리가 이중성에 의해서 뱀의 곁에 머무르면, 일종의 사이-안에 있는-의식이 생기는데, 그것은 대극에 대한 인식이 아니라 관계에 대한 인식이다. 어떻게 다르고, 왜 다르게 되었는지를 파악하는 것이다. 의식은 병행하거나 유비적이거나 비슷하거나 가족같이 닮은 것들을 본다. 그 관계 속에서는 그 어느 것도 그 자체로서 배제되지 않고, 그것들은 (반대되는 것으로가 아니라) 상황으로 제시된다. 우리 삶이나 증상이나 아니면 꿈에서 이런 상황들이 연속되면, 그것은 각각의 어둠들이 그 자신의 빛과 그 빛이 가져오는 기준에 의해서 설명될 것을 요구한다. 개성화가 나무, 나선형 어린이, 통일인 시대는 지나갔다. 그 대신 개성화를 상황적 해석과 카이로스적 영혼-만들기를 위한 기회로 생각해야 한다. 그것은 매우 중요한 순간이고, 진주만 있지 줄이 없는 상태이다.

우리가 일단 사이라는 용어로 영혼의 분열을 재평가할 수 있으면, 융이 그랬듯이 메르쿠리우스를 그 작업의 중심으로 인정하게 된다.[37] 그때 우리는 그것을 대극으로 볼 필요성을 이해할 수 있다. 그것들이 사이를 위해서 만들어졌기 때문이다. 그것들은 해석을 위한 공간을 마련하려고 서로 떨어져 있다. 그것들이 카이로스에 기회를 주는 것이다. 이 공간은 흔히 갑옷에 난 아주 작은 틈이나 벽에 있는 구멍보다 더 크지 않아서, 이것으로 원대한 비전을 볼 수는 없다. 그러나 우리가 메르쿠리우스의 동그란, 뱀 같은 눈으로 보면, 그 어느 상황에서도 메르쿠리우스와 해석학적 의미가 드러나게 할 수 있다. 뿌에르 의식이 영혼의 안내자로 작용할 수 있는 것이다.

| 주석

본래 *Puer Papers*, ed. J. Hillman(Dallas: Spring Publications, 1979)에 수록된 것이다.

1 R. B. Onians, *The Origins of European Thought* (Cambridge, Mass.: Cambridge University Press, 1953), 348.
2 Ibid. 꿈에서 (창문을 통해서 누군가가 들어오는 것을 보았다든지, "창문을 통해서 어떤 여성"을 보았다든지) 창문은 이렇게 여는 것과 관련해서 "그 너머에 있는 것"을 보게 되거나 그 사람의 "방"에 "바람"이 지나가는 것으로 설명될 수 있다. 바람, 날개, 에로스, 창문, 문 등과 관련된 뿌에르의 심상의 놀라운 배열을 위해서는 Robert Duncan's "Chords: Passages 14," in *Bending the Bow* (New York: New Directions, 1968), 46-47을 참조하시오.

3   Ibid., 29. Liddell and Scott, *A Greek-English Lexicon* (Oxford: At the Clarendon Press, 1968): "poros."

4   Captain Grose, *A Dictionary of Buckish Slang*, University Wit, and Pickpocket Eloquence (London: C. Chappel, 1811).

5   C. A. Miles, *Christmas in Ritual and Tradition* (London: Fisher Unwin, 1913), 229-38.

6   *The Origins of European Thought*, 345. 또한 T. Thass-Thienemann, *The Interpretation of Language* (New York: Aronson, 1973), 13: 71.

7   Ibid., 346.

8   이 모습들은 이 책의 제6장 Chapter 6, "포토스: 영원한 소년의 향수"에 주와 함께 설명되고, 나의 책 *The Myth of Analysis* (New York: Harper & Row, 1978), Part 1에서도 다루어진다.

9   Pauly-Wissowa, Real-Encyclopädie, "kairos," 1518; 또한 A. B. Cook, Zeus: *A Study in Ancient Religion* (Cambridge: The University Press, 1914-40), II: 2, 859ff., R. Hinks, *Myth and Allegory in Ancient Art* (London: The Warburg Institute, 1939), 117ff.

10 Ibid. Cf. E. Panofsky, "Father Time," *Studies in Iconology* (New York: Harper Torchbooks, 1962), plate xxi. 나중에 나온 이 저작들은 카이로스들을 시간과 두드러지게 관계 맺게 한다. 다시 말해서 그것들은 뿌에르와 세넥스 사이에 유비적인 관계를 가지게 하는 것이다. 이와 똑같은 연관성은 크로노스와 카이로스를 "같은 뿌리"에서 취한 어원적 환상에서도 찾아볼 수 있다. (Zeus: A Study in Ancient Religion, loc. cit.). Ibid., 346.

11 Pausanias 5: 149.

12 "Tages" in *Ausführliches Lexikon der griechischen und römischen Mythologie*, ed. W. H. Roscher (Leipzig: B. G.

Teubner, 1884), V.

13 가니메데의 이미지에 대한 호우머적이고, 종교적이며, 심미적 설명 이외에 우리에게 유용한 통찰을 주는 설명에는 기독교적인 것이 있는데, 그것은 그리스도가 최후의 만찬을 할 때 "작은 소년이 나에게 가까이 왔다"는 설명이다. 또한 우리가 독수리의 날개를 잡고 갑자기 올라가는 것은 아주 어리거나 유아적일 때 일어난다. Cf. Jean Seznec, *The Survival of the Pagan Gods* [Princeton, N.J.: Princeton University Press, 1972], 103).

14 Pauly-Wissowa, op. cit., 1510. (*Der kleine Pauly*, III, Stuttgart: 1969).

15 Ibid.

16 W. K.C. Guthrie, *The Greeks and Their Gods* (London: Methuen, 1968), 91.

17 W. F. Otto, *The Homeric Gods* (New York: Pantheon, 1954), 108.

18 K. Kerényi (with C. G. Jung and Paul Radin), *The Trickster* (New York: Greenwood Press, 1956).

19 W. F. Otto, *The Homeric Gods*, 121.

20 Cf. K. Kerényi, "The Problem of Evil in Mythology," in *Evil* (Evanston: Northwestern University Press, 1967), 8ff., Loki에 관한 부분은 W. Grönbech, *Kultur und Religionen der Germanen* (Hamburg: Hanseatische Verlagsanstalt, 1942). Loki에 관해서 Grönbech와 Kerényi의 잘못된 부분을 수정한 것은 M. Burri, "Repression, Falsification, and Bedeviling of Germanic Mythology," *Spring: An Annual of Archetypal Psychology and Jungian Thought* (1978), 91-92을 참조하시오. 또한 Hermes와 Prometheus, Loki, Trickster의 유사한 점과 다른 점에 대해서는 N. O. Brown, *Hermes the Thief* (New

York: Vintage, 1967), 24-25을 참조하시오.

21 K. Kerényi, *Hermes, Guide of Souls*, trans. M. Stein (Zurich: Spring Publications, 1976), 14.

22 C. G. Jung, "The Spirit Mercurius," CW 13: 269, 284; Hermes- Mercurius의 관계를 위해서는 278-83을 참조하시오. 헤르메스의 성질과 특성, 힘, 관계의 완전한 목록을 위해서는 W. G. Doty, "Hermes Heteronymous Appellations," *Arche* 2 (1978), 17-35을 참조아시오.

23 헤르메스의 경계선-의식은 R. Lopéz-Pedraza, *Hermes and His Children* (Einsiedeln: Daimon, 2003)에 아주 명석하게 설명되었다. 그의 작업은 뿌에르에게 있는 헤르메스의 표상을 훨씬 더 확장시키면서 보여준다.

24 J. H. Matthews은 "A Swing Door," *An Introduction to Surrealism* (University Park, Penn.: Pennsylvania State University Press, 1967), 67에서 Paul Eluard가 한 말이라고 주장하였다.

25 Matthews는 *An Introduction to Surrealism*, 62에서 Simon Hantai와 Jean Schuster의 말이라고 하였다.

26 Cf. C. G. Jung, "Commentary on Kundalini Yoga," *Spring: An Annual of Archetypal Psychology and Jungian Thought* (1976), 14-17. See J. Hillman "The Elephant in The Garden of Eden," *Spring: A Journal of Archetype and Culture* 50 (1990), 93-115.

27 Matthews, *An Introduction to Surrealism*, 63.

28 "불연속성"은 물리학자는 물론 노이만과 바슐라르 같이 다양한 사상가들에 의해서도 논의되는 우리 시대를 특징짓는 개념이다. 그것은 현대 의식이 문학적 형태(시)를 띠게 하고, 동양적 수련인 "돈오"를 생각하게 한다. K. H. Bohrer, *Suddenness: On*

the Moment of Aesthetic Appearance(New York: Columbia University Press, 1994)를 참조하시오. 오늘날 불연속성은 고전적 학문 세계에서 "풍부성"이 중시되었듯이 하나의 설명 원리로 요청된다. cf. R. F. Willetts, *Cretan Cults and Festivals* (London: Routledge, 1962), 199. 크레타의 모성 여신이 "연속성"을 나타낸다면, "젊은 신"은 "불연속성의 요소"일 것이다..

29 Matthews, *An Introduction to Surrealism*, 24.
30 Ibid., 99; 110.
31 W. F. Otto, *The Homeric Gods*, 115ff.
32 태양의 검은 새에 대해서 보려면 *Picatrix*, trans. H. Ritter and M. Plessner(London: Warburg Institute, 1962), 115, 119을 참조하시오. 그 새는 미트라 종교에서 나오고, 반 고흐가 그린 말년의 그림에서도 나온다. 아폴로가 검은 새로 "표현되기도" 하는데, 그것은 아마 그의 예언적 재능 때문일 것이다. 예언은 왜 그렇게 불길한 것을 그렇게 명확하게 보는가? 그리고 카산드라를 향한 아폴로의 욕망은 무엇이었는가? 명확하게 밝히려는 영과 파괴하려는 영 사이의 내재적인 관계는 수수께끼이고, 우리 정신 사이에는 영원한 긴장이 존재한다.
33 K. Kerényi, *The Heroes of the Greeks* (London: Thames and Hudson, 1959), 132-33.
34 Autolykos에 대한 이야기는 Graves의 *Myths, Dreams and Religion*(New York: Dutton, 1970), 1:67와 Kerényi의 *The Heroes of the Greeks*, 77에 간결하게 나와 있다.
35 아폴로와 헤르메스의 관계에 대한 통찰을 더 고찰하려면 Lopéz-Pedraza, *Hermes and His Children*을 참조하시오.
36 W. H. Auden, "Under Which Lyre" 아폴로와 헤르메스 사이의 대조에 대해서 재미있게 노래한 장시(長詩)이다.
37 Cf. *CW* 13: 284; *CW* 14: 707-19.

제2부
운동과 병리

제4장
태모와 그의 아들과 그의 영웅 및 뿌에르

> 오늘날 개인과 사회에서 가장 중요한 문제는 어쩌면 우리 정신이 영과 물질과 관련해서 작용하도록 방향을 바꾸었다는 사실을 아무리 강조해도 지나치지 않는다는 점에 있다.
>
> — C. G. 융

> 위대한 어머니 자연이 가장 강력하다는 사실은 … 오늘날까지 입증되고 있다. "그녀"는 그 어느 것도 건너뛰지 않고, 공백을 싫어하며, '좋은 어머니'이고, "그녀를 사랑하는 사람을 배신하지 않고", 맞지 않는 것을 없애며, 삶의 언제나 더 높고, 고상한 형태를 향해서 나아가며, 운명을 결정하고, 목표를 향해서 나아가며, 경고하고, 벌주며, 위로한다. … 모든 신들 가운데서 가장 죽일 수 없었던 것은 … 위대한 어머니 자연이었다.
>
> — C. S. 루이스

I.

우리는 뿌에르를 무엇보다도 하나의 영적 현상으로 인식하는 구조 안에서 뿌에르에 대해서 진술하려고 한다. 우리는 먼저 뿌에르와 영웅과 아들을 분화시키고, 고전적 분석심리학에서 주장하는 것과 달리 뿌에르가 세넥스-뿌에르의 양극성으로부터 규정되는 반면, 굴복하는 아들과 정복하는 영웅은 태모(magna mater)와의 관계성으로부터 규정된다는 사실을 제안하려고 한다. 자아 인격의 양식을 지배하는 이제 막 형성되는 의식의 주상(主想)은 뿌에르(와 세넥스)나 아들과 영웅(과 여신)이라고 할 수 있다. 그럼에도 불구하고, 분석심리학은 대부분의 경우 뿌에르와 태모가 서로에게 속해 있는 사실을 당연하게 생각하였다: 뿌에르적인 남성에게 모성 콤플렉스가 있다고 생각한 것이다. 뿌에르는 어머니에게 압도당하지만, 영웅은 어머니와 싸우고, 어머니를 이기려고 한다.[1]

헨더슨은 우리가 주목해야 할 것을 구분해서 지적하였지만, 그에게 반박할 것도 있다. 그는 부정적인 영원한 소년(puer aeternus)을 오직 모성 콤플렉스와만 연관시켰고, 뿌에르적 남성의 정신적 빈틈을 잘못된 아니마와의 관계성에서 보았던 것이다. 그러나 그가 아니마의 이런 특성을 모성 콤플렉스로부터 끌어내기 때문에 그의 견해는 시종일관 초기의 융에서 벗어나지 못한다. 뿌에르 의식은 모성에 묶여 있는 심리작용이라는 것이다. 어쨌든 "긍정적인" 영원한 소년과 "부정적인" 영원한 소년이라는 헨더슨의 구분은 의심스럽다. 그것이 인간의 정신에서는 실제로 나누어지지 않는 것을 마음(mind)에서 도덕적 상태로 나누기 때문이다. 정신적 사건에 붙여진 긍정적이거나 부정적이라는 징표는 원형 자체에 긍정적 측면과 부정적 측면이 있고, 우리가 긍정적이거나 부정적이라고 부여하는 속성 역시 올바른 것이라는 착각하게 한다. 그러나 그런 징표들은 상대적인 것이고, 자아의 환상에 의하여 그 가치나 실재를 보고 매겨지는 것이다. 그래서 융은 우리에게 정신의 대극들에는 그것들이 모두 들어 있고, 모든 덕성(德性)은 악할 수 있으며, 악도 덕으로 될 수 있다는 사실을 잊지 말아야 한다고 강조하였다. 콤플렉스를 부정적인 것이라고 말하는 것은 그것을 지옥에 처박고 얼리는 것이다. 그러면 콤플렉스는 무엇을 할 수 있고, 어디로 갈 수 있는가? 우리는 긍정적인 뿌에르와 부정적인 뿌에르라는 말을 다시 생각하고, 뿌에르를 모성과 연관시키는 중요한 문제를 새롭게 살펴보아야 한다.

II.

고전적인 신화에서는 인간의 영이 모성 세계와 얽혀 있는 것을 위대한 여신과 그녀의 젊은 남성 배우자-그녀의 아들, 연인, 사제-사이에서 일어나는 이야기로 묘사한다. 아티스, 아도니스, 히폴리투스, 파에톤, 탐무즈, 오이디푸스, 엔디미온(Endymion, 그리스 신화에 나오는 잘 생긴, 목동 혹은 사냥꾼으로 여신 셀렌이 사랑했다—역자 주) 등은 이런 사랑의 결속(結束)을 나타내는 전형적인 예이다.[2] 각각의 이야기에서 영웅들은 서로 다른 모습으로 나타난다. 오이디푸스 콤플렉스 역시 영과 물질 사이에서 일어나는 운명적 얽힘을 자아내는 어머니와 아들의 유형을 나타내는 이야기 가운데 하나인데, 20세기에서는 그것을 신경증이라고 불렀다. 신경증의 절망적 상황은 그들이 서로를 필요로 하는 것이 얼마나 강하고, 그 최초의 매듭을 풀려는 시도가 고대적인 의미에서 얼마나 고통스럽고, 비극적이었는지 잘 보여준다. 영과 물질 사이의 최초의 매듭이 어머니와 아들 사이의 달라붙는 포옹으로 인격화된 것이다.

분석 과정의 뒤에 있는 배경을 충분하고, 가장 분명하게 보여주는 연금술 역시 비슷한 모티프를 보여준다: 연금술에서도 물질에서 영을 추출하여 그것들을 재통합하는 것이다. 그러나 연금술 전통은 뿌에르 상들을 어머니와 짝짓지 않고 주로 (뿌에르-와-세넥스로서의 그리스도나 왕의 왕의 아들로서의 젊거나 나이 든 메르쿠리우스인) 세넥스와 짝을 짓는다.

이 세상에는 연금술사도 많고, 연금술도 많다. 용, 집어 삼키는 것, 해체가 많은 것이다. 질료는 처음에는 종종 여성과 어린이이지만 마지막에는 종종 남성이다. 그럼에도 불구하고, (원질료로서의) 위대한 여신은 새롭게 태어나는 영원한 소년의 근원적인 배열 요소가 아니다. 신적인 어린이는 과거의 영으로부터 새롭게 태어난 영인 것이다. 그는 새로운 어린이 안에서 새롭게 태어난 존재, 어린이 왕, 현자의 아들로 불린다. 그 과정은 남성에서 남성으로보다 남성에서 양성구유적 존재로 나아가고, 질료와 그릇으로서의 여성 안에서만 일어난다. 영(뿌에르)의 운동에 관한 연금술적 개념과 영웅 신화와 영웅 민담에서 말하는 영의 운동 사이에는 미묘하고, 중요한 차이가 있는 듯하다. 거기에서 영웅은 어떤 형태로든지 위대한 여신이나 마녀인 용과 맞서지 않고서 생각할 수 없는 것이다.

연금술에서 영은 신경증과 정신 운동의 이론을 다르게 암시하고, 다르게 생각되는 듯하다. 영웅 신화에서 정신(psyche)은 주로 의지에 의해서 질서를 확대하는 방향으로 움직인다. 그러나 연금술에서는 상상력의 확장이 이루어지고, 환상을 다양하게 문자적으로 가둬놓은 것으로부터 해방시키는 듯하다. 융이 개성화 과정의 주된 유비를 『변환의 상징들』(독일어판으로 1911년 출판)의 영웅 신화로부터 『심리학과 연금술』(에라노스 강좌에서 1936년과 1937년에 독일어로 강연)로 바꿔놓았을 때, 영혼을 합리적이고 의지적인 기능으로부터 영혼의 제3의 기능인 상상력이나 기억(memoria)으로 바꿔놓는 결과를 가져왔다.[3]

기독교 교리에서 신이 성부이면서 동시에 성자인 것도 그렇지만, 연금술에서 뿌에르의 주된 상대를 태모로 제시하지 않은 것에는 역사적이고, 철학적으로 많은 이유가 있었을 것이다. 이런 영향들이 연금술에서 뿌에르에 대한 생각에 영향을 미친 것 이외에도 더 중요한 것은 인간의 자발적 환상이 연금술의 구속(救贖) 개념에 영향을 미친 것이다. 연금술에서도 영과 물질의 결속은 고통이고 악이며, 우리가 신경증이라고 부르는 것이다. 그러나 이런 결속으로부터 나오는 방법은 다르다. 그것은 서구 사회의 주요한 패러다임이 된 성 조지와 용의 투쟁 같은 어머니-아들의 영웅적 싸움만이 아니다. 연금술에서 용은 창조적인 메르쿠리우스와 뿌에르의 상(또는 미래상)일 수도 있다. 연금술적 영웅은 용에게 삼켜지고, 상상력이 대신 들어선다. 그러면 누스(nous; spirit 또는 reason —역자 주)가 본성 안에서 분할하고, 구분하는 뱃속으로부터의 분별 작용이 이루어진다. 이런 분별 과정은 연금술에서 야수의 뱃속에서 칼로 자르는 것으로 상상된다.

더구나 영웅 신화는 연금술의 수많은 모티프 가운데 하나의 모티프이며, 하나의 길이다. 어떤 특별한 순간이나 시점에 필요했던 하나의 실행이었던 것이다. 그러나 현대 심리학에서 영웅 신화는 뿌에르 심리학의 주된 설명의 배경으로 되었다.

또한 우리가 보통 영과 물질(뿌에르와 어머니)의 관계를 영웅적-자아의 방식으로 생각하는 것과 연금술의 이미지로 생각하는 것 사이에는 커다란 차이가 있다. 거기에서 영은 다원적(Darwinian) 환상 안에서 제시되지 않는 것이다. 그 유형에서 영은 모성적인 물질로부터 나온 것이 아니라는 말이다. 그래서 연금술 작업은 물질과 영 사이에 또 다른 종류의 관계성을 목표로 한다. 거기에서 양극성은 서로 다르지만 왕과 왕비처럼 동등하고, 서로 결합되며, 보완적이다. 또한 가까운 연합은 근친상간이지만, 나쁜 것이 아니다. 오이디푸스는 그 전체적 과정이 영웅적이지 않고, 자아-의식으로부터 본 것이 아니기 때문에 전체적으로 적절하지 않을 뿐이다. 연금술에서 발달에 대한 관념은 원형의 일관성에서 벗어나지 않는 듯하다. 뿌에르 의식의 발달은 물질(어머니)에서 떨어지거나 반대하는 것이 아니고, 언제나 연금술적으로 어머니와 관계되면서 작업한다. 뿌에르-와-세넥스(puer-et-senex)는 물질을 그들의 환상을 가능하게 하는 물질적 기반으로 삼으면서 그의 껍질, 재료, 물질적 기반을 필요로 하는 것이다.

그때 우리는 연금술을 모성-콤플렉스 안에서만 이루어지는 작업으로 생각하지 않게 된다. 영이 물질로부터 나온 것으로 생각하지 않기 때문이다. 연금술의 심리학은 과학적 심리학과 다르고, 연금술과 과학은 심리학에 서로 다른 배경을 제공한다. 과학-환상은 물질을 지배하려고 하기 때문에 과학은 태모의 원형 안에서 작업한다. 그리고 우리가 정신을 과학적으로 볼 때, 우리의 의식은 원형적 태모의 지배를 받는다. 그러나 연금술사-환상은 물질의 "법칙"과 양적 관심에 별로 구애받지 않는다. 연금술의 질적 변화와 그것의 정밀함이 더 중요하기 때문이다. 그때 연금술사의 환상 수련은 물질이라는 어머니를 통해서 이루어지고, 연금술 심리학은 뿌에르-세넥스라는 쌍과 그것이 자아내는 긴장과 문제, 그것과 아니마의 관계에 초점이 맞추어진다.

III.

우리 삶에서 어머니/아들의 콤플렉스는 물질-영의 관계를 의인화한 형식이고, 그 가족 언어 안에 똑같은 어머니/아들의 원형이 배열된다. 모성-콤플렉스라는 말은 영이 물질과의 관계를 통해서가 아니면 그 자신을 나타내지 못하고, 그 어떤 영향도 끼칠 수 없다는 사실을 나타내는 또 다른 방식이다. 영은 그 자신을 물질과 다른 것을 통해서만 스스로를 인식할 수 있는 것이다. 영이 영웅적이면, 물질과의 대비는 정반대로 나타날 것이고, 영이 물질적이고, 세속적이면 영은 그 콤플렉스의 작용 안에 있을 것이다. 그 어떤 경우에도 영은 우선적으로 물질의 변화 때문에 매혹당하는데, 그것은 지축을 흔들고, 세계를 움직이며, 도시를 건설하는 일과 같다. "모성-콤플렉스"는 그렇게 광범위하게 퍼진 신경증이고, 영은 물질 안에서 즐거워하거나 벗어나려고 해서, 우리는 영을 물질과의 양극성을 통해서 밖에는 – 연금술이 그렇게 하듯이 – 달리 알 도리가 없다. 우리가 영을 이렇게 생각할 때마다 우리는 "모성-콤플렉스 안에" 있는 것이다.

이 세상에 또 다른 자연의 영이나 영들, 즉 바다의 영, 숲의 영, 산의 영, 불타는 화산의 영이나 하층의 신들(포세이돈, 디오니소스, 하데스, 헤파이스토스, 판) – 남신들이나 양성적 신들 – 로부터 오는 또 다른 영이 있을까? 헤르메스 같은 영이나 지하계의 제우스 같은 영은 없는 것인가? 자연에서 아래 있고, 어두운 것은 모두 어머니라고 해야 할까? 영은 그 자신을 다른 영과 대조시키는 것을 통해서, 즉 남성을 다른 남성 비슷한 것과 대조시키거나 친구와 적을 대조시키는 것을 통해서 스스로를 파악할 수 있다. 마찬가지로 영은 영혼이나 몸을 그의 대극과 반려로 가질 수 있는데, 그 가운데 어느 것도 위대한 여신이어서는 안 된다. 우리는 영이 과연 어머니-아들의 양극성 안에서 스스로를 인식하고, 의식할 수 있는지 물어볼 수 있다. 그런데 오이디푸스의 맹목성은 그가 그렇게 하지 못했다는 사실을 보여준다.[4] 심리학이 정말 인간의 정신이 펼치는 거대한 경계를 파악하기 위하여 다른 환상들로까지 나아가게 허용한다면, 심리학은 제일 먼저 뿌에르를 모성으로부터 풀어 놓아야 한다. 그렇지 않으면 심리학의 영은 어머니가 뿌에르에게 한 것을 되풀이 하고 강화시키는 것 밖에 아무것도 할 수 없다.

신경증은 세계관(Weltanschauung)과 떼어놓고 생각할 수 없다. 세계관은 언제나 영-물질의 문제를 이렇게 저렇게 엮어 놓은 체계이고, 태모/뿌에르 관계의 원형적 문제들을 담고 있다. 그러므로 신경증의 치료자는 융이 지적했듯이 철학을 하는 의사가 되어야 한다.[5] 태모/뿌에르의 관계는 철학 언어로 표현할 수 있는 철학적인 문제이기도 한 것이다. 뿌에르는 그것의 관념화 없이는 심리적 기관으로 작용할 수 없다. 신경증의 치료자들이 철학을 하는 의사라면, 그들은 신경증을 철학 체계 안에서 볼 줄 알아야 할 뿐만 아니라 철학적인 것들을 신경증 안에서도 읽을 줄 알아야 한다. 사실 형이상학의 사상들은 그들의 복합적인 뿌리에서 거의 벗어날 수 없다. 그래서 그 사상들은 신경증의 초점이 될 수 있고, 원형적 증후의 한 부분을 이루기도 한다. 예를 들어서 말하자면, 어떤 자연과학 분야의 바탕이 되는 물질주의는 과학자들이 좋든지 싫든지 간에 그 안에서 사제의 역할을 하거나 영웅적인 아들이 되는 모권적(母權的) 철학 체계가 아닌가? 베단타(Vedanta)와 베단타에서 말하는 물질의 초월성은 영이 거대한 세계의 어머니 속에 너무 뒤얽혀 있어서 거기에서 해방되려면 체계적인 수련이 필요하다고 하는 것이 아닌가? 우리의 형이상학에서도 우리는 물리적인 것과 그것을 초월하는 환상에 대해서 이야기한다. 형이상학적 담론이 물질-영 관계에 관한 심리학적 환상으로 될 수 있는 것이다. 그래서 이 담론들의 저자는 뿌에르와 어머니가 만든 "원형적 신경증"이고, 그 철학 체계는 영과 물질이라는 용어로 기록되었다. 그 원형적 신경증은 모든 사람들에게 형이상학적 고뇌를 안겨주고, 영향을 미치는 집단적 신경증이다. 그러나 그 고뇌와의 싸움은 치료 과정에서 그의 사상은 물론 감정과 콤플렉스들이 모두 다루어지고, 변화되는 형이상학적 작업으로서 개인적인 것으로 된다. 그때 뿌에르 상의 출현, 특히 여성의 꿈에서의 출현은 자연(自然)이라는 용어에 포함된 모든 것들에 관한 세계관의 변환을 가리키면서 새로운 동력(動力)을 가져오고, 사상의 영역에서 새로운 투쟁을 하게 한다.

IV.

이제 우리는 어머니와 뿌에르의 이 원형적 혼합에 대해서 더 자세하게 질문해야 한다. 정신의 기본 구조로서의 뿌에르가 자기-정체성과 세넥스-뿌에르 안에서 자신의 자리를 상실하고, 어머니의 아들(mother's son)의 상으로 미묘하게 대체되면 어떤 일이 생기는가?

아버지가 없으면, 우리는 곧 어머니의 품속으로 들어간다. 그때 아버지는 실제로 없으며, 신은 죽게 된다. 우리가 아무리 세넥스 종교에 기대어도 그 전과 같은 상태로 돌아갈 수 없다. 그 부재하는 아버지는 당신이나 나의 개인적인 아버지가 아니다. 그는 우리 문화의 부재하는 아버지이다. 우리에게 일용할 양식뿐만 아니라 의미와 질서를 통해서 영적인 것도 제공하는, 살아있는 세넥스이다.[6] 부재하는 그 아버지는 영적인 것들에 초점을 맞추게 했던 죽은 신이다.

우리는 전통 속에 묻혀 있는 죽은 아버지를 되살릴 수 없기 때문에 모든 것을 이해해주는 것을 찾으면서 집단적 무의식의 어머니들에게 내려간다. 우리는 아무런 해도 받지 않고 좁은 길을 내려가고, 도움을 요청하는 것이다. 아들이 상처받지 않으려고 하는 것이다. 우리를 보호하시고, 예지를 주시며, 사랑하여 주소서! 우리의 기도는 밤에 꿈을 꾸게 하고, 알게 하며, 지혜의 순간을 위해서 제의를 하거나 훈련하려고 한다. 무엇보다도 먼저 우리는 미리 비전을 받아서 모든 것이 잘 될 것이라는 보장을 받으려고 한다. 여기에는 특별한 종류의 보호를 요청하는 것이 있다: 상처 받지 않고, 미리 알 수 있으며, 어떤것이든 간에 모든 것이 잘 되기를 보장 받으려고도 한다.

우리는 여기에서 뿌에르와 아들의 차이를 살펴볼 수 있다. 우리 삶의 보장은 어머니로부터 온다. 우리가 어머니에게 충성을 다할 때, 어머니도 우리를 성심껏 돌본다. 당신이 어머니에게 충성하면, 어머니는 당신을 내치지 않는다. 어머니는 안전을 보장하고, 생명을 주는 것이다. 그러나 어머니는 불확실성이나 위험이나 실패에서 비롯되는 진정한 영은 주지 못하는데, 그것들은 뿌에르의 측면들이다. 아들은 아버지를 필요로 하지 않지만, 뿌에르는 아버지의 인정을 추구한다. 그때 그 인정은 궁극적으로 뿌에르 자신 안에 있는 부성(父性)으로 인도하는 아버지의 영에 의해서 그의 영을 인정하는 것이다. 우리가 어머니를 통해서 아버지에게 갈 수 없는 것처럼 달의 마술을 모방함으로써 로고스의 뜨거운 정충(精蟲)에 다가갈 수는 없다.

심리학은 심리적 마술 속에 용해되는 것이 아니라, 정신의 로고스이다. 심리학은 영을 요청한다. 심리학은 모성의 철학을 통해서만 발전하지 않는다. 심리학은 성장과 발달을 통한 진화, 자연주의, 물질주의, 감정을 실은 휴머니즘에 사회적으로 적응하고, 동물의 영역과의 비교를 통해서 사랑, 성, 공격성 같은 것들을 정동적으로 단순화시키면서 환원하는 것이다. 그 밖에도 심리학은 심리학 사상과 다른 원형적 도구들을 발달시킬 다른 유형들도 발달시켜야 한다. 심리학의 사변적 환상을 해방시키고, 심리학에서 영적 중요성을 강조하는 뿌에르를 필요로 하는 것이다.

아버지가 없으면, 우리는 교회에서 "영 분별"이라고 부른 능력을 잃어버린다. 그 능력은 우리가 여러 가지 음성들 가운데서 진정한 소명을 분간하고, 무의식을 다루는 심리학에서 매우 필요한 능력이다. 그러나 아버지가 없는 영은 그런 세부 사항을 알려주지 못한다. 세넥스-뿌에르의 분열은 그런 영적 분별의 종말을 가져오고, 그 대신 영의 혼합을 (오늘날 사람들이 즐겨서 하는 점성술, 요가, 영성 철학, 인공두뇌학, 핵물리학, 융 주의, Jungianism 등을 생각해 보라) 가져온다. 모든 것을 안다고 하는 어머니 안에서 무분별 상태에 있게 되는 것이다. 그래서 어머니는 아들에게 격려를 한다: 앞으로 더 나아가라. 모든 것을 품어라. 그녀에게 모든 것은 똑같다. 그러나 아버지는 그 어느 것도 명확하게 분별되지 않는 한, 그 어느 것도 같지 않다고 가르친다.

위대한 여신의 영역에는 수동적인 무력성과 본성의 강박적 폭발력이라는 특징이 있다. 그것은 동식물(動植物)이 씨앗으로부터 죽을 때까지 생산하고, 보호하고, 양육하는 주기를 통해서 볼 수 있다. 이것과 같은 계열에 아름다움, 무시간성, 정동성이 있는데, 그것들은 불투명하고, 어슴푸레하고, 딱딱해지고, 어두운 것을 좋아하며, 혈연의 신비나 결속과 관계된다.[7] 위대한 여신의 지배 아래 있는 이 모든 영역들은 영적인 것에 대한 강조가 좀 바뀌기는 하지만 뿌에르에 의해서 잘 나타난다. 그래서 뿌에르의 충동은 모성-콤플렉스에 의해서 과장된다. 어느 두 원형이 서로에게 오염되면, 그 둘 모두가 강화되거나 어느 하나가 다른 것에 의해서 무력화된다.[8] 어머니-뿌에르가 합쳐지는 특별한 경우, 어머니는 영을 무력화시킬 뿐만 아니라 그것을 과장하는 듯하다. 어머니는 공급자, 양육자이며 자연적 생명 자체로서 뿌에르에게 에너지를 과도하게 공급하고, 뿌에르의 어떤 기본적 특성들을 강화시키면서 그녀에게 더 의존하는 아들이 되라고 촉구한다.

어머니가 이 특성들을 붙잡을 때, 그것들을 극대화시킨다. 그러면 뿌에르의 시름은 무익한 백일몽으로 되고, 죽음은 이제 두려운 것이 아니라 위로를 주는 것으로 환영 받는다. 그의 절뚝거리는 태도는 인간의 연약성에 마음을 여는 요소가 되지 않고, 어머니에 의해서 부풀려져 거세, 장애, 자살로 빠져들게 된다. 뿌에르의 뿌리를 향해서 그렇게 곧게 날아갔던 수직적 비행은 이제 썩고, 거짓된 세상 위를 맴돌며 날고 있다. 그리고 가족 사이의 문제는 종교적 신비를 취하여 가족의 모든 구성원들은 모권적 서사시에 등장하는 인물로 된다. 그때 영원성은 뿌에르 의식이 원형적 의미를 통해서 지각하는 방식이 되는 대신 시간을 고려하지 않는 태도로 왜곡된다. 그래서 심지어 모든 한시적인 것들을 부정하기까지 한다. 그렇지 않으면 진정한 뿌에르에게 있는 기회에 대한 감각 대신 물질주의적 기회주의가 일들을 예감이나 행운에 의해서 시행하게 하고, 야망을 장난하듯이 실현시키려고 한다. 또한 물질주의는 형이상학적 사고를 윤리학, 성의 문제, 돈의 문제, 다이어트의 문제 등에 구체적으로 적용시키려는 특별한 형태의 시도에서도 (그런 시도들은 몸과 옷과 공동체에서 시행되어야 한다) 나타난다. 억압되었던 어머니의 물질(mother's matter)이 뿌에르의 추상화 경향을 타고 문자 그대로 시행되려고 하는 것이다. 아들-의식에 있는 자연의 주기는 (그것은 뿌에르 의식에서 은유를 통하여 조크하고, 놀이하며, 실험하는 장이 된다) "저-바깥에" 있는 경건한 본성이 되고, 숲에 있는 오두막이나 못쓰게 된 옷, 하타 요가가 된다. 그리고 뿌에르에게 플라톤의 이상을 반영하고, 가치의 본질을 계시해주는 미(美)는 나만의 허영이나 나 좋아서 하는 작업으로 축소되고 만다.

정신 안에서 어머니와 아들 사이의 밀접한 연합은 근친상간으로 그려지고, 엑스타시와 죄책으로 체험된다. 엑스타시는 수직적으로 신적 방향과 지옥의 방향으로 나아가지만 죄책감은 완화되지 않는다. 태모는 뿌에르에게 있는 (그가 신들로부터 재능을 받았다고 생각하는) 초월에의 빚을 부채감, 즉 물질세계에 있는 그녀의 상징들을 향한 죄책감으로 변하게 한다. 그래서 그는 사회에 빚을 과도하게 갚으면서, 그의 운명을 회피한다. 가족, 직업, 시민으로서의 의무를 너무 열심히 하면서 진정한 삶을 살지 못하는 것이다. 그가 물질세계와 맺는 관계는 태모의 영향 때문에 엑스타시속에서 모든 결속에서 벗어나거나 죄책감을 가지고 그것들에 굴복하는 것 사이에서 왔다 갔다 한다. 그런 태도는 성적인 분야에서도 마찬가지다. 그래서 정신분석가들은 그가 끊임없이 성적인 갈망과 죄의식 사이에서 왔다 갔다 하면서 "동요"를 일으키는 것을 본다.

어머니-아들의 결합 원형에서 비롯된 엑스타시는 그를 질서와 한계에 기초한 아버지의 금지로부터 떼어낸다. 엑스타시는 뿌에르를 세넥스와의 결합으로부터 유인(誘引)하는 위대한 여신의 방법 가운데 하나인 것이다. 그때 뿌에르 의식은 그 한계를 벗어나면서 그를 구속(拘束)하고, 한정시키는 운명에서 벗어났다고 느낀다.[9] 그래서 뿌에르는 그의 운명을 사랑하거나 운명에 복종하지 않고, 마술적이거나 엑스타시적 비행에 들어가면서 운명으로부터 도망간다. 그러면 뿌에르의 동경에는 새로운 연료가 공급되는데, 그 원천은 위대한 여신의 본능 영역에 있는 강력한 화력을 가진 성충동과 권력 충동이다.[10] 이런 뿌에르적 충동들이 과장되면 그는 흥분하게 된다. 그는 횃불이 되고, 화살이 되며, 아프로디테의 아들 에로스가 돼서 날개를 달게 된다. 그는 그의 성 생활과 직업 세계에서 유아시절의 전능한 환상에 빠진 것처럼 모든 소망을 실현시킬 수 있는 것 같다고 느끼게 된다. 그 모든 것은 실현될 것이다. 그의 존재 자체는 마술적 남근(phallus)으로 빛이 나고, 강력하며, 그의 모든 행동은 영감을 받은 것이고, 그의 모든 말은 깊고, 자연의 지혜에 가득 찬 것이다. 그 장면의 뒤에 있는 위대한 여신이 그에게 엑스타시의 지팡이를 건네준 것이다. 그녀는 동물적 욕망과 뿌에르에게 정복하도록 약속한 수평적인 물질세계를 다스린다.

그때 태모의 정동성 때문에 아들의 역동은 불안정하고, 정동에 의존되어 있다. 그의 영감(inspiration)은 이제 열광적인 것과 분화되지 못하고, 엑스타시로부터도 바르게 고양될 수 없다. 불길이 위로 타오르다가 모든 불길이 잦아들면서 연기만 내고, 비전을 흐리게 하며, 다른 사람들을 기분 나쁘게 만들고, 좋지 않은 느낌을 가지게 하는 것이다. 영이 기분에 의존되어 있는 것을 수직적 언어(높이와 깊이, 영광과 실망 등)로 나타낸 것은 키벨레의 아들인 아티스 축제에서 원형적인 모습으로 볼 수 있다. 거기에서는 쾌활과 침울이 지배하고 있다.[11]

뿌에르가 태모 때문에 초월을 향하여 곧추 선 방향에서 제대로 나아가지 못하면 진정성을 잃는다. 그래서 그는 그의 역할을 여성과의 관계에서 취하는데, 엑스타시와 죄의식은 아들 유형의 두 부분이다. 그런데 더 중요한 것은 영웅주의이다. 물질을 거부하고 본성의 가슴에 귀 기울이는 은자(隱者)-영웅이든지, 공공의 악인 진흙탕 속에 있는 용을 칼로 베는 정복자-영웅이든지, 그렇지 않으면 연인-영웅이나 발두르(Baldur)이든지, 뿌에르는 너무 완벽하고, 그의 아름다운 상처에서 피 흐르는 것을 그만두게 할 수 없어서 자유를 상실한다. 거기에서는 영에 직접적으로 다가갈 수 없다. 드라마, 비극, 영웅담이 필요하다. 그래서 삶은 이제 그런 모든 아들의 뒤에 있는 영원한 여성과의 관계에서 나온 역할을 수행하는 퍼포먼스로 된다: 뿌에르는 순교자, 메시아, 헌신자, 영웅, 연인이 되는 것이다. 우리는 이런 역할들을 수행하면서 위대한 여신 숭배의 일부가 된다.[12] 우리의 정체성은 그 역할들을 수행하면 부여되고, 그럼으로써 우리는 그의 아들이 된다. 우리 삶은 그녀가 부여하는 역할에 의존되어 있는 것이다. 그때 그녀는 뿌에르가 세넥스를 추구하는 방법까지 지시하기도 한다. 선생에 대한 학생의 제자도를 과장하고, 낡은 질서와 싸우면서 거들먹거리거나, 그의 새로운 진리가 지나간 모든 것을 거부하는 메시아의 예외성을 강조하는 것이다. 모성-콤플렉스는 영의 정밀성을 무디게 한다. 위대한 여신은 영에 대해서 잘 알지 못하기 때문에 중요한 사안들이 즉시 이것이나 저

것 사이에 있게 된다. 그녀는 그것을 오직 그녀와의 관계 안에서만 포착해서, 모성-콤플렉스는 영을 무엇인가 관계되게 한다. 그것은 물질의 영역에서 무엇인가 효과가 있어야 해서, 삶이나 세상이나 사람들에게 효과가 있어야 하는 것이다. 이것은 "인간적이고", "상식적인" 것 같지만, 그것은 모성-콤플렉스의 감상주의를 나타낸다. 어떤 남성이 그의 행동 안에서 어머니를 인식하고, 그녀와의 관련에서 벗어나 높은 추상성과 광대하고, 비인격적인 환상으로 날라갔을지라도, 그는 여전히 여신의 아니무스와 그녀의 프뉴마(pneuma), 그녀의 숨과 바람으로 가득 찬 아들이다. 그러나 그는 그의 빛과 그녀의 어둠, 그의 영과 그녀의 물질, 그의 세계와 그녀의 세계 사이를 나누어야 그녀에게 가장 잘 봉사할 수 있다.

이것이 남성이나 여성에게서 발견되는 아들의 아니무스 사고(思考)이다. 그러나 그것은 그들 사이의 관점을 구분하는 사고가 아니라, 얼어붙게 하는 사고이다. 왜냐하면 어머니와 뿌에르는 무엇인가 묘사할 수 있는 대상이나 사물처럼 이것이나 저것이 아니고, 세상을 지각하는 방식이기 때문이다. 어느 정도 비슷한 "사실들"은 뿌에르와 어머니의 아들(mother's son)에게 있을 수 있다. 그래서 우리가 그들 사이의 진정한 차이를 보려면, 우리가 그 사실들을 어떻게 보느냐 하는 것을 생각해 보아야 한다. 그러나 어머니는 속속들이 다 알려지기를 바라지 않고, 어둠의 장막(帳幕)을 드리우려고 한다. 정동을 불러일으켜서 애매모호하게 만들고, 하느님과 가이사(God and Caesar), 이 세상과 내세, 시간과 영원, 성과 속, 내향성과 외향성 ... 등 사이를 조잡하고, 물질적으로 나눈다. 그러면서 그녀의 아니무스-아들이 계속해서 관여하게 하는데, 그것은 그로 하여금 또 다른 종류의 영원성에 다가가지 못하게 한다. 뿌에르의 이런 영원성은 그런 모든 대극들을 가지고 그들 사이에 있는 근본적인 유사성을 하나의 사고방식으로 보게 한다. 아들로부터 뿌에르에게 가는 움직임, 즉 뿌에르의 본래적 비전을 회복하는 것은 우리가 대극의 도전을 통하여 위대한 여신이 우리를 휩쓸어 넣었고, 우리는 그녀가 우리를 뒤엉키게 한 딜레마의 장(場)에서 그녀와 싸우지 않을 수 있다는 사실을 깨달을 때 가능해진다. 그렇다고 해서 나는 뿌에르의 비전이 선악을 초월하는 니체적인 초인을 가리키는 것이라고 주장하는 것은 아니다. 오히려 나는 뿌에르가 세넥스와 내재적으로 연관되어 있기 때문에 그의 비전은 그 장 안에서 살 수 있다는 것을 주장하려고 한다. 대극들이 본래 양가적이기 때문에 그 장은 필요하다. 그러므로 우리는 아들-영웅처럼 선택을 강요하거나 아들-사제처럼 갈등의 신학을 만들 필요가 없다. 뿌에르의 비전은 그것이 문자 그대로 아니무스-게임에 사로 잡혀 있지 않다는 의미에서 초월적이고, 저 너머에 있다. 그러므로 뿌에르 의식은 문자 그대로 초월적이고, 현장을 떠나 있으며, 다른 것들을 자르고, 날려 보내는 것은 아니다.

V.

뿌에르의 또 다른 대체, 즉 태모의 아들의 또 다른 형태는 반(反)-영웅 또는 거꾸로-된-영웅이다. 그 영웅은 태모의 무릎 주위에서 산다. 그는 남근이 아니라 모든 면에서 거세된 존재이다: 약하고, 예의 바르며, 삶과 삶의 바람에 엎드린다. 그는 지려고 하며, 신의 진노(震怒)에 아무 항거도 하지 않고 순응한다. 그는 성부가 없으면 그 영을 만나지도 못한다. 그는 자연을 따르는데, 그것은 아무 저항도 하지 않는 길이다. 그러나 결국 늪에 빠져서 허우적거린다. 그는 물처럼 아래로 흘러가고, 시야에서 사라지며, 지하에서 결과들을 맞는다. 그는 너무 물 같아서 신적인 아이를 물이 쇄도하는 곳으로 부른다. 이 아들에게는 물이 요람이지만, 아기 바구니나 배인 것처럼 물과 분리되어 있지 않다. 그는 물 자체인 것이다. 그는 도(Tao)가 마치 "물"이나 "아이"로 불리듯이, 장애물을 향해서 나아갈 때, 제대로 나아간다는 착각을 불러일으킨다. 그러나 그는 이카루스와 달리 물로 곧장 뛰어들지 않고, 컵을 날랐던 가니메데처럼 냉정한 열정이라는 올림푸스의 원형적 원리를 따르지도 않는다. 그는 다만 그때 진행되는 것을 따라가고, 어머니 자연이라는 거대한 몸체 속으로 미끄러져 가서, 결국에는 대양의 지복(oceanic bliss)에 이르려고 한다. 그가 연극적으로나 망아경에서 지나치게 활동적이거나 아니면 소극적이거나 간에 그의 에너지의 흐름은 모성 원형에서 나온다. 반-영웅은 에너지를 약화시킴으로써 뿌에르-콤플렉스를 해소시키려고 한다. 사람들은 영웅적 자아에 주어진 요청에 아무것도 하지 않고, 그저 따라가기만 하고, 일들이 일어나게만 한다. 심지어 그는 그 자신도 별로 바라지 않고, 점점 덜 욕구하면서 자기 자신에게 거의 요구하지도 않는다. 그에게 긴장이 사라지면, 그는 더 차분해지지만, 덜 개인적으로 되면서 그 자신이 균형이 잡혔다고 믿는다. 그의 이미지들과 생각들은 집단적 무의식의 보편적 수준을 나타내면서 더 원형적으로 되는 것이다.

그의 시각적, 시적, 형이상학적 생각들에서 영적 진전을 보이기 때문에 "퇴행"이라는 단어는 "잘못된 용어"처럼 거부된다. 퇴행은 더 어린아이 같거나 발달 초기의 행동 유형으로 돌아가는 것을 의미하기 때문이다. 하지만 수동적인 아들은 수년 동안 추구하던 철학적 사고를 모든 종교에서 말하는 진리의 탐구로 나아가며 가치의 범위와 상징을 점점 더 확장시켜서, 비록 그가 때때로 재정적 원조를 요청하거나 환각적 강화를 요청할지라도 영적 진전을 이룬 것 같이 보인다. 사람들은 헤세, 돈환, 타고르, 에크하르트, 머튼, 소크라테스를 입에 올리면서 "퇴행하지는" 못하는 것이다! 그러나 철학은 사람들에게 영웅적인 것과 의지와 노력을 무력화시키는 방패를 둘러싼 방어책을 제공한다. 예를 들어서 말하자면, 반-영웅적인 라마크리슈나는 "신에게 더 가까이 갈수록, 신은 당신이 할 것을 더 주지 않는다"라고 말하였다. 반-영웅의 이런 특성들과 예상할 수 있는 행동 유형 — 그가 그 다음에 무엇을 하고, 읽으며, 말할지 등 — 은 그의 영적 진전에서도 그는 에너지가 감소되는 방향을 따를 것이라는 사실을 보여준다. 그 엔트로피의 방향은 프로이드의 언어로 니르바나 — 또는 죽음 — 라고 말한 방향이다. 하나의 체계 안에서 엔트로피는 정태적인 우발성이 증가하고, 긴장이 감소되며, 일반화가 이루어지고(되는대로 하며), 에너지의 수준이 높은 것에서 낮은 것으로 이행하며, 무질서가 증가하면서 식게 되고, 아래로 향하는 것으로 특징지어진다. 이 모든 것들은 한 개인의 행동은 물론 그 어떤 콤플렉스의 행동에서도 "포기할 때" 나타난다.

우리가 "포기"에 대해서는 다른 장(章)에서 다루지만, 여기에서 잠시 뿌에르와 영웅 또는 반-영웅의 차이에 대해서 지적하기는 해야 한다.[13] 뿌에르에게는 생존에 대한 감각이 없기 때문에 포기한다. 그는 세넥스와 떨어져 있기 때문에 어떻게 자신을 지키고, 제대로 있을 수 있는지 모르는 것이다. 그러나 영웅이나 반-영웅은 그의 어머니 때문에 포기한다. 그는 콤플렉스들을 모두 없애면서 정신에너지를 방출하려고 하는 것이다. 그러나 융이 지적하듯이, 콤플렉스들은 정신에너지의 모태이다. 그래서 그것들을 정복하고, 극복하며, 콤플렉스로부터 치유되는 것은 그 자신을 어머니로부터 떼어내려는 또 다른 길이다.

또한 뿌에르와 영웅은 자기-파괴성에서도 다르다. 뿌에르에게는 포용하고, 반성하며, 참여하는 정신성이 부족하기 때문에 자기-파괴적이다. 그리고 그에게는 세넥스와 분리되어 있을 때, 그 자신을 아버지처럼 이끌어 주고, 거처를 마련하며, 그의 소유를 간수할 수 있는 능력이 부족하다. 자기 앞가림을 잘 하지 못하는 것이다. 그 어떤 콤플렉스 안에 있는 뿌에르의 자기-파괴성도 그 콤플렉스가 그 자신을 알지 못해서 발생한다. 그는 보고, 알고, 만들기는 한다. 그러나 그는 그 자신을 보지 않고, 알지 못하며, 만들지 않는다. 거기에는 영의 정신적 반성이 부재하고, 정신 안에서 영적 인식이 부재한 것이다.

영웅은 콤플렉스와 같이 작업하기 때문에 자기-파괴적이며, 그 양상은 매우 다양하다. 그것은 에로스의 이상주의로 나타나면서, 콤플렉스들을 전일성으로 변환시키려는 영감으로 나타날 수 있다. 또한 그것은 긴장을 모두 약화시키면서(그렇지 않으면, 모든 것을 열광주의 안으로 타오르게 하면서) 콤플렉스들을 냉각시키는 반-영웅처럼 나타날 수도 있다. 마지막으로 그 양상은 에로스와 타나토스가 서로 얼마나 가까이 있는지 드러내면서 사랑으로 받아들이는 치유(이것도 죽음에 대한 소망이다)로 나타날 수도 있다. 왜냐하면 사랑으로나 죽음에 의해서 긴장을 처분함으로써 치유되고, 전체성으로 되는 것은 매우 비슷하기 때문이다. 이 둘은 모두 정신적인 삶에 근본적으로 필요한 콤플렉스를 처분하는데, 그 유일한 치료책은 죽음이다. 죽음만이 "삶에서 지극히 정상적인 현상인"[14] 콤플렉스를 그치게 한다. 콤플렉스는 어머니처럼 각 개인의 실존의 바탕이다. 우리는 복합적인 존재이고, 인간의 본성은 콤플렉스들로 구성되어 있다. 콤플렉스들이 없다면, 살아 있는 실재들이 있을 수 없고, 오직 부처의 초월적 열반만 있을 텐데, 그가 마지막에 남긴 말은 정신의 콤플렉스성에 대해서 잘 말해준다. "세상 만물은 본래 썩을 것이다. 그러니 그대의 구원을 위해서 성실하게 정진하라."

대극을 극복하거나, 없애거나, 치유하려는 그 어떤 처방을 가지고 인간의 콤플렉스성을 제거하고, 포기하려는 것은 정신적 실재를 제대로 보지 못하는 것이다. 정신치료는 콤플렉스를 극복하고, 없애는데 있는 것이 아니라, 우리를 구성하는 것들을 해체하고, 쇠약하게 하는 데 있기 때문이다. 연금술사들은 이것을 부패 작용(putrefactio)이라고 불렀다. 고뇌, 소모 등을 통하여 변환되는 아주 긴 시간-과정으로 보았던 것이다. 영웅적으로 제거하거나 소극적으로 포기하는 것은 모두 부패를 촉진하고, 완수하려는 것이다. 그것들은 모두 영적 구원으로 도망감으로써 정신적 실재에 대한 작업을 하지 않으려고 한다. 그러나 치유는 부패를 통해서 이루어진다.

뿌에르가 그의 정신 구조를 그의 몸으로 살 때, 이 퇴폐의 냄새가 나고, 그가 분석 받지 않으려고 하는 부분인 그의 혼돈상이 드러나며, 그것은 분석에 대한 저항을 불러오는 부분이 되기도 한다. 그런 의미에서 뿌에르는-겉으로는 빠르고, 불길처럼 보이지만-변화가 느리고, 발달이 별로 없는 것 같이 보이고, 똑같이 잘못된 옛날 습관에 붙들려 있는 것처럼 보인다. 그에게 부패 작용이 일어나야 할 곳은 결장과 소화기관의 까다로운 증상들이거나 습진과 여드름, 치질, 그에게 오래된 냉증, 그의 고질적인 유전적인 문제, 돈에 대한 기벽(奇癖) 또는 삶에 대해서 시큰둥하게 생각하는 것 등일 수 있다. 정신분석은 그 동안 그것들이 모성-콤플렉스에서 비롯된 그림자의 억압 때문이라고 잘못 보았다. 그는 어머니에게 묶여 있고, 물질적인 방식으로 보상하는 바람에 자유로워지지 못한다고 설명하는 것이다. 그러나 뿌에르의 그 느림과 더러움은 부패의 배경에 대항해서 쫓겨난 세넥스를 찾으려고 부패 작용의 방법을 찾으려는 것으로 볼 수도 있다. 그렇게 볼 때, 그것은 영웅적으로 서둘러서는 안 될 소화과정이고 발효과정이라고 할 수도 있다. 더구나 그것은 그림자를 통합하기 위해서 억지로 "문질러 발라서도" 안 되는 것이다. 뿌에르는 개가 아니다. 뿌에르 의식은 가택침입을 하거나 뒤쫓을 필요가 없고, 다만 그 자신의 썩는 곳의 냄새를 맞도록 그의 감수성을 새롭게 조율하기만 하면 된다. 그의 개성화는 콤플렉스를 극복하려는 영웅적 노력에 있지 않고, 그것들을 병리화시키는 과정에 있는 것이다.

우리는 콤플렉스들이 우리를 포기할 때까지 그것들을 어떻게 처리할 수 없다. 그것들은 우리가 사라진 다음에도 오랫동안 일종의 자율적 존재로 지속되기 때문에 그것들이 썩어 없어지는 시간은 한 개인이 인격을 가지고 사는 시간보다 더 길다. 그것들은 본성적으로는 물론 영적으로도 우리의 자손에게 대대로 물려지는 정신적 유산의 한 부분이다. 콤플렉스들은 우리 죄의 몫이고, 우리의 업(karma)이다. 그것들이 사라지면, 그것들은 다른 곳에 옮겨진다. 소위 "뿌에르"라는 사람들을 분석할 때, 우리는 썩고, 소모되며, 해체되는 것을 냄새 맡을 수 있어야 한다. 우리는 그 뒤죽박죽이 된 것을 돌보면서 뿌에르를 살리고, 원질료와 접촉하게 한다. 우리는 부드럽게 받아들이면서 흰색 칠을 하거나(포기하거나), 그 과정(제거하기)을 서두르면서 진정한 영을 "모성"이라는 오래된 병(bottle) 속에 넣는 것이다.

VI.

우리는 뿌에르와 어머니를 살펴보면서, 간단하게나마 디오니소스에 대해서 고려해야 한다.[15] 물론 디오니소스는 전형적인 "어머니의 아들"로 여겨졌다. 그에 대한 양육, 우유, 정동성, 춤, 그의 영웅적이지 않은 행동과 그가 무기를 가지고 있지 않은 점, 그의 부드러움, 그가 여성적인 점, 여성들이 좋아할 듯한 태도 등은 심리학적으로 볼 때 놀라울 정도로 모성-콤플렉스의 원형적인 본보기 같이 보인다.[16]

그러나 우리는 디오니소스를 뿌에르-세넥스의 구조 안에서 살펴보아야 한다. 그의 이름은 제우스의 아들이라는 의미를 가지고 있으며, 그의 신화소는 많은 점에서 크레타의 제우스의 신화소와 상호 교환될 수 있다. 그의 탄생 기사 가운데 하나는 그가 아버지의 넓적다리에서 태어났다는 것으로, 그는 남성 가운데 남성이라는 것이다. 뿌에르가 그의 라틴어 별칭 가운데 하나이기는 하지만, 우리가 디오니소스를 현대의 심리학적 의미에서 뿌에르라고 부를 수 있을지는 의문이다. 하지만 그가 젊은 신들 가운데 하나이고, 그에게 특히 고대 후기 시대에 어린이의 형태로 예배가 바쳐졌기 때문에[17] 그의 남성성의 특질이 그리스-로마와 유대-기독교에서 말하는 영웅의 주된 남성상 아래서 형성된 우리의 역사의식에 잘 맞지 않지만, 그는 우리가 여기에서 생각하는 뿌에르의 몇 가지 특징들에는 잘 들어맞는다. 그래서 우리는 어머니와 관계된 "디오니소스적인 것"에 대해서 많이 기술하였다. 게다가 우리는 디오니소스적인 뿌에르에 내포되어 있는 영적 의미를 별로 중요하게 생각하지 않았으며, 포도주, 연극적인 것과 비극적인 것, 광기와 남근숭배, 뿌에르 의식을 담고 있는 그의 본성과 예배의 다른 측면들에 대해서도 별로 평가하지 않았다. 뿌에르는 디오니소스 안에서 단지 문학적인 것만 취하거나 집단적으로 북에 맞춰서 춤을 추는 경험과 특성의 배경만 찾을 것이 아니라 뿌에르-세넥스, 아버지-아들, 재결합이라는 다른 의미들을 발견해야 한다. 디오니소스는 그의 안에 경작(耕作), 영감, 뿌에르 의식의 비합리적인 흥분과 함께 이루어지는 주기적이고 생산적인 특성을 담은 자연에서의 영적 소생(蘇生)이나 영의 자연스러운 소생을 나타내는 것이다. 사람들은 디오니소스에게는 어머니들이 많았다고 한다. 데메테르, 이오, 디온, 페르세포네, 레테, 세멜레 등이 그녀들이다. 그의 어머니들 사이의 관계는 서로 이어지지 않는 것들이 있다. 세멜레는 임신했을 때 제우스에 의해서 죽임을 당했고, 제우스는 디오니소스의 두 번째 어머니다. 그리고 그는 동굴 속에서 요정들에게 돌봄을 받거나 페르세포네나 그의 해체된 몸을 다시 합쳐준 할머니 레아의 돌봄을 받았다.

그러나 어머니의 이야기가 이렇게 다른 것은 디오니소스만이 아니다. 다른 신들과 영웅들 가운데도 "어머니가 없는" 신들이나 영웅들이 있다. 어머니에게 버림받아서, 동물의 젖을 먹거나, 의붓어머니나 보모에게 양육받고, 친어머니는 죽거나 사라졌다. 정신분석에서는 이런 주제를 "두 어머니"라고 불렀으며, 그것은 좋은 젖가슴과 나쁜 젖가슴이 되고, 융 역시 그의 방대한 저서 『변환의 상징들』의 "이중의 어머니"에서 깊이 있게 다루었다. 거기에서 그는 같은 상이 가진 두 측면에 대해서 언급하였는데, 긍정적이고 생명을 주는 측면과 부정적이고 생명을 위험에 빠트리는 측면이 그것이다.

그러나 나는 두 (또는 그 이상의) 어머니를 다른 관점에서 살펴보려고 한다. 한 사람에게 서로 다른 종류나 얼굴이 있는 것이 아니라 어머니와 아이의 관계 단절로 보려는 것이다. 나는 연속성의 단절(세멜레가 아이를 끝까지 돌보지 못한 것)은 어머니와 아이의 관계를 또 다른 각도에서 보게 한다고 제안하는 것이다. 제우스가 던진 번개의 개입 또는 모세의 경우 파라오의 개입이나 오이디푸스의 경우 신탁 등 어머니와 아들 사이의 연속성을 뒤흔든 영적 침투에서 아들은 어머니와의 관계에서 아무것도 하지 않는다. 그 일들은 다만 일어났고, 아들에게 주어진 삶의 조건이다. 그때 그는 더 이상 어머니의 아이가 아니다. 그 자연스럽기만 했던 관계는 영적인 것의 개입으로 깨어져서 뿌에르 의식은 죽이거나 자를 필요 없이 어머니로부터 분리된다. 그 결과 다른 원형이 작용하여 아들이 거기에 속하게 되면서 이 원형은 그가 떨어져 나온 어머니처럼 그의 운명의 신호가 된다.[18]

VII.

우리가 주로 태모의 영향을 받는 의식 안에 있을 때, 뿌에르의 모든 현상들은 모성 콤플렉스에서 비롯되는 듯하고, 우리의 의식도 무의식의 본래적 자궁에서 나온 "어머니의 아들"이 된다. 그러나 거기에는 아직 "모성-콤플렉스"라고 할 만한 것은 없다. 우리가 엄격히 말해서 그냥 말을 쉽게 하는 것이 아니라면, 콤플렉스들은 그 어떤 특별한 원형에 속한 것은 아니라고 해야 한다. 역동적인 핵을 형성하고, 우리를 괴롭히며, 변환시키는 환상의 재료가 되는 힘, 돈, 병, 성, 두려움, 야심, 질투, 자기-파괴, 지식 등 콤플렉스들은 그 어떤 단일한 신에 속해 있지 않는다.

첫째, 이 세상에 단일한 신은 없다. 다신론에서 각 신은 다른 신들을 암시하고, 또 다른 신들을 포함하고 있다. 테오스(theos)와 데우스(deus)는 물론 신의 의식에 대한 켈트족이나 북방 부족(Nordic)의 신의 뿌리는 다신론적 맥락에서 생겼는데, 거기에서 신(God)이라는 말은 언제나 여러 신들(gods)의 장(場)을 나타내는 말이었다. 다른 신들이 없는 단일신은 생각할 수 없었다. 심지어 유대-기독교의 십계명 가운데 두 번째 계명도 부정적인 방식으로 이렇게 말한다: "너희는 나 이외에 다른 신들을 섬기지 말라." 둘째, 신들은 원형들이 서로 뒤섞이듯이 서로의 속에 들어간다. 원형들은 마치 신들이 존재의 같은 영역, 즉 우리의 세계를 한꺼번에 같이 다스리는 것처럼 존재의 영역을 혼자 지배하지 않는다. 원형들은 이 세상을 분간하고, 서로 다르게 보는 방법을 제시하며, 본능을 다르게 정신화하는 유형을 말하고, 의식의 다른 방식을 제공한다. 그래서 셋째, 콤플렉스들은 어떤 특별한 원형적 유형으로 정의되거나 본성으로 규정지을 수 없다. 모든 콤플렉스들은 어떤 때나 다른 때 이런 주된 성향이나 다른 주된 성향의 방패 아래 있고, 그 어떤 주된 성향도 이 콤플렉스나 저 콤플렉스의 지배 아래 있게 된다. 예를 들어서 말하자면, 돈은 동전을 주조(鑄造)하는 새턴의 탐욕에 속하거나 장사꾼인 메르쿠리우스, 또는 영웅의 전리품이나 황금의 소나기로 나타나는 제우스에게 속한 듯하다. 그렇지 않으면, 아폴로의 황금이거나 마이다스의 배열 안에 속한 것이라고 할 수도 있다. 또한 돈은 하데스의 다른 이름이 플뤼토(富)이기 때문에 정신적으로 지하세계에 들어가는 것을 가리킬 수도 있다. 마찬가지로 성(性) 역시 사람들을 아폴로, 디오니소스, 프리아포스(그리스 신화에서 남성의 생식력의 신-역자 주)가 사로잡을 때와 헤라가 사로잡을 때 각각 다른 특성을 취하게 된다.[19]

뿌에르의 구강성—틀림없이 모성 원형에 속한 듯한 콤플렉스—조차 다르게 볼 수 있다. 그런데 심리학에서 맛, 음식, 허기, 먹기 등에 대해서 그렇게 많이 다루지 않은 것은 놀라운 일이다. 모든 것들은 "구강성" 속으로 삼켜진다. 프로이드가 "구강기"에 대해서 말한 이래, 입, 위, 음식, 요리, 마시기, 모든 종류의 허기(虛飢)와 관계되는 것들은 어머니와 어머니의 가슴(또는 병)으로 귀착된다. 그러나 뿌에르의 요식 행위는 예를 들어서 말하자면 피타고라스-오르페우스 유형의 금욕주의를 나타낼 수도 있다. 또한 그것은 달이 아니라 금성(Venus)에 속한 미학적 정취를 (마술적-점성술적 전통에 속한 11 세기 중반에 아랍어로 쓰인 마법과 점성술 책인 *Picatrix*처럼) 보여줄 수도 있다. 그렇지 않으면, 뿌에르의 허기는 더욱더 새턴과 그의 탐욕이나 늑대, 몰록(Moloch, 어린이의 희생 제물을 요구했던 가나안의 신—역자 주), 보가(Bhoga, 탐닉, 몰두, 감각적 쾌락을 의미하는 산스크리트어—역자 주), 탐욕스러운 식욕에 속한다.

원형을 둘러싸고 있던 것들이 콤플렉스로 전환되는 것은 문제 있고, 습관적인 매듭이 갑자기 풀어지고, 전적으로 새로운 관점이 열릴 때 생기는 일반적인 현상이다. 그것은 마치 콤플렉스가 새로운 관점이나 다른 신의 은혜로 구속(redeem) 받는 것과 같다. 그와 정반대되는 것들도 많다. 우리에게 있던 어떤 덕성이 다른 원형을 갑자기 체험하고, 이제 "파괴적으로" 되거나 "그림자의 문제"를 보이기도 한다. 어느 원형으로부터 다른 원형으로 이렇게 전환될 때, 사람들은 가끔 붕괴되기도 한다. 그 전에 자아-콤플렉스를 지원하던 것—요정 같은 아니마, 불꽃같은 영감을 주는 에로스, 그렇지 않으면 도덕주의적인 새턴의 보수적 자기-의 등—이 더 이상 지배하지 않게 되는 것이다. 그러면 콤플렉스가 새로운 주인을 만나서 새로운 원형적 작용을 할 때까지 와해되거나, 급격히 변하게 된다.

우리는 분석 과정에서 종종 (이것은 당신의 영적 아니무스, 부정적인 아버지, 방치된 어린이라고 말하면서) 어떤 콤플렉스를 하나의 원형과 연관시키면서 하나의 관점으로만 보고, 진단하는 것을 본다. 이것은 콤플렉스의 움직임을 하나로 정의하면서 신들 사이에서 꼼짝하지 못하게 하는 것이 된다. 여러 가지 가능한 관점을 가지고 봄으로써 헤르메스적인 변환을 가져오지 못하게 하는 것이다. 우리가 콤플렉스를 오직 하나의 원형에 고정시키면, 오직 하나의 종류의 통찰만 받을 수 있다. 예를 들어서 말하자면, 우울증을 전형적으로 뿌에르에 의한 것으로만이 아니라 전형적으로 아니마에 의한 것으로 보거나, 전형적으로 모성적인 관점에서만이 아니라 그림자의 속임수나 심지어 세넥스의 장난으로 보는 것은 매우 중요하다. 사랑에 여러 가지 종류가 있기 때문에 에로스가 오직 아프로디테에게만 속하지 않은 것처럼, 싸움도 아레스, 아테네, 나이키, 아폴로, 헤라클레스, 아마존의 지배를 받을 수 있으며, 광기(狂氣) 역시 다양한 지배력 때문에 생기거나 치유될 수 있듯이, 그 어느 콤플렉스도 태모의 지류(支流)가 될 수 있고, 그와 동시에 뿌에르-세넥스와 하나가 될 수도 있다.

그렇다고 해서 내가 모성의 부정적 현상인 콤플렉스를 부정하려는 것은 아니다. "부정적 모성"은 파괴적 여성성의 신화에서 나타난다. (헤카테, 고르곤, 칼리, 루아 및 없애고, 버리는 다른 위대한 여신들). 그녀는 우유가 없는 구조, 즉 아무것도 지원하지 않고, 전통에 뿌리박고 있지 않은 습관 등에서도 보인다. 또한 부정적인 모성은 자녀들과 있지만 입을 씰룩이고, 눈이 샐쭉하며, 원한과 증오에 가득 찬 여성의 목소리에서도 보인다. 모든 사람들이 사랑의-어머니와 미움의-어머니라는 이중성으로 느껴지는 초기 시절을 거치면서도 살아남는다는 사실은 놀라운 일이다. 물론, 이 세상이 속적인 사회이고, 죽을 수밖에 없는 모든 사람들은 신들로부터 오는 도움 없이 원형적 짐을 져야 하기 때문에 우리는 어머니의 시대를 살고 있다. 어머니들은 여신처럼 되면서 그녀들 자신보다 우리의 생존을 위해서 모든 것을 너무 많이 주면서 봉사하고, 그녀들을 희생하는 것이다. 그리고 우리들도 우리 차례가 되면 어머니, 아버지가 돼서 우리 자녀들을 위해서 희생하는 문명 속에서 산다.

"모성 콤플렉스를 해결하는" 것은 어머니를 잘라버리는 것이 아니라 나를 영웅으로 만들고, 어머니를 부정적으로 만드는 적대감을 잘라내는 것이다. 뿌에르가 가진 "모성 콤플렉스를 해결하는" 방법은 어머니와 관계된 뿌에르 현상을 제거하는 것인데, 그것은 이제 더 이상 뿌에르의 문제가 어머니-때문에 생겼고, 어머니에게-묶인 것으로 보지 말아야 가능하다. (왜냐하면 우리 문명에서 어머니와 관계되지 않는다고 할 만한 것이 없기 때문이다). 그러므로 한 사람을 어머니와 떼어 놓으려고 하기보다는 그들의 연관성을 원형적 필연성으로부터 분리시키고, 뿌에르 현상을 있는 그대로 살펴보는 것이 더 낫다. 그러면 우리는 뿌에르의 각 측면을 제대로 살펴볼 수 있고, 고대 그리스에서 신탁 받을 때 했던 것처럼 그것이 어디에 속하는지 정확하게 물어볼 수 있다. "제가 이것을 얻거나 저것을 얻으려면 어느 신이나 영웅에게 기도드리거나 희생제를 드리면 되겠습니까?"[20] 나의 문제를 어떤 원형적 유형과 관계시킬 수 있을까? 어떤 환상 안에서 나의 콤플렉스에 대한 통찰력을 얻을 수 있을까? 그 문제가 일단 올바른 제단(祭壇) 위에 올려지면, 사람들은 그 콤플렉스의 욕구 자체가 원하는 것과 관계맺을 수 있고, 그것을 통하여 그 신과 관계맺게 된다.

분석심리학은 뿌에르 현상이 태모에게 속한다는 것을 당연하게 여기면서, 뿌에르를 모성-콤플렉스에 의한 것이라고 하였다. 그래서 뿌에르 현상에는 불확실한 혐의가 씌워졌고, "신경증적"이라는 별칭이 정당화되었다. 그리고 우리는 콤플렉스를 세넥스-와-뿌에르의 통일체와 연계시키기보다 태모의 제단 위에 놓음으로써 그것들이 궁극적으로 모성적인 것, 즉 우리의 개인적 어머니나 물질 또는 사회, 경제, 가족 등 우연히 우리와 관계하게 된 상황적인 장에 뿌리 내린 것이라고 생각하면서 여신에게 우리의 에로스, 이상, 영감을 넘겨주고, 우리 자신의 영적 기반을 잠식시켰다. 우리는 영을 그녀의 아들로 만들면서, 영 자체를 신경증적으로 되게 한다. 또한 우리는 영적인 단초(端初)에 있는 모든 오류와 젊은 치기들을 모성-콤플렉스와 결부된 유아성으로 생각하면서 우리 자신과 우리 문화의 갱신 가능성의 싹을 잘라냈다. 그러나 이런 관점은 세넥스와 뿌에르의 재통합을 막으면서 신경증을 영속화시킬 뿐이다. 그때 뿌에르는 세넥스의 적이자 반대자가 되고, 나이(age)는 프로이드가 제대로 제안하였듯이 보편적인 오이디푸스 콤플렉스, 즉 어머니 때문에 아들이 아버지에게 대적하게 하는 요인이 되는 듯하다.

　한 개인에게 뿌에르의 이런 왜곡은 그들이 모성-콤플렉스 안에 있는 것을 보여주고, 사회에서도 야심만만한 영웅적 자아의 발달을 뿌에르 증후의 해결책으로 여겼기 때문에 영적 목표와 의미가 많이 왜곡되었다. 뿌에르를 무엇보다도 먼저 태모의 아들과 동일시하는 것은 존재의 진정한 상태를 점점 더 병리적으로 왜곡한다. 뿌에르를 아들로 왜곡하는 것은 그 모델이 자아를 우선적으로 모성과 뒤엉켜 있는 것으로 그리기 때문에 영웅 신화를 자아 발달의 모델로 삼으려는 모성 원형에 의해서 영속화된다. 서구 심리학에서 주류에 속한 이론들은 정신의 역동성이 어느 정도 어머니에 의해서 유지되는 가정과 사회로부터 유래한다고 주장하는 모델에 기초하고 있다. 심리학 자체가 자아 발달의 치유책은 물론 더 근본적으로 어머니의 희생물인 것이다. 심리학의 영이 물질주의, 문자주의와 그 자신의 주체가 되는 정신을 발생론적으로 보는 관점 때문에 불구가 된 것이다. 그러나 뿌에르가 어머니로부터 유래하지 않았기 때문에 심리학의 영적 본성과 목적은 결코 어디에서 유래된 것이 아니다. 그렇지 않으면 심리학은 여전히 탯줄에 묶여 있고, 그 욕구가 자기를 세상에 펼치거나 세상을 깔보는 자기가 되려는 아들-사제의 영웅적 임무를 수행하는 심리학이 되고 만다.

　융이 강조하듯이 심리학은 언제나 우리의 정신적 조건을 반영한다.[21] 어디에서나 어머니를 보는 심리학은 체험적 증거에 기반을 둔 심리학일 뿐만 아니라 심리학자 자신의 정신에 대한 진술이다. 집단적인 모성-콤플렉스를 통하여 정신을 진전시키려면 심리학은 그 자체가 자기-반성을 하면서 앞으로 나가야 한다. 그리하여 그 주체인 영혼이 자연주의와 물질주의의 지배를 더 이상 받지 않고, 영혼의 목표 역시 "성장", "사회적 적응", "인간적인 관계성", "본성의 전일성"으로서의 모성 원형을 통하여 공식화되지 않아야 한다.

　정신에 대한 우리의 생각들은 정신에 영향을 끼친다. 생각들은 치유적일 뿐만 아니라 유독하기도 한 것이다. 심리학적인 생각들은 특별히 중요한데, 그 이유는 그것들이 정신 자신의 사건들을 볼 수 있는 거울을 제공하면서 정신 자체에 대해서 말하기 때문이다. 심리학의 개념들은 그 전까지 비난받거나 잘못 지각된 것들에 새로운 관점을 제공하면서 해방을 가져오는 변환자로 작용할 수 있다. 거기에 대해서 융은 "심리학은 불가피하게 정신적 과정 자체로 합쳐질 수 있다"[22]고 말하였다. 그리고 심리학 개념들은 정신적 과정으로서 심리학의 새로운 측면들을 계속해서 만들어낸다. 심리학은 그 어느 분야에서보다 작용자가 작업 자체에 더 많이 관여한다. 작업자와 재료는 잘 구별되지 않고, 심리학은 연금술이 새 옷을 입고 나타난 것이다. 정신적 삶이 더 복잡하고, 분화되면서, 그에 대한 가장 단순한 설명들이 생화학, 두뇌생리학, 사회학, 정신역동, 가족발생학 등의 용어로 더 시대착오적으로 행해진다. 그런데 제대로 되지 않은 설명들은 영혼에 유해한 영향을 끼치면서 정신의 분화를 방해한다. 다른 많은 것들도 있지만 이런 이유 때문에 심리학은 신화학으로 된다. 신화적 설명은 영혼으로 하여금 그의 콤플렉스들을 가장 폭넓게 상상하도록 하면서 가장 개방적이고, 가장 설명적이며, 그 미묘한 것들까지 가장 설득력 있지만 제대로 진술하게 하기 때문이다.

신화론이 정확하기는 하지만 그 상들 자체가 원형들처럼 모호해서 세밀한 것에서는 근본적으로 모호하다.[23] 우리는 영웅, 뿌에르, 아들의 상들을 우리가 원하는 만큼 명확하게 구별하지 못한다. 신화는 지각할 수 있을 정도로만 설명하지, 뿌에르는 이렇고, 아들이나 영웅은 저렇다고 입증할 수 있는 사례로 쓸 정도로는 제시하지 못하는 것이다. 증명은 신화의 목표가 아니다. 신화는 어떤 주장을 하거나, 설명하거나, 그렇지 않으면 어떤 주제에 대한 단일한 생각을 표명하려고 시작된 것이 아닌 것이다. 게다가 태모는 본질적으로 침투적이기 때문에 어디에나 있다. 따라서 태모는 뿌에르를 영웅-아들과 분리시키는 어머니와 독립적이지 않지만 뿌에르에 대한 우리들의 관념과는 독립적이다.

뿌에르인가 아니면 아들인가, 진정한 영인가 아니면 어머니로부터 나온 영인가 하는 질문은 그렇게 날카롭게 택일해서 답변될 수 없을 것이다. 그 질문이 날카롭고, 명증하게 질문하는 의식에 위배되고, 정신을 경직된

제4장 태모와 그의 아들과 그의 영웅 및 뿌에르

교조적 사고로 규범화하기 때문이다.

영웅, 뿌에르, 아들은 모두 한 가지 기본적인 점, 즉 젊다는 점에서는 똑같다. 젊다는 것에는 그 실체가 초기 상태(status nascendi)이기 때문에 생성, 자신을 교정하는 성장, 그 자신을 넘어서는 존재라는 의미가 담겨 있다. 그러므로 우리가 젊음이 꿈에 나오는 상처럼 젊은이의 모습으로 나타났든지 아니면 영혼의 젊은 잠재성으로 나타났든지에 관계없이 그것을 어떻게 보느냐 하는 것이 매우 중요하다. 젊은이는 정신 안에 있는 영의 출현이기 때문이다. 위대한 여신의 용어로는 도저히 설명할 수 없는 젊은 신, 영웅, 젊은 천재들이 존재하는 것처럼 우리는 꿈에서 모성-콤플렉스로 다 설명할 수 없는 젊은 남성들과 젊은이들을 본다. 아폴로, 헤르메스, 디오니소스는 도저히 어머니 때문이라고 귀착시킬 수 없는 전형적으로 뿌에르적인 특성들을 가지고 있는데, 그것들은 그들의 진정한 신으로서의 속성에 기초한 뿌에르 의식과 관계된다. 그와 반면에, 현대 심리학에서 말하는 의미에서의 모성-콤플렉스를 가지고 있지만 뿌에르적 특성을 보이지 않는 젊은이들도 있다. 그들에게는 불, 영, 목표가 없고, 파괴적이며, 반항적인 성향도 없으며, 환상 역시 약하고, 뿌에르의 두드러진 특성인 상처라고 할 만한 것도 없다. 따라서 원형에 대한 신념을 가진 치료자라면 실제 현상을 주의 깊게 관찰해야 한다. 그러면 신화는 그에게 그 차이를 보여 줄 것이다.

우리가 젊음을 자리잡게 하고, 젊음에 대해서 통찰하게 하는 우주는 젊음의 형성 유형에 영향을 미친다. 모성의 관점에서 볼 때, 젊은 남성은 배우자로 여성에게 속해 있고, 그녀의 다산성과 자연적 성장, 그녀의 영웅적인 문화 충동, 그녀의 죽음의 영역의 한 부분이다. 그러나 세넥스적인 관점에서 볼 때, 젊은 남성은 하나의 상에 있는 같으면서도 다른 측면인 희망과 위협이 동시에 소생한 것이며, 시간과 노동을 통해서 실현되어야 할 가능성과 인식을 요청하면서 질서와 순수에로 부르는 것이기도 하다.

젊은이에 대한 이 두 가지 관점이 의식의 종류에 대해서 묘사하고 있음에도 불구하고, 우리는 모권제가 부권제보다 앞선다고 하거나 아들, 영웅,

뿌에르가 발달의 수준을 반영한다고 주장하면서 의식의 위계를 만들 필요는 없다. 그것은 어느 것이 먼저라는 말이 맞느냐에 관한 문제가 아니다. 우리는 지금 "의식의 기원과 역사"를 살펴보거나 아들, 영웅, 뿌에르 또는 신들의 기원에 관해서 살펴보는 것이 아니다. 기원에 대한 탐구는 어쨌든 언제나 제일 "처음에" 오는 어머니에게로 이끌고 간다. 기원에 대해서 살펴보는 발생적 분석은 어머니에게 복종하고, 의식이 그녀에 의해서 결정되기 때문이다. 우리는 통찰이 하나의 원형적 배경으로부터 다른 배경으로 전환시키고, 아들인 듯했던 현상이 다른 곳으로 움직이며, 다른 종류의 심리적 움직임을 제공하는 것을 인식하는 것으로 충분하다.

VIII.

우리는 뿌에르가 태모의 아들일 뿐이라는 관념을 보류함으로써 자아-발달에 대한 관념을 접을 수 있다. 압도적인 어머니에 대한 투쟁을 통한 해방만이 유일한 방책이 아닌 것이다.[24] 의지가 강한 영웅—그는 이제 드라마나 영화, 정치에 대한 이야기에서도 사라지고 있다—이 언제나 자아를 살리는 역할이 아니고, 그렇게 싸워야 하는 것도 아니다. 용은 투쟁을 요구하고, 영웅 신화는 어떻게 진행되는지 말한다. 그러나 우리는 태모, 요카스테와 오이디푸스, 그렇게 자주 여성적 대극을 죽이는 낡고, 맹목적인 영웅으로부터 벗어나는 것을 생각해보아야 한다. 그것도 "저기" 바깥에 있는 적뿐만이 아니라 우리 안에 있는 영웅적 정신 자체도 마찬가지다.

에머슨이 영웅을 부동(不動)의 중심(그는 중심에 너무 고정되어서 움직이는 능력을 잃어버렸다)이라고 했다면, 우리는 영웅을 여성성이 손상되어 무력해진 존재라고 정의할 수 있다. 분석심리학은 그것을 보상하려고 오랫동안 자아(또는 페르조나)가 영웅과 동일시되는 것에 대한 치료책으로 아니마에 초점을 맞추었다. 그러나 아니마의 근본적 의미와 아니마에 대한 치료적 감상주의는 자아를 강화시키려는 심리학적 노력이라는 점에서는 결과적으로 똑같다. 자아가 영웅 신화에 그렇게 묶여 있지 않고, 그의 중심적인 초점을 "현실", "문제", "도덕적 선택"에 고정시킨다면 아니

마는 반드시 감정, 여성성, 영혼, 상상력, 내향성, 미묘체 등을 지니고 있지 않아도 된다.[25]

우리는 이제 더 이상 자아를 발달과의 관계에서만 생각하고, 영을 영웅적 모델과의 관계에서 생각하지 않을 것을 제안한다. 자아가 싸움에서 이기고, 자신의 모습을 지키며, 올바른 무기를 신뢰하고, 이드에 대한 자아의 각성을 통하여 모든 어둠을 극복하는 것만 생각하지 않아야 한다는 것이다. 이것이 의식과 문화의 유일한 길인가?

프로이드는 정신분석의 의도를 다음과 같이 규정하였다: "… 자아를 강화시키고, 자아가 초자아로부터 더 독립적으로 되게 하며, 자아의 지각의 장을 확장시키는 한편 그 구성을 더 확대시켜야 한다. 그렇게 할 때 자아는 이드의 새로운 부분을 자기의 것으로 삼을 수 있다. 이드가 있는 곳에 자아도 있게 될 것이다. 그것이 문화가 하는 일이다."[26] 영웅이자 왕이었던 오이디푸스는 정신분석의 내용을 결정하였을 뿐만 아니라 그것의 추진력인 영웅주의도 결정하였다. 분석과 정신적 발달과 의식화는 문화 영웅의 새로운 본보기가 되었고, 그렇게 됨으로써 문화 영웅은 충분히 분석받은 사람, 즉 승화시키고, 통합되었으며, 전일적이고, 의식화된 사람으로 되었다. 그리고 그 목표를 이루는 길인 분석은 고통스러운 순례나 영웅적 시련을 통한 시험이 되었다. 오이디푸스에게 신경증적 요소가 있었다는 프로이드의 말이 맞다면, 그와 병행해서 오이디푸스적 영웅주의가 신경증적 역동이라는 말도 맞을 것이다.[27] 그러므로 영웅주의는 일종의 신경증이고, 영웅적 자아는 신경증적 자아이다. 창조적 영과 비옥한 물질은 뒤엉켜 있고, 모든 것을 파괴시키려고 싸운다. 영웅을 본보기로 하는 자아-발달은 영웅적인 삶을 사는 결과 빈약하고, 처량한 세넥스의 그림자를 드리우면서 영웅의 그림자-여성성으로부터 소외되고 남성성의 강박이 있는-를 이 유형의 한 부분으로 가지게 한다.

그들의 위대한 과업을 마친 다음, 이아손(Jason, 황금 양피를 찾으러 떠난 아르고 원정대를 이끌었던 그리스 영웅-역자 주), 벨레로폰(Bellerophon, 키메라를 죽인 그리스의 영웅. 그는 신과 인간의 관계가 어떻게 되어야 하는 것을 잘 보여준다-역자 주), 오이디푸스 같은 이들의 방황하는 외로움과 그들의 실패는 두 가지 다른 방식으로 이루어진다. 한편으로 이 방황하는 외로움은 한시적이며, 결국 늙은 왕으로 귀결되는 영웅의 길에 속해 있다. (스콧 피츠제랄드의 『감미로운 밤』에 나오는 영웅-그가 뿌에르인가?-은 대평원을 거쳐서 더 작은 도읍으로 방황하면서 서서히 몰락하고, 벨레로폰처럼 아무 목표도 없다). 다른 한편, 우리는 이런 행동의 특성을 처음부터 그를 꾸준히 따라다녔던 뿌에르의 세넥스적 측면으로 볼 수도 있다.

영웅과 뿌에르는 (가끔 외로운 이방인이었지만 종종 군중과 함께 있었던 디오니소스와 달리) 혼자 가야 하는 것 같다. 그렇다. 이런 특성은 무엇인가 거스르고, 병적이며, 분열증적인 면모를 보인다. 그러나 그것이 뿌에르 상 안에 있는 세넥스적 속성이라면, 뿌에르 유형을 따르는 젊은이를 사회화시키려는 시도는 그의 개성화 방식과 세넥스적 내용에 대한 통합을 방해하는 것이 된다. 개성화는 혼자 떠나는 것이다. 그런데 사회화시키는 추진력은 다시 어머니에게 귀착되는 반면 영은 불고 싶은 대로 자유롭게 바람 속에서 불고, 때때로 어느 누구도 그 바람을 따라갈 수 없다. 어머니는 "본성적으로" 어디에나 있고, 그 어느 것과도 관련되지 않거나, 접촉되지 않기를 바라지 않기 때문에 그런 태도를 취하기 힘들다. 신화가 두 가지 방식으로 읽히듯이-사건들이 계속해서 이어지거나, 그렇지 않으면 어느 순간 모든 부분이 나타나는 곳에 집중되거나 하듯이-우리는 우리 삶도 같은 방식으로 살펴볼 수 있다. 자기-주장적인 남성성은 무(無)목적성을 낳거나 무목적성에서 생길 수 있다. 그리고 뿌에르와 세넥스는 너무 비슷해서 우리는 어느 것이 먼저인지 잘 알 수 없다.

자기-주장적인 남성성은 의심스럽다. 우리는 그것이 어떤 곳에서는 여성적 집착에 대한 반응으로 나타나는 것을 알고 있다. 영웅과 그의 반대 짝이 분리될 수 없기 때문에 정신의 신화적 수준은 그런 의혹을 조장한다. 영웅과 그의 반대 짝인 영웅이 소리 지르면서 전쟁터에서 겨루기도 하지만, 그들은 잠자리를 같이 할 수도 있다. 어머니와의 싸움 역시 근친상간의 또 다른 방식이기 때문이다. 그가 연인인지, 아니면 적인지, 그의 역할은 그의 대극, 즉 어머니에 대한 그의 극적인 특성에 의해서 결정된다. 어머니가 그의 역할을 결정할 때, 그가 그의 본질을 어떻게 행사하느냐 하는 것은 언제나 똑같이 아들로 나타난다. 융은 자기-주장적 영웅주의에 대해서 이렇게 말하였다: "그러나 불행하게도 영웅의 행위에는 지속적인 효과가 없다. 영웅은 계속해서 그 투쟁을 새롭게 해야 하고, 언제나 어머니로부터 해방되는 상징 아래 있어야 한다. ... 그러므로 어머니는 영웅이 행동하도록 도전하고, 그가 가는 길에 그를 가격하도록 독사를 풀어 놓는 악마이다."[28] 정신치료가 자아 발달로 생각되는 한, 그 발달은 그렇게 강하게 되지 못하고, 사람들의 과제는 끝나지 않는다. 그 결과 우리는 정신의 치료자가 아니라, 어머니의 치료자(봉사자이며 헌신자)가 된다.

심지어 '그리스도를 본받아'라는 말도—특히 현대 사회의 기독교의 사회 활동 프로그램에서 나타나는 것을 보면—영웅적 자아를 조장하고, 그것을 원형적인 어머니와의 투쟁 속에 집어넣는다. "행동하는 교회"가 영웅 신화 속에 들어가서 예수가 헤라클레스에게 삼킴을 당하는 것이다.[29] 거기에서 예수는 그가 그렇게 강조했던 성부와 성자의 특별한 관계를 상실하고 길가메쉬, 샤마쉬, 헤라클레스라는 더 오래된 원형적 유형 속으로 들어가면서 빛이 바래게 된다. 그러나 예수는 그 영웅적 양식(樣式)에 칼을 들이댔다. 그리고 그 칼날은 기독교의 초창기에서부터 오늘에 이르기까지 모든 세기에 걸쳐서 이때는 이런 의미, 저때는 저런 의미를 말하지만, 언제나 살육을 통하여 의식을 명확하게 하면서 용의 몸속을 꿰뚫고 들어갔다. 기독교의 전통적 영웅담에서는 칼이 악을 베었지만, 그리스의 신화적 사고에서는 칼이 바로 악이다.[30] 우리가 서구 역사에서 발견되는 믿을 수 없는 유혈사태를 오직 공격성과 동물의 공격적 본능의 측면에서만 고찰할 때, 우리가 너무 멀리 나가는 것인가? 이것은 악을 인간의 정신에서 바로 취해서 안전하게 어떤 객관적인 장(場) 속으로 밀어 넣는 것이다. 이제 칼을 (동물들에게는 칼이 없다) 가까이에서 관찰하고, 공격성을 우리가 의식을 정의한 것 안에 내면화시키고, 정신화시켜 보자. 영웅적 자아의 손에 들린 분별이라는 로고스의 칼은 모성으로 어두워진 세계를 정화시키라는 임무를 부여받은 것 같다. 우리가 의식이라고 한 것도 어머니에 의해서 결정된 것이다. 의식화되는 것은 계속해서 죽이는 것을 의미해왔고, 의미하는 것이다.

분별(discrimination)이 본질적인 것이고, 칼은 부차적인 도구이다. 의식은 분별을 요청한다. 왜냐하면 융이 말했듯이 의식은 차이에 대한 지각이 없으면 불가능하기 때문이다. 그러나 지각은 손가락의 섬세함, 귀와 눈과 맛의 예민함, 가치와 음조와 이미지에 대한 감정 등을 이용할 수 있다. 그러나 칼이 없이도 뿌에르적인 미적 분별이 있을 수 있다. 뿌에르는 그의 뒤에 이런 기술이라는 재주―목수인 요셉, 발명가인 다이달로스―를 가지고 있는 것이다.[31] 이 조상들은 칼을 다른 용도로 사용하였다.

헤라클레스는 본래 자기 주장적인 남성성의 원초적 상이고, 특별히 죽이는―문화―영웅이다. 그의 이름은 헤라의 영광(Glory of Hera)인데[32], 그에 대한 숭배는 고대 그리스에서 가장 광범위하게 퍼져 있다. 비록 헤라가 그가 태어나기 전부터 그의 원수처럼 행동하였고, 그를 죽이도록 그의 요람에 뱀을 보냈지만, 그가 이렇게 문화적 영웅이 되도록 박차를 가한 것은 이 위대한 여신이다. 유리피데스가 전한 헤라클레스의 광기 속에서 헤라클레스는 그의 삶을 전체적으로 고통에 빠트린 헤라에 의해서 성상의 경계를 넘어서 극단적으로 영웅적인 행위로 이끌려왔다고 불평하였다. 그러나 그는 헤라의 종이 틀림없었고, 그녀가 실레누스에게 위협받았을 때[33], 구해주기까지 하였다. 그는 결국 그 상으로 헤베를 아내로 받았는데, 헤베는 헤라 자신이 더 젊고, 달콤하며, 유혹적인 형태로 나타난 모습이다.

헤라클레스는 그녀의 문명을 위한 과업을 하도록 위대한 여신에 의해서 이끌린 영웅들 가운데 하나인 것이다. 헤라는 오이디푸스에게 스핑크스를 보냈고, 그녀(쥬노)는 아이네이아스의 특별한 박해자였으며, 이아손이 착취당할 때 그 뒤에 있었다. 그 전설들은 헤라가 괴물인 타이폰을 길렀고, 히드라와 네메아의 사자들을 양육하였다고 한다. 그리고 그녀는 디오니소스가 박해당하고, 죽임당할 때 커다란 역할을 했다. 헤라는 "원수들의 배우자"인 것이다.[34] 그녀 자신의 아이들은 전쟁의 분노를 의미하는 아레스[35]와 철을 만들고, 화산을 일으키는 헤파이스토스[36]이다. 우리는 종종 태모의 아들은 아름답기는 하지만 그의 고환을 그녀의 제단 위에 놓고, 그의 피로 그녀의 밭을 기름지게 하며, 그녀를 맹종하면서 자신이 정말 원하는 것을 얻지 못한다고 믿어서, 그 위대한 여신이 아주 가까이에서 하는 역할을 제대로 보지 못한다. 그녀가 우리의 자아-형성에 기여하는 부분을 놓치고 마는 것이다. 현실에 적응된 자아는 그녀의 "멍에"이다.[37] 많은 학자들은 영웅(hero)이라는 말과 헤라(Hera)라는 말의 어원이 같다고 주장한다.[38] 내적 삶과 외적 삶이 빛을 위한 다툼이고, 투쟁의 경기장일 때, 즉 성공과 실패, 대적과 좌절, 일과 잠, 쾌락과 사랑의 다툼일 때, 우리는 헤라의 자녀이다.[39] 그리고 거기에서 파생된 자아는 운동 선수들이 경기 중에 입는 국부 보호대 속에 있는 모성-콤플렉스 아래 있다.

여기에서 내가 말하려는 것은 통상적 인식과 반대된다: 뿌에르는 약하고, 모성-콤플렉스에-묶여 있고, 영웅은 강하고 어머니로부터 자유롭다는 생각과 반대되는 것이다. 영웅이 정말 어머니가 바라듯이 강한 아들이라면, 우리는 뿌에르의 약점을 다르게 보아야 한다.

아들은 그 자신이 매우 활동적인 문화적 영웅이라고 가장(假裝)한다. 그의 모든 정복, 영광, 승리, 전리품은 궁극적으로 물질문명의 어머니를 위해서 봉사한다. 고대 사회의 영웅은 트로피를 매우 좋아하였다. 영웅의 의식은 무엇인가 보여주어야 할 것이 있어야 하고, 자아는 언제나 구체적인 증거를 가지고 있어야 한다. 그것이 현실이기 때문이다. 전투는 단지 싸우는 재미와 승리의 자부심만 위한 것이 아니라 노획물 때문에 하는 것이었다. 그래서 도시는 곧 약탈물들과 전리품들로 장식되고, 그것들은 가정생활을 윤택하게 한다. 이제 영웅은 소유를 늘리기 시작한다. 문화 영웅은 수집가가 되는 것이다. 여기에서 영웅과 뿌에르는 매우 달라진다. 영웅의 위업은 헤라클레스, 이아손, 테세우스처럼 문명을 이루는 덕성으로 두드러지게 나타나기 때문이다. 그러나 뿌에르는 오디세우스처럼 더욱더 영의 방랑에 매달려서 그 어느 도시나 가정에도 가지 못하고 떠돈다.[40]

영웅과 어머니의 관계에 대한 고찰은 영웅의 더 본질적 요소인 죽음도 반드시 고려해보아야 한다. 영웅의 심리학에서 어느 요소를 본질적인 것이라고 하면 언제나 그 주제에 대한 반대-명제에 부딪힌다. 결국 영웅은 마치 그 주제가 연구자들을 거기 몰두하도록 이끈 것처럼 그 주제에 대해서 산더미 같이 진술한 그리스 종교사가들과 심리학자들이 초점을 맞추었던 존재이다. 브레리히, 파르넬, 퐁텐로즈, 케레니, 노크, 캠벨, 하딩, 노이만, 로하임[41] 등이 (이 명단을 더 길게 하는 것도 우리를 더 영웅적으로 나아가게 할 것이다) 영웅의 특성이라고 분석하고, 파헤친 중요한 주제 가운데서 매장례(埋葬禮)를 영웅 신화의 중요한 초점이라고 추려내 보자. 물론 영웅의 놀라운 예언 능력, 치유력, 덕성, 강함, 문화적 업적들, 입문의례의 모델로서의 역할, 도시, 부족, 숭배, 가족의 건설자로서의 역할을 결코 소홀히 다루어서는 안 된다. 그러나 대부분의 학자들은 영웅에 대한 예배는 특정한 장소와 밀접한 관계에 있고, 그 장소는 그가 묻힌 무덤을 가리킨다는 데 동의하고 있다.[42]

고대 사회에서 영웅에 대한 언급은 죽은 자를 불러내는 일이다. 현재의 영웅, 지금의 영웅이 없기 때문이다. 영웅이 되려면 (그렇지 않으면 반-영웅으로서 거꾸로-된-영웅이 되려면), 그는 반드시 "죽어야" 한다. 영웅의 힘은 상상 속에 있고, 환상이기 때문에 영웅은 죽는다. 영웅은 그에 대한 예배를 통한 투사나 그가 묻힌 무덤, 어떤 사건 "다음에" 그에 대한 전설을 통해서만 존재하기 때문에 실제로는 존재하지 않는다. 그 자신은 축복 받은 이들의 섬으로 갔고, 옮겨졌으며, 멀리, 눈에 보이지 않게 되었다. 그래서 영웅은 콤플렉스가 그것을 가지고 무엇인가를 만드는 환상을 제공하는 유령이다. 그는 우리에게 우리 문명의 받침이 되는 특별한 과정을 위한 모델을 준다. 우리는 콤플렉스의 추진력을 숭배하고, 그의 비활성을 거부한다. 그 비활성을 우리는 무의식, 퇴행, 용, 모성이라고 부르고, 그 추진력을 의식이라고 부른다. 그 "가족"과 "도시"가 영웅적 의식에 의해서 세워졌고, 그의 입문의례가 영웅을 본보기로 해서 이루어진 우리 모두는 이 유령의 출몰(出沒) 때문에 시달린다. 그 유령은 한 측면에서만 우리의 정신적인 삶, 콤플렉스의 기본적인 요소를 취하면서 역동적으로 위를 향해서만 나아간다. 콤플렉스는 그의 비활성을 무의식에 넣으면서 이런 방식으로 성취를 통해서 그 자신을 문명화시킨다. 영웅담은 앞으로 나아가는 영, 그의 추구에서의 적극성과 삶의 초월과, 축복 받은 이들의 섬에 대한 추구를 제시한다.[43] 이 특성들은 (우리가 다른 장에서 살펴보았듯이) 뿌에르의 주제로 나타난다. 그래서 뿌에르는 즉시 영웅담에 등장한다. 그러나 거기에는 차이가 있고, 그 차이는 우리가 영웅에 대한 생각에서 중심적 요소라고 했던 죽음과 관계되는 것이다.

아들, 영웅, 뿌에르는 모두 똑같이 죽는다. 그러나 나는 위험을 무릅쓰고 다른 제안을 하려고 한다. 아들의 "죽음"은 어머니를 위한 것이고(아티스가 그렇게 말했다), 영웅의 "죽음"은 어머니 때문에 죽는 것이며(헤라클레스와 헤라, 발두르와 프리그, 아킬레스와 테티스)[44], 뿌에르의 죽음은 어머니와 관계가 없다. 이런 구분은 신화적 "사실"이라기보다 우리의 태도와 전망이고, 죽음이 아들, 영웅, 뿌에르의 정신 안에 미리 자리잡고 있다고 해야 한다. 죽음이 희생을 의미하는가(아들에게서처럼) 아니면 승리를 의미하는가(영웅에게서처럼) – "죽음아, 네가 찌르는 가시는 어디 있는가?–하는 것에서 어머니는 매우 중요한 역할을 한다. 세넥스, 그의 생존, 그의 우울, 그의 꿰뚫어보는 통찰과 관계된 죽음은 또 다른 이미지와 정동을 제시한다.

IX.

아들과 태모는 영웅과 뱀으로 변환된다–정말 그런가? 융은 영웅과 영웅이 정복하는 용은 형제이거나, 심지어 같은 존재라고 말한다. 악마적인 것과 맞서 싸울 수 있는 힘을 가진 존재는 악마적인 것과 접촉했던 자이다.[45] 해리슨은 다이몬으로서의 뱀을 영웅의 분신이라고 하였다. 초기에 영웅은 뱀의 모습을 하였고, 상위의 신들(아레스, 아폴로, 헤르메스, 제우스)은 데메테르와 아테네[46]가 그랬듯이 뱀의 측면을 가지고 있다. 그런데 영웅과 뱀이 같은 존재라면, 그 싸움은 영웅이 자신의 본성과 싸우는 것이 된다. 그러나 그가 정말 거스르는 것, 그리고 그의 동물적 분신인 다이몬, 용, 뱀이 하는 것이 어떻게 "어머니"로 되는가? 심리학에서는 이 주제에 보통 발달이라는 관점에서 접근하였다. "발달"이라는 개념은 과거 우리가 신화학이나 고고학에서 잘 알지 못하는 것이 있으면 "다산성"(fertility)이라는 개념이 길을 열어주었듯이 현대 심리학에서 막힌 것을 열어주는 만능열쇠이다. 의식의 발달로 여겨지는 것은 더 어두운 수준에서 더 밝은 수준, 오직 물질적인 것에서 영이기도 한 것, 본성이기만 한 것에서 문화이기도 한 것으로 만든다. 이 "의식의 발달"은 역사적으로는 문명에서, 계통발생적으로는 종(種)과 인류에서, 개체발생적으로는 각 개인이 모성 집착으로부터 부성적 자기-신뢰로 나아갈 때 일어났다. 그러므로 뱀과 맞서는 영웅은 우리의 개인적, 집단적 의식에서 핵심적인 구조의 패러다임이다.

우리가 오스트레일리아에서 본래부터 살던 인류학자에게 우리의 "꿈"과 "신"과 "우주론"에 관해서 인터뷰를 받는다면, 우리는 이렇게 말할 것이다. 우리 자아는 매일 무의식으로부터 일어나 이 세상을 혼돈, 악, 퇴행으로부터 지키려고 우리를 집어삼키려는 사나운 뱀처럼 우리 주위에 똬리를 틀고 있는 우울, 유혹, 뒤엉킴 등과 싸우는 투쟁들에 대해서 설명할 것이다. 그것은 그 조사원에게 우리의 특별한 비합리성에 대한 충분한 설명이 될 것이다. 우리가 왜 거리를 청소하고, 세금을 내며, 학교에 가고, 전쟁을 하는지 그가 납득할 수 있을 것이라는 말이다. 그것들은 모두 그 뱀이 우리에게 다가오지 못하게 하려는 강압적인 제의의 에너지이다. 우리의 진정한 우주론은 바로 이런 것이다. 왜냐하면 강물의 줄기를 바꾸고, 달을 향해서 위성을 쏘아 올리는 자아는 그에게 질문하는 원주민이 원시인의 마음에서 상상하는 것처럼 굶주림이나 신을 위해서나 부족을 박해로부터 지키기 위해서 행동하는 것만은 아니기 때문이다. 그들은 아직 "자아가 약하고", 무의식의 모성적 우로보로스(uroboros)에 묶여서 비활성적이고, 나태한 것이다. 아니다. 우리 문명의 과도한 행동주의는 단일신론이 가진 외골수적 마음과 지난 3천년 동안 지속되었던 서구 사회의 향연(banquet)에서 문명과 자아가 함께 나누었던 모든 신들의 씨클로프적인 역동성을 요청하면서 뱀이 만드는 어둠을 물리치려고 한다. 그런데 그것은 자아가 지금 우리가 "신경증"이라고 부르는 것 속으로 들어가면서 소화시키지 못하고 있으며, 삼켜져버린 신들은 상상의 어둠 속에서 꿈틀거리고 있다는 결론에 이르렀다. 자아와 무의식, 영웅과 뱀, 아들과 어머니, 그리고 그들의 싸움과 잠자리와 향연(饗宴)은 우리가 살고 있는 이상한 방식을 설명하려면 반드시 말해야 하는 신화이다. 왜 우리는 언제나 전쟁을 하고, 세계를 파먹었으며, 상상력이 그렇게 빈약하고, 오직 하나의 신만 가지고 있으며, 그 신이 그렇게 멀리 있는지 설명해줄 수 있는 것이다.

뱀과 용은 하나가 아니고, 같지도 않다. 뱀은 본성의 한 조각이고, 본능적인 존재, 특히 잘 포착할 수 없는 내향적 리비도의 움직임을 잘 나타낸다. 그러나 용은 외적 자연에 실존하지 않는다. 그것은 본능의 환상이거나 영웅이 칼로 베고, 그럼으로써 권력의지의 외골수적인 마음을 가진 자아로 되는 환상의 본능이다. 뱀은 본능적 정신의 다이몬인데, 그는 그의 혀와 눈으로 여러 색깔로 일렁이는 불을 뿜고, 물길을 다스린다. 우리는 매일 사는 이 세상에서 살지만, 그의 날개를 가지고 하늘에서 살기도 하는 용은 우리의 상상적 정신의 다이몬이다. 의지의 남성적 손에 있는 이성의 남성적인 칼은 매일 이루어지는 전투에서 본능과 상상력, 뱀과 용 모두를 죽일 것이다.

용이 달과 연관된 것은 의심할 나위가 없다. 뱀은 신화적 자료와 심리학적 자료에서 여성적 의미를 품고 있으며, 우리 문화 속에서 태모와 관계된 것들 속에서 발견된다. 그러나 뱀은 영웅, 왕, 신들과의 관계에서도 발견된다. 그것은 매우 성적(sexual)이고, 심지어 남근적이기까지 하지만 성(gender)을 초월하기도 한다. 그것은 종교에서 원초적 인간에게 나타났다. (아담에게도 뱀이 나타났다). 자연, 본능, 리비도, 또는 연금술의 메르쿠리우스처럼 — 이 각각의 것들에 뱀이 등장한다 — 그것은 생명의 원초적 형태이거나, 그렇지 않으면 원초성 안에 있는 생명, 원-생명(Ur-life)이다. 뱀은 그 어느 것으로도 변환될 수 있어서 성욕(性欲) 안에서 체험되고, 유령으로서의 조상들에게 투사시킬 수 있으며, 땅 속에서 보고, 지혜로운 목소리를 듣고, 죽음을 두려워하게 하는 원초성 자체이다.[47] 그것은 힘이며, 신성력이고, 종교의 원초성이다. 그의 의미는 그의 껍질과 함께 새로워지고, 우리가 그것을 잡으려고 하면 벗겨진다. (용의 머리가 많은 것은 우리가 하나의 생각만 가지고 그것을 파악하려면 파악할 수 없다는 사실을 의미한다). 의미가 잘 파악되지 않는 것은 태모와 다이몬을 합쳐지게 하고, 그 둘 사이의 차이를 없앤다. 그래서 어머니는 뱀을 이용해서 뿌에르에게 접근하고 (헤라는 아기 헤라클레스의 요람에 뱀을 들여보냈다) 그를 영웅이 되게 한다. 그녀는 그가 그녀로부터 해방되는 싸움을 하게 한 것이다. 그때 뿌에르는 그런 도전을 하면서 그 자신의 다이몬에 의해서 해방된다. 그는 베오울프(Beowulf, 스칸디나비아의 영웅으로 용을 죽이고 자신도 죽었다-역자 주)처럼 그가 용을 죽일 때 자신도 죽는다. 용과의 싸움은 끝이 없다.

남성과 어머니와 뱀이라는 세 개의 구성요소의 혼합에서 뱀은 자신의 목숨을 잃고, 남성은 그의 뱀을 잃지만, 어머니는 그녀의 영웅을 얻는다. 이것은 남성에게 지혜를 남기지 않고, 지하계적 깊이도 없애며, 살아있는 상상력이나 남근적 의식을 제거하며, 다만 어머니나 그의 뱀이 하수구에 들어가버린 세넥스에 의해서 통치되는 문명에 태양-일변도의-영웅만 남게 한다. 그때 그는 하데스에 있는 조상들에게서까시 내려가는 원형적인 다이몬의 뿌리를 의미하는 지하계적 의식을 상실함으로써 죽음에 뿌리 박지 못하고, "해방을 위한 싸움"[48]의 희생양이 되고, 헤베(Hebe, 제우스와 헤라의 딸로 젊음의 여신-역자 주)가 된다. 영으로 가는 영웅의 길은 뱀을 대적하는 것이기 때문에 그 길은 은밀하게 자기-파괴적인 것이기도 하다.

영웅의 의식은 뱀을 거부하면서 모성의 세계에 있는 다른 동물, 특히 본성에 있는 암소를 상실한다. 이것과 더불어서 따뜻함, 콧등, 눈, 반추와 느림, 영혼에 대한 양육, 하토르(Hathor, 이집트의 여신으로 암소의 여신-역자 주)로서의 헤라와 삶의 거룩성과 리듬까지 가버린다. 그는 독립과 자기-의존을 위한 투쟁을 하면서 이제 더 이상 해체에 대한 두려움을 느끼지 않고는 마구간으로 돌아갈 수도 없다. (헤라클레스는 마구간을 청소하였다). 물론 영웅의 의식은 요정담이 이야기하듯이 도움을 주는 동물 없이는 완수할 수 없다. 그 자신을 한정하지 않았던 의식은 처음에는 동물을 거부하면서 이렇게 동물의 도움을 받지 못하는 곤경에 처하지는 않는다. 그의 처지가 불확실해지거나, 생존을 위한 지식을 얻지 못하는 것은 아니다.

더 나아가서 영웅의 의식은 그의 근본적 대극을 여성적인 것과 적(敵)으로 배열한다. 그래서 우리의 강한 자아의 기반이 되는 위대한 상들 - 오이디푸스, 헤라클레스, 아킬레스, 히폴리투스, 오르페우스 - 은 여성적인 것과 맞서고, 희생당한다.[49] 그렇다면 우리는 다른 길로 돌아갈 수 없는가? 그런 투쟁을 하지 않고 의식화될 수는 없을까? 자아의 발달은 너무 오랫동안 영웅의 거친 공격과 편집증적인 여성 혐오 및 이기심 등 어머니의 아들에게서 전형적으로 나타나는 감정을 멀리하는 것으로 생각되어서, 우리는 뿌에르에게 열린 다른 길들을 소홀히 하였다.

여성적인 것은 계속해서 우리가 굴복하고, 숭배하거나 싸워야 하는 태모로 과장되면서 주된 적으로 생각되어야 할까? 우리가 서로 다르지만 같은 단순한 짝으로 함께 할 대상은 될 수 없을까? 우리가 이 거대한 여성성의 아들이 될 때마다, 여성적인 것은 "위대하게" 여겨진다. 여성이 이상화되는 것이다. 그녀에게는 우리를 구원하거나 파괴할 수 있는 신적인 힘이 있다. 그래서 우리는 우리를 구원해줄 놀라운 여성을 찾는데, 그 여성은 다른 면으로 배열되어, 배신과 파괴가 있을 따름이다. 여성에 대한 모든 이상화는 다만 그녀의 다른 면들만 보여줄 뿐이다: 아마존, 퓨리(Furie, 그리스의 복수의 여신 에리니에스에 해당하는 로마의 여신 - 역주 주), 그레이(Graeae, 그리스 신화에서 눈과 치아를 세 자매신이 공유한 회색 마녀 - 역자 주), 싸이렌, 하피(Harpy, 처녀의 머리를 가진 새 모양을 한 폭풍의 여신으로 손에 굶주림과 긴 발톱이 있는 창백한 얼굴을 하고 있다 - 역자 주), 키르케, 페드라, 메데아, 바우보, 페르세포네, 헤카데, 고르고, 메두사 등이 그녀들이다. 그러나 여성에 의해서 구원 받으려는 기대는 그녀들에게 파괴당하지 않을까 하는 두려움과 손을 맞잡고 간다.

여기에서 우리는 뿌에르와 영웅 아들 사이에 있는 또 다른 차이를 본다. 우리가 모성-콤플렉스를 과장하는 것은 영웅의 역할을 전통적 자아보다 덜 영적이고, 덜 정신적인 것으로 본다는 확실한 징표이다. 서사 드라마에서 영웅은 마술적 무기들을 가지고 가공할 만한 적들과 싸우면서 가능할 것 같지 않은 과제를 수행한다. 거기에서 어머니는 용이나 마녀나 여신으로 나오는 경우가 많은데, 그것은 사람들에게 일상적 어머니를 쉽사리 잊게 만든다. 그러나 많은 민담에서 어머니는 보통 수준의 의식성을 상기시키면서 단지 인간이거나 낮은 수준의 요정일 뿐이다. 우리는 이 개인적이고, 평범하며, 인간적인 어머니와 그녀의 병리적 결함과 독특한 자비를 생각하면서 우리의 개인적 배경에는 실제로 개인적 모성-콤플렉스의 한계에서 비롯된 일상적 인간이 있을 뿐이라는 사실을 스스럼 없이 받아들이게 된다. 어머니가 우리에게 실제로 물려주고, 어떻게 어머니로부터 낳았는지 감사하면서 받아들이게 되는 것이다. 그녀는 우리의 역사이고, 우리가 세상에서 사는 것은 어머니의 슬하(膝下)에서 생긴 것이다. 어머니의 평균성을 받아들이면서 뿌에르 원형 자체와 나르시시즘과 무엇인가를 창조하기 위하여 하늘을 높이 나르는 야심을 보류시킬 수 있는 것이다. 영웅의 교만(팽창)은 그가 어머니와 은밀하게 동일시해서 생긴다. 뿌에르의 오만(superbia)은 그의 수닭 같이 살난 척하고, 아버지처럼 할 수 있다는 자기애적 확신과 그 자신이 메시지를 가지고 있다는 영의 미숙성을 반영한다.[50]

아들과 태모의 이런 신비로부터 풀려난 다음, 여성적인 것은 『오디세이』에서처럼 다른 개인성들을 보여줄 수 있다. 거기에서 여성적인 것은 많은 역할들을 수행한다: 여신(Athene), 여주인(Calypso), 삼키는 존재(Scylla, Charybdis), 마술로 홀리는 여인(Circe), 어머니-딸(Arete-Nausica), 개인적인 어머니(Anticleia), 구원자(Ino), 유혹하는 여인(Sirens), 간호인(Eurykleia), 아내(Penelope) 등이 그녀들이다.[51] 남성은 이들 각각의 상을 사랑하고 나아가면서 그 상에서 자신과 관계되는 길을 찾는다. 거기에서 여성적인 것은 아버지와 아들의 화해를 위협하지 않는다. (그러나 오디세우스는 연금술에서 왕의 상처럼 세넥스-와-뿌에르이다). 오디세우스 안에 있는 여성적인 것은 우리가 나아갈 길의 모델을 제시하면서 이타카에 있는 분열된 집을 재통합할 작업을 한다. 거기에서 여성적인 유형은 영웅에 대한 태모의 경향을 통해서 뿌에르와 세넥스를 더 갈라놓기보다는 같이 엮어놓는다.

X.

우리가 여태까지 논의해왔던 많은 생각들을 하나로 요약하면 다음과 같다. 융은 모성 원형의 역할을 한편으로 퇴행적이고, 삼키는 것과 다른 한편으로는 창조적이고, 자궁이 되는 것으로 분명하게 구분한다. 그는 이런 이중성을 인생의 전반기와 후반기라는 다른 이중성의 환상 안에 놓는다. 그래서 젊은이의 의식이 "모성으로 들어가는 것"은 치명적인 근친상간이지만 나이든 사람의 의식이 그렇게 하는 것은 소생을 위한 것이며, 심지어 개성화를 위한 길이다.[52] 그러나 우리는 융의 이 중요한 생각을 그가 제시했던 틀에서 벗겨버릴 수 있다. 인생의 전반기와 후반기 및 젊은이와 노인을 다른 유형의 뿌에르-세넥스의 이중성으로 볼 수 있는 것이다. 그것들을 나누어서 어떤 것은 인생의 전반기, 어떤 것은 인생의 후반기로 가를 것이 아니라 언제나 가능한 독자적 의식 구조라고 할 수 있는 것이다. 지금 우리 문화에서는 영웅적 자아가 절정에 달해 있고, 세넥스가 지배적이라서 뿌에르는 보완적인 역할을 하고 있다. 그러면서 집단의식은 융이 "인생의 후반기"라고 부른 시기에 있는 듯하다. 이런 문화 속에서 그 어떤 사람도 나이에 상관없이 어머니와 싸우고, "인생의 전반기"의 영웅적 자세를 취한다면, 원형적으로 잘못된 것일 수밖에 없다. 그런 자세는 진정한 의미에서 볼 때, 시대와 조화를 이루지 못하는 시대착오적 자세이고, 어머니와 싸워서 이기는 것 역시 현재 문화가 당면해 있는 근본적 과제에서 볼 때 패배일 수밖에 없다. 오늘날의 과제는 세넥스에 있는 모든 원형적 중요성을 인식하고, 그것을 뿌에르 현상들과 관계시키면서 그 안에 있는 뿌에르의 가능성을 풀어내는 것이기 때문이다.

| 주석

1   융이 영원한 소년(puer aeternus)을 직접적으로 모성 콤플렉스와 관련시키면서 주로 언급한 것은 CW 5: 393에서이다: "영원한 소년의 사랑스러운 출현은 애석하게도 환상의 형태로 나타난다. 실제로 그는 어머니에게 기생하는 존재이고, 어머니의 몸에 뿌리를 내려야만 살 수 있는 그녀의 상상 속에 있는 피조물이다." Cf. 392, 394, 526 (그러나 같은 책에서 어머니의 아들과 영웅에 대해서 언급하는 곳 여기저기에서도 말하였고) CW 16: 336 ("임시적인 삶"). CW 9.1에서는 "Psychological Aspects of the Mother Archetype," "The Psychology of the Child Archetype"과 "On the Psychology of the Trickster Figure" 등이 어머니와의 관계 및 어머니와의 구분에 대해서 다룬 중요한 논문들이다. CW 13의 "The Spirit Mercurius"은 모성 콤플렉스와 독립적인 뿌에르 현상을 다룬 유용한 논문이다. 아들에게 있어서의 모성 콤플렉스에 대한 고전적인 사례를 위해서는 CW 7: 167ff와 J. Jacobi, "Symbols in an Individual Analysis," in Man and His Symbols, ed. C. G. Jung (London: Aldus, 1964), 272ff가 좋을 것이다. 야코비의 논문은 세넥스-뿌에르 배열의 눈으로 볼 때 상당히 다른 것이 있을 것이다.

　　　뿌에르에 대한 융의 초기 (연금술 이전) 견해는 다음과 같은 M.-L. von Franz의 말에서 볼 수 있다: "우리는 영원한 소년(puer aeternus)이라는 개념을 심리학에서 남성에게 있는 특정한 형태의 신경증으로서 청소년기의 강한 모성 고착에 의한 신경증과 다른 것을 묘사하는 것이라고 생각한다. 그러므로 그 신경증의 주된 특성들은 융이 모성 원형에 관해서 쓴 논문에 나와 있는 것들이다"("Über religiöse Hintergründe des Puer-Aeternus Problems"), in *The Archetype*, ed. A. Guggenbühl-Craig (Basel: Karger, 1964), 141; 또한 J. L. Henderson, *Thresholds of Initiation* (Middletown, Conn.: Wesleyan University Press, 1967), 24: "우리는 '영원한 소년'의 원형에 어떤 결함이 있다면, 그것은 어머니가 너무 요구적이거나 거부적이라서 아니마 기능을 하는 여성 원리가 청소년기에 정상적으로 방향을 잡아서 나아가지 못했거나 그가 또 다른 이유에서 어머니나 어머니를 대신 했던 사람에게 너무 수동-의존적인 태도를 보였기 때문이라고 추정할 수 있다." 같은 맥락에서 E. Neumann과 M. E. Harding의 저작들도 필요한 경우 언급되었고, G. F. Heyer, "*Die Grosse Mutter im Seelenleben des heutigen Menschen,*" *Eranos Yearbook* 6 (1938), 454, 474도 참고할 수 있다. 뿌에르에 대한 새로운 견해, 특히 (어머니가 아니라) 아르테미스와의 관련된 것으로는 R. Malamud, "The Amazon Problem," in *Facing the Gods*, ed. J. Hillman (Dallas: Spring Publications, 1980), 47-66; T. Moore, "Artemis and Puer," in *Puer Papers*, ed. J. Hillman (Dallas: Spring Publications, 1979)를 참조하시오.

2 모든 젊은 남성들이 같은 모습을 보이지는 않는다. 예를 들어서 말하자면, 헤라클레스는 헤라에게 위협을 받았고, 헤라 때문에 광기에 들렸다고 불평하였고, 이카루스는 아버지 때문에 그랬다. 가니메데와 히아신투스는 제우스나 아폴로 같은 남성들에게 사랑을 받았다. 아킬레스, 테세우스, 페르세우스 등의 어머니에 대한 관심은 에로틱하기보다는 어머니를 보호하려는 것이었는데, 그것은 노르딕, 발두르, 모세, 야곱, 예수에 있어서도 마찬가지였다. 어머니를 보호하고, 어머니에게 다가가는 후자의 예들에서 근친상간적인 리비도의 관련은 고조되지 않는다. 각 신화소들은

다른 이야기를 하는 것이다. 이 차이들은 "모성-콤플렉스"를 일반화 하는 것보다 개인의 운명이 더 중요하다는 사실을 보여준다.

영웅들 사이에서도 차이가 있다. 영웅들에는 여러 가지 유형이 있다: 메시아적 영웅, 문화 영웅, 고통 받는 순교자, 사기꾼 같은 영웅 등이 있다. 신화에서 "영웅"이 심리학에서는 "자아"로 되기 때문에 자아의 유형이 다양한 것처럼 영웅의 유형도 다양하다. 영웅과 자아가 특징적인 것은 그들의 행동이 중요하기 때문이다. 행동은 어떤 사람이 한 일로 나타나는데, 그의 명예와 평판, 주목할 만한 여정이나 버림 받았거나 무력하게 고통 받은 것 등이 있을 수 있다. 그들이 한 행동에는 특별히 문학화하는 심리학적 태도가 있어야 한다. 영웅과 자아 모두—그들 사이에 어떤 차이가 있고, 그것들이 다양하게 나타날지라도, 즉 그들이 비너스-영웅이나 마르스-영웅이나 아폴로 영웅이라고 할지라도 상관없이—도전 받은 것으로 그려져야 한다. 여성은 극복되어야 하고, 용과 싸워야 하며, 문화에서는 무엇인가 산출되어야 하고, 죽음으로 완수되어야 한다. 내가 생각하기에 영웅 심리학에서는 충동을 실행하는 것보다 문학화가 더 근본적인 특성이다.

3 Cf. 이 주제에 대한 나의 토론을 위해서는 *The Myth of Analysis* (Evanston: Northwestern University Press, 1972), 169-90와 *Re-Visioning Psychology* (New York: Harper & Row, 1975) 을 참조하시오.

4 Cf. J. Hillman, "Oedipus Revisited," in *Mythic Figures*, UE 6. - Ed.

5 *CW* 16: 181.

6 의미와 질서로서의 아버지(와 세넥스)에 관해서는 이 책의 제9장과 A. Vitale, "Saturn: The Transformation of the Father," in *Fathers and Mothers: Five Papers on the Archetypal*

　　　　Background of Family Psychology, ed. P. Berry (Dallas: Spring Publications, 1991)과 L. Zoja, *The Father: Historical, Psychological and Cultural Perspectives*, trans. H. Martin (Philadelphia: Brunner-Routledge, 2001)를 참조하시오.

7　"이것들은 모성의 세 가지 본질적인 측면이다. 그녀의 사랑하고, 양육적인 선성, 열광적인 정동, 지하계의 심층 등은 융이 말하듯이 '무분별한 인식'인 것이다." (CW 9.1: 158).

8　CW 5: 199.

9　R. B. Onians, *The Origins of European Thought* (Cambridge, Mass.: Cambridge University Press, 1954), 349-95.

10　Cf. J. Fontenrose, *Python: A Study of Delphic Myth* (Berkeley: University of California Press, 1959), 582.

11　"아티스를 위하여 3월에 행해지는 로마의 의식은 두 개의 중요한 부분으로 나누어져 있다: 하나는 아티스의 수난과 죽음을 기념하는 침울이고, 다른 하나는 그 신이 긴 겨울잠을 잔 다음 돌아올 것이라는 사실을 믿는 그의 추종자들의 축제 부분인 쾌활이다." (M. J. Vermaseren, *The Legend of Attis in Greek and Roman Art* [Leiden: E. J. Brill, 1966], 39). 아티스는 그의 주기적인 귀환이 식물이 겨울에 죽었다가 봄에 다시 싹을 틔우는 것으로 해석되어 나타났다가 사라지는 또 다른 의례 가운데 하나이고, 침울과 쾌활은 궁극적으로 풍요의 의례이다. 우리는 "리비도"를 "풍요"로 대체시키는 것을 통하여 그 전체 유형을 외부적이고 자연적인 수준으로부터 내면적이고 심리학적인 수준으로 바꿀 수 있다. 그러면 침울과 쾌활은 리비도의 리듬으로 되면서 뿌에르적 충동의 불연속성(오고, 가는 것)을 나타내게 된다. 그가 나타날 때 우리는 기뻐하고, 봄을 느끼며, 그가 사라지면 우리에게는 겨울의 슬픔이 찾아오는데, 아티스가 그것을 나타낸다. 이 계절들과 풍요는 자연 속 "저기"에만 있는 것이 아니라 정신에너

지의 자연적 주기로 "내면에서도" 체험된다.

12 모성 원형이 어떻게 다른 원형에 속해 있던 영역에 침입하는지 살펴보는 것도 재미있는 일이다. 고대 이집트 신화에서 땅은 여신이 아니라 남신인 겝(Geb)이었다. 꿈에 대한 분석심리학적 해석에서 전형적으로 자궁과 모성적 요소인 집단적 무의식의 "상징"(그러므로 기호)으로 해석되는 바다는 언젠가 만물의 원천(호메로스)인 부신(父神) 오케아노스의 지방이었고, 생명의 강들은 부성적 강의 신이었다. Cf. K. Kerényi, "Man and Mask" in *Spiritual Disciplines: Papers from the Eranos Yearbooks*, ed. J. Campbell (London: Routledge, 1961), 158. 영어판 『융전집』에서 존중하는 의미로 계속하여 대문자로 표기된 것은 태모 밖에 없다. 노현자, 아니마, 아니무스, 심지어 자기도 소문자로 표기되고, 신들, 여신들도 소문자로 표기된다.

13 본서 제8장을 참조하시오. - 편집자.

14 *CW* 8: 211, 213.

15 영어로 된 책 가운데서 디오니소스에 대해서 가장 잘 설명한 것은 W. F. Otto, *Dionysus: Myth and Cult*, trans. R. Palmer (Bloomington: Indiana University Press, 1981)이다. 그리고 제일 잘 된 책은 K. Kerényi, *Dionysos: Archetypal Image of Indestructable Life*, trans. R. Manheim (Princeton, N. J.: Princeton University Press, 1976)이다. 나는 디오니소스에 대해서 졸저(拙著) *The Myth of Analysis*, 258-81에서 더 깊이 다루었고, 융이 그 상(像)에 대해서 어떻게 말하였는지를 "Dionysus in Jung's Writings," in *Facing the Gods*, ed. J. Hillman (Dallas: Spring Publications, 1992), 151-64에서 살펴보았다.

16 모성 원형에서 비롯된 사고(또는 감정)를 주로 다루었던 E. 노이만(E. Neumann)은 물론 디오니소스를 모성 계열에 넣었다. 그

는 레오나르도가 그린 바쿠스를 영원한 소년(puer aeternus)의 초상화라고 주장하였다: "시골에 앉아 있는 양성구유적인 신의 나태하고, 풀어진 듯한 모습은 디오니소스에 대한 옛날부터 전해 내려오는 모습을 그대로 보여준다. . . . 레오나르도는 의심할 바 없이 무의식적으로 탐욕스러운 여신과 밀접하게 관련된 신비한 모권적 세계의 중심이 되는 상을 그린 것이다. 왜냐하면 디오니소스는 여성적인 모습으로 살았던 신비한 신이기 때문이다." 그는 어머니에 대해서 몇 문단에서 계속해서 말하는데, 그가 강조하는 것은 디오니소스가 태모의 총명한 아들이라는 사실이다"(E. Neumann, "Leonardo and the Mother Archetype," in *Art and the Creative Unconscious*, trans. R. Manheim, Bollingen Series [New York: Pantheon, 1959], 70). 나는 독자들이 그 어떤 원형도 그 안에 있는 어떤 관점으로도 볼 수 있고, 디오니소스 사건 역시 모권적이라고 볼 수 있을 것이라는 노이만의 견해로부터 깨어나게 하려고 하지는 않는다. 나는 다만 독자들이 그것이 명백한 것이라고 하는 노이만의 논쟁으로부터 벗어기를 바란다. 탐욕은 디오니소스나 뿌에르와 아무 상관이 없는 것이다. 이집트는 디오니소스와 그의 숭배가 생겼다고 하는 많은 "외국"이나 "변경" 지방 가운데 하나였을 따름이다. 디오니소스는 "나중에 그리스에"(노이만) 온 것이 아니라 크레타 문화에서 생긴 것이다. 어쨌든 신화적 진술은 신화적으로, 심리학적으로 읽어야지 역사적으로나 문학적으로 읽어서는 안 된다.

  융과 노이만 사이에는 디오니소스의 뿌에르적 본성을 보는 데서 중요한 차이가 있다. 융이 비록 1911년에(Ibid., 184) 디오니소스를 엘레우시스의 비의적 숭배와 모성 원형(*CW* 5: 526-27)에 포함시키면서, 디오니소스(이아쿠스/자그레우스)를 영원한 소년으로 생각했지만 말이다: "디오니소스에게는 어른과 아이라는 이중의 상이 있다. . . . 사람들은 그를 '거인과 난쟁이', '크고, 작은', '아버지와 아들'이라는 맥락에서 말한다. 그러므로 융은 노이만이 보지 못한 것을 보았다: 디오니소스는 그 자신이 뿌에르-와-세넥스인 것이다."

17 Cf. M. P. Nilsson, "The Dionysiac Mysteries of the Hellenistic and Roman Age," *Skrift. Utgv. Svenska Instit. Athen* 8/5 (1957), 111.

18 레오나르도 다 빈치가 어린 시절에 보았던 연에 대한 비전에 대해서는 프로이드와 노이만의 해석에 대한 비판과 함께 이 책의 부록에서 다소 길게 본문으로부터 추출하였다 — 편집자.

19 서로 다른 원형적 주상(主想)에 따른 콤플렉스의 활동과 관점에 대한 더 심도 있는 기술을 위해서는 졸저 *The Myth of Analysis*, 40-49를 참조하시오. 거기에서 나는 창조성이 일곱 가지의 다른 원형적 구조들로 체험될 수 있다고 하면서 콤플렉스의 관념에 대해서 설명하였다.

20 H. W. Parke, *Greek Oracles* (London: Hutchinson, 1967), 87.

21 CW 8: 223.

22 Ibid., 429.

23 E. Wind, *Pagan Mysteries in the Renaissance* (Harmondsworth: Penguin, 1967), 196.

24 융의 고전적 저작인 *Symbols of Transformation* (CW 5)은 어머니와의 투쟁을 통한 의식의 발달에 대해서 묘사하고 있다. 노이만의 E. Neumann, *The Origins and History of Consciousness*, Bollingen Series (New York: Pantheon, 1954), esp. 44-52과 M. E. Harding의 *Psychic Energy: Its Source and Goal*도 역시 어느 정도 같은 선상에 있다. 내가 영웅적인 방식을 비판하는 것은 이런 고전적인 융 학파의 문헌들의 배경에 반하는 것으로 읽혀야 한다.

25 Cf. J. Hillman, *Anima: An Anatomy of a Personified Notion*

(Woodstock, Conn.: Spring Publications, 1996).

26 S. Freud, "New Introductory Lectures" in *SE* 22: 80. (London: Hogarth and the Institute of Psycho-Analysis), 22: 80.

27 "Oedipus Revisited," in *Mythic Figures*, UE 6.

28 *CW* 5: 540.

29 그리스도와 헤라클레스가 동일시되는 것을 위해서는 E. R. Goodenough, *Jewish Symbols in the Greco-Roman Period*, Bollingen Series X (New York: Pantheon, 1964), 122-23를 참조하고, M. Simon, *Hercule et le Christianisme* (Paris: Publications de la Faculté des Lettres de l'Université de Strasbourg 2. sér. no. 19, 1955)와 G. K. Galinsky, T*he Herakles Theme* (Oxford: Blackwell, 1972)도 참조하시오.

30 K. Kerényi, "그리스 신화에서 악은 칼로 상징적으로 나타날 수 있다. … 어떤 사람이 '악하다면' 그는 죽이기를 바란다. 그것이 '악'의 본성이다." "The Problem of Evil in Mythology," in *Evil* (Evanston: Northwestern University Press, 1967), 15ff.

31 *CW* 5: 515.

32 Cf. P. Slater's *The Glory of Hera* (Boston: Beacon, 1971). 이 책에서 저자는 그리스 신화의 주된 상, 특히 영웅들을 살펴보며, 그들을 헤라에 의해서 표현된 모성-콤플렉스의 사회학으로부터 고찰하고 있다. 그가 다루는 신들과 영웅들은 궁극적으로 모성-콤플렉스의 서로 다른 양식들이 투사된 것들이다. 그의 견해는 원형적인 것은 아닌데, 그 이유는 그가 "우리는 우리의 합리적인 인과론을 거꾸로 돌려야 한다. 이 상들을 우리의 정신적 조건으로부터 끌어올 것이 아니라 우리의 정신적 조건을 이 상들로부터 끌어와야 한다"(*CW* 13: 299)라고 하는 융에 대해서 알지 못하기 때문이다.

33 K. Kerényi, *The Heroes of the Greeks* (London: Thames and

Hudson, 1959), 193.

34   J. Fontenrose, *Python*, 256-60.

35   아레스의 심리학적 중요성에 대한 통찰을 얻으려면 R. Grinnell, "Reflections on the Archetype of Consciousness," *Spring: An Annual of Archetypal Psychology and Jungian Thought* (1970), 25-28을 참조하시오. 또한 같은 책에 있는 E. C. Whitmont, "On Aggression," 52ff과 R. Malamud, "The Amazon Problem" 50-52, 54도 참조하시오. 나의 논문 "Wars, Arms, Rams, Mars: On the Love of War," in *Facing Apocalypse* (Dallas: Spring Publications, 1987), 117-36도 같은 주제를 다루었다.

36   헤파이스토스의 심리학적 중요성을 살펴보기 위해서는 M. Stein, "Hephaistos: A Pattern of Introversion," in *Facing the Gods*, 67-86을 참조하시오.

37   W. K. C. Guthrie, *The Greeks and their Gods* (London: Methuen, 1968), 70. 아르고 호에서 헤라는 "명예의 여신"이라고 불렸다.

38   J. Fontenrose, *Python*,119 n53. 헤라클레스의 이름에 대한 더 깊은 연구를 보려면 M. P. Nilsson, *The Mycenean Origin of Greek Mythology* (Cambridge: University Press, 1932), 189ff를 참조하시오. 그러나 닐슨이 헤라클레스라는 이름은 헤라라는 단어와 클레스라는 단어로 구성되어 있고, 그것이 " 그 여신이 그를 아주 가혹하게 다루었고, 그에게 고통과 슬픔과 노역을 짊어지게 해서 ... 헤라의 명예"라고 부르기에는 좀 이상하다고 생각했을 때 그는 모든 대극이 사실은 하나라는 심리학적 관점을 망각하였다.

39   우리는 영웅에 대한 다음의 묘사를 자아-강화라는 심리학의 이상의 빛 안에서 읽을 수 있다: "호우머가 소개한 영웅은 싸움을

좋아하고, 그의 삶은 온통 전쟁이다. … 영웅의 활동은… 인간의 행동 가운데서 가장 시험이 많은 전쟁에 … 집중되어 있다." "영웅은 그의 최상의 자질을 언제나 다른 사람을 이기고 갈채를 받는데 사용하여야 한다. … 그는 그의 최고의 법전을 명예롭게 하고, 그의 존재의 힘과 목표를 영광스럽게 한다. … 그의 이상은 용기, 인내, 강함과 아름다움이다. … 그는 그의 힘을 모두 발휘하게 하는 그의 능력을 신뢰하고 있다." "영웅의 사람들은 모두 그 자신의 노력과 본성에 의해서 놀라운 일을 할 수 있고, 그 자신의 본성 이상으로 나아갈 수 있다는 사실을 보여줌으로써 원시적인 미신과 금기를 깨트린다. …" M. Grant, *Myths of the Greeks and Romans* (New York: Mentor Books, 1962), 45-47. 이런 진술은 영웅적 의식의 외향적 표출뿐만 아니라 그 자체를 보여준다. 이와 똑같은 태도와 싸움은 사람들이 영웅적인 태도를 보이면서 그 자신의 본성을 넘어서기 위하여 내향적으로 "무의식"과 싸움하는 것처럼 진료실이라는 테두리 안에서도 일어날 수 있다.

40 방랑과 그리움의 주제에 대해서 더 깊이 살펴보려면 본서의 제6장을 참조하시오 — 편집자.

41 A. Brelich, *Gli eroeci* (Rome: Ediziono dell'Ateneo, 1958); L. R. Farnell, *Greek Hero Cults and Ideas of Immortality* (Oxford: The Clarendon Press, 1921); J. Fontenrose, Python, op. cit.; K. Kerényi, *The Heroes of the Greeks*, op. cit.; A. D. Nock, "The Cult of Heroes," *Harvard Theological Review* 37 (1944); J. Campbell, *The Hero with a Thousand Faces* (New York: Pantheon Books, 1949); M. E. Harding, "The Inner Conflict: The Dragon and the Hero," in *Psychic Energy*, op. cit.; E. Neumann, *The Origins and History of Consciousness*, op. cit.; G. Roheim, "The Dragon and the

Hero," *American Imago* 1-3 (1940). 이 명단은 특히 영웅 문학(서사시)이나 다양한 종류의 영웅담을 망라하지 않았고, 요정담이나 민담, 민속 등 같이 영웅상을 고전적인 방식으로 다루지 않아서 결코 완전한 것이라고 할 수 없을 것이다. 시에 나타난 영웅에 대한 비교 연구를 위해서는 C. M. Bowra's massive opus *Heroic Poetry* (London: Macmillan, 1961)를 참조하시오.

42   영웅의 지하계와의 관계에 관한 더 깊은 연구를 위해서는 졸저 *The Dream and the Underworld* (New York: Harper & Row, 1979), 110ff를 참조하시오.

43   영웅은 신이 그를 좋아해서 단지 "시야에서 사라졌을 뿐이고", 아무도 없는 곳에 데려가졌을 뿐이다(Cf. E. Rohde, *Psyche*, 8th ed. [London: Routledge, 1925], 64- 76). 영웅이 죽지 않게 만든 것은 종종 어머니이다—파에톤은 아프로디테에 의해서, 텔레고노스는 키르케에 의해서, 아킬레스는 테티스에 의해서, 메논은 에오스에 의해서 그렇게 되었다. 축복 받은 이들의 섬은 크로노스(세넥스)가 다스린다. 그래서 그 신화에서도 세넥스와 재결합하는 주제가 나타나고, 그때 어머니는 우회하고(영웅주의를 통해서) 조력자가 된다.

44   아킬레스의 죽음의 드러난 원인은 아폴로(또는 파리스)이지만, 그 치명적인 장소는 테티스가 그를 상처받지 않게 하려고 잡았던 그의 발뒤꿈치이다. 그의 죽음의 궁극적 원인은 그가 안전하도록 하기 위해서 그녀가 잡았던 것이 명백한 것이다.

45   *CW* 5: 575, 580, 593, 671; cf. M. E. Harding, *Psychic Energy*, 259ff. 하딩은 용과 용의 살해 사이의 연관성을 말하면서 그녀가 마치 그 신화를 기독교적으로 해석하는 것처럼 영웅-용의 문제를 지나치게 도덕적으로 다루었다. "사람들 속에 있는 배반하려는 성향은 본래 그의 앞으로 나아가려는 영웅적 요소가 용이 가진 에너지와 밀접하게 연관되어 있는 반면에 용에게 있는 나태

한 측면과 밀접하게 관계되어 있다. 그러므로 용을 정복하고, 그의 피를 맛보고, 그의 심장을 먹으면서 그의 힘을 동화시킨 사람은 초인이 된다."

46 뱀의 모양을 한 신들과 영웅들에 대해서는 J. Harrison, *Themis*, section "Daimon and Hero"; E. Kuster, *Die Schlange in der Griechischen Kunst und Religion* (Giessen: A. Töpelmann, 1913); J. Fontenrose, *Python*를 참조하시오. 아르테미도루스는 (*Oneirocriticus* 1, 13) "뱀은 그것을 거룩하게 하는 Zeus, Sabazius, Helios, Demeter, Core, Hecate, Asclepius 등과 영웅들에게서 신의 상징이다"라고 말하였다. 아폴로와 뱀에 관해서는 K. Kerényi, "Apollonian Epiphanies," in his Apollo: *The Wind, the Spirit, and the God: Four Studies*, trans. Jon Solomon (Dallas: Spring Publications, 1983), 21-45를 참조하시오.

47 Cf. "A Snake is not a Symbol" in J. Hillman and M. M. Lean, *Dream Animals* (San Franciso: Chronicle Books, 1997), 25-29.

48 *CW* 5. part two, chap. 6.

49 더 자세한 것을 위해서는 주21을 참조하시오.

50 이 주제들에 대해서는 제10장에서 모두 다루었다 – 편집자.

51 Cf. W. B. Stanford, chap. 4: "Personal Relationships," in *The Odysseus Theme* (Dallas: Spring Publications, 1993). 오디세우스와 반대되는 것으로 다른 그리스 영웅이 여성상과 관계 맺는 것에 대해서 살펴보자. 오이디푸스는 스파르토이 (Spartoi, 그리스 신화에서 카드무스가 뿌린 용의 이빨에서 나온 족속 – 역자 주) 족에 속해 있다. 그 족속은 "용의 자손"으로 그들은 부성원리가 없이 모권제 사회를 이룬다고 알려져 있다. 그는 그 자신의 아버지가 누구인지 모른다. "그 아이는 그를

나은 사람이 누구인지 모르고, 이것은 부친살해가 가능하게 한다." (J. J. Bachofen, *Myth, Religion, and Mother Right*, trans. R. Manheim, Bollingen Series [Princeton University Press, 1967], 180-81). 오이디푸스가 용의 계열 안에 있는 것으로 생각되듯이, 그는 그를 보충하는 어머니/용 없이 생각할 수 없는데, 그것은 먼저 스핑크스(헤라나 그녀의 환상에 의해서 보내졌다)이고, 그 다음이 요카스테이다. 헤라클레스의 여성들과의 관계는 Bachofen에 의해서 요약되었다(p. 176): "모든 영웅들 가운데서 헤라클레스만이 아르고 호의 배 안에 있었고, 그의 친구들이 아마존과 같이 누워 있다고 비난한 것은 특징적인 일이다. ... 그에 관한 모든 신화에서 그는 모권제와 화해할 수 없는 적이고, 아마존과 지칠줄 모르고 싸우며, 여성혐오자이고, 그의 희생제에는 어느 여성도 참여하지 않고, 어느 여성도 그의 이름으로 맹세하지 않으며, 결국 독이 든 여성의 외투를 입고 죽는다." 트로이에 갔던 그리스 영웅 아킬레스는 여신의 유일한 아들이고(K. Kerényi, *Heroes*, 347), 결국 아프로디테가 가장 총애했고, 헤라의 성부(情夫)였던 파리스의 화살에 맞아서 죽었다. 파리스는 가장 영웅적이지 않고, 가장 비전투적이었지만 그의 "부드럽고, 약한 방식이"(R. Bespaloff, *On the Iliad*, Bollingen Series [New York: Pantheon, 1947], 64) 아킬레스를 죽인 것이다. 파리스는 영웅의 아킬레스 건(腱)이다. 히폴리투스는 그가 아프로디테를 깔보았다가 그녀의 복수 때문에 죽었다. 버질과 오비드가 전하는 바에 의하면 오르페우스는 그의 아내 유리디케를 잃은 다음에 여성들의 무리를 피해 다녔고, 그의 여성혐오는 결국 그가 뱀에 물리게 되는 결과를 초래하였다고 한다(W. K.C. Guthrie, *Orpheus and Greek Religion* [London: Methuen, 1952], 31). 그는 여성들이 그의 예배에 참석하지 못하게 하였다. 그래서 "전통적으로 트라키아 여인들은 그를 희생시켰다"(ibid. 32).

그의 죽음에 대한 가장 초기의 원전을 전한 아이스킬로스는 Maenads of Dionysus(디오니소스를 따라다녔던 여인들)이 그의 살해자였다고 한다. 그러나 Guthrie는 다른 전설을 전하면서 다른 말을 한다 : 오르페우스의 여성혐오 때문에 배척당한 여성들이 복수하였다는 것이다. 더구나 그릇에 그림을 그린 증거에 의하면 그의 몸은 메마드 형식으로 찢겨지지 않았고, 디오니소스 의례라기보다는 여성들의 분노 때문에 창으로 찔리고, 칼로 베어졌으며, 돌팔매를 당한 것으로 나온다. 우리는 이것을 보면서 한 가지를 지적할 수 있는데, 그것은 여성상들이 그의 적이고, 그를 그 안에 넣었다는 점이다. 아킬레스의 아들 네오프톨레모스("전쟁을 새롭게 하는 자")는 피로스("빨간-머리")라고도 불리는데 (M. Delcourt, *Pyrrhos et Pyrrha: Recherches sur les Valeurs du Jeu dans les Legendes Helleniques*, Bibl. Faculté Philos. et Lettres, Univ. de. Liége [Paris, 1965], chap. 2), 그는 트로이의 프리암의 암살자 가운데 하나이며, 그 선물들을 운반한 소년이었다(Euripides, Trojan Women). "그릇에 그려진 그림은 늙은 왕과 그의 손자가 죽은 모습이 네오프톨레모의 손에 받혀 있는 것을 보여준다"(M. L. Scherrer, *The Legends of Troy* [London: Phaidon, 1964], 123). 아킬레스의 영의 이 새로운 모습은 세넥스-뿌에르 쌍의 암살자이고, 그는 죽음을 여성의 손으로 받음으로써 영웅적 유형을 따른다. 그것은 피티안 여사제들의 선동에 의한 것이거나 지붕 꼭대기에서 타일을 던져서 에피루스의 왕 피루스를 죽인 여성들의 모형이다. 어느 것이 먼저인가: 여성에 의해서 죽임을 당하는 것, 그의 여성적-살해자 본성인가? 아니면 그의 세넥스-뿌에르 쌍의 살해인가? 오디세우스와 대조적인 모습이다! 52 *CW* 5: 459.

제5장
수직성에 대한 고찰: 창조, 초월, 야심, 발기, 팽창

사람들은 일반적으로 창조적인 사람은 대단히 뿌에르적 특성으로 가득 차있다고 생각한다, 조숙한 천재이거나 그들이 가진 재능을 믿을 수 없을 정도로 발휘하고, 고통 받으며, 일찍 죽는다는 것이다. 키츠와 모차르트, 반 고흐, 라파엘, 슈베르트와 아주 명석한 어린 수학자, 체스 게임 챔피언, 물리학자들이 그들이다. 그런데 그동안 창조성이라는 말은 너무 획일적으로 규정되어 왔다. 누가 홉스의 영원한 사상이 마흔 살에서 아흔 살 사이에 이루어진 것이라고 생각하고, 로크가 거의 예순 살 무렵에 그의 책을 출판하였으며, 위대한 화가들의 걸작도 그 나이에 그려진 것이라고 생각하고 있는가? 그러나 우리는 창조성을 재미있는 마술, 본래적인 새로움, 절묘한 아름다움, 갑작스러운 자발성, 상처입은 연약성, 지고(至高)의 영감 등 뿌에르적인 용어로 생각힌다.[1] 자신의 뿌에르적 특성에 대해서 진저리쳤던 하버드 대학교의 뛰어난 심리학자 머레이(M. A. Murray)는 뿌에르적 창조성의 특징을 "상승주의"(ascensionism)[2]라고 규정하였다. "천재"도 본래 일상적인 세계의 위나 아래 있는 세계에 속한 영이나 다이몬에게 의뢰하고, 그것이 의인화될 때 날개를 단 존재나 남근적 특성을 나타내 보이며, 씨앗, 광채, 불꽃, 천사의 상징으로 드러난다는 것이다.

뿌에르적 창조성의 특성은 미지의 것으로부터 분출되거나 창공으로부터 점화(點火)된 상상 속의 계획이다. 그 전에 아무것도 없는 비인과적이고, 자기-산출적인 것이다. 재능은 어느 누구에게도 의존되지 않고, 그것을 부여받은 사람에게도 의존되어 있지 않다. 지하계적 상상력이 내향화된 것처럼 어둠을 넘어서 분출되어 들어간 것으로서, 비상한 힘을 가진 이 작은 덩어리들은 꼬마 요정, 난쟁이(남근 같은 손가락 크기), 카비로이 등이나 에로스와 다른 뿌에르들이 뛰어놀던 푸른 싹과 꽃들로 그려져왔다.

뿌에르적 창조성은 본래의 "장소"가 위에 있든지 아니면 아래 있든지, 천사가 내려온 것이든지 난쟁이가 솟아난 것이든지 하는 것에 상관없이 중요한 것은 수직성이라는 점이다. 그것은 침입이며, 일상 세계의 수평적인 관점을 깨트리고, 끊임없이 이어진다. 그 교차점에 씨앗이 뿌려지지만, 땅 위에 집을 짓지는 않는다. 또한 아무 발판도 없는 섬광(flash)이며, 날개를 단 속삼임이고, 스쳐 지나가는 천사이거나 사람들이 그 도래에 대해서 언젠가 말했던 "헤르메스의 지나감"인지도 모른다. 그것은 에로스가 불 붙어서 사람들이 다른 사람을 첫눈에 보고 반하는 벼락 같은 것이다. 그런 순간들은 만들어질 수도 없고, 없앨 수도 없으며, 그 빛을 만들려고 아무리 많은 설명을 할지라도 할 수가 없다. 의식은 새롭고, 이상하지만, 아직 향수를 가진 친근한 구조 속으로 영롱하게 형성된다. 이런 근본적인 것들이 일상적인 것을 깨부순다. 뿌에르의 창조적 효과는 이런 것이다.

뿌에르 의식에는 "주어진 모든 것을 뛰어넘는 것"이 거기 있는 모든 것을 상승시키기 때문에 상향성이 주도적으로 작용한다. 영은 하늘을 높이 날고, 에로스는 불타오르며, 통찰은 여태까지 없던 것을 보게 한다. 이카루스는 해에 닿을 테고, 벨레로폰은 말의 하얀 날개 위에서 하늘을 항해하며, 파에톤은 태양 마차를 타고 하늘을 질주한다. 위로 가려는 이런 강박을 모두 금지할 수는 없다. 가웨인과 갈라하드는 아더왕을 위하여 성배를 찾아 나설 때 매의 이름을 취하는데, 하나는 "하얀 매"이고 다른 하나는 "여름의 매"이다.[3]

해가 높이 떴을 때 여름의 매가 느끼는 열기에 대한 또 다른 예로 해리 핫스퍼(Harry Hotspur)는 그의 야심(野心)을 수직성 언어로 읽는다.

> 맹세코, 그것이 어려운 도약이 아니기를 바라네
> 얼굴이 창백한 달로부터 빛나는 명예를 얻어내든지,
> 아니면 바닥이 결코 찾아지지 않는,
> 그 깊은 바닥으로 내려가든지…

깊이 잠겨 있는 명예를 찾아내야 하네.[4]

용맹이 나아가는 길은 한계가 없는 수직성이다. (그것은 알렉산더의 수평 지향적 갈망으로 나타난 뿌에르의 사그라들지 않는 갈망인[5] 열정이나 갈망과는 다르다). 핫스퍼가 한 말에서 금방 느껴지는 것은 그의 아버지와 삼촌이 해리 상태를 진단한 것이 들어 있다: "그는 상들의 세계를 파악하려고 하였다. ... 그는 거대한 위업을 이루려는 상상을 했던 것이다. 그것이 그를 그의 인내의 한계를 넘어서 끌고 갔다." 연극의 마지막 부분에서 핫스퍼는 "바닥에 닿는다." 그는 상처 때문에 죽어가면서, 그 자신이 시간의 한계 안에 있고, 그가 진짜 적이며 영웅적인 상대에 의해서가 아니라, 또 다른 헨리인 세넥스(시간, 크로노스)에 의해서 살해당하는 것을 안다. 그는 마지막 말로 그 자신의 신적인 젊은이에게 한탄한다. "오, 해리(Harry)! 그대가 나의 젊음을 훔쳐갔구나." 삶은 "시간 때문에 바보이다." "오, 나는 예언할 수 있었다/그러나 땅으로 된, 죽음의 차가운 손이/나의 혀에 있구나." 그는 그의 "생각들" 안에서 상처받은 것이다. 그것은 그가 그의 "살"(flesh)[6] 속에 있는 것보다 더 좋은 것이 아니라고 외친다.

죽음만이 뿌에르의 수다, 불같은 로고스의 분출과의 동일시, 그가 그 자신을 예언자라고 생각하고, 메시지를 담고 있다고 생각하는 것으로부터 침묵시킬 수 있는 듯하다. 그는 죽음의 손이 그의 입을 닫고, 그의 의기양양한 언설과 그의 삶의 의미에 대해서 떠드는 것을 그치게 해야 땅에서, 아니면 땅 속에서 그칠 것이다. 땅과 땅에 있는 그 육중한 물질들은 그의 구조를 위한 것이 아니고, 그의 실재가 펼쳐질 장소도 아니다.

이 세상에 있는 "상들"-상상적인 것, 신들-로부터 핫스퍼가 과도하게 나아간 것은 그로 하여금 경계를 벗어나게 하였다. 그의 환상이 이해하는 이미지들은 그를 붙잡았고, 그를 떼어냈다. 또 다른 젊은이 가니메데는 커다란 신적인 새의 모습을 하고 온 영이 그를 붙잡고 올림피아 신들에게 데리고 가서, 땅을 멀리 떠나 그들의 시중을 들었는데, 그 새는 육식성의 새였다. 영은 핫스퍼에게처럼 몸에서 힘을 다 빼고, 죽음에 이르게 하면서 그의 살을 먹는다. 그렇지 않으면, 영혼은 영적 욕망의 열정이 솟아오를 때, 영에게 혹사당하고, 신체를 망각하기 쉽다.

I.

영(spirit)인 이 커다란 새가 문화적으로 가장 먼저 나타난 것은 아마 호루스의 본래 모습인 매의 이미지일 것이다. 그는 모든 뿌에르 영웅을 부르는 수직적 강박의 최고의 예이다. 호루스가 태어나자마자 이 어린-매는 (호루스의 어머니 이시스는 그 어린-매가 그의 가문에 내려오는 것들을 구속할 것이라는 꿈을 꾸었다) "본래적인 영혼-새가 나는 것을 뛰어넘고, 별들과 지난 시대의 모든 신성을 뛰어넘으면서 하늘 높이 날고 있었다."[7]

> 나는 위대한 매, 호루스이다. … 나는 날아서 지평선에 도달하였다. 나는 누트를 지나쳤다. 나는 과거의 신들보다 더 멀리 나아갔다. 가장 고대의 새일지라도 내가 첫 번째 날았을 때와 결코 같을 수는 없다. 나는 나의 경계를 나의 아버지 오시리스의 원수인 세트의 능력을 벗어나게 하였다. 그 어느 신도 내가 이룬 것보다 더 이룰 수 없다. 나는 영원한 길을 아침의 여명에 가져왔다. 나의 비상은 매우 독특한 것이다.[8]

그의 어머니가 그를 몰아낸 것은 의심할 나위도 없다. 이시스는 출산이 시작되자, "비켜라! 내 몸 속에 매가 있구나!"[9] 하고 외쳤다. 우리는 여기에서 정신분석학에서 말하는 오이디푸스 콤플렉스가 우리의 눈을 멀게 한다는 미묘한 실마리를 놓치지 말아야 한다. 한 존재의 어머니와 다른 존재의 아내였던 이시스의 원형적 감정 속에 분열적인 불화는 없었다. 그녀는 그 둘이 연합되기를 바랐다. 이시스는 페넬로페가 텔레마코스와 오디세우스 사이를 중재한 것처럼 호루스를 오시리스의 반대편에 놓지 않았던 것이다.[10]

모성 콤플렉스는 뿌에르의 영웅적인 구성요소를 조종하고, 그의 취약성을 돌보며, 고뇌를 같이 아파해 하기도 하지만, 매-소년(falcon-boy)[11]

은 궁극적으로 그 자신의 힘, 뿌에르의 힘을 의존하고, 그의 원형적 진정성에 굴복하고 만다. 호루스의 경우 이 힘은 눈에 있는데, 그의 눈은 그의 영원한 원수인 폭풍과 혼돈, 맹목적으로 강하고, 약한 자를 괴롭히는 신인 세트에 의해서 찢겨질 때 공포스럽게 된다. 세트의 강함은 고환으로부터 나오고(호루스는 그의 고환을 잡아 떼었다), "호루스의 공격성은 그의 눈에 있다."[12]

호루스의 허풍("별들과 옛날의 모든 신성들을 넘는다")은 수직성을 드러낸다. 그가 뛰어넘으려는 것에는 "옛날의 신"이라는 특별한 목표가 있다. 그는 아버지를 능가함으로써 아버지를 구속(redeem)하려는 것이다. 뿌에르에게는 부성적-추동이 있다. 그는 아버지를 찾고, 아버지와 화해하며, 아버지에게 사랑받고, 축복받으려고 하지 않는다. 오히려 아버지를 능가하고, 그의 한계를 구속하려고 한다. 그는 지나간 시간들과 신들이 너무 익숙하고, 제도화되었으며, 시간과 역사의 함정에 빠져 있기 때문에 그것들을 지배해야 한다. 초월하려는 목표는 "영원한 길"과 새로운 시대를 가져오려는 것인데, 그것은 단지 지나간 것을 일시적으로 진전시키는 것이 아니라 영원 속에 건설하여 무시간적으로 만들고 영원하게 만들려는 것이다. 초월의 추동은 개선을 찾는 것이 아니라 혁명을 원하고, 영원한 원리 위에 왕국을 다시 세우려는 것이다. 유일하게 정말 새로운 것은 시간을 뛰어넘어서 언제나 새롭고, 시간을 모두 초월하는 것이다. 뿌에르의 수사학(修辭學)이 옛날 것을 비난하는 것은 그것이 단순히 신선하고 젊은 것에 맞서서 낡고 피곤해져서가 아니라 옛날의 지혜가 너무 세상적이고, 시간으로부터 축적된 역사에서 나온 것이기 때문이다. 그래서 그것은 뿌에르로 하여금 그의 원천이며, 고향인 영원성, 즉 그의 진정한 목표에 다가가게 하지 못하기 때문이다.

호루스의 눈은 또 다른 성격을 드러낸다. 지식에 대한 뿌에르의 요청에는 본능적 격정이 있는 것이다. 야수의 발톱이나 맹금류의 발톱처럼 날카롭게 통찰하고, 탐색하려는 것은 매 발톱 같은데, 그것은 지식을 가지고 세트(Seth)의 둔중한 방법을 능가하려는 상승지향적인 동물적 강박의 한 부분이다.¹³ (오디세이에서 매는 아폴로의 날랜 메신저였다). 본능의 더 높은 측면은 의식이 더 높이 있는 신들을 모방하도록 나아가게 하는 것이다. 의식은 어둠 속에 있는 것이라면 그 어느 것이든지 살펴봄으로써 시대의 빛을 밝히려고 불태우는 것이다. 어둡고, 알지 못하는 것은 세트의 도전이고, 그에 대한 대답은 모든 것을 보고, 결코 눈을 감지 않는 허기 진 눈이다. 그 눈은 높이 올라가서 아래를 보면서 모든 과학 작업과 이미 아는 것을 뛰어넘는 모든 진전된 시도들에서 나타나며, 때때로 그가 포착하여 무의식적으로 죽음의 주인 가운데 하나인 세트와 가까운 것을 죽이기도 한다. 사람을 죽이는 학문으로부터 사람에게 공헌하는 학문으로의 패러다임 전환은 뿌에르의 구조를 초월로부터 내재, 영으로부터 영혼으로 근본적으로 재조정하는 일이다.

    매와 비슷한 것은 "죽은" 전통의 몸 속에서 익게 하는 말똥가리이다.¹⁴ 거기에서 과거의 권위는 옛날 것들을 몸체로 만들고, 뿌에르는 그것으로부터 무엇인가 새로운 것을 탈취하며, 그가 제안했지만 아직 충분히 인지되지 않은 아이디어들을 제공하려고 한다.

    우리가 아무리 뿌에르 심리학을 그 안에서 고찰하려고 해도, 실존의 원형적 형태는 신들처럼 혼자 나타나지 않는다.¹⁵ 그것들은 언제나 근친상간적이고, 다른 것들과 뒤섞여 있다. 그것은 우리 인간의 콤플렉스들을 하나의 특정한 정의로 포착할 수 없고, 각각의 것들이 그 주위에 있는 것들과 같이 나오고, 일련의 상징적 표상들이 같이 나오는 것처럼 말이다. 원형을 그렇게 환원적으로 정의하려고 했던 것은 정신분석학 초기의 중대한 오류이다. 어떤 것이 정신 발달에서 구강기나 항문기, 또는 모성, 영웅, 그림자 등 정확하게 어디에 속하는지 탐색하고, 귀속시키려는 것은 명백한 오류이다. 수많은 상징 보따리들이 나오는 에릭 노이만의 두꺼운 부피의 책인 『태모』(*The Great Mother*) 역시 문자 그대로 "어떤 것이 어디 속하는가"를 보여주는 환원적 시도였다. 그가 상징들을 이렇게 추출하여 도표로 만든 것은 그 자체로서 그가 파악하려고 했던 원형의 융합력을 증언하지만, 모든 것이 모든 것으로 되고, 그가 알려고 시도한 것 역시 일관성 속에서 용해되는 것을 보여준다. 모성은 분화되어 있는 모든 것들을 그녀의 커다란 밥통 속으로 삼켜버린다.

원형의 융합이나 원형 사이의 경계가 확실하지 않은 것은 뿌에르의 추진력이 뿌에르 현상이라고 부르는 것으로만 국한시키거나 뿌에르적 특성을 보이는 사람에게만 제한시킬 수 없다는 점을 보여준다. 오히려 항문적 강박, 모성적 부드러움과 감각적인 것에 대한 몰두, 영웅 같은 기품, 의무를 중요시하는 부르주아적 시민과 같은 다소 뿌에르적 풍미를 내포한 콤플렉스는 뿌에르 다이몬의 포로가 되고, 그 사람을 더 높은 수준으로 나아가게 하는 원인이 된다. 우리가 횃불을 들자마자, 그것이 어떤 종류의 것이든 상관없이 뿌에르는 그 드라마 속으로 들어온다.

Ⅱ.

우리는 뿌에르의 양식(style)을 즉시 우리의 자아나 그 사람의 관점에서 판단하려고 한다. 그러나 뿌에르의 야심은 자아가 만드는 것이 아니고, 자아는 오직 간접적으로만 야심에 대해서 만족할 뿐이다. 작업의 초점을 자신을 뛰어넘는 더 높은 원리를 위한 것으로 확정하면서 뿌에르는 그 자신을 극단적으로 희생할 수 있다. 그때 그의 영을 그렇게 높이 보내는 것은 자아가 아니다. 영이 자아를 그렇게 높이 보낸다. 야심이 자아보다 앞서 가는 것이다. 말하자면, 자아는 상승하려는 원형적 충동에 의해서 이미 주조되었다. 자아 구조에 수직성이 이미 장착되어 있는 것이다. (여기에서 말하는 자아 구조는 서구의 부권적인 백인 남성만을 의미하지 않는다). 따로 떨어져 나와 있고, 분화되어 있으며, 개인화되고, 서있는 나(Ich)는 봄에 돋아나는 식물의 줄기나 헤르메스의 주상(柱像)이나 머리를 곧추 세우고 기어가는 아기처럼 그 자신의 코드에 맞춰서 일어난다.

자신의 왕국을 요청하고, 자신의 요구를 지키는 작은 아이의 자아 뒤에 세넥스가 있는 것처럼, 뿌에르는 자아에게 야심적인 영을 제공한다. 인간의 본성에는 위로 올라가고, 수평적 세계를 건너가려는 초월에의 능력이 본래 있다. 물론 우리는 자부심을 가지고 너무 꼿꼿이 서고, 팽창되어서 높이 날 수 있지만, 야심은 충고를 따르지 않고, 조심해야 할 것을 듣지 않는다. 그래서 너무 멀리 가고, 불을 만지며, 차를 탈 때나 사랑이나 생각에서도 곧 위험에 봉착하게 된다. "젊음을 불사르고", "횃불을 들며", 가슴을 불태우는 것들은 시인, 작곡가, 작가, 화가들이 "중년의 위기" 훨씬 전에 결핵으로 소진된 것들에서 구체화되었는데, 그들은 서른 살도 채 되지 않았다. 뿌에르의 완전벽과 높이 날려는 야심에서 비롯된 상처는 물론 실패하고, 영혼-만들기의 세계에 빠져드는 것은 구조적으로 그 신화 속에 내재되어 있다. 우리는 뿌에르들이 칼로 베이고, 피가 나며, 배반당하고, 어두운 골짜기에서 우울해하는 주제들을 다른 장(章)에서 더 깊이 다루기로 하고 여기에서는 다만 그것들에 대해서 언급만 하려고 한다.

그것들을 가리키는 전통적인 상징은 태양의 뜨거운 눈, 불타는 새, 깃털이 달린 화살, 화염 등이다. 뿌에르는 "불 위에" 있기 때문에 불과 함께 올라간다. 미켈란젤로는 그의 사랑의 시 가운데 하나에서 "사랑하라, 불타올라라"라고 읊은 적이 있는데, 그것은 젊은이가 쓴 것이 아니라 뿌에르가 쓴 것이다. "어느 누구도 움직일 수 없기에/그런 날개 위에서만 땅으로부터 하늘까지 구원 받을 수 있으리."[16] 여기에 호루스가 다시 나온다. 그의 야심은 이카루스, 파에톤, 아폴로에게 "속해 있는" 고대 그리스의 젊은이들인 쿠레테스(Kouretes, 그리스 신화에 나오는 남성 무용수들-역자 주)처럼 그가 태양을 향해서 태어날 때 태양으로부터 물려받은 것이다.[17] 이것은 위를 향하여 뻗친 청소년의 수직성, 몸의 곤추섬, 곤추 서있는 몸이다.

Ⅲ.

그러므로 곤추 선 남성의 성기는 뿌에르 의식의 인증이다. 뿌에르의 남근성과 음란물들은 남근이 그런 양식으로 존재하기를 특히 선호한다는 사실을 보여준다. 해부학적 심장이 사랑, 용기, 상상력의 자리가 아닌 것처럼 남성의 성기와 그의 발기는 단순히 해부학적이거나 신체적인 것이 아니다. 발기된 성기는 원형적 발기가 살과 피 속으로 화체(化體)돼서 수직성과 상승주의를 나타낸다. 곤추 서있는 모습은 눈에 보이지 않는 영의 요란

한 출현이고, 기적을 나타내는 것이다. 살 속에 있는 신성인 것이다.[18]

그것이 거기에 영혼을 불어넣은 환상에 맞추어 살고, 죽기 때문에 발기는 상상력의 기능이고, 특히 물리적인 것이 상상으로 나온 것이며[19], 물질이나 상징적 원인으로만 환원시킬 수 없는 신비이다. 그런데 엘레우시스 비의에서 남근의 중심적 자리, 시바(Siva)에 대한 예배, 카발라에서의 나무와 디오니소스 숭배－그 가운데 어느 것도 오직 남성적인 것만은 아니다.

작은 딕(Little Dick syndrom은 자신의 음경이 작다고 고민하는 병의 이름이다－역자 주), 피터(Peter Pan은 스코틀란드의 작가 J. M. Barrie의 소설의 주인공, 하늘을 날며 어른이 되기를 바라지 않는다－역자 주), 빅 보이(Big Boy, 미국의 초대형 기관차의 별칭－역자 주), 그리고 졸리 로저(Jolly Roger, 해골 머리에 두 개의 대퇴골을 겹쳐놓은 해적깃발－역자 주) 및 다른 모든 별명들은 뿌에르 원형의 다이몬적 동료들을 의인화하고, 그의 현존을 구체화시킨 것이며, 그의 근본적인 독립성을 나타낸다. 프로이드 학파의 정신분석가들은 오랫동안 그들의 삶에 성기가 관계되는 정신적 요소의 배열에 대해서 지적하였다. 그러면서 그들은 그런 연구들에 "요도 에로티즘"이라고 명명하였다.[20] 여기에는 야심, 경쟁심, 자부심과 거기에 뒤따르는 위축이 속하게 되고, 때때로 야뇨증과 발기부전에서 오는 비참한 감정이 따르게 된다. 이카루스 콤플렉스에 대한 머레이의 뛰어난 논문은 이런 특성들과 증상들에 관해서 시범적인 사례들을 통하여 잘 보여준다.[21]

발기에는 뿌에르의 많은 특질들이 같이 담겨 있다－초월성, 즉각성, 수직성, 열, 성적 공상, 창조성, 자기주장적 남성성, 억제할 수 없는 표출성, 예민하게 상처 받기 쉬운 성질－그것들은 헤르메스, 디오니소스, 시바(Siva, 힌두교의 세 중요한 신 가운데 하나. 본래는 부, 행복, 길조를 의미했지만 나중에는 파괴의 신으로 되었다－역자 주), 트릭스터가 특히 육화된 것이다. 여기에서 우리는 발기된 성기가 어느 하나의 것을 나타낸다고 할 수 없다. 그의 활동은 언제나 매우 다양하고, 다양한 가치를 지니고 있는 것이다.

이 "이교도" 신들을 그린 성화와 전설이 아무리 생동적일지라도 뿌에르적 특성을 통하여 세계 종교에 영감을 준 그리스도의 이미지에는 발기가 전혀 있을 수 없다.[22] 그의 생식기가 전혀 그려지지 않았고, 다른 것으로 대체되었거나 승화되었다. 발기는 부활로 대체되었고, 부활한 그리스도를 경축하는 승천의 잔치로 승화된 것이다. 이교도적 관점과 초기 기독교적 관점에서 보았을 때, (D. H. 로런스가 직관적으로 감지한 것처럼)[23] 현대의 성인 예수에게 성기는 너무 두드러지게 부재하고, 감춰져 있어서 기독교의 '숨어 있는 신'(*deus absconditus*)을 이제 찾아야 한다.

라틴어의 표준 단어에서 남근을 나타내는 말은 *fascinum*인데, 그 의미는 매혹이다. 발기는 발기된 사람의 자리를 바꾸는데, 그 증거를 상징적으로 나타내는 상태는 매혹되고, 홀렸으며, 빨려든 상태이다. 그 마술적인 순간 영과 물질은 해체될 수 없을 만큼 결합되어 있고, 매우 활동적이며, 서로에게 아주 의존되어 있는 것이다. 외래 부족과 그들의 신기한 성적 관습에 대해서 연구하였던 빅토리아 시대의 연구자들은 거기에 매혹되었고, 그들의 풍요 의례, 남근 숭배, 페티쉬 물건들, 매력적인 것들, 자르고, 표시하고, 둘러싼 것들에 대한 묘사 속에서 볼 수 있는 마술에 대해서 기록하였다. 그러나 이 관습들과 "도착들"에 대한 설명은 일반적으로 발기 자체에 있는 마법이나 마술에 걸린 의식의 변환에 대해서 이루어지지 않았고, 실제적인 것에 대해서—거세불안 극복하기, 태모와의 분리, 농작물과 짐승 새끼들의 풍요—이루어졌다. 브라운(N. O. Brown)[24]은 고대 헤르메스의 남근 숭배에서 원시 시대의 마술사를 보지만, 마술을 발기 현상 자체에만 맞추지는 않았다.

트릭스터 이야기에 나오는 남근이나 링감의 조상(彫像), 대부분의 헤르메스 상들에서는 실제의 생식기를 나타내는 것은 거의 없다. 또한 고환도 흔히 무시되거나 있어 보아야 부실하다. 거기에는 행운도 없고, 마술이나 숭배도 없다. 힘이 있는 것은 오히려 코뿔소의 뿔, 황소나 곰의 성기이다. 발기 이미지의 숭배는 발기의 외적인 면보다 발기에 대한 내적인 의식,

즉 발기된 뿌에르-의식과 거기에서 나온 성기의 매력을 반영하는 듯하다. 프로이드는 사람들이 성기를 이렇게 과도하게 중요시하는 것에 대해서 다음과 같이 말하였다: "어린아이에게서 일어나는 남성의 생식기의 다른 부분, 그 내용물을 가진 작은 주머니에 대해서 사람들이 별로 흥미를 느끼지 않는 것은 주목할 만한 일이다. 이 모든 것에서 우리는 분석에서 남성의 생식기가 성기로만 되어 있다고 생각하지 않을 수 없다."[25]

성기에 대한 과도한 중요시뿐만 아니라, 살펴보아야 할 것은 또 있다. 남성이 수평면을 향해서 수직적으로 직립해(호모 에렉투스) 있을지라도, 발기가 그 평평한 면을 넘어서 서있을 수는 거의 없는데, 상징으로서의 남근들은 (그 사람이 샤크티와 같이 있는 시바의 경우에서처럼 뒤로 누워 있지 않는 한) 수직적으로 서있다. 어쩌면 상상력만 하늘을 가리킬 수 있을지 모른다. 상징은 생리 현상을 변환시키고, 사실적 실재는 남근의 마술이 우리 몸을 환상 속의 발기로 밀어 넣기 전에 빛을 잃는다.

실제적인 생식력이 그 "내용물을 가진 작은 주머니"(불알) 안에 있기 때문에 씨앗은 수동성과 상처받기 쉬운 부분에서 나오는지도 모른다.[26] 약함은 뿌에르 의식에게 즉시 상처로 나아가는 문을 열어준다.[27] 생식력은 참을 수 없고, 운명적인 이 빈틈을 거부하고 주머니를 발기로 대체시킨다. 그때 창조를 의미하는 것은 발기로 된다. 생리학에서 아무리 다르게 말하더라도 상관없다. 주머니를 대신하여 음경(陰莖)의 크기, 지속성, 장력(壯力)이 중요하게 된다.

발기 자체는 원형적 조건이다. 고대의 영역에 신을 표시하거나 가리키기 위해서 서 있던 것은 성기가 아니라 남근이었고, 단순히 돌무더기, 기둥이 있기도 하였다. 그런데 헤르메스는 그의 이름을 이렇게 직립한 것으로부터 취했다.[28] 이렇게 특별히 곧추 선 것들은 그것이 영국의 스톤핸지나 이스터 섬이든지, 아니면 중세의 성이나 고딕식 건물의 뾰족탑이나 아니면 뉴욕의 마천루이든지 간에 고태적인 수직성을 확인할 필요가 있다는 사실을 말할 것이다. 그런데 이 모든 것들은 19세기 비엔나의 거리에서 무분별하게 가장 낮은 건물들로 축소되었다. 정신분석가의 마음에서 어린 소년의 성기로 된 것이다. 어린 소년들은 그들의 "남성성"을 경쟁을 통해서 시험한다. 그들의 음경은 가장 무거운 것을 매달 수 있고, 가장 멀리 오줌을 싸며, 가장 빨리 발기되기 내기를 하는 것이다. 거기에서 음낭은 제외된다.

　마술적 사고에서 부분은 전체를 변경시키고, 전체를 나타낸다. 성기는 남성이고, 남성은 성기이다. 그것은 그의 진정한 본성을 완수하는데, 남성의 성기가 발기됐을 때 그럴 수 있다. 그래서 흐물흐물한 것은 우스꽝스럽다. 이상적으로 볼 때, 발기된 것은 죽지 않을 수 있다. 그래서 시도 때도 없이 발기되는 것을 당황스럽게 생각하는 것은 그런 소망을 수치로 대치시킨 것이다. 지칠 줄 모르는 정력과 거대한 음경과 지속적 발기가 이상적인 것이다. 지속적 발기(priapism)는 증상이 아니라 영광이다. 남근이 숭배에 의해서 변환되었듯이, 그것은 붉은 몽둥이(baton rouge), 권력의 막대기, 사무실의 지팡이, 날개 달린 남근, 하늘을-나는-새로 변한다. 그것의 의지가 그의 의지를 넘는 것이다: " ... 의지의 초점, 즉 의지의 집중과 그 최고의 표현은 성적 충동이고, 그것의 만족에 있다. ..."(쇼펜하우어). 종교적 수련도 발기에 초점이 맞춰진 의지를 통제하려고 싸운다. 어거스틴에게서 발기는 "육(肉)이 죽지 않는 것"이었다.

　창조적 생산을 오직 번식력, 즉 정액이 든 고환만 가리키는 것은 원형적 오류이다. 생리적 기능만 중시하는 일반 세상에서 발기는 별 것이 아니다. 단지 수정을 위해서 뚫고 들어가는 도구이고, 정액을 운반하는 방편일 뿐이다. 하지만 발기의 신에게 똑같은 도구는 마술 지팡이, 즉 세상을 변화시키는 기표(記標)이고, 통상(通商)을 위한 방편이다. 뿌에르의 성욕은 성기에 초점이 맞춰져 있기 때문에 그는 성이 무엇보다도 번식에 목적이 있다는 물질적, 도덕적, 실용적 가정을 받아들일 수 없다. 아니다. 성은 무엇보다도 수직적으로 나가야 한다.

　이런 수직성은 뿌에르의 에로스에 영향을 끼친다. 발기는 연인들의 관계를 위한 것이 아니라 망아경 속에서 천국에 가게 하는 것이다. 그것은 다리가 아니라 화살인 것이다. 그것은 모든 종류의 멀리 나아가고, 이질적인 짝짓기—이름도 없고, 우연적이며, 기회주의적인—를 그럴 수밖에 없는 결합으로 만든다. 그러면서 그것은 불가능한 것들이 연합되게 하는 상징을 만들고, 화살에 맞아서 그 마술로 미친 두 사람을 결합시키며, 더 나아가서 인간의 광기를 신들의 광기와 결합시키고, 침실을 눈에 보이지 않는 기쁨이 넘치는 내실(內室)로 만든다. 생리적인 발기를 통해서 오는 메시지가 없으면, 트릭스터나 프리아포스는 물론 헤르메스나 에로스나 디오니소스도 제대로 작업하지 못했을 것이다. 그들의 신호가 제대로 먹혀들어가지 않았을 것이라는 말이다.

우리가 에로스의 수직성을 좀 더 명확하게 파악하고, 뿌에르의 에로스와 무관한 도덕주의를 지나쳐 보지 않으려면 우리는 그런 정죄의 원천을 살펴볼 필요가 있다. 생식력의 숨겨진 도그마가 다른 원형적 원리, 다른 신이나 여신에 기반을 두고 있기 때문이다. 그 도그마는 번식 이외의 용도로 발기를 이용하는 것을 배신행위로 본다. 그것들은 모두 방탕(Don Juanism), 남성적 항의, 전능의 환상, 노출증, 자기애인 것이다. 자녀의 생산과 관련된 인간 관계가 아닌 관계는 모두 진단 받아야 한다. 그러나 뿌에르의 수직적 우주 안에서 발기는 출산과 관계없고, 사랑을 만든다. 그리고 그것이 만드는 사랑이 언제나 인격적 관계일 필요는 없다. 기쁨, 영감, 계시를 준다면 비인격적이어도 상관 없고, 상상 속에서 이루어져도 상관 없으며 때때로 영웅적 구속을 가져오기도 한다.

그럼에도 불구하고, 도덕적 비판에도 진실이 있기는 하다. 성기에 초점이 맞춰진 행동에는 왜 그렇게 허무하거나 냉담하게 되거나 자기-만족과 병리적인 것들이 그렇게 많은가? 전통적으로 악마의 징표는 왜 얼음 같이 차가운 성기나 정액으로 표시되는가? 그 답은 우리가 이미 보았던 이미지들에 들어 있다: 돌무더기를 쌓아 놓은 것, 석상 또는 헤르메스의 주상 등이 그것이다.

이 상들에는 머리 조각이 두드러지는데, 그것들에는 종종 턱수염이 있고, 머리 꼭대기의 평평한 곳에는 성기들이 돌출되어 있다. 고대 아테네의 에바 퀼즈(Eva Keuls)는 거기에 대해서 이렇게 말하였다: "그런 이미지들은 개인의 집 앞이나 마당에 서있는데, 그것들은 공공의 경계와 성소(聖所)의 구역을 표시한다. 많은 수의 이런 상들이 아고라 지역과 헤르메스와 관계된 구역에 세워져 있다."[29] 이런 상들에서 느껴지는 핵심적 감정의 포착은 머리나 성기가 아니라 그 사이에 있는 평평한 부분에 있다. 머리와 성기에서는 아무것도 드러나지 않는 것이다 — 거기에는 아무것도 표현되지 않고, 아무것도 느껴지지 않으며, 차가운 돌만 있을 뿐이다. 제3의 것은 존재하지 않는다: 둘은 구분되지만 가운데 것은 배제되어 있다. 위에 있는 것은 자기가 아래 것을 지배하고, 그 위에 있다는 망상을 즐길 수 있지만, 생식기의 자율적 충동은 발기된 성기가 보고 싶어 하는 것을 보려고 한다. 현대인들이 꾸는 꿈들과 고전적인 세계에서 생긴 많은 이미지들은 성기를 눈을 뜨고 있는 모습으로 그린 경우가 많다.

비판적인 도덕주의자들은 남근을 뿌에르의 냉담의 원인으로 생각하는 것으로부터 벗어나야 한다. 그들은 시야를 기관으로부터 여기에 무엇인가 죽고, 묻힌 것이 있다고 알리는 비석처럼 서있는 평평한 부분으로 높이 들 필요가 있는 것이다. 오직 돌처럼 차가운 공백만이 머리와 생식기를 연결시킬 수 있다. 가슴이나 숨이나 위와 내장도 그렇게 할 수는 없다. 몸이 없다면, 아무도 없는 것이다. 그래서 아무 반성도 없이, 정신의 저장소인 기관에서 나온 신호는 행동으로 옮겨진다. 뿌에르의 무도덕성의 원천은 거기에 있다. 그것은 발기 자체에 있지 않고, 그의 부속물이 된 몸에 대해서 인식하지 못하는 데 있는 것이다. 뿌에르는 마치 강아지가 자기 꼬리를 붙잡으려고 애쓰듯이 그렇게 열심히 추구한다.

IV.

발기에 대한 나의 장광설은 다시 뿌에르 원형과 태모의 아들을 구분하려는 목표를 가지고 있다.[30] 여기에서 우리는 특히 뿌에르와 어머니의 성적 규약을 대조하면서 다루었다. 우리는 뿌에르를 인습적인 모성적 관점으로부터 판단하는 대신, 그런 편견을 거꾸로 돌려서 그 인습들을 뿌에르의 불온하고, 유별난 비전에 맞춰서 볼 수도 있다. 하지만 나는 세넥스의 잘못을 찾으려고 하기보다는 뿌에르를 어머니의 교조적인 제한으로부터 성욕을 해방시키는데 초점을 맞춰서 살펴보려고 한다.

오늘날 풍요의 원천이 되는 태모는 성교는 생산과 관계되는 것이어야 한다는 그녀 자신의 규약 때문에 위험에 봉착하고 있다. 그러나 문자 그대로의 생산은 인구 과잉을 초래하였고, 생태학적 자살로 이어져서 어머니인 자연을 위협하게 되었다. 전래 동요가 오래 전에 노래하듯이 주로 자신의 구두 속에서 사는 작은 여인에게는 그녀가 어찌해야 할지 모를 정도로 작은 아기들이 너무 많았다. 그녀에게 번식은 하나의 페티쉬이고, 예의범절을 따지는 너무 편협한 관점은 생산을 위한 성교에는 동의하지만 아기를 가지기를 원하지 않고, 옛날부터 말한 영혼의 생산을 주장하는 플라톤주의자들은 뿌에르의 성욕에 대해서 이해하지 못한다. 그러므로 동성애의 성교 역시 다른 성교처럼 많은 것을 생산할 수 있는 유효한 결합이 된다.

아기들은 가슴과 자궁과 어머니에게 속해 있는데, 그것들은 모두 다른 원형적 유형을 갖는다. 그런데 뿌에르는 보모도 아니고, 산파도 아니다(그리스에서 산파는 그녀들 자신이 어머니이어야만 하였다). 성적 능력이 오뚜기 같고, 플라톤과 프로이드가 본래 에로스에 대해서 생각했던 것처럼 다양한 형태를 한 헤르마프로디테가 몇 가지 결혼의 형태들을 관장하지만, 그는 출산의 방에 늘어가지 못한다.[31] 뿌에르-남성은 아이를 자신의 경쟁자로 보는 신적 아이(divine child)이기 때문에 결혼 생활에서 성은 한 측면이고, 아이는 결혼 구조의 바깥에 위치한다. 그래서 아기들이 상처를 잘 받고, 징징거리며, 언제나 많은 것을 달라고 할 때, 뿌에르-남성은 거기에 폭력적으로 대응한다. 뿌에르-남성이 아내의 임신을 두려워한다면, 그것은 그가 무책임해서 만이 아니고, 그가 여성의 임신한 몸에 감염되거나, 여성의 질에 이가 있다는 환상(vagina dentata)을 가지고 있어서 만도 아니다. 오히려 그가 이제 성에 대해서 자신감을 상실하였고, 그것들이 모두 "극복되어야 할" 장애라고 생각해야 한다. 이런 종류의 의식이 수직적으로 나아가면, 그것은 종종 그의 본성과 생식 주기로부터 소외된 것처럼 느껴진다. 그때 그의 삶은 식물적인 것들의 멍에를 쓰게 된다. 그래서 그에게 수직적 지향성이 상실되면, 그는 영적 무능과 거세 상태에 빠지게 된다. 그에게는 발기가 위축되고, 여성들을 두려워하게 된다. 그가 거기에 굴복하면 그는 창을 쟁기로 바꾸게 되고, 멍청한 황소처럼 온 땅에 있는 밭고랑을 쟁기질 하게 된다.

V.

발기는 또 다른 면에서 뿌에르-의식을 나타낸다. 플루다르크[32]는 그의 창(槍)을 그가 봉헌한 성전에 우뚝 세운 사나운 폭군 페라이의 알렉산더(BC 369-58)에 대해서 언급하였다. 그는 그의 창으로 그 신을 둘러싸게 하고, 그를 위해서 창을 희생시키면서 그 신을 타이콘(Tychon)이라고 불렀다. 타이콘은 행운의 여신 타이키(Tyche)[33]와 관계가 깊은데, 그녀는 "다산성"의 뿔로 여겨지는 것을 든 어린-소년(때때로 플루토스라고 불린다)과 함께 나타난다. 그러나 타이콘은 프리아포스(디오니소스와 아프로디테의 아들로 다산의 신-역자 주)의 다른 형태인 일종의 남근적 손가락 모습을 취하기도 한다. 여기에서 우리가 말하는 주제는 뒤섞인다: 프리아포스의 음경, 행운, 어린-소년, 숭배 예배, 발기 등이 그것이다. 마음이 발기되어 남근적 상태에 있으면 행운과 창이 교환될 수 있는 것이다. 또한 창은 매의 아들에게 속하기도 한다: 이집트의 에드푸(Edfu, 이집트의 도시로 룩소르와 아스완 사이에 있다-역자 주)의 문서에 이런 말이 있다. "매인 호루스의 마술의 창을 보여다오."[34] 매와 창은 호루스의 엠블렘으로 나타난다.

마르스의 성전 가는 길에는 창이 서있는데, 그것은 신을 위한 것이 아니라 신을 나타낸다. 아레스/마르스의 방패 안에 창을 세워 놓은 것은 창과 남근에 대한 숭배를 합쳐놓은 것이다. 그렇게 함으로써 뿌에르의 영적 추진력은 공격과 성욕에 의해서 강화된다.[35] 우리가 뿌에르 유형이라고 부른 의식이 그렇게 많은 본능적 원천을 혼동할 때, 그 의식은 신적 힘을 자신에게 동화시키게 된다. 초월적인 것이 내재하게 되는 것이다. 그래서 신을 부르거나 신에게 도움을 요청할 이유가 없다. 본능에서 우세한 것이 바깥으로 나아가지 않아도 되기 때문이다. 주체는 새턴처럼 신들을 삼켜버렸고, 호루스처럼 신들의 위로 갔다. 그렇지 않으면, 그들은 지금 신으로 된 반성하는 주체를 삼키고, 동화시켜서 주체적이고, 객관적인 힘의 융합 속에 사로잡혔고, 신들이 그들이 파괴하려는 인간을 광기 안으로 밀어 넣었다. 이런 광기는 대단히 불경스럽다. 그것은 신의 실재를 상실하였고, 모든 것을 주재하는 원형적 주상에 대한 느낌을 잃어버렸으며, 지금 작용하는 특별한 신에 대한 통찰을 상실하였기 때문이다. 그 주상은 이제 다른 것이 아니라 "나"로 되었다. "모든 것은 내가 가는 길이다. 나는 강하고, 즐거우며, 행운이 따르고, 힘이 세다. 나는 이 모든 흐름과 하나다."

이런 성격의 고전적인 예는 알키비아데스(Alcibiades, 고대 그리스 아테네의 정치가, 웅변가, 장군으로 무례한 행동으로 악명이 높았다-역자주)인데, 그는 영리하고, 재능이 많았으며, 잘 생겼고, 자유분방한 것으로 유명한 전사(戰士)이다. 11세기에 편집된 권위 있는(세넥스) 대영백과사전은 "그는 아주 난폭한 장난과 아주 무례한 행동에 몰두하였다"고 말한다. "그는 끝까지 피상적이고, 기회주의적인데, 그가 잠시 등용되었던 것은 순전히 그의 개인적인 흡인력 때문이다. 그는 믿을 수 없을 만큼 속임수에 능하다." 퀼즈는 알키비아데스를 "남근주의의 화신"이라고 불렀다.[36] 그러나 우리는 그를 뿌에르가 미쳐 날뛰는 모습이라고 말하고 싶다. 영웅적이고, 과대망상적인 사람인 것이다. "그는 정의에 대한 일반적인 생각, 절제, 거룩함과 애국심에 대해서 비웃었다."[37] 그는 다신론적 사회인 그리스의 유일한 계명, '신들을 잊지 말라'를 무시하였다. 사실 그가 아테네를 시실리까지 확장하려던 재난적인 원정을 떠나려고 하기 전에 그에게는 제국을 건설하려는 환상 있었고, 그것을 거의 시행하려고 했으며, 그때 그는 헤르메스의 상을 훼손하였다(팔과 다리를 잘라냈다)는 혐의를 받았다. 그것이 역사적으로 사실인지 아닌지는 모르지만, 신화적으로 보면 그가 범인인 것 같다. 기회 포착을 잘하고, 믿을 수 없을만큼 사기를 잘 치는 헤르메스는 알키비아데스처럼 불경스럽고 광기로 가득 찬 그의 신임에 틀림없다. 그는 충분히 헤르메스를 모욕하고, 헤르메스의 신상을 훼손했을 것이다.

우리는 소포클레스의 연극 '애이잭스'(Ajax)에서 닐슨이 교만(*hubris*)이라고 명명한 "그 자신의 힘을 신봉하는 사람"의 아주 좋은 예증을 볼 수 있다.[38] 애이잭스의 아버지는 이렇게 말한다.

> 아들아 ... 나가서 싸워 이겨라,
> 그러나 네 곁에 있는 신과 함께 이겨야 한다. "오" 애이잭스가 말하였다.
> 그런 허세는 필요 없습니다. "그 어느 바보도
> 그의 곁에 있는 신과 함께 이길 수 없습니다. 나는
> 나 자신의 영광과 명예를 걸고 이기려고 합니다."[39]

그 전에 애이잭스는 이렇게 말한 적이 있다: "당신은 내가 이제 어느 신에게도 빚을 지지 않는다는 사실을 알 수 있는가?"(Ajax, 589-90). 소포클레스는 "이런 끔찍한 자만(自慢)은 죽을 수밖에 없는 인간의 절도(節度)의 굴레를 깨부순다"고 하였다. 애이잭스는 "신은 나의 오른팔"이라는 금언을 따르지 않았고, 그의 창을 신으로 삼았다. 아이스킬로스가 쓴 '테베를 공격한 일곱 용사들"에 나오는 용사 가운데서 제일 젊은 파르테노파이스(그 이름은 처녀의 아들이라는 뜻이다)는 아레스와 아마존과 비슷한 아틀란타 사이에서 태어났는데 자신의 창에 대고 맹세를 하였다.[40]

물론 애이잭스는 지하세계에서 처벌받았다. 그러나 신들이 가장 무서운 복수를 한 것은 여성으로 태어났지만 그녀의 소원대로 불굴의 용사로 변한 카이네우스이다. 포세이돈은 그녀의 성기를 변하게 해서 이제 남성으로 된 그는 라피트의 왕이 되었고, 아들을 낳았다. 카이네우스는 창을 시장 한 복판에 꽂아놓고 그것을 신으로 숭배하라고 하였다.[41] 그러자 신들은 켄타우르스로 하여금 그를 공격하게 하였고, 켄타우르스는 통나무로 그를 바닥에 때려눕혔으며, 그의 몸은 다시 여자로 되었다. 카이네우스의 이야기는 창과의 동일시의 다른 측면을 보여준다. 그 이야기에 프로이드가 말한 음경-선망이 들어있는 것이 명백하지만, 다르게 읽혀질 수도 있다: 사

내다움을 뽐내는 태도에는 여성적인 것이 숨어 있고, 그 여성적인 측면은 자만이 그것보다 더 거친 본능에 의해서 꺾이고, 바닥에 떨어질 때 명백하게 드러난다.

수탉을 창으로 생각하면서 수탉을 숭배하는 것은 구별을 흐리게 한다. 영웅과 뿌에르가 삶에서 항상 그런 것은 아니지만, 마음속에서 구별될 수는 있다. 애이잭스 같은 태도가 지나치면 어리석게 광포한 태도로 떠돌거나 자살로 끝난다: 알키비아데스처럼 암살당하거나 카이네우스와 파르테노파이스처럼 신들에 의해서 파괴되는 것이다. 영웅들의 종말은 영광이거나 비극이다. 그러나 이 상들의 종말은 뿌에르적 추락이다. 그들의 교만은 수직적인 영웅적 태도나 그들의 야심에서 비롯된 것이 아니라 그들의 창의 이미지로부터 비롯되는데, 그것은 마치 공격성과 상승이 묘하게 합쳐진 것을 경고하는 듯하다. 결국 거기에는 상승의 또 다른 양태들이 있는 듯하다: 날개, 희망, 노래 등이 그것들이다. 수직적인 창을 통한 상승은 에로스의 의도를 반영하지 못하고, 전쟁의 신인 아레스만 반영한다. 그의 의식은 하늘을 목표로 하지만, 그는 신들과 대적하여 싸우면서 신들에게 나아가고 하늘을 정복하려고 하는 것이다. 수직성의 이런 국면은 흔히 교만(hubris)[42]이라고 불렸는데, 요즘은 심리학에서 "팽창"(inflation)이라고 부른다.

VI.

팽창의 의미는 단순하게 부풀어 오른 것, 부푼 것, 공기나 가스로 가득 채워져서 부어오른 것을 말한다. 심리학에서는 그 용어를 부정적으로 사용하고, 그 거품을 없애려고 비판한다. "팽창되었다"는 말은 심리학의 병기 창고에 있는 매우 좋은 무기가 된다. 그 말은 비난하는 진단 용어로 된 것이다. "신경증적", "편집증적"이라는 말이나, 심지어 "정신증적"이라는 말은 아주 모욕적인 말이 아니다. 이 병들은 사람들이 걸리는 병이기 때문이다. 우리는 우리의 유전적 하위구조나 정신적 하위의식에 전적으로 책임질 수 없다. 그러나 사람들은 어떤 사람이 팽창될 때 우리가 마치 스스로를 팽창시킬 수 있고, 그 현상의 뒤에 정신의 작용이 있지 않은 듯이 그에게 개인적인 잘못이 있다고 생각한다. 팽창의 반대편에 있는 우울증은 사람들에게 동정을 불러일으키고, 그가 딛고 일어서도록 격려하기도 한다. 그러나 팽창은 유치하고, 착각이며, 위험한 것이라고 공격받는다.

정신치료에서 팽창에 대한 두려움은 신들의 복수를 부르는 "죽을 수밖에 없는 인간의 겸손의 경계" 파괴라는 고래(古來)의 종교적 두려움을 세속적으로 나타낸 것이다. 팽창에서 인간의 상승주의가 존재의 위계를 변화시키려고 하기 때문에 신들은 도전받는다. 위로 올라가려는 충동은 존재론적 압력인 것이다. 그것은 존재의 더 좋은 상태로 나아가려고 하는데, 가장 좋은 상태는 하늘이다. 그러므로 모든 상승과 수직 운동과 발기는 환상 속에 하늘을 담고 있어서, 존재의 평면을 나타내는 수준을 교란시키고, 신들에 대한 교만이 된다. 어거스틴이 말했듯이, 곧추 서는 것은 실제로 반기(叛旗)를 드는 것이다. 그러나 뿌에르 의식은 그의 "자리"가 어디인지 모르기 때문에 사물의 질서를 와해시키려는 것은 없다. 오히려 그는 그가 신들과 같이 있는 것으로 안다.

팽창은 창조적 상승의 마지막 단계에서 필연적으로 따라올 수밖에 없다는 설명이 중국에서 변화를 나타내는 책 『역경』(제1괘)에 나온다. "창조적인 것"[43]에는 "오만"이 부기(付記)되어 있지만, 그것은 "절대적으로 상황에 의한 자연스러운 결과"로 간주된다. 그러므로 우리는 상승하는 창조적 충동에 동반되는 상징들이나 태도들 ─ 창, 오만, 하늘, 남근, 팽창, 극단주의 ─ 이 나올지라도 놀라지 말아야 한다. 더 나아가서 『역경』은 이런 배열을 냉담, 머리, 힘, 경직, 금속, 말, 붉음 등의 이미지로 확충하는데, 그것들은 아레스/마르스의 상들이기도 하다. 신들과 전투를 벌이는 교만의 잘못을 저지르는 것은 개인이 아니라 신이 전사(戰士)로서의 그의 힘을 나타내서 싸움이 시작되는 것이다.

***

우리가 이 장에서 살펴본 통찰들은 다음과 같은 결론을 가져온다. 뿌에르의 팽창은 가혹한 현실로부터 도피하려는 것이 아니고, 모성-콤플렉스에 사로잡힌 자아의 전능 환상도 아니며, 세상에서의 실패를 보상하려는 지나친 야심도 아니다. 태양을 향한 호루스의 충동은 앞에서 이미 언급한 본문에 분명하게 나와 있다: 과거의 신들을 극복하고, 아버지를 넘어서겠다. 뿌에르의 소명은 하늘로부터 받아서 사물의 질서를 다시 세우겠다는 것이다. 그때 그 기반은 위에 존재해야 하고, 존재의 기반은 연금술의 하늘과 같아야 한다. 거기에서 위에 있는 하늘은 상상력 자체에서 나온 것이고, 아래로 불의 빛을 던지는 단단하고 푸른 최고천(最高天)이다.[44]

그 기반에 도달하려면 사람들은 올라가야 한다. 상승은 다른 질서의 기반을 세우기 위한 비전, 세상을 태양의 눈으로 내려다보는 비전을 준다. 그것은 "내려다보는데", 세상의 평지를 걸어가는 우리에게는 오만으로 보인다. 상승주의자들은 이런 원형적 구조가 왜 성숙하지 못하고, 뿌에르 남성들이 성장하지 못한다고 설명하느냐고 항의한다. 우주는 시간을 통해서 회복되지 않고, 비전을 통해서 회복되기 때문이다. 봉헌은 발달도 아니고, 체험도 아니다. 열광은 신-안에(*en theos*) 있는 것인데, 신의 바람으로 가득 채워져 있다.

"뛰어넘는 것"(beyond)은—그것이 수평적으로 볼 때 우리가 열정에 관해서 다음 장에서 다루려는 것이든지, 아니면 시간적으로 볼 때 미래에 속해 있으며, 계속해서 가속하기를 요구하는 것을 벗어나는 것이든지, 아니면 심리학적으로 볼 때 문자 그대로 해석을 뛰어넘는 것이든지 뿌에르가 높이 들고 항해하는 깃발이다. 모든 제한된 명시적 의미와 환원적 설명과 법, 논리, 종교의 모든 장벽을 부수고, 그것을 통해서 보려는 것이다. "뛰어넘는 것"은 야심의 무한한 전진과 방법의 무한한 퇴행을 필요로 하는, 도달할 수 없는 목적을 말한다. 주어진 것을 그치지 않고 초월하는 것, 그래서 그 "길"을 뛰어넘는 것, 즉 초월의 '방법론'은 위반하는 것이 될 수밖에 없다. 그래서 위반과 초월을 구별할 수는 없다. 악마는 뒤처진 자를 잡아간다. 앞서 나아가고 뒤를 돌아다보지 말라.

태양이 부름이듯이, 세트는 적이다 – 아버지는 적이 아니다. 세트는 어둠, 무지, 무명(無明)으로 위협하고, 거기에서는 "오래된 똑같은 것"을 반복하게 하면서 그것을 질서라고 한다. 그것이 어둠인 세트이다. 그는 어둡게 하고, 아버지를 파괴한다. 그래서 뿌에르에게 필사적이고, 무자비한 인식욕이 일어난다. 그것은 단순히 지식을 얻고, 축적하려는 것이 아니라, 엄청난 힘을 가진 세트와 싸울 수 있는 중요한 수단이다.[45] 동기만 가지고서는 능력이 될 수 없고, 중심을 차지하거나 태양을 대체할 수도 없다. 뿌에르는 프로메테우스 같은 신이나 헤라클레스 같은 반신적 존재, 또는 그리스도 같은 신의 아들의 적이 아니라, 우주를 그들의 수준으로 올려놓으려는 신들에 속해 있다. 처음부터 끝까지, 추동력은 공격성이나 오만이나 힘만을 위한 것도 아니다. 그의 가장 깊은 욕망은 세넥스와 싸우거나 그를 굴복시키려는 것이 아니다. 세넥스는 이미 어두워졌고, 패배했으며, 그 어둠과 패배를 통하여 힘을 되찾았기 때문이다. 그를 자극하는 정동은 높이 있다. 구속(redemption), 미, 사랑, 즐거움, 정의, 명예 등이다. 높이 나는 것은 세넥스에 대한 존경과 세넥스를 위한 존경에서이다. 그것이 영적 이유이고, 영에서 비롯된 것이다.

| 주석

이 글은 본서에 처음 수록하는 것이다.

1   Cf. "Notions of Creativity", in *The Myth of Analysis* (Evanston: Northwestern University Press, 1972), 28-49. Cf. M. Eliade, "Symbolisms of Ascension and 'Waking Dreams'", in *Myths*,

    Dreams and Mysteries (New York: Harper Colophon, 1975).
2. H. A. Murray, "American Icarus," in A. Burton and R. E. Harris, eds., *Clinical Studies of Personality* II (New York: Harper & Bros., 1955). *Puer Papers*, ed. J. Hillman (Dallas: Spring Publications, 1979)에 재수록되었다.
3. R. Graves, *The White Goddess* (London: Faber & Faber, 1948), 192.
4. W. Shakespeare, *Henry IV*, 1.1.3.
5. 제6장 "Pothos"를 참조하시오 – 편집자.
6. *Henry IV*, 1.5.4.
7. R. T. Rundle Clark, *Myth and Symbol in Ancient Egypt* (London: Thames & Hudson, 1959).
8. Ibid., 216.
9. Ibid., 215.
10. 제8장 "오디세우스와 그의 상처"를 참조하시오 – 편집자.
11. 그 자신의 힘을 찾으려고 싸우는 매-소년에 대해서 보려면 Robert Duncan의 훌륭한 시 "My Mother would be a Falconress"를 참조하시오.
12. Rundle Clark, op. cit., 223. 하토르(Hathor)는 호루스의 눈들을 가젤의 우유에 넣고, 씻어서 고쳐주었다, 204. (우유에 있는 회복력과 의미를 위해서는 제13장을 참조하시오 – 편집자).
13. 세트의 무지, 어리석음, 물질성은 그를 나타내는 동물에서도 보인다: "세트는 이집트 신화에서 보통 당나귀와 연관되어 있다." J. Assmann, *Moses the Egyptian* (Cambridge: Harvard University Press, 1997), 37.
14. hawk/falcon의 vulture/buzzard 사이의 신화적 유사성에 대해서는 *Ausführliches Lexikon der griechischen und römischen Mythologie*, ed. W. H. Roscher (Leipzig: B. G. Teubner,

1884), I 과 "Apollo, Symbole und Attribute"; Graves을 참조하시오.

15 "피치노(Ficino)는 이미 신 하나만 예배드리는 것은 잘못된 일이라고 제대로 지적하였다. … 우리가 한 신을 부를 때, 그와 비슷한 신도 같이 부르는 것이다. 그리고 우리가 몇 신을 부르면 그 비슷한 신 모두를 같이 부른다. 다신론은 우리를 만신적으로 이끌고 간다." *Nimmer, das glaubt mir, erscheinen die Götter/ Nimmer allein.* Friedrich Schiller, "Dithyramb". "신들이 서로를 품고 있다는 생각은 플라톤의 진정한 가르침이다." E. Wind, *Pagan Mysteries in the Renaissance* (Harmondsworth: Penguin, 1967), 197-98.

16 N. A. Robb, *Neoplatonism of the Italian Renaissance* (London: Allen and Unwin, 1935), 261: (Michelangelo, LXI, "E se'l primo suo colpo fu mortale…").

17 "아폴로는 젊은이들이 성인으로 될 때의 주재자이다. … 그의 가장 중요한 축제 때 주로 나타나는 것은 소년들과 젊은이들이다. 성인이 되려는 소년은 그에게 자신의 긴 머리카락을 바친다." W. F. Otto, *The Homeric Gods*, trans. M. Hadas (New York: Pantheon, 1954), 71.

18 Cf. E. Monick, *Phallos: Sacred Image of the Masculine* (Toronto: Inner City, 1987).

19 "물리적인 것의 상상력"에 대해서는 레오나르도 다 빈치가 두 개의 요도를 보여주면서 남성의 성기를 해부학적으로 관찰한 것을 참조하시오. 그리고 졸저 *The Myth of Analysis*, 222-23도 참조하시오. S. Freud, *Three Essays on the Theory of Sexuality*, trans. J. Strachey, (London: Hogarth, 1962 [revised]), notes, 71, 105. 현대의 발기부전제(비아그라 등) 역시 물리적 발기 전에 상상적 발기를 권한다.

20 S. Freud, *Three Essays on the Theory of Sexuality*, trans. J. Strachey, (London: Hogarth, 1962 [revised]), notes, 71, 105.
21 H. A. Murray, op. cit.
22 L. Steinberg, "The Sexuality of Christ in Renaissance Art and in Modern Oblivion," October 25 (Cambridge: MIT Press, 1983). 더 나아가서, 성서에 나오는 신의 성애적인 몸의 표현에 대해서는 H. Eilberg-Schwartz, God's Phallus (Boston: Beacon Press, 1994)를 참조하시오.
23 D. H. Lawrence의 후기의 소설 *The Escaped Cock*은 막달라 마리아에 대한 예수의 성적인 사랑을 탐구한다. 이와 비슷한 주제를 Martin Scorsese의 영화 *The Last Temptation of Christ*에서도 찾아볼 수 있다 – 편집자.
24 N. O. Brown, *Hermes the Thief* (New York: Random House, 1969), 32-35.
25 S. Freud, "The Infantile Genital Organization of the Libido: A Supplement" *International Journal of Psychoanalysis* 5, 125-29.
26 J. Cambray, "Fear of Semen," *Spring* 51, 39-54.
27 제8장을 참조하시오 – 편집자.
28 W. K. C. Guthrie, *The Greeks and their Gods* (London: Methuen, [University Paperback], 1968), 92: "... 헤르메스의 수많은 성격은 태고의 우뚝 서있는 돌로부터 취해진 듯하다."
29 Eva C. Keuls, *The Reign of the Phallus* (New York: HarperCollins, 1985), 385.
30 이 주제는 제4장에서 이미 다루었다 – 편집자.
31 H. Graham, *Eternal Eve* (London: Hutchinson, 1960), 38-39.
32 Plutarch, *Pelopidas* 29.8.
33 그리스 사람들에게 행운, 성공은 실제로 "과녁에 맞는 것",

"과녁에 들어가는 것"을 의미한다. Cf. 제3장, "Notes on Opportunism."

34 J. Lindsay, *The Clashing Rocks* (London: Chapman & Hall, 1965), 142.

35 아프리카의 창 숭배에 대해서는 "Spear Symbolism" in E. E. Evans-Pritchard, *Nuer Religion* (Oxford: Clarenden Press, 1956), chap. IX; also Lindsay, op cit., 135-43와 주를 참조하시오.

36 Keuls, op. cit., 384.

37 *Encyclopaedia Britannica* (11th ed.), 1: 522.

38 M. P. Nilsson, *Opuscula Selecta* III, 26-31 (Lund: C. W. K. Gleerup, 1960).

39 *Ajax*, 769f.

40 Lindsay, op. cit., 162; cf. Graves, *The Greek Myths*, 1: 266.

41 Nilsson, op. cit., 27. Cf. Graves, *The Greek Myths*, 1: 78.

42 Nilsson, loc. cit. 닐슨은 "교만"을 경건한 부르주아들이 앞선 시대의 개인적 영웅주의를 깔볼 때도 사용하였다고 그와 다른 견해를 소개하였다.

43 H. Wilhelm, *Heaven, Earth and Man in the Book of Changes* (Seattle: University of Washington Press, 1977), 29-51.

44 Cf. my "Alchemical Blue and the Unio Mentalis" in *Spring: A Journal of Archetype and Culture* 54, 132-48.

45 세트에게는 또 다른 능력이 있다: "신들의 신성모독적인 비밀을 찾아내서 신들을 위협하는 것이다." (Assman, op. cit., 112). 세트의 그런 행위는 신비를 세속적 설명으로 환원시키는 것인데, 뿌에르 원형을 모성 콤플렉스로 환원시키는 것도 마찬가지일 것이다. 그렇다면 세트는 정말 뿌에르의 적임에 틀림이 없다.

제6장
사그라들지 않는 갈망: 영원한 소년의 향수

이 장에서 우리를 방황하게 하면서 제기하는 심리학적 질문 가운데 하나는 향수(鄕愁)이다. 그런데 우리는 그 논의를 진척시키기 전에 향수에 대한 중요하고 심오한 체험과—그 자체가 "원형에 대한 향수"일 수 있는 원형적 향수—최근에 향수에 대해서 나온 표현들을 구분해야 한다. 최근에 사람들의 향수를 자극하면서 나온 것으로 1930년대와 40년대의 영화들이 있는데, 그것들은 낭만적인 성애나 오염되지 않은 순수한 자연, "순진한 농부"의 진흙에 대한 향수, 또는 집시의 옷이나 오래된 물품에 대한 향수를 부추겼다. 이것들은 모두 지난 날에 대한 향수를 현재 속에 들여왔거나 향수의 가치를 세속화하고, 상업화하였다. 우리 눈은 원형적 향수를 보려고 하는데, 그것은 사회학적 향수였던 것이다.

나는 우리의 현상에 대해서 제3의 관점을 가질 수 있기를 바란다. 상업적으로 유행하는 최신형의 외침도 아니고, 야노프의 초기 치료(신경승은 어린 시절의 외상으로 인한 억압 된 통증에 기인한다고 주장하는 치료—역자 주)가 말하는 것으로서 우리 영혼에 있는 과거의 고통과 어머니에 대한 비명을 찾으려는 초기의 외침도 아니라 상상적 외침(cri imaginaire), 즉 상상계에 있는 외침인 샹베리의 외침(CRI of Chambery)을 찾으라는 것이다.[1]

사회학적 설명이나 개인적 설명이 아닌 제3의 길을 가기 위해서 우리는 원형심리학이 기반을 둔 근본적 원리를 따라가야 하는데, 그 원리는 에피스트로페(epistrope, 문장의 끝에 연속적인 문구나 동일한 단어를 반복하는 수사법—역자 주) 원리 또는 복귀의 원리이다. 에피스트로페는 신플라톤주의에서 나온 생각인데, 우리는 그것을 프로클루스의 『신학의 기초』, 특히 명제 29에서 제일 잘 볼 수 있다. 간단히 설명하자면, 이 생각은 이 세상에 있는 모든 현상은 그것들이 이끌리고, 되돌아가며, 반복되는 원형적 유사성을 가지고 있다는 것이다. 따라서 영혼의 모든 사건들, 즉 정신적 사건들과 행동들은 유사성, 상관성, 원형적 유형에 의한 동일성을 가지고 있다. 우리 삶도 신화적 형상을 따른다. 우리는 상상적 세계에서 확립되어 있는 주된 유형이 허락하는 대로 생각하고, 느끼고, 행동하는 것이다. 우리의 개인적인 삶도 신화를 모방한다. 프로클루스가 지적하듯이 이차적 현상(우리의 개인적 체험)은 그것이 반향하고, 그것이 속해 있는 처음이나 원초적 배경으로 되돌아간다. 그러므로 원형심리학의 과제와 치료는 행동 형태의 유형을 발견하는 것이다. 모든 것은 어딘가에 속해 있다는 가정(假定) 아래 있다: 정신병리의 모든 형태에는 신화적 기층(基層)이 있고, 신화에 속해 있거나, 신화에 집을 두고 있는 것이다. 더 나아가서 정신병리는 그 자체로 신화를 되돌리는 수단이고, 신화의 영향을 받는 수단이며, 신화 속으로 들어간다는 것이다. 그렇지 않으면, 융이 말했듯이, "신들이 병(病)으로 되었다."[2] 그러므로 오늘날 우리는 우리의 병리를 신에게서 찾아야 한다.

오늘날 우리를 이끄는 특별한 정신병리적 사건은 쉬지 못하고 떠돌아다니는 것, 집이 없고 외로움을 느끼는 것, 향수병에 시달리는 것인데, 그것들은 동시에 우리에게 무엇인가를 찾고, 추구하게 하는 추진력이 된다.

우리의 방법론은 부분적으로 헨리 코르빈(Henry Corbin)이 "데려다주다, 어떤 것을 그의 원천이나 원리로 데려가다, 원형으로 데려가다"라는 의미를 가진 타빌(ta'wil)이라는 말을 했을 때 기술한 것과 같다. 거기에 대해서 코르빈은 이렇게 부연한다: "타빌 안에서 사람들은 감각할 수 있는 형태를 상상적 형태로 데려간다. 그러면 더 높은 의미들이 솟아난다. 반대 방향으로 나아가는 것(상상적 형태를 그것의 원천인 감각적 형태로 되돌려 놓는 것)은 상상력의 실질성을 파괴한다."[3] 우리에게 타빌은 무의식을 분석하기보다 상상력을 보존하고, 탐색하며, 활성화시키는 것인데, 그것이 치료의 주된 작업이다.

I.

우리의 주제로 곧바로 돌아오면, 우리는 융이 방랑과 그리움의 현상을 이렇게 말한 것을 발견하게 된다: "영웅들(길가메쉬, 디오니소스, 헤라클레스, 미트라스 등)은 방랑자였고, 방랑은 그리움과 그 대상을 발견하지 못한 들떠 있는 충동과 잃어버린 어머니에 대한 향수의 상징이다."[4] 융은 1912년 방랑의 비밀스러운 목표는 잃어버린 어머니라고 말하였다. 거기에는 그가 거역하는 리비도, 즉 영웅적 과제로부터 돌아와 근친상간적으로 어머니에게로 돌아가려는 리비도의 조각이 있다. 그 리비도는 근친상간 금기에 가로 막혀서 자신의 목표를 찾지 못하여 그렇게 방랑하고, 영원히 그리워한다. 이런 역동적인 설명은 영원한 소년에 대한 초기의 고전적인 융의 설명이다. 남자나 여자, 나이든 사람이나 젊은이, 모든 사람의 정신의 영원한 젊은 구성요소이다. 그것이 영원한 방랑과 그리움이고, 궁극적으로 원형적 모성에 달라붙어 있는 것이다.

"우리는 이런 판단을 따르지 않을 것이라는 점을 강조하고 싶다." 그리고 우리가 고전적 융 학파에서 벗어나는 이유 가운데 하나는 여기에 있다. 왜냐하면 영원한 소년의 모든 영적 현상의 모티브를 모성 원형에 두는 것은 심리학적 물질주의, 즉 영을 모성적인 것의 부속물로 보는 견해이기 때문이다. 그러나 우리의 원형적 관점에서 볼 때, 영원한 소년의 심리학－손과 발에 상처가 나고 피를 흘리는 것, 높이 올라가는 수직성, 심미주의와 비도덕성, 아르테미스적이고 아마존적인 여성들과의 특별한 관계, 나이를 먹지 않는 무시간성, 실패하고, 파괴되며, 전복되는(실추되는)[5] 경향들－에 속한 이 모든 사건들은 신과 같은 젊은 남성이나 신적인 젊은이에게 속해 있는 것들이다. 우리는 그것이 오늘날 젊은 남성이나 여성들에게 나타나고, 우리의 꿈과 환상에서 영원한 소년이 나타날 때, 그 사실을 포착하지 못함으로써 영의 원형의 현현을 단지 "너무 어린 것", 너무 약하고, 병들었거나 상처받은 것, 그렇지 않으면 아직 성장하지 못한 것으로 판단하면서 제대로 파악하지 못하고 만다. 그렇게 모성 원형의 관점은 영의 가능성이 우리 삶에서 등장할 때 그것을 보지 못하게 하는 것이다. 그러므로 우리는 방랑과 향수를 모성 원형에 귀속시키는 것을 특히 경계해야 한다.

하지만 고전적 입장으로 가보자. 브라운(Norman O. Brown)은 프로이드적인 관점에서 똑같은 견해를 말하였다. "방랑하는 영웅들과 남근적 영웅들이 ... 걷기만 하거나 방랑하는 것은 어머니를 떠나고, 어머니에게 가고, 어머니 안에 있는 것이다. 그는 우리를 아무데도 데려가지 않는다. 공간 안에서 움직인다. 그 공간은 플라톤이 『티마에우스』에서 말하듯이 그릇이다. 말하자면 어머니인 것이다. ..."[6] 공간은 결국 여성의 생식기이고, 헤겔이 상상하듯이 "어머니가 하품하면서 벌린 입", 밤(夜)-같은 구멍이다. 그리움은 궁극적으로 어머니를 위한 것이며, 어머니를 상실했거나 금지당할 때 방랑은 시작된다. 예를 들어서 말하자면, 오레스테스와 알크메온은 그들의 어머니를 칼로 벤 다음 방랑하게 되고, 그들의 고향으로 돌아올 수 없다. 그리고 아폴로도 파이톤을 벤 다음 9년 동안 방랑의 고통을 당했다.

우리가 이런 고전적 입장을 받아들이면, 우리는 선원의 여행, 방랑자, 모험가를 영적으로 비밀스러운 사명을 가진 헤르메스 유형으로 보지 못하거나 영적 추구의 활동으로 보지 못하고, 다만 어머니와의 성적 교섭의 연장으로 보게 된다. 이 세계에서는 어머니와의 연합이나 어머니로부터의 도피라는 이중적인 움직임만 있다. 방랑의 다신론적인 원형적 가능성들이 단 하나의 의미만으로 환원되고, 뿌에르 심리학의 활동적 충동 역시 어머니-아들의 정신병리로 귀착되고 만다.

다시 시작하자. 우리는 방랑이 그리움의 상징이라는 융의 제안의 첫 번째 부분을 받아들일 수 있지만, 두 번째 부분은 보류한다. 그리움의 향수는 전혀 근친상간적이지 않은 것이다.

이 새로운 출발을 위해서 우리는 오디세우스를 따를 것이다. 그는 최초의 방랑자였는데, 방랑을 좋아하지 않았다. 그는 칼립소의 섬 바닷가에 앉아 우울하게 허공을 바라보면서, 향수에 잠겼다. "죽을 수밖에 없는 인간에게 방랑처럼 고약한 것은 없다." 오디세우스는 그의 고향을 그리워하였고, 다른 이들, 안티클레이아(Bk 11,202), 텔레마코스(Bk. 4.596), 에우메

오스(Bk. 14.144) 등은 오디세우스를 그리워하였다. 그들은 사랑하는 방랑자 오디세우스를 잃은 다음 그를 향한 사그라들지 않는 욕망 때문에 그를 그리워하느라고, 수척해졌고, 안타까워 했으며, 나이 먹어 갔고, 죽었다.

　오디세우스의 그리움은 어머니를 향한 것이 아니었고, 그의 집과 고향을 향한 것이었다. 칼립소와 오지지아는 방랑하는 선원이 상상했을 모든 근친상간적 리비도의 그리움을 채워줄 수 있었을 것이다. 그러나 오디세우스는 여전히 그의 집, 페넬로페와 함께 했던 커다랗고, 둥근 침대 때문에 수척해졌고, 고통 받았다. 향수는 반쪽과 나누어지고, 결합이 해체돼서 생기는 것이다. 방랑에 대한 우리의 질문은 에로스에 대한 질문으로 옮겨간다.

II.

　그리스 단어에서 향수에 가득 찬 갈망을 나타내는 이 특별한 성애적 감정을 나타내는 말은 사그러들지 않는 갈망(*pothos*)이다. 플라톤은 『크라틸루스』(420a)에서 그것을 멀리 있는 대상을 갈망하는 욕망이라고 규정하였나. 그에 관해서 고전들은 얻을 수 없는 것들에 대한 그리움, 즉 잃어버린 아이에 대한 갈망이나 사랑하는 것, 또는 잠이나 죽음에 대한 그리움 등도 열거한다. 사그라들지 않는 갈망은 무덤 위에 놓인 꽃(참제비고깔)과 하얀 백합과 식물(천국에서 핀다는 시들지 않는 꽃)이나 히아신스같은 꽃, 덩굴을 타고 기어오르지만 어느 한 군데도 정착하지 못하고, 계속해서 의지할 곳을 찾는 식물에서도 찾을 수 있다. 교부 나지안주스의 그레고리는 '사그라들지 않는 갈망'을 식물에게 있는 분투욕(奮鬪欲)이라고 불렀다.[7] 앤드류 마아블이 말한 자연의 힘인 "식물의 사랑"이나 딜런 토마스가 말한 "녹색의 충동을 통하여 꽃이 나의 피 안으로 들어오는 힘"이다.

　고대 세계에서 사그라들지 않는 갈망의 가장 좋은 예는 알렉산더 왕일 것이다. 그는 믿을 수 없는 어떤 그리움, 그에게 땅이 닿을 수 있는 곳을 뛰어넘어서 가게 한 그리움을 표현하기 위해서 "사그라들지 않는 갈망에 사로잡혔다"는 글귀를 만들었다고 알려졌다. 그는 고대 세계에서 정말 "공간적인 인간"이다. 알렉산더는 사그라들지 않는 갈망과 더 나아가려는 충동에 사로잡혔을 때, 다만 강둑에 앉아 있거나 그의 천막 숙영지 앞에 앉아서 앞으로 나아갈 길을 보고 있었을 것이다. 그러면 그 공간과 거리는 그의 갈망을 달래주는 시각적 이미지로 되었을 것이다. (나는 여기에서 알렉산더의 영원한 소년 같은 특성에 대해서 더 기술하여 우리의 본론에서 잠시 나가려는 유혹을 참으려고 한다: 그의 요절, 신화적이고 신적인 아버지, 발에 있는 상처, 중독증 등에 대해서 더 고찰하지 않으려는 것이다).

사그라들지 않는 갈망은 하나의 개념일 뿐만 아니라 감정이기도 하다. 알렉산더는 스코파스(395-350 BC)가 "젊고, 성숙한 소년의 몸"을 한 것으로 묘사하여 조각했듯이 실제의 인물이었으며, 신이 인간으로 나온 모습이었다. 이 인물은 디오니소스, 아폴로, 아티스, 히폴리토스, 그리고 남근적인 헤르메스와 연관되기도 한다. 플리니(Pliny)에 의하면, 사모트라케(Samothrace, 에게 해 북쪽에 있는 섬－역자 주)에서 주로 숭배한 것은 아프로디테와 포토스였다고 한다.

사모트라케에 대해서 살펴보기 전에 잠시 아프로디테와 포토스의 관계에 대해서 살펴보자. 에로스를 전통적으로 나누는 것에는 세 가지 부분이나 세 가지 인물이 있다: 하나는 히메로스(*himeros*)로서, 그 순간에 즉각적으로 제시되는 열기에 사로잡히는 신체적 욕망이고, 다른 하나는 안테로스(*anteros*)로서, 응답하는 사랑이다. 마지막에는 포토스(*pothos*)인데, 닿을 수 없고, 얻을 수 없으며, 이해할 수도 없는 그리움, 즉 모든 사랑에 수반되지만 언제나 포착을 뛰어넘는 것을 이상화한 것이다. 히메로스가 에로스의 물질적이고 신체적 욕망이고, 안테로스가 관계의 상호성과 교환을 나타낸다면, 포토스는 사랑의 영적인 부분이다. 사그라들지 않는 갈망인 포토스는 사랑의 영적 요소나 영에 있는 사랑의 요소라는 말이다. 사그라들지 않는 갈망이 꽃병 그림에 (5세기, 대영박물관) 아프로디테의 마차로 그려졌을 때, 우리는 사그라들지 않는 갈망은 결코 실제적 사랑으로 충족되지 않고, 그 대상을 실제로 얻었을지라도 충족되지 않으면서 욕망을 언제나 위로 향하게 하는 동기의 힘이라고 생각할 수 있다. 알렉산더를 사로잡았고, "집"에 가려는 오디세우스의 욕망을 사로잡아 현재를 뛰어넘어 마차를 끌고 간 환상의 요소이다.

여기에서 사그라들지 않는 갈망은 낭만적인 사랑의 푸른 꽃인데 우리를 방랑으로 이끌고, 방랑을 이상화한다. 그렇지 않으면 낭만주의자들이 그렇게 한다. 우리는 우리가 어떤 사람이고, 무엇을 하는가에 따라서 규정되지 않고, 무엇을 갈망(Sehnsucht)하는가에 따라서 규정된다. 그대는 무엇을 갈망하는가? 그러면 나는 그대가 어떤 사람인지 말해주겠다. 우리는 어디에 가려고 하는가, 우리의 방랑을 이끄는 이상향은 어디인가에 따라서 규정된다. 에로스 안에 있는 더 넓은 요소로서 사그라들지 않는 갈망은 선원-방랑자에게 결코 채워지지 않는, 불가능한 것을 추구하게 한다. 사그라들지 않는 갈망은 포토스의 초월성을 유지하기 위하여 히메로스와 안테로스를 거부하는 트리스탄 콤플렉스를 만들면서 "가능하지 않은 사랑"의 원천이 된다. 에로스의 이 측면은 삶을 신화화하면서 이 세상에서의 삶을 불가능한 신화적 활동의 장면이 되게 한다. 사랑의 이 구성물은 우리의 무감각한 개성화의 모험 속에 있는 요인이거나 신적 상(像)이다. 그것은 우리를 달려가게 하는 남근적 어리석음이고, 우리 마음이 불가능한 것을 쫓아서 미친 듯이 방랑하게 하고, 우리를 영원히 바다에 띄우며, 우리에게 내려야 할 닻을 거짓된 목표에 내리게 한다. 이 모든 것 때문에 우리는 사랑에 목말라 하는지 모른다.

III.

우리는 다른 섬으로 가는데-그리스의 도상학(圖像學)은 섬과 선원과 여행자와 이타카로 가는 향수의 도상학이며, 바람과 길을 벗어나게 하는 바람의 신들의 도상학, 무의식의 물인 사모트라케(Samothrace 또는 Samothraki)를 통해서 가는 개성화의 모험과 같은 도상학이다. 사모트라키의 카비로이(그리스 신화에 나오는 일단의 지하계의 신성으로 선원들의 보호자로 알려졌다-역자 주) 숭배는 아마 엘레우시스 이후 고대 세계의 신비한 입문식 가운데서 가장 중요했을 것이다. 거기에서는 일련의 의식(ritual)이 행해졌지만, 우리는 그 행동들과 신화적 내용을 엘레우시스의 그것들보다 잘 알지 못하고, 단지 헴버그(Bengt Hemberg)[8], 레만(Karl Lehmann)[9], 케레니(Karl Kerényi)[10]를 통해서 추측만 할 수 있다. 전설들에 의하면 이아손과 아르고 호 선원들, 헤라클레스, 오디세우스 등 방랑하는 영웅들은 이 섬에서 입문식을 위해서 머물렀다고 한다. 그 역시 방랑자였던 프로메테우스도 카비로이와 관계 있고[11], 전설에 의하면 알렉산더의 부모인 올림피아스와 필립은 거기에서 입문식을 할 때 만나서 사랑에 빠졌다고 해서 알렉산더와도 간접적으로 관계된다. 그는 마치 사그라들지 않는 갈망의 장소에서 임신하여, 그의 삶은 그것의 화신이며, 그 힘을 전시(展示)하는 것 같다. 사모트라키의 헤이론은 배가 난파되어 선원들을 보호하기 위하여 제우스의 아들들인 디오스쿠리(Dioskuri)에게 봉헌되었는데, 그것은 다른 말로 하면 방랑자들의 천국이다. 사람들이 사그라들지 않는 갈망과 어떤 식으로든지 관계를 맺을 수 있다면, 거기에서는 "난파"로부터 보호 받을 수 있다는 것을 의미한다.

방랑과 향수의 관계, 사그라들지 않는 갈망과 영원한 소년의 원형의 관계에 대해서 좀 더 잘 이해하기 위하여 사모트라키, 디오스쿠리, 카비로이에 대한 고전적 학자들과 고고학자들이 추정한 적절한 현상들에 관해서 살펴보자. 그러나 우리는 그와 동시에 이 영역에서는 그들도 상당히 사변적이고, 환상으로 가득 차있다는 사실을 잊지 말아야 한다. 왜냐하면 파르넬도 디오스쿠리에 대해서는 이렇게 썼기 때문이다: "이 쌍둥이 숭배에 대한 연구는 그리스 종교에 관한 다른 장보다 아마 더 당혹하게 하는 문제들을 보여줄 것이다."[12]

첫째, 권능자들(Mighty Ones) 또는 위대한 테오이(Megalo Theoi, 사모트라키에서 숭배되었던 신-역자 주)에게는 당황스럽게 하는 신비가 있다. 카비로이들은 권능자들이라고 불렸다. 입문식에는 서로 다른 모습의 남성 상의 쌍에 대한 의례가 있는데, 그것은 아마 엘레우시스에 있는 어머니-처녀의 쌍에 대응하는 남성 상인 듯하다. 이 신의 쌍은 누구인가? 아마 프로메테우스-헤파이스토스의 형제 쌍일 것이다. 그렇지 않으면 디오스쿠리 쌍둥이인가? 그것도 아니면 케레니가 짐작하듯이 턱수염이 난 신상이 더 젊은 소년 상, 포토스가 같이 있는 것이 아닐까?

서로 같지 않은 남성 상의 쌍은 수많은 사변을 하게 하는 원형적 주제 가운데 하나이다. 그것들은 그동안 불멸과 필멸, 신과 인간, 노인과 소년, 입문식을 치른 것과 치르지 않은 것, 또는 문화와 자연 등으로 상상되었다. 이렇게 서로 같지 않은 쌍은 프로이드와 융의 서간문집에서도 보이는데, 거기에서 프로이드는 그 주제를 유아기 초기의 기억들로 거슬러 올라가는 것으로 본다[13]: 프로이드의 편지에서 디오스쿠리의 쌍 가운데서 죽을 수밖에 없는 동생은 태반, 즉 모든 사람들과 같이 태어난 동반자이지만 태어나자마자 죽은 태반이라고 하였다.

사모트라키의 쌍-스코파스(Skopas, 기원전 4세기 그리스의 조각가-역자 주)가 조각한 유명한 포토스의 상이 있고, 거기에서 선원들과 방랑자들과 모험가들의 숭배가 이루어져서 우리의 관심을 끈다-은 늙은 맹인의 상의 발견으로 더 복잡해졌다. 그 늙은이는 테이레시아스(Teiresias, 그리스신화에 나오는 예언자로 아테네가 목욕하는 것을 보아서 맹인이 되었지만 그 대신 예언의 능력을 얻었다-역자 주)로 여겨지는데, 레만은 거기에서 카비로이 예배의 한 부분은 지하계로의 여행을 위한 것이라고 주장한다. 그 상을 호우머라고 하는 이들도 있고, 아리스토텔레스라고 하는 이들도 있다. 테이레시아스가 오디세우스의 스승이었듯이 아리스토텔레스는 알렉산더에게 노인의 역할을 하였고, 소크라테스는 유명한 알키비아데스에게 같은 존재였다. 케레니는 이 노인의 상이 그 모든 비의에서 중심적이고, 그것은 디오니소스-하데스라고 확신한다. 그들이 실제로 누구였든지 간에 그렇게 같지 않기 때문에, 그것은 소년과 나이든 사람, 뿌에르와 세넥스인 것이 틀림없다.

둘째, 카비로이의 세계에는 성애적이고 남근적 측면이 있다. 사모트라키에서 남근적 헤르메스는 포토스와 동일시되었고, 카비로이들은 그릇의 그림에서 흔히 보는 것처럼 남근 상이다. 더 나아가서 플리니는 스코파스가 만든 포토스 상은 아프로디테 상과 더불어서 사모트라키의 주된 숭배상이라고 주장하였다. 프리아포스(아프로디테의 아들)가 방랑자, 선원, 어부와 연계된 것은 나중의 일이다. 다시 말하지만, 아프로디테는 쌍둥이 디오스쿠리와 특별한 관계가 있는 것이다.

성애적이고 남근적 동기들을 이렇게 수집한 것은 방랑을 어머니를 찾으려는 향수 안에 있는 변절한 남근적 활동이라는 융과 브라운의 비전에 신화적인 깊이를 가져다주는 듯하다. 그때 포토스는 집으로 돌아가고, 아프로디테의 항구에서 안식을 찾는 소년다운 충동의 상(figure)이 된다. 그리고 아프로디테는 우리 안에 있는 뿌에르가 그리워하는 이미지이고, 그녀가 엮어준 헬렌-파리스의 결합은 우리의 성애적 환상에서 수천 척의 배가 매일 떠나는 얼굴이기도 하다. 케레니도 카비로이의 신비를 비슷하게 해석한다: 그의 환상에 의하면, 변절했거나 초기의 남근적 힘은 새-같은 여성에 의해서 순화되고, 문명 안에서 생산에 쓰인다고 주장하는 것이다.

(내가 심도 있지만, 간략하게 살펴본) 사모트라키에 관한 주요한 환상들- 하나는 서로 같지 않은 남성의 상과 지하계적 의미, 다른 하나는 성적 입문식과 아프로디테와 관계가 있다는 의미를 뛰어넘는 것-을 아직 학계에서는 더 깊이 나아가지 못하고 있다. 그 신비의 비밀은 여전히 열려 있지 않은 것이다.

IV.

우리가 카비로이의 신비 안에 있는 포토스의 자리에 대해서 별로 알지 못한다면, 우리의 무지는 역사적 공백뿐만 아니라 심리학적 결핍 때문일 것이다. 고고학적 탐사는 우리가 그와 같은 정도의 심층으로 꿰뚫고 들어가는 심리학적 깨달음이 없다면 아무 도움도 줄 수 없다. 때때로 우리는 이런 깨달음을 심리학적 사건들과 비교하면서 반추하면 다듬을 수 있다. 본문이 말하지 않는 것을 원형적 체험의 맥락을 통하여 재조직할 수 있는 것이다. 신화와 원형의 수준에서 시간은 아무 문제가 되지 않는다. 그런 점에서 사모트라키는 정신의 상상력과 심리학의 지리학에서 영원한 섬이라고 할 수 있다.

그러므로 우리는 이 문제와 관련하여 원형의 심리학적, 심지어 정신병리학적 측면으로 되돌아 갈 필요가 있다. 우리가 심리학을 신화학을 통해서 조명할 수 있는 것처럼, 정신병리학을 통해서 신화학을 실체화할 수 있다. 신화학과 병리학의 이중적 운동은 우리가 하는 원형 작업의 기초가 된다. 신화가 병리학을 더 넓은 장으로 가져가고, 병리학의 배경을 더 심화시키면서 개인적이고, 문자적인 환원주의에서 벗어나게 하듯이 병리학은 신화가 우리 삶에 들어오게 하고, 실체를 가지게 한다. 그때 그것은 이제 더 이상 책에 나오는 이야기가 아니다. 이야기는 우리 삶에 자리 잡고, 우리는 그 예증이 된다.

우리가 여기에서 따르는 생각은 각각의 원형에는 병리학의 고유한 양식이 있다는 것이다. 우리가 그에 의해서 영향 받는 원형의 파토스는 병리학의 로고스, 즉 의미로서 본질적인 것이다. 신화는 우리에게 원형적 정신역동은 물론 원형적 정신병리에 대해서도 말한다.[14] 우리의 병리학에서 우리는 신화로 들어가고, 신화는 우리에게 들어온다. 병리들은 우리가 모방하는 길이고, 우리가 닮으려는 신적 유형들이다.[15]

우리의 실제적인 삶에서 영원한 소년은 특히 청소년기가 연장된 형태로 나타나서 때로는 마흔 살까지 가며—갑자기 죽는 것으로 끝이 난다. 뿌에르는 사르트르의 말 가운데서, "젊음이라고? 그것은 부르주아의 병이야"라고 한 상(像)일 것이다. 그러나 그것은 사회적 고찰이지, 원형적 배경은 없다. 그것을 원형적으로 고찰하면, 뿌에르는 다른 모든 병리들과 마찬가지로 원형적인 질병이다.

나는 제1장에서 뿌에르의 몇몇 특징적인 상들에 대해서 묘사하였다. 그것들을 다시 살펴보면, 상처 받은 모습(건강염려증, 손이나 발이나 폐에 상처가 있고, 피를 흘리는 모습), 상승주의(수직성), 불과 물에 대한 경향(이카루스), 심미주의(히피족, 아폴로가 반한 히아킨토스, 나르시서스), 무시간성(시간 속으로 들어오지 못하거나 나이 먹지 않는 것, 또는 괴상한 골동품 애호가), 자기-파괴성(실패하고, 떨어지려는 욕망, 갑자기 죽으려는 욕망), 비도덕성이나 초도덕성, 과장된 부모상(실제의 부모를 신격화하거나 악마화하지 않거나 인간적 상황에서 존재할 수 없는 신적인 상을 가지는 것) 등이 있다. 결국, 영원한 소년은 다음과 같은 의식 구조와 행동 유형을 나타낸다. a) 세넥스—시간, 일, 질서, 한계, 학습, 역사, 지속성, 생존과 인내—를 거부하고, 싸우려고 한다. b) 남근숭배에 이끌려서 묻고, 탐구하고, 여행하고, 추구하고, 탐사하며, 모든 한계를 넘으려고 한다. 그것은 땅 위에 "집"을 가지고 있지 않은 들떠 있는 영이고, 언제나 변천 속에서 어디론가 가고, 어디에서인가 온다. 그의 사랑은 그리움에서 추진된다. 심리학자들은 이런 영을 관계성이 없고, 자기-색정적이며, 돈환적이고, 심지어 병리적이라고 비난한다.

사모트라키에 특별히 초점이 맞춰져 있는 것은 여기에서 말한 마지막 두 가지 특성인 성애적 남근숭배와 뿌에르—세넥스 분열이다. 우리는 거기에서 뿌에르 모티프와의 연계성을 발견할 수 있다: 그것은 방랑자, 선원, 모험가; 노인과 소년, 스코파스가 조각한 포토스의 아름다운 젊은 몸매, 남근숭배(카비로이) 등이다.

상상해 보자. 그 권능자들은 방랑자에게 그의 들떠 있음에 있는 원형적 원천과 의미를 입문의식을 행하면서 알려주고, 그가 "그렇게" 돌진하는 목적을 깨닫게 했을지 모른다. 그때 그 입문의식은 방향을 바꾼 리비도의 정신병리적 추진력을 의식(儀式)을 통하여 설명하면서 사그라들지 않는 갈망 자체에 대해서 가르치는 신화적 실행이 된다. 그 리비도에 있는 맹목성에 대한 깨달음의 변환이 일어나지 않는 한, 그것은 결국 "난파"를 가져올 것이기 때문이다. 눈먼 테이레시아스와 눈먼 호우머는 남성 안에 있는 소년을 바람에 불려서 표면 위를 이리저리 굴러다니는 방랑에 대한 심층적 의식으로 이끌면서 지하세계와 정신적 실재로 데려간다. 그때 서로 같지 않은 남성의 쌍은 우리에게 사모트라키에서, 뿌에르와 세넥스는 오디세우스의 개인 안에서 그런 것처럼 재결합했다고 말한다. 젊은 영은 그에게 생존에 대해서 가르치는 신중한 상대방을 발견하고, 수염이 달린 남성은 에로스의 사그라들지 않는 갈망을 발견하며, 가슴이 깨어나게 된다. 그러면 그는 다시 항해를 시작하고, 여행을 떠날 수 있다. 거기에서 헤르메스가 포토스와 동일시되면, 우리 안에 있는 사그라들지 않는 갈망의 징표 — 움직이려는 향수에서 나오는 그리움, 성애적 갈망, 선을 넘으려는 충동 — 는 해석학적 특질을 가지게 된다. 이런 느낌들은 영혼의 안내자인 헤르메스로부터 온다. 이런 움직임들은 수평적인 뿌에르에게 심리학적 가능성과 데카르트적 물질주의와 다른 공간에 대한 정신적 가능성을 제공하면서 영혼과 공간 사이의 관계에 대해서 유의(留意)하게 한다. 우리는 알렉산더의 사그라들지 않는 갈망이 풀어진 것이 공간이라는 사실을 기억하고, 사그라들지 않는 갈망은 플라톤이 티마에오스에서 기술하였듯이 공간에 대한 체험을 영적 현상처럼 아는 정동이라는 것을 안다. 형체가 없고, 이해할 수 없는 실존의 조건은 형성되는 모든 것들의 터전이고, 모든 사람들은 그리움의 목표에 이끌려서 공간과 공간-바깥으로 방랑하는 뿌에르들이다.

V.

우리가 사모트라키에서 행해졌다고 상상하는 입문의식은 뿌에르 의식에게 그의 본질적으로 이중적인 본성에 대해서 알게 한다. 우리가 사그라들지 않는 갈망, 향수가 가득 찬 그리움, 잃어버렸거나 상실한 다른 것을 찾는 방랑의 뿌리에 있다고 생각하는 것은 이 이중적 본성이다. 권능자들과 디오스쿠리의 쌍과 다른 모든 쌍들은 의식의 이중적 구조를 가리킨다. 우리는 그 이중성을 대극의 이 쌍이나 저 쌍—늙음과 젊음, 필멸과 불멸, 남성과 여성—이라고 특징지을 필요는 없고, 이항대립론(binarism)의 철학(레비-스트로스)을 모든 신화의 근본적 모형으로 생각할 필요도 없다. 또한 우리는 그 쌍을 모든 성애적 그리움의 증거라고 초점을 맞출 필요가 없고, 모든 영적 추구가 성애적 측면을 가졌다고 생각할 필요도 없다.

그 쌍을 이렇게 한정하는 것은 그것과 관련된 생각을 너무 좁게 문자적으로 해석하려는 경향 때문이다. 뿌에르 의식은 쌍둥이 의식이고, 개인성에 이런 이중적 측면이 있다는 깨달음은 우리를 입문식으로 이끌고 간다. 사모트라키 예배는 엘레우시스 예배와 달리 개인을 위한 것이었다. 사람들은 그 예배를 혼자 치렀는데, 그것은 자유인과 노예, 그리스인과 외국인, 남성과 여성을 위한 것이었다. 그러므로 그것은 사람들에게 그들의 개인성, 즉 그들의 개인적 다이몬과 수호천사, 그것과 관련된 그들의 운명과 결부된 의식을 변환시키려는 것이었다. 입문식은 사람들에게 개인성은 본질적으로 단일한 것이 아니라 이중적이고, 심지어 복합적인 것이며, 우리 존재는 은유적인 것이고, 언제나 두 가지 수준이 동시에 존재한다는 깨달음을 전해준다. 오직 이런 이중적 진리만이 우리가 현실을 하나의 거대한 바위 위에 세우지 않게 하면서 난파되지 않도록 한다. 엘레우시스 예배도 똑같은 사실을 말한다. 엘레우시스도 어머니와 딸은 언제나 서로의 입장이 다르다는 사실을 가르쳐주는 것이다. 어느 하나가 있는 곳에는 언제나 "다른 것"이 있고, 그 다른 것의 도움으로 우리는 우리의 실존을 반성할 수 있으며, 그것 때문에 우리는 언제나 지금-여기에 있는 것보다 더 "나아질 수" 있고, "다르게" 될 수 있으며, 그것을 뛰어넘을 수 있다.

우리 삶에서 타자성의 현존은 자기-이질성, 자기-소외처럼 느껴질 수 있다. 나는 언제나 나 자신에게 낯설게 느껴지고, 나는 내가 또 다른 곳에 있는 것이 아닌가 하는 생각을 하지 않고서는 나를 생각할 수 없다. 그래서 사람들은 언제나 그 다른 존재를 찾으려고 방황한다. 나의 삶은 이 때문에 언제나 양가적으로 느껴지고, 만족스럽지 못하며, 들떠 있다. 그래서 자기-분열이나 분열된 자아는 현대 정신의학에서 흔히 볼 수 있는 조건이지, 그 결과나 사건은 아니다. 사실 자기-분열은 합쳐져야 하거나 치료되어야 하는 것이 아니다. 그것은 오히려 입문식을 통해서 의식이 그 병리에 담겨 있는 의미를 깨달아야 하는 원형적 현상이다. 사모트라키에서 보는 쌍이 서로 같지 않고, 비대칭이라는 사실은 어느 개인의 마음도 온전하거나 단일하지 않고, 그 자신과 하나가 아니고, 신들과도 하나가 되지 못한다는 사실을 말한다. 이 입문식은 우리를 전일하게 만들지 않고, 오히려 우리가 다른 상과 쌍(syzygy)[16]이고, 언제나 춤을 추고, 눈에 보이지 않는 타자의 반영이라는 사실을 알게 한다. 그 타자가 뿌에르에게 세넥스, 남성에게 여성, 아이에게 어머니, 삶에 죽음 등 그 어떤 형태든지 간에 타자는 매순간 배열되고, 우리가 오귀지아(오디세우스가 이타카에 가기 전에 칼립소와 함께 7년 동안이나 머물었던 섬-역자 주)에 있든지, 알렉산더와 같이 인더스 여행을 하든지 그는 언제나 손에 닿지 않는다. 그 타자는 육체적 사랑이나 일상적 사랑을 말하지 않고 사그라들지 않는 갈망으로 도저히 잡을 수 없는 이미지이다.

더 나아가서 마음이 외골수이거나 인격이 단일하여 일방적이면 입문식을 받아야 한다. 단일성은 목표가 아니라 사전-조건인 것이다. 융 역시 "일방성"은 감정이 없고, 논리만 있는 넓은 의미에서 볼 때 신경증이라고 정의하였다. 위대한 전능자들(위대한 테오이 신)을 통한 입문식은 둘(two)에 의한 입문식이다. 비대칭적인 둘에 의한 입문식인 것이다! 이중성과 비대칭의 필요성에 대한 강력한 이미지는 우리에게 일방성(입문식을 거치지 않은 고지식한 마음)에 있는 강박적 충동과 불균형에 대한 영원한 의미에 대해서 가르쳐준다. 권능자들은 우리의 존재론적 불균형의 현현이며, 우리가 그리움으로 느끼는 부조화의 원형적 이미지를 가져다준다. 은유적 인간은 그 자신의 확실성에 고착된 고지식한 사람과 달리 언제나 바다에 있고, 도상(途上)에 있으며, 동시에 두 자리에 있다. 우리가 상상 속에서 영혼에 재구성한 사모트라키의 신비는 긴장을 풀고, 이완을 꿈꾸지 않고, 그들의 원형적 맥락을 가져다준다.

그러므로 우리는 향수의 원천의 끝자락에 내던져졌는데, 그 원천은 어머니도 아니고, 에로스도 아니다. 그 문제에 대한 유일한 해결책은 사그라들지 않는 갈망처럼 끝이 없는 무한으로, 상상 속에서 밖에 찾을 수 없다. 우리의 방랑과 그리움은 원형적인 상상의 상인데, 그것은 우리에게 그리움을 불러일으키는 포토스의 의인화된 모습, 영원한 소년이다. 우리의 욕망은 우리에게 그 욕망을 불러일으키는 그 이미지를 향하고 있다. 그것은 원형 속에서 욕망을 그 욕망의 원천으로 돌려보내는 결구(結句) 반복적 욕망이다. 그런데 이 영원한 소년 원형은 코르빈이 종종 이야기하듯이 완전히 우리 자신의 상상적 반영(reflection)인 천사의 상이다. 그것은 우리에게 우리 자신이 그의 은유라는 사실을 알게 해준다.[17] 우리가 여기에서 말하는 이중성은 프로이드적인 의미로 우리가 태어날 때 잃어버린 태반이 아니라, 코르빈적인 의미에서 비슷한 쌍둥이다. 또한 그것은 그 집이 우리의 본래적 이중성이 원래 거기에 자리 잡고 있으며, 담겨 있다고 상상하는 그 "자리"의 은유(티마이오스의 그릇)가 아니라면, 융적인 의미에서 어머니를 만나러 집으로 "돌아가는" 전환된 리비도도 아니다. 그래서 우리의 사그라들지 않는 갈망은 우리의 천사 같은 본성을 말하는 듯하다. 궁극적으로, 우리의 그리움과 바다로부터 나온 방랑벽은 비인격적인 이미지로서 우리의 개인적인 삶에서 우리를 치닫게 하고, 살게 하며, 신화적 운명을 모방하게 하는 원천인 것이다.

| 주석

이 논문은 1974년 프랑스의 샹베리에서 처음 발표되었다. 그때 힐만은 영어로 *Loose Ends: Primary Papers in Archetypal Psychology* (New York/Zurich: Spring Publications, 1975)라는 제목으로 발표하고, 출판하였다.

1. 외침(cri)이라는 단어는 그 학회를 주최한 기관의 머리 글자를 따서 만든 약호이기도 하다. Centre de Recherche sur l'Imaginaire(상상계 연구 센터).
2. CW 13: 54.
3. H. Corbin, *Avicenna and the Visionary Recital*, trans. W. R. Trask (London: Routledge & Kegan Paul, 1960); H. Corbin, *Creative Imagination in the Sufism of Ibn Arabî*, trans. R. Manheim (Princeton, N. J.: Princeton University Press, 1969).

4　CW 5: 299.
5　방랑의 주제를 제8장에서 다루고, 비행과 수직성의 주제도 제5장에서 다루고 있다 — 편집자. Cf. G. Durand, *Les Structures anthropologiques de l'imaginaire* (Paris: Presses Universitaire de France, 1963), 111-16.
6　N. O. Brown, *Love's Body* (New York: Random House, 1966), 50.
7　Pauly-Wissowa, "Pothos," in *Realencyclopädie der classischen Altertumswissenschaft* (Stuttgart: 1953); *Ausführliches Lexikon der griechischen und römischen Mythologie*, ed. W. H. Roscher (Leipzig: B. G. Teubner, 1884), III; "Pothos," Liddell and Scott, *A Greek-English Lexicon* (Oxford: Clarendon Press, 1968).
8　B. Hemberg, *Die Kabiren* (Uppsala: Almquist Wiksells, 1950).
9　K. Lehmann, *Samothrace* (New York: Bollingen, 1958).
10　K. Kerényi, "Mysterien der Kabiren," *Eranos Yearbook* 11 (1944) [engl transl. in *The Mysteries* (New York: Bollingen, 1955)]; K. Kerényi, , "Das Theta von Samothrake" in *Geist und Werk*: zum 75. Geburtstag Daniel Brody (Zurich: Rhein- Verlag, 1958); K. Kerényi, *Symbolae Osloenses* 31 (1955), 141-52. K. Kerényi, "Theos und Mythos" in *Griechische Grundbegriffe* (Zurich: Rhein-Verlag, 1964).
11　K. Kerényi, *Prometheus* (New York: Pantheon, 1963).
12　L. R. Farnell, *Greek Hero Cults and Ideas of Immortality* (Oxford: The Clarendon Press, 1921).
13　*The Freud/Jung Letters*, ed. W. M. Guire (London: The Hogarth Press and Routledge & Kegan Paul, 1974).
14　James Hillman, "Essay on Pan" in *Pan and the Nightmare*과

그가 *The Myth of Analysis*에 디오니소스에 대해서 길게 쓴 부분을 참조하시오. 그는 거기에서 신화적 인물과 병리적 양식에 대해서 매우 자세하게 기술하였다—편집자.

15 이 논문의 원래 본문에서 독자들은 전형적인 뿌에르적 특성을 가진 인물들을 상기할 수 있을 것이다: "아티스, 아도니스, 히폴리투스, 벨레로폰, 이카루스, 이아손 등"인데, 그는 계속해서 "그러나 뿌에르적인 측면은 호루스, 디오니소스, 헤르메스, 예수에게도 있었다. 문학도들은 생텍쥐페리, 셸리, 랭보, 루소에게서도 뿌에르를 발견할 수 있을 것이다. 세익스피어의 핫스퍼도 한 예이다. 허만 멜빌 역시 적어도 다섯 명의 선원-방랑자를 가지고 있다—편집자.

16 다이몬으로서의 "타자"에 대한 고찰을 위해서는 J. Hillman, *The Soul's Code* (New York: Random House, 1996)을 참조하시오—편집자.

17 H. Corbin, op.cit. 와 나의 *The Soul's Code*를 참조하시오.

제7장
배신

　유태인들의 이야기 가운데 아주 비꼬인 우스갯소리 하나가 있는데, 그 내용은 다음과 같다. 어떤 아버지는 그의 작은 아들이 무서움을 덜 타고, 더 씩씩해지도록 계단 위에서 아래로 뛰어내리게 하였다. 그는 계단을 하나 더 높여서 아들에게 "뛰어봐. '내가 너를 붙잡을 테니까'"라고 하였다. 그래서 소년은 뛰어내렸다. 그 다음에 아버지는 아들을 세 번째 계단에 올려 놓고, 다시 "뛰어봐. 내가 너를 붙잡을 테니까"라고 하였다. 소년은 좀 무서웠지만, 아버지를 믿고 아버지가 시키는 대로 하고, 아버지의 품에 안겼다. 그 다음에도 아버지는 그 다음 계단, 그 다음 계단에서 "뛰어봐. 내가 너를 붙잡을 테니까"라고 하였고, 소년은 뛰어내렸으며, 아버지는 소년을 잡아주었다. 그런 식으로 계속하다가 이윽고 소년은 제일 높은 계단에서 똑같은 방식으로 뛰어내렸는데, 이번에는 아버지가 뒤로 물러서서 소년의 얼굴은 바닥에 그대로 떨어졌다. 소년이 피를 흘리고, 울면서 스스로 일어났을 때, 아버지는 이렇게 말하였다. "이 일에서 너는 잘 배워야 한다. 너는 절대로 유태인들을 믿지 말아야 해. 그것이 비록 너의 아버지일지라도 말이야."
　이 이야기가 반-유태적인 이야기임에는 틀림없지만, 내가 이 유명한 이야기를 유태인으로서 유태인에게 들었을 때, 여기에는 그 이상의 의미가 담겨 있는 것을 알았다. 나는 이 이야기가 지금 우리가 말하려는 주제인 배신에 대해서 무엇인가 중요한 이야기를 한다고 생각한다. 예를 들어서 말하자면, 왜 소년은 아무도 믿지 말라는 가르침을 받아야 하는가? 그리고 그것이 왜 유태인이고, 그 자신의 아버지도 포함되어야 하는가? 자신의 아버지나 자신과 아주 가까운 사람으로부터 배신당한다는 것은 무엇을 의미할까? 아버지를 배신하고, 사람을 배신하며, 그를 믿는 사람을 배신하는 것은 무엇을 의미할까? 나이든 사람이 소년에게 입문식을 행하는 것과 배신은 어떤 관계에 있을까? 배신은 심리적인 삶에서 어떤 목적이 있는가? 우리가 묻고 싶은 것은 이런 것들이다.

I.

우리는 어떤 문제로부터인가 시작을 해야 한다. 나는 이 경우 내가 비록 심리학자로 신학의 기반을 침해하는 것인지 모르지만 성경에 나오는 "태초에"라는 말로부터 시작하려고 한다. 그러나 나는 비록 심리학자이지만, 보통의 다른 심리학자들이 말하는 태초로부터 시작하지 않고, 다른 신학, 아이와 어머니가 있는 다른 에덴으로부터 시작하려고 한다.

저녁나절 하느님과 같이 에덴을 걷던 최초의 아담에게 신뢰와 배신은 문제 되지 않았다. 인간 조건의 태초에 있던 낙원의 이미지는 우리가 "근본적 신뢰"라고 부르는 것이나, 근본적인 믿음으로서 산타야나(Santayana)가 "동물적 믿음"이라고 부른 것을 보여준다. 아직도 염려, 두려움, 의심이 없지는 않지만 발아래 있는 지반이 실제로 존재하고, 그 다음 단계에서도 없어지지 않으며, 내일 아침에도 해가 뜰 테고, 하늘이 머리 위로 떨어지지 않으며, 하느님이 실제로 인류를 위하여 이 세상을 만드셨다는 것이다. 에덴 동산의 원형적 이미지로 제시되는 근본적 신뢰는 어린이와 부모의 개인적인 삶에서 실제로 반복된다. 아담이 태초에 하느님에게 동물적 믿음을 보였듯이, 아이도 시초에는 아버지를 신뢰한다. 하느님과 아버지의 부성적 이미지는 모두 믿을 수 있고, 단단하며, 안정되고, 정의로우며, 그 말씀은 언제나 영원한 바위이다. 이런 부성 이미지는 로고스라는 개념으로 남성적 말씀의 거룩성과 불변의 강력함을 통해서 표현될 수 있다.

그러나 우리는 이제 더 이상 그 동산에 있지 않다. 이브가 그 태초의 존엄성을 벗겨버린 것이다. 성서는 낙원 추방 이래 수많은 종류의 배신의 이야기들을 기록하고 있다: 카인과 아벨, 야곱과 에서, 라반, 그의 형제들에게 팔려간 요셉과 그들의 아버지를 속인 것, 파라오가 약속을 저버린 것, 모세의 등 뒤에서 송아지에게 예배드린 것, 사울, 삼손, 욥, 신의 진노와 창조가 거의 무화된 것 등 수도 없이 많은데, 그 가운데서 우리 문화에서 정점에 이르는 중심적인 신화는 예수에 대한 배신일 것이다.

우리는 이제 더 이상 낙원에 있지 않지만, 매우 가까운 관계, 예를 들어서 말하자면, 사랑, 우정, 분석 등 근본적 신뢰가 재건되는 상황을 통해서 되돌아갈 수 있다. 이것은 테메노스(*temenos*), 분석적 그릇, 어머니-아이의 공생관계 등 다양한 이름으로 불려왔다. 여기에서는 에덴 동산 같은 안전함이 다시 형성된다. 그러나 이 안전, 또는 내가 말하는 종류의 테메노스는 약속, 계약, 언어를 통해서, 즉 로고스를 통해서 주어지는 남성적인 것이다. 그것은 젖과 피부의 따뜻함을 통해서 전해지는 가슴의 신뢰가 아니다. 그것은 같기도 하지만 다르다. 그래서 나는 인간의 삶에서 기본적인 모델을 찾으려고 언제나 태모에게 갈 필요가 없다는 사실을 충분히 논해야 한다고 생각한다. 살이 아니라 언어에 근거를 둔 이 안전성 안에서 근본적 신뢰는 재수립되고, 근본적인 세계는 안전하게 드러날 수 있다—아담의 약함과 어둠, 벌거벗은 무기력함 등 우리 자신의 태초의 모습이 위협 받지 않고 드러날 수 있는 것이다. 여기에서 우리는 어느 정도 제일 좋은 것과 제일 나쁜 것을 담고 있으며, 수백만 년이 지난 과거와 미래의 생각의 씨앗들을 담은 우리의 가장 단순한 본성을 넘겨준다.

한 사람이 그의 기본적인 세계를 드러내고, 그가 파괴되지 않으면서, 그 자신을 풀어낼 수 있는 안전에 대한 욕구는 분석에서 기본적이고, 명확하게 드러난다. 안전에 대한 이 욕구는 어머니에 대한 욕구인데, 우리가 지금 논의하는 부성적 유형에서 볼 때, 그 욕구는 아담, 아브라함, 모세 등 족장들처럼 하느님과 가까워지려는 욕구이다.

사람들이 바라는 것은 그를 내치지 않는 타자에게 완전히 담겨지는 것만이 아니다. 오히려 그 바람은 그와의 신뢰와 배신을 뛰어 넘어서는 관계이다. 그 자신의 배신과 양가성, 즉 그 자신의 이브(Eve) 같은 모습이 있음에도 불구하고 보호 받을 수 있는 상황을 바라는 것이다. 다른 말로 해서, 부성적 세계에서의 근본적 신뢰는 모든 것이 이브처럼 되지 않고, 하느님과 낙원에 같이 있는 것이다. 근본적 신뢰는 이브-이전의 관계, 범죄-이전의 관계인 것이다. 그러므로 근본적 신뢰 안에서 하느님과 하나가 되는 것은 그 자신의 양가성에도 불구하고 보호 받을 수 있는 관계이다. 우리는 우리 자신의 양가적 본성 때문에 일들을 망칠 수 없고, 우리가 만든 것들을 욕망하거나 속이거나 유혹하거나 시도하거나 비난하거나 혼동하거나 숨기거나 도망치거나 훔치거나 거짓말하거나 훼손할 수 없다. 또한 우리는 에덴동산에서 악의 원천이었고, 그 이래 언제나 작동하는 아담의 양가성의 원천인 아니마의 배신하려는 성향을 가진 어정쩡한 무의식 때문에 배신할 수도 없다. 우리는 말씀이 진리이고, 그 사실이 흔들릴 수 없는 로고스의 안전성을 원한다.

물론 근본적 신뢰에 대한 바람, 즉 나와 부성(父性)이 아니마가 개입하지 않는 가운데서 하나가 되는 노현자, 자기(Self)와의 합일에 대한 바람은 소년다움이 그 뒤에 버티고 있는 영원한 소년의 전형적인 바람이라고 쉽게 생각할 수 있다. 그는 결코 에덴에서 내려가기를 원하지 않는다. 거기에서 그는 피조 세계의 창조물들의 이름을 모두 알고 있으며, 열매들이 나무에서 자라서 그것들을 따기만 하면 먹을 수 있어서 아무 노역을 하지 않아도 되고, 저녁의 시원한 그늘 아래서 토의를 길게 즐길 수 있다.

그는 알고 있을 뿐만 아니라, 마치 하느님의 전능성이 그에게 온통 집중되어 있는 듯이 완전히 알려지기를 바란다. 이런 완전한 인식, 즉 그 자신이 하느님 안에서, 하느님에 의해서, 하느님에게 누구인지 완전히 이해 받고, 긍정 받고, 인지되며, 축복받고 있다는 이런 지각은 모든 근본적 신뢰의 상황에서 반복해서 일어난다. 그래서 사람들은 나의 절친이나 아내나 분석가가 나를 속속들이 정말 이해한다고 느낀다. 그러나 그들이 정말 그렇지 않고, 그의 본 모습을 제대로 지각하지 못하며, 잘 알지도 못한다는 사실(그것은 그의 삶을 통해서 드러난다)은 심각한 배신처럼 느껴진다.

그것은 하느님은 그가 인간에게 충분한 도움이 되지 못했고, 하느님 자신보다 다른 어떤 것이 인간에게 더 필요했다는 사실을 말하는 성경 이야기에서 드러나는 듯하다. 그래서 이브는 남성 자신으로부터 불려지고, 끌어내져서, 창조되어야 했다. 그것은 배신에 의한 근본적 신뢰의 파괴로 이끌었다. 에덴은 끝났고, 삶이 시작된 것이다.

성경 이야기에 대한 이런 해석은 인간의 삶에서 근본적 신뢰는 불가능하다는 사실을 암시한다. 하느님과 창조는 아담에게 충분하지 않아서 이브가 요청될 수밖에 없었고, 그것은 배신이 요청될 수밖에 없다는 것을 의미한다. 그것은 신뢰의 그릇은 배신을 통해서 밖에는 변할 수 없는 것처럼 동산에서 나가는 유일한 길은 배신과 추방밖에 없다고 말하는 듯하다. 우리는 이제 신뢰와 배신의 본질적 진리에 이끌려왔다: 그 둘은 서로가 서로를 품는다. 당신은 배신의 가능성을 배제한 채 신뢰할 수 없다. 남편을 배신하는 것은 아내이고, 남편은 그의 아내를 속인다. 동업자와 친구는 속임수를 쓰고, 정부(情婦)는 그녀의 애인의 힘을 이용하고, 남자도 마찬가지다. 또한 분석가는 내담자의 비밀을 누군가에게 이야기하고, 아버지는 그의 아들을 넘어뜨린다. 약속했던 것은 지켜지지 않고, 말했던 것은 지켜지지 않으며, 신뢰는 배신으로 종결된다.

우리는 근본적 신뢰가 이루어질 수 있는 상황인 매우 가까운 관계에서도 배신당한다. 우리는 적이나 이방인으로부터가 아니라 형제, 연인, 아내, 남편으로부터 배신당하는 것이다. 그러나 사랑과 충성이 크고, 관여와 헌신이 클수록 배신은 더 커진다. 신뢰는 그 안에 배신의 씨앗을 담고 있다. 이브가 아담의 가슴 근처에서 이미 만들어져 있었던 것처럼 뱀은 처음부터 동산 안에 있었다. 이 세상에서 신뢰와 배신의 개연성은 동시에 생긴 것이다. 그래서 연합이 이루어지는 곳 어디에서나 배신이 이루어질 가능성이 상존한다. 의심이 살아있는 믿음에 속해 있는 것처럼 배신은 우리가 언제나 같이 살아야 하는 계속적인 가능성으로서 신뢰 속에 들어있다.

우리가 이 이야기를 "태초"부터 있었던 삶의 사전 모델이라고 생각한다면, 근본적 신뢰는 관계가 진전되면 깨지고, 결코 웃자랄 수 없다는 것을 예상해야 한다는 사실을 말해준다. 이 이야기에 의하면 에덴으로부터 추방당하여 인간의 의식이라는 "실제의"삶과 책임성으로 들어올 때 배신에 의한 파열과 위기는 불가피한 것이라는 사실을 알려준다.

우리는 우리가 믿을 수 있고, 안전과 수용이 보장되며, 상처 받거나 쫓겨나지 않을 수 있는 곳, 말로 맹세한 것은 언제나 지켜지는 곳에서만 살거나 사랑할 수 있다는 것은 우리가 해를 받지 않아야 한다는 것인데, 실제적인 삶에서는 불가능한 조건이라는 사실을 명심해야 한다. 그것은 분석, 결혼, 교회, 법률 등 그 어느 인간관계에서도 있을 수 없다. 그렇다. 나는 그것은 심지어 하느님과의 관계에서도 있을 수 없는 일이라고 생각한다. 나는 하느님도 그런 근본적 신뢰를 바라지 않을 것이라고 생각한다. 에덴동산이나 욥이나 가나안에 들어가기를 거부당한 모세를 생각해 보라. 그리고 순전히 야훼만 신뢰하였던 "선택 받은 민족"이 근래 파괴당한 것을 생각해 보라. (나는 하느님에 대한 유태인들의 근본적 신뢰가 나치에 의해서 배신당한 것은 유태인들로 하여금 그들의 태도와 신학을 하느님과 인간 모두의 양가적 측면을 재인식하고, 아니마를 통해서 근본적으로 재정립하라는 요청이라고 생각한다).

어떤 사람이 만일 그는 다른 사람들에게 아무 영향도 받지 않으면서, 더 나아질 수 있다고 믿는다면, 그때 그는 무엇을 얻을 수 있을까? 어떤 아이가 다른 사람의 팔을 잡고 그 자리에서 위로 뛰어오른다면, 그는 실제로는 전혀 뛰어오른 것이 아니다. 뛰어오르는 데서 오는 위험을 전혀 감수하지 않았기 때문이다. 공중에 뛰어오르는 두려움은 두 계단이나 일곱 계단이나 열 계단, 아니면 천 미터를 뛰어올라도 똑같다. 그러나 그에게는 그런 두려움이 없었다. 근본적 신뢰는 뿌에르를 높이 날게 한다. 거기에서 아버지와 아들은 하나이다. 그리고 모든 남성적 기술과 계산된 위험과 용기는 중요하지 않다: 하느님이나 아버지가 계단 아래서 너를 받아줄 것이다. 무엇보다도 우리는 사전에 알 수 없다. 우리는 "그때 나는 너를 잡지 않을 거야"라는 말을 미리 들을 수 없는 것이다. 그것이 미리 예고되고, 대비되었다면, 사람들은 뛰어오르지 않거나, 뛴다고 할지라도 열심히 뛰지 않을 텐데, 그것은 위험을 감수하는 것이 아니다. 그러나 언젠가 약속이 있었음에도 불구하고, 삶이 개입하고, 사고가 생겨서 사람이 납작해지는 경우가 생긴다. 하지만 약속의 파기는 만물의 질서의 바탕이 되고, 과거가 미래를 보장해주는 말씀의 안전성에 기초한 세계 속을 꿰뚫고 들어온다. 이 파기된 약속 또는 깨어진 신뢰는 의식의 또 다른 수준도 꿰뚫고 들어온다. 우리는 앞으로 그에 대해서도 살펴볼 것이다.

그러나 여기에서는 먼저 우리의 이야기와 우리가 제기했던 질문으로 돌아가 보자. 아버지는 아들을 잔인하게 동산에서 끌어내어 고통을 주면서 의식을 각성시켰다. 그는 그의 아들에게 입문식을 부과한 것이다. 현실에 대한 새로운 의식으로 이끄는 입문식은 배신을 통해서, 아버지의 실패와 약속의 파기를 통해서 온다. 아버지는 그의 아들에게 거짓말을 하면서 자신의 말을 지키고, 거짓 증언을 하지 않는다는 자아의 본질적 책무를 의도적으로 다하지 않았다. 그는 어두운 부분이 그의 안에, 그를 통해서 드러나게 하면서 그의 입장을 교묘하게 바꾼 것이다. 그러므로 그것은 도덕적 배신이라고 할 수 있다. 우리가 한 이야기는 유태인의 모든 이야기들이 그렇듯이 도덕에 관한 이야기이다. 그것은 인간의 자유 행위를 묘사하는 실존주의적 우화도 아니고, 깨우침을 가져다주는 선불교의 전설도 아니다. 그것은 하나의 강론이고, 강의이며, 삶에 관한 교육적 가르침이다. 아버지는 그 자신의 배신을 통하여 가장 가까운 신뢰관계에서도 배신이 일어날 수 있는 가능성을 보여주었다. 그는 아버지는 어떤 사람이고, 인간은 어떤 존재인지를 제시하면서 그 자신의 가르침을 보여주었고, 아들 앞에서 벌거벗은 인간성을 가지고 섰다. 나, 아버지, 인간은 결코 믿어서는 안 된다는 것을 보여준 것이다. 인간은 배신적이다. 언어는 삶보다 강하지 않다.

그리고 그는 "유태인을 믿지 말라"고 하였다. 유태인을 왜 믿지 말아야 하는가? 그 이유는 아버지가 그의 부성(父性)을 야훼의 부성이라는 제일 광범위한 맥락에 놓았기 때문이다. 유태인들의 입문식은 다른 부족의 입문식처럼 하느님의 신비를 계시하는데, 이 경우는 하느님의 본성에 대한 신비가 문제시 된다. 아버지가 아들에게 한 말은 더러운 반-유태적인 사회적 언급이 아니라 원형적 가르침이었던 것이다. 그럼에도 불구하고, 그 이야기는 아들에게 그가 앞으로 만날 수도 있는 반-유태주의에 대해서 무엇인가 심오한 것을 가르쳐준다: 너는 네가 너의 하느님과 나누어가지고 있으며, 너의 하느님의 본성 가운데서 본질적인 특성 때문에 해로움을 입을 수 있다. 그는 너무 자의적이고, 정동적이며, 무자비하고, 예측할 수 없기 때문에 찬양과 기도를 통하여 인내심 있고, 믿을 만하며, 정의롭다고 찬양 받아야 하는 제일 믿을 수 없는 주님이시다. 간단하게 말해서 아버지는 아들에게 그런 하느님으로부터 지음을 받은 모든 사람들이 배신하듯이 나는 너를 배신하였다고 말하는 것이다. 그러므로 그 소년이 받은 삶으로의 입문식은 어른의 비극으로 나아가는 입문식이다.

II.

배신에 대한 체험은 어떤 사람에게는 질투나 실패처럼 매우 끔찍한 체험이다. 가브리엘 마르셀에게서 배신은 악 자체이다.[1] 그리고 사르트르에 의하면 장 즈네(Jean Genet)에게서 배신은 "악이 그 자신에게 가하는 악"[2]이기 때문에 가장 커다란 악이다. 우리가 삶에서 배신을 경험하면, 그것이 너무-인간적인 것이라는 느낌 때문에 그 원형적 배경을 생각하지 않을 수 없다. 우리는 그 체험을 확충시킬 수 있는 근본적인 신화와 행동 유형을 찾을 수 있을지도 모른다고 생각하는 것이다. 나는 예수가 배신당한 것은 배신의 원형적 배경을 제공하고, 우리들에게 배신당한 사람의 관점에서 그 체험을 더 폭 넓게 이해하게 한다고 믿는다.

예수가 배신당한 것에 대해서는 너무 많은 언급이 있어서 거기에 대해서 이야기하기가 망설여진다. 그러나 그것이 살아있는 상징의 가치를 담고 있기 때문에 그 사건으로부터 끊이지 않는 의미가 도출될 수 있다고 생각된다. 그래서 나는 배신에 대한 심리학적 의미를 탐구하는 한 사람의 심리학자로서 신학적 기반을 다시 한 번 지나가보려고 한다.

우리는 예수의 이야기에서 곧 배신의 동기에 대해서 충격 받는다. 그 때 배신이 세 번 일어났다는 사실(유다, 잠자는 제자들, 베드로)과 베드로에 의해서 세 번 반복되었다는 사실은 그것이 무엇인가 운명적인 것이라는 사실을 말해준다. 배신은 예수의 이야기의 절정에 있는 역동에서 본질적인 것이고, 기독교 신비의 핵심에 있다는 사실을 말해준다. 최후의 만찬에서의 비탄, 동산에서의 고뇌, 십자가상에서의 울부짖음은 모두 같은 주제를 다시 말하는 것이고, 그 각각의 것은 그에게서 운명은 이미 실현되었고, 존재의 변환이 다가왔다는 사실을 말해주는 더 높은 열쇠이다. 이 각각의 배신에서 그는 그가 버려지고, 실패하며, 혼자 남게 될 것이라는 무시무시한 사실을 깨닫지 않을 수 없었을 것이다. 그의 사랑은 거부되었고, 그의 메시지는 잘못 되었으며, 그의 부름에 아무도 응답하지 않았고, 그의 운명은 공표되었다.

나는 내가 말했던 유태인의 단순한 농담과 이 위대한 상징에 공통점이 있다고 생각한다. 유다에 의한 배신의 첫 번째 단계는 이미 사전에 알려졌다. 그러나 예수는 그것을 미리 알았지만 하느님의 영광을 위해서 그의 희생을 받아들일 수 있었다. 그 영향은 예수를 그렇게 상하게 하지 않았다. 그러나 유다는 목을 매었다. 예수는 베드로가 그를 부인할 것이라는 사실도 미리 알고 있었다. 그런데 베드로는 나중에 아주 비통하게 울었다. 예수는 마지막 주간에 주님께 신뢰를 두고 있었다. 그렇다. 그는 "슬픔의 사람"이었다. 그러나 그의 근본적 신뢰는 흔들리지 않았다. 예수는 계단 위에 있는 아이처럼 그의 아버지를 의지하였고, 마지막 계단에 올라갈 때까지 심지어 그를 괴롭히는 사람들을 용서해달라고 청하였다. 그와 아버지는 그가 배신당하고, 부인되고, 그의 추종자들로부터 벗어나 혼자 남겨지고, 원수의 손에 넘겨질 때까지 하나였다. 그러나 그와 하느님 사이의 근본적인 신뢰는 깨어졌고, 그는 십자가에 못박혀서 아무도 구속(救贖)할 수 없는 상황에 처해졌다. 그때 그는 그 자신의 인간의 살 속에서 야훼와 야훼의 피조물들의 배신의 실재와 잔인성을 처절하게 느꼈다. 그래서 그는 성부 하느님에 대한 신뢰 안에서 길게 한탄하는 시편 22편을 외쳤다.

나의 하느님, 나의 하느님, 어찌하여 나를 버리십니까? 어찌하여 그리 멀리 계셔서, 살려달라고 울부짖는 나의 간구를 듣지 아니하십니까? 나의 하느님, 온종일 불러도 대답하지 않으시고, 밤새도록 부르짖어도 모르는 채 하십니다. ... 그러나 주님은 거룩한 분 ... 우리 조상이 주님을 믿었습니다. 그 믿음을 보시고, 주께서는 그들을 구해주셨습니다. ... 주님을 믿었으므로, 그들은 수치를 당하지 않았습니다. ... 주님은 나를 모태에서 끌어내신 분, 어머니의 젖을 빨 때부터 나에게 믿음을 주신 분이십니다. 나는 태어날 때부터 주께 맡긴 몸, 모태로부터 나의 하느님은 주님뿐이었습니다. 나를 멀리하지 말아주십시오. 재난이 가까이 닥쳐왔으나, 나를 도와줄 사람이 없습니다. ...

그리고 그때 사나운 짐승들의 힘이 다가오는 이미지가 보인다.

황소 떼가 나를 둘러쌌습니다. 힘센 소들이 이 몸을 에워쌌습니다. 으르렁대며 찢어발기는 사자처럼 입을 벌리고 나에게 달려듭니다. ... 개들이 나를 둘러싸고, 악한 일을 저지르는 무리가 나를 에워싸고 내 손가락과 발을 찔렀습니다. ...

이 범상치 않은 구절은 근본적 신뢰는 아버지의 능력 안에 있고, 구원해 달라는 외침은 돌봐 달라는 외침이 아니며, 배신의 체험은 남성적 신비의 한 부분이라는 사실을 확언시켜 준다. 사실 하느님은 사람들을 어머니의 품으로부터 해방시키는 존재인 것이다.

우리는 아니마 상징이 많이 모여 있을 때 배신의 모티프가 배열되는 것을 주목하게 된다. 여성적인 것은 배신의 드라마가 전개되고, 심화될수록 더 뚜렷해지는 것이다. 그것을 간단하게 살펴보면, 최후의 만찬에서 예수는 제자들의 발을 씻겼고, 사랑하라는 계명을 주었으며, 제자들과 입맞춤하였고, 겟세마네 동산에서 고뇌에 잠겼다―그때 동산에서 밤이 깊었으며, 쓴 잔이 눈앞에 있었고, 땀이 핏방울처럼 쏟아졌으며, 하인 중 하나의 귀가 잘렸다. 골고다로 가는 길에는 무기력한 여인들이 따라왔고, 빌라도의 아내는 꿈을 꾸었다고 그의 남편에게 경고했으며, 예수는 모욕당했고, 수난을 겪었다. 그의 옆구리가 찔렸고, 쓰디쓴 빵조각이 건네 졌으며, 옷이 벗겨졌고, 그의 무력함이 드러났다. 그 다음에 아홉 시간 동안 어둠이 지속되었고, 여러 명의 마리아들이 있었다. 나는 이브가 아담의 옆구리에서 나온 것에서 특히 죽음이라는 무력한 순간 그 옆에 있는 상처를 주목해서 살펴보려고 한다. 마지막으로, 여인들은 흰옷을 입은 부활한 그리스도를 발견하였다.

예수의 사랑하라는 메시지, 즉 에로스의 사명은 오직 배신과 십자가를 통해서만 궁극적인 힘을 발휘하는 것 같다. 왜냐하면 하느님이 예수를 내쳤을 때, 그는 참다운 인간으로 되어서, 옆구리를 찔렸고, 상처 받으면서 인간의 비극에 동참하였으며, 그 상처로부터 생명과 감정과 정동의 원천이 되는 물과 피가 흐르게 되었다. (이 피의 상징은 엠마 융과 M.-L. 폰 프란츠의 성배의 전설에 관한 책에서 광범위하게 확충되었다).[3] 뿌에르적인 특질, 즉 기적을 많이 행한 설교자가 가지고 있던 두려움 없는 안전에 대한 입장은 없어졌다. 근본적 신뢰가 깨졌을 때, 뿌에르의 하느님은 죽었고, 사람이 태어났다. 인간은 그의 안에 있던 여성적인 것이 태어날 때에만 태어날 수 있는 것이다. 하느님과 인간, 아버지와 아들은 이제 더 이상 하나가 아니다. 남성의 우주에서 그것은 근본적으로 변화된다. 이브가 잠자던 아담의 옆구리로부터 태어난 다음, 악이 가능해지며, 배신당하고, 죽은 예수의 옆구리가 찔린 나음에아 비로소 사랑이 가능해진다.

III.

한 사람이 그가 가지고 있던 기존의 신뢰 때문에 극심한 고통을 당하는 "위대한 내침"의 순간은 비크스(Wickes)[4]가 "선택"이라고 부른 가장 위험한 순간이다. 그때 바닥으로 떨어진 소년에게 일은 어느 쪽으로든지 진행되었을 테지만, 그가 다시 살아나려면 균형을 잡아야 한다. 그는 어떤 것도 이해할 수 없고, 사랑 받지 못했다는 생각에서 아무도 용서할 수 없고, 상처 받아서 원한과 복수심에 불타 있을 수 있다. 그렇지 않으면 그는 내가 앞으로 살펴보기를 바라는 대로 다른 방향에 접어들었을 수도 있다.

배신에도 불구하고 풍성한 수확이 있을 수 있는 것들을 살펴보기 전에 잠시 배신 후에 나타날 수 있는 위험을 가져오는 메마른 선택에 대해서 살펴보자.

그 위험들 가운데 첫 번째 것은 복수이다. 눈에는 눈, 악에는 악, 고통에는 고통으로 대응하는 것이다. 어떤 이들에게 복수는 무작정 즉시 나올 수도 있다. 복수가 정동적으로 옳은 것이라고 하면서 직접 복수하면 시원해질 수 있을 것이다. 그래서 사람들은 새로운 것이 전혀 생기지 않지만 복수를 한다. 그러나 복수는 사태를 더 나아지게 하지 못하고, 새로운 불화와 보복만 낳는다. 심리학적으로 볼 때 복수는 단지 긴장만 조금 감소시킬 뿐, 생산적인 것은 아니다. 당신이 몸을 낮추고, 기회를 엿보면서 복수를 지연시키고, 음모를 꾸밀 때, 거기에서는 잔인하고 앙심 깊은 환상이 자라면서 악의 냄새가 풍기게 된다. 복수가 늦어지면, 복수의 초점이 배신한 사건과 의미로부터 배신한 사람과 그의 그림자로 좁혀지면서 간접적으로 이루어지고 강박적으로 된다. 그래서 토마스 아퀴나스는 복수는 그것이 더 큰 악을 향하고, 악행을 한 사람을 향하지 않는 경우에만 정당화될 수 있다고 주장하였다. 심리학적으로 가장 좋지 않은 복수는 사소한 문제를 비열하게 보복하고, 그 결과 의식이 움츠러지는 복수이다.

자연스럽지만 잘못된 그 다음의 위험은 부인(否認)의 방어기제이다. 어떤 사람이 관계 안에서 내쳐지면, 그는 상대방의 가치를 부정하려고 하는 것이다. 그래서 그 사람은 갑자기 그 전에 신뢰했을 때 보지 못했던 그의 그림자, 즉 고약한 악마의 거대한 갑옷을 보게 된다. 갑자기 등장한 상대방의 보기 흉한 측면들은 모두 그 전에 이상화하였던 것들의 보상이며, 대극의 역전(逆轉)이다. 그의 추악한 모습이 이렇게 갑작스럽게 드러난 것은 그 전에 무의식의 아니마가 미숙했다는 사실을 가리킨다. 왜냐하면 어떤 사람이 배신에 대해서 아주 심하게 불평한다면, 거기에는 그의 근본적 신뢰의 배경에 양가성을 억압한 어린아이 같은 무의식적 순진성이 있다는 사실을 전제로 하기 때문이다. 이브는 아직 전면에 등장하지 않았고, 그 상황의 한 부분으로 인식되지 않았으며, 억압되어 있었던 것이다.

내가 여기에서 말하고 싶은 것은 관계의 정동적 측면, 특히 감정적 판단―모든 관계에서 지속적으로 이루어지는 평가의 흐름―들이 받아들여지지 않았다는 점이다. 배신이 이루어지기 전에 그 관계는 아니마의 측면을 거부했고, 배신이 이루어진 다음 아니마의 원한 때문에 관계가 거부되었다. 사랑의 관계에서 대부분의 경우 아니마가 무의식적으로 투사되듯이 사상을 나누는 너무-남성적인-우정(友情)의 관계에서는 아니마가 대부분 억압된다. 그러면 아니마는 문제를 일으키면서 그 자신에게 주의를 기울이라는 신호를 보낸다. 아니마의 미숙한 무의식성은 관계성 속에서 정동적 부분을 당연하게 여기는 것이다. 그래서 동물적인 믿음에는 아무 문제도 없을 거야라고 믿으면서, 그가 믿고, 말하고, "명심하고 있는" 것들이 충분하며, 모든 것들은 잘 될 것이라는(ça va tout seul) 근본적 신뢰가 있다. 그러나 사람들은 그들이 품고 있던 희망을 관계성 안에 담지 못하고, 같이 오랫동안 성장하려던 욕구를 충족시키지 못하게 되자—이것들은 모두 그 어떤 가까운 관계 안에서도 궁극적으로 바라는 사항일 것이다—다른 길로 들어서고, 그런 희망과 기대를 접어버린다.

그러나 미숙한 무의식성으로부터 미숙한 의식성으로의 갑작스러운 전환은 어느 상황에서나 일어날 수 있다. 그러므로 그것은 주된 위험이 될 수 없다.

더 위험한 것은 냉소주의이다. 어떤 단체, 친구, 상급자, 또는 분석가와의 관계에서의 실망은 종종 배신당한 사람의 태도를 변하게 한다. 그래서 사람들은 해당되는 사람과 그 자신의 관계에 대한 가치 뿐만 아니라 모든 사랑까지 속임수라고 생각하고, 그 단체를 함정으로 생각하며, 위계를 악으로 생각하게 된다. 그리고 분석을 매춘, 세뇌, 사기에 불과한 것으로 여긴다. 모든 것을 날카롭게 지켜보고, 다른 사람이 이기기 전에 그가 이기려고 한다. 그러면서 혼자서 간다. "잭(Jack), 나는 괜찮아." 그러나 그런 태도는 근본적 신뢰가 깨진 데서 오는 상처를 숨기려는 겉치레일 뿐이다. 이상적으로 생각했던 것이 깨지자 거친 냉소주의 철학이 덧붙여진 것이다.

우리는 특히 젊은이들에게서 이런 냉소주의를 흔히 볼 수 있다. 배신이 특히 영원한 소년의 변환기에 어떤 의미가 있을 것인지에 대해서 충분히 살펴보지 못했기 때문이다. 우리는 분석가로서 인간의 감정생활의 발달

과정에서 배신이 어떤 의미를 가지는지 대해서 일관성 있게 연구하지 못했다. 그것이 막다른 골목에 달하면 불사조처럼 다시 살아난다는 것을 알지 못했던 것이다. 그래서 배신당한 사람은 다시는 계단의 꼭대기에 올라가려고 하지 않는다. 그는 개의 세계, 즉 냉소적인 태도에 머무른다. 이런 냉소적 관점은 배신의 긍정적인 의미를 살펴보지 못하게 하기 때문에 악순환을 만들고, 개는 자기 꼬리만 쫓아다니려고 한다. 하지만 자신이 좋아했던 것에 코웃음치는 냉소주의는 자신의 이상(理想)을 배신하는 것이고, 뿌에르 원형에서 나온 자신의 가장 높은 야망을 배신하는 것이다. 그가 무너질 때, 그와 관계되는 모든 것은 거부된다. 그것은 네 번째 위험으로 이끌어 가는데, 나는 그것이 제일 커다란 위험이라고 생각한다: 자기-배신이다.

자기-배신은 아마 우리가 가장 우려해야 하는 것이라고 생각한다. 그런데 자기-배신이 생기는 것은 그가 배신당했기 때문일 것이다. 신뢰 상황에 있거나 사랑의 품에 안겨 있으면, 사람들은 친구나 부모나 배우자나 분석가에게 어떤 것을 공개할 수 있다. 그들의 속에 있던 것이 나올 수 있는 것이다: "나는 여태까지 이것을 말한 적이 없어요." 고백, 시, 연서(戀書), 환상적 계획이나 구도, 비밀, 어린이의 꿈이나 두려움 등은 그 사람의 가장 귀중한 가치를 담고 있는 것이다. 하지만 배신의 순간, 이런 매우 예민하고, 섬세한 진주의 씨앗은 모래알이나 먼지 알갱이에 불과한 것으로 된다. 연서는 어리석고, 감상적인 글 나부랭이로 되고, 시, 두려움, 꿈, 야망은 모두 우스꽝스럽고, 촌스러운 것으로 조소당하며, 쓰레기에 불과한, 하찮은 말로 여겨진다. 연금술 과정과 정반대이다. 금이 거름으로 되돌아가고, 진주가 돼지에게 던져지는 것이다. 왜냐하면 돼지는 사람들이 그의 소중한 가치를 제일 숨기고 싶어하는 대상이고, 모든 것을 촌스럽게 만들며, 아주 단순화시켜서 환원시키면서, 모든 것을 가리지 않고 게걸스럽게 먹기 때문이다. 그는 최선의 것이 최악이라고 완고하게 우기고, 진기한 가치들을 훼손한다.

어떤 사람이 자기가 경험했던 것들의 가치를 깎아내리고, 자신이 가지고 있던 의도와 가치체계와 반대되는 행동을 하면서 스스로를 배신하는 것을 보는 것은 참으로 낯선 일이다. 우정, 동반자 관계, 결혼, 사랑 또는 분석 관계가 깨질 때는 갑자기 더럽고, 역겨운 것들이 터져나온다. 그때 사람들은 그가 다른 사람에게나 있다고 생각하는 똑같이 맹목적이고, 야비한 행동을 하면서, 그의 행동을 또 다른 가치 체계에서 나온 것이라고 정당화한다. 그는 정말 자신에게 배신당하고, 내면에 있는 원수에게 넘겨지는 것이다. 그것은 돼지가 되고, 돼지에게 넘겨진다.

배신당한 다음의 자기 소외는 상당히 자기 보호적이다. 그때 사람들은 그가 자신을 다 드러내서 그런 것이라고 생각하기 때문에 다시는 그런 상처를 받지 않으려고 하며, 다시는 그렇게 살지 않으려고 한다. 그의 삶의 단계를 살지 않거나(중년의 나이에 이혼한 사람은 다시는 사랑하지 않으려고 하고), 그의 에로스를 살지 않거나(사람들과 관계를 맺을 때, 그들이 하는 것처럼 무례하게 굴며), 그의 심리학적 유형대로 살지 않거나(나의 감정이나 직관이나 모든 것들은 잘못된 것이다), 그의 소명을 저버리고 살면서(정신치료는 정말 할 짓이 못된다고 생각하면서) 그 자신을 피하고, 자신을 배신하려고 한다. "내가 배신당한 것은 내가 나의 본성에 있는 이 근본적인 것들을 신뢰했기 때문이다." 그래서 우리는 우리 자신이 되지 말아야 하고, 변명과 도피를 하면서 우리 자신을 속이기 시작하게 된다. 그런 자기-배신은 융이 부적절한 고통(*uneigentliches Leiden*)이라고 정의한 신경증과 똑같은 것이다. 사람들은 이제 더 이상 그런 형태의 고통 속에서는 살지 못한다. 그러나 그는 잘못된 믿음이나 용기가 없어서 그 자신을 배신한다.

나는 이것은 궁극적으로 종교적인 문제이며, 우리는 정말 본질적인 것을 저버리는 유다나 베드로 같은 사람이라고 생각한다. 우리는 우리 자신의 고통을 감당하고, 그것이 아무리 우리에게 상처를 줄지라도 그것을 감당해야 한다는 본질적으로 중요한 요청을 저버리기 때문이다.

복수, 부인, 냉소주의와 자기-배신 이외에도 또 다른 부정적 변화인 다른 위험 하나가 있는데, 그것은 편집증이다. 이것 역시 사람들이 배신당하지 않으려고 완전한 관계성을 형성하면서 그 자신을 보호하려는 방법이다. 그런 관계성은 충성 서약을 요구한다. 그들은 그들의 안전이 침해되면 참지 못한다. 그런 관계에서는 "네가 나를 저버리면 안 돼"라는 말이 금언(金言)이다. 배반은 신뢰를 보증하고, 영원한 충성을 선언하며, 헌신을 입증하고, 비밀엄수를 맹세함으로써 반드시 지켜져야 한다. 흠이 있어서는 되지 않고, 배신은 제외되어야 한다.

그러나 반대되는 씨앗이 그 안에 묻혀 있듯이, 신뢰 가운데서 배신이 일어나면, 편집증 환자는 그런 신뢰의 바탕에서 배신이 일어날 수 있는 가능성이 완전히 차단된 관계를 요구하는데, 그것은 모든 위험을 배제하려는 약정(約定)을 고안하려는 것이다. 그렇게 함으로써 그 관계는 사랑에 속한 것이 아니라 권력에 속한 것이 된다. 그 관계는 사랑으로 유지되지 않고, 말에 기반을 둔 로고스 관계로 돌아간다.

사람들은 에덴 동산을 떠난 이래, 결코 근본적 신뢰를 재수립할 수 없다. 그들은 이제 약속은 오직 어느 한계까지만 지켜질 수 있다는 사실을 알게 된 것이다. 삶은 맹세를 지키거나 깨뜨리면서 맹세와 관계한다. 그리고 배신의 체험 다음에 수립된 관계성은 전혀 다른 자리에서 시작되어야 한다. 인간사에서 편집증적 왜곡은 아주 심각하기 때문이다. 어떤 분석가(그렇지 않으면 아버지나 연인이나 제자나 친구)가 충성을 보장하고, 배반하지 않으면서 편집증적 관계에서 요구되는 것을 맞춰주려면, 그는 사랑에서 벗어나 있어야 한다. 왜냐하면 우리가 이미 살펴보았고, 앞으로 살펴보듯이 사랑과 배반은 똑같이 무의식으로부터 오기 때문이다.

IV.

나는 우리가 전에 했던 다른 질문, 즉 아버지에게 배신은 어떤 의미가 있을까 하는 질문으로 돌아오기 위해서 배신당한 아들에게서 배신은 어떤 의미가 있을까 하는 질문을 하려고 한다. 우리는 하느님에게 자신의 아들을 십자가에서 죽게 한 것이 어떤 의미가 있을까 하는 것에 대해서는 아직 듣지 못하였다. 마찬가지로 우리는 자신의 아들을 희생시키려고 했던 아브라함에게 그것이 어떤 의미가 있었는지도 듣지 못하였다. 그러나 그들은 그런 행동을 했다. 그들은 족장 야곱이 그의 형 에서를 속이고, 그의 지경(地境)으로 들어온 것처럼 배신할 수 있었다. 배신할 수 있는 능력은 아버지의 상태에 속한 것이라고 할 수 있을까? 앞으로 이 문제에 대해서 더 살펴보도록 하자.

우리의 이야기에서 아버지는 그의 인간적 불완전성만 보여준 것이 아니다. 그는 그의 아들을 단순히 붙잡지 못한 것이 아니라는 말이다. 그것은 단지 약함이나 실수에서 나온 것이 아니다. 그는 의식적으로 그의 아들이 떨어지고, 아파하고, 수치스럽게 되도록 계획하였다. 그는 그의 잔인성을 보여주었다. 이와 똑같은 잔인성은 예수의 체포와 십자가형, 아브라함의 이삭 희생 준비에서도 보인다. 그런 잔인성은 에서를 속이기 위해서 입은 동물의 가죽에서도 다시 나타나고, 욥의 고통에 정당한 이유를 댈 때도 하느님의 위대한 야수성이 계시된다. 그것은 우리가 위에서 본 시편 22편의 이미지들에서도 마찬가지다.

부성 이미지 – 현명하고, 자비가 넘치는 상이지만 – 는 그가 가한 고통을 완화시키는 데는 결코 관여하지 않는다. 또한 그는 그렇게 하는 그 자신에 대해서 설명하지도 않는다. 여기에서 설명을 거부하는 것은 그것이 이루어진다면 상처받은 쪽에서 올 것이라는 사실을 의미한다. 배신을 당한 다음, 그 사람은 상대방으로부터 아무 설명을 들을 입장에 처해 있지 않다. 나는 그것은 배신에 어떤 창조적 자극이 있기 때문이라고 생각한다. 어떤 방식으로든지 배신당한 사람은 그에게 일어난 일에 대해서 그 나름대로 해석하고, 스스로를 일으켜 세워야 하며, 앞으로 나아가야 하기 때문이다. 그리고 그가 우리가 위에서 살펴본 것처럼 위험에 빠지거나 거기 머무르지 않는다면, 그 배신은 창조적일 수 있다.

우리의 이야기에서 아버지는 아무 설명도 하지 않았다. 우리 이야기는 결국 하나의 가르침이고, 그 행동은 하나의 입문식으로서 교육적인 것이다. 그런데 원형적인 이야기나 대부분의 일상적인 삶에서 배신한 사람은 배신당한 사람에게 배신의 이유를 설명하지 않는다. 배신은 자율적인 왼쪽 부분에서 무의식적으로 일어나기 때문이다. 아무리 설명이 이루어져도, 우리의 이야기에서 잔인성이 가시지 않을 것이다. 부성상들은 일반적으로 잔인성을 의식적으로 사용하는 듯한데, 부당한 아버지는 삶의 불공평함을 보여준다. 도와 달라는 비명이 들리지 않고, 다른 사람의 욕구가 전달되지 않지만, 그가 그의 약속이 잘못될 수 있다는 사실을 받아들일 수 있다면, 그는 삶의 힘이 말의 힘을 초월할 수 있다는 사실을 알게 된다. 자신의 남성적 한계와 냉혹성에 대한 이런 깨달음은 그의 약한 왼쪽 측면을 분화시켜야 한다는 사실을 알게 해준다. 왼쪽 측면이 분화되면 사람들은 아무 행동도 하지 않으면서 긴장을 견딜 수 있고, 일이 잘못돼도 바로 잡으려고 하지 않으며, 사건들이 일어나는 대로 받아들일 수 있게 된다. 더 나아가서 그것은 사람들이 잔인한 행동을 할 때 불가피하게 느끼는 불편한 죄책감을 어느 정도 극복한 것을 의미한다. (내가 여기에서 말하는 잔인성은 다른 사람을 파괴하려고 도착적으로 치밀하게 행동하거나 문학이나 영화에서 나오는 감상적 잔인성을 의미하지 않는다).

불편한 죄책감과 부드러운 마음은 행동을 이중-구속적으로 되게 하는데, 아니마는 그 일에 전적으로 매달려 있지 않다. 그러나 아버지의 굳은 마음은 이중-구속적이지 않다. 그는 한편으로는 잔인하지 않고, 다른 한편으로는 경건하다. 그는 배신하지 않고, 아들을 그의 팔에 들어올리면서 "아이고, 얘야, 너보다 내가 더 아프구나"라고 말한다.

신뢰가 필요한 삶의 다른 모든 상황에서처럼 분석 관계에서도 우리는 때때로 의식적으로 잔인하게 행동해야 할 필요가 있다. 우리는 약속을 깨뜨리고, 필요할 때 나타나지 않으며, 다른 사람을 내치고, 애정을 저버리며, 비밀을 지키지 않는 것이다. 우리는 우리의 행동에 대해서 설명하지 않으며, 다른 사람을 그의 십자가에서 끌어 내려주지 않고, 그를 계단 바닥에서 들어 올려주지도 않는다. 이 행동들은 매우 잔인한데, 우리는 어느 정도 의식적으로 그런다. 우리는 그렇게 해야 하고, 버텨야 한다. 더구나 아니마는 우리가 그렇게 하게 하고, 그것에 개의치 않게 하며, 잔인하게 되도록 한다.

이렇게 굳은 마음은 잔인성에 내재해 있는 통합성을 나타내는데, 그렇게 함으로써 사람들은 본성에 더 가까이 가지만, 그 이유에 대해서는 설명할 수 없다. 그러나 그들은 그렇게 하기 위해서 자기 자신과 싸워야 한다. 우리가 이렇게 기꺼이 배신자가 될 수 있다는 사실은 우리를 인간의 잔인한 상황에 다가가게 하며, 그것은 우리가 도덕적인 신이나 부도덕한(immoral) 악마의 심부름꾼이 아니라 비도덕적인(amoral) 본성을 가진 존재라는 사실을 알게 해준다. 그렇게 함으로써 우리는 아니마-통합의 주제로 돌아간다. 거기에서 우리의 냉담한 마음과 닫혀진 입술은 이브나 뱀과 비슷한데, 그들의 지혜는 우리 본성에 있는 배반과 아주 가깝다. 이 사실은 우리에게 아니마-통합은 그 자체로 우리가 기대할 수 있는 매우 다양한 방식으로 이루어질 뿐만 아니라(생동성, 관계성, 사랑, 상상력, 미묘성 등) 우리가 자연과 비슷하게 되는 것으로 되는 것이 아닌가(신뢰할 수 없고, 막힘이 거의 없는 길을 물처럼 흐르며, 바람에게 답을 돌리고, 애매모호하게 말하는 것) 하는 생각을 불러일으키게 한다. 그것은 무의식의 양가성이 아니라 의식의 양가성이다. 현자(賢者)나 장인(匠人)은 가는 길마다 모순투성이인 혼돈한 세상 속에서 사람들의 영혼을 인도하기 위하여 해석학적으로 교묘한 말을 하고, 냉담함을 보인다고 알려져 왔다. 그런데 이런 태도는 자연만큼 비인격적인 것이다.[5]

다른 말로 해서, "아버지에게 배신은 어떤 의미일까?" 하는 질문에 대한 결론은 '다른 사람을 배신하는 것은 그 사람을 이끌려는 것과 비슷하다'는 것이다. 부성(父性)에는 그 둘 모두가 있다. 심리학적 인도에 그 사람이 스스로 돕게 하고, 자기-신뢰로 이끄는데 목표가 있다면, 그 사람은 어떤 점에서는 다른 사람의 도움에서 벗어나 내려오거나, 그 자신의 수준으로 내려오게 해야 한다. 배신당하여 그가 혼자 있는 곳으로 와야 하는 것이다. 거기에 대해서 융은 『심리학과 연금술』에서 다음과 같이 말하였다.

> 나는 그것이 제안이나 암시나 어떤 종류의 설득일지라도, 모든 강압은 어떤 사람이 그 자신과만 있어야 하거나 객체적 정신을 불러야 하는 가장 절박하고, 결

정적인 상황에서 궁극적으로 장애가 된다는 사실을 경험적으로 알고 있다. 환자들은 그가 스스로에게 도움이 되지 않아서 그를 도울 수 있는 것이 무엇인지 찾아야 한다면 반드시 혼자 있어야 한다. 그런 체험만이 그에게 무너지지 않을 수 있는 기반을 마련해 줄 수 있다.[6]

V.

그렇다면 좋은 아버지나 영혼의 안내자를 믿어야 하는 것은 어떤 점에서 필요한 것인가? 이 문제와 관련해서, 백마술과 흑마술의 차이는 무엇인가? 현자와 이성이 없는 사람을 가르는 것은 어떤 것인가? 우리는 내가 여태까지 말한 것을 가지고 사람들이 그의 "아니마-통합"의 표시나 "온전한 부성"의 표시로 저질렀던 모든 잔인성과 배신을 정당화시킬 수 있지 않았을까?

나는 이 질문에 대한 답변으로 내가 처음에 했던 이야기 이외에 또 어떤 대답을 해야 할지 모르겠다. 우리는 그 모든 것들에서 두 가지 사실을 찾을 수 있다: 사랑의 모티프와 필요성에 대한 감각이나 사랑의 모티프나 필요성에 대한 감각이 그것이다. 기독교에서는 하느님이 예수를 십자가에 달리게 한 것은 그가 이 세상을 너무 사랑하셔서 세상을 구속하려고 그의 독생자를 내어주었다고 해석한다. 하느님의 배신은 필요하였고, 하느님도 거기에서 벗어날 수 없었다는 것이다. 아브라함은 하느님을 너무 사랑해서, 그의 아들 이삭을 제물로 드리려고 칼을 들이대었다. 에서에 대한 야곱의 배신도 어머니 뱃속에서 이미 예고된 필연적인 것이었다. 우리의 이야기 속에서도 아버지는 아들의 뼈가 부러지고, 아들의 눈에 아버지로서의 이미지가 실추되고, 신뢰가 무너지는 위험을 무릅쓸 정도로 아들을 사랑했음에 틀림이 없다.

필요성과 사랑에 대한 이렇게 좀 더 넓은 맥락에 대한 생각은 나로 하여금 배신-약속을 저버리고, 도움을 거절하며, 비밀을 누설하고, 사랑을 배신하는 것-은 한 개인의 심리학적 기제와 동기의 측면에서 볼 때 정당화되기에는 너무 비극적인 경험이라고 생각하게 한다. 한 개인의 심리만 가지고 말할 수 있는 주제가 아니고, 분석이나 해설로도 설명이 다 되지 않는 것이다. 우리는 이 문제를 사랑과 운명이라는 좀 더 넓은 맥락에서 살펴보아야 한다. 그러나 거기 사랑이 있다는 것을 누가 확신할 수 있을까? 그리고 누가 과연 그 배신이 필요했고, 운명이었으며, 자기(Self)의 부름이었다고 말할 수 있을까?

책임감이 사랑의 한 부분인 것은 틀림없는 사실이다. 그러므로 관심, 관여, 동일시도 사랑의 한 부분이다. 우리가 어떤 사람이 짐승에 더 가까운지 아니면 현자에 더 가까운지를 확실하게 말할 수 있는 방법은 사랑의 반대인 권력을 찾아보면 된다. 배신이 주로 개인적 이득을 (긴장된 순간에서 벗어나거나, 상처 입히거나, 이용하기 위하여, 무사히 도망치기 위하여, 쾌락을 얻기 위하여, 욕망을 진정시키거나 욕구를 채우기 위하여, 일등을 하기 위하여) 영속시키려고 행해진다면, 우리는 사랑이 야만성, 즉 권력욕보다 아래 있다는 사실을 확신할 수 있다.

신화에 나오는 원형들은 우리에게 사랑과 필연성의 더 넓은 맥락을 보여준다. 하나의 사건을 이런 전망에서 보면, 그 유형은 다시 의미심장해진다. 그러므로 그것들을 이렇게 더 넓은 맥락에서 보려는 시도 자체는 매우 치료적이다. 불행하게도, 그 사건은 오랫동안, 아주 오랫동안 그 의미를 드러내지 않았고, 그 동안 그것은 모순 속에 봉해져 있거나 원한만 쌓고 있었다. 그러나 그것을 좀 더 넓은 맥락에서 보려는 싸움, 즉 그것을 해석하고, 통합하려는 싸움은 그것을 앞으로 더 나아가게 하려는 길이다. 나에게는 이것만이 우리가 여태까지 말했던 아니마의 분화를 통하여, 아니 그것보다 한 걸음 더 나아가서 우리를 가장 고상한 종교적 감정 가운데 하나인 용서로 이끌어 가게 하는 것처럼 보인다.

그러나 우리는 용서가 그렇게 쉬운 일이 아니라는 사실을 명확히 해야 한다. 자아가 잘못했을 경우, 자아는 사랑과 운명의 더 넓은 맥락에도 불구하고 "반드시 어떻게 되어야 했기" 때문에 용서할 수 없다. 자아는 그의 자존심, 자긍심, 명예 때문에 살아있는 것이다. 사람들은 그들이 용서하려고 해도, 용서가 자아에서 비롯되는 것이 아니기 때문에 용서할 수 없다는 사실을 알게 된다. 나는 직접 용서할 수 없고, 다만 이 죄들이 용서받았는지 묻고, 기도할 수 있을 뿐이다. 우리가 할 수 있는 것은 다만 용서가 다가오기를 바라고, 기다리는 것뿐이다.

용서는 겸허처럼 우리가 완전히 낮아지거나 완전히 잘못되지 않는 한 단어에 불과한 것이다. 용서는 우리가 그것을 잊지도 못하고, 용서하지도 못했을 때에만 의미 있게 다가온다. 우리의 꿈들은 우리로 하여금 그것을 잊지 못하게 한다. 어느 누구도 사소하게 모욕당한 일이나 개인적인 것들을 잊을 수는 있다. 그러나 문제가 신뢰 자체에 관한 것이고, 우리 영혼을 있는 그대로 드러내게 하면서, 우리를 바깥에 있거나 안에 있는 원수(위에서 살펴보았듯이 우리가 새롭게 사랑의 신뢰를 쌓으려고 할 때, 그렇게 하지 못하게 하는 편집증적 방어, 자기-배신, 냉소주의 때문에 우리를 영원히 상처받게 하는 그림자)에게 넘겨주는 것처럼 배신 속으로 깊이 들어가게 되면, 그때 용서는 커다란 의미를 지니게 된다. 용서만이 배신당한 것으로부터 긍정적인 결과를 도출할 수 있고, 용서는 우리가 그 전에 배신당했어야만 경험할 수 있다. 그런 종류의 용서는 망각을 통한 용서가 아니다. 오히려 더 넓은 맥락에서 잘못이 변환된 것을 다시 기억하면서 용서하는 것이다. 그렇지 않으면 융이 연금술에서 소금의 쓴 맛이 지혜의 소금으로 변환된다고 하는 의미에서의 용서이다.

이런 지혜는 소피아 자체로서 남성성에 대한 여성적 기여이며, 인간의 의지가 스스로 무엇인가를 성취할 수 없어서 여성적 지혜가 더 넓은 맥락에서 무엇인가를 주는 것이다. 나는 여기에서 지혜는 사랑이 필연성과 연합하는 것이라는 의미로 말하는데, 거기에서 감정은 우리들로 하여금 결국 그 사건과 화해하게 하면서 우리 운명 속으로 자유롭게 흘러든다.

신뢰가 그 안에 배신의 씨앗을 담고 있듯이, 배신도 그 안에 용서의 씨앗을 담고 있다. 이것은 어쩌면 우리가 본래 제기한 질문, "심리적인 삶에서 배신은 어떤 위치에 있습니까?"에 대한 마지막 대답이 될 것이다: '우리는 배신 없이 신뢰는 물론 용서도 모두 다 인식할 수 없다.' 배신은 신뢰와 용서 모두에게 의미를 주고, 그것들을 가능하게 하면서 그 둘의 어두운 측면이 되는 것이다. 이 사실은 아마 우리에게 우리의 종교에서 배신이 왜 그렇게 강력한 주제로 되었는지를 어느 정도 설명해 줄 것이다. 그래서 그것은 어쩌면 용서와 인간의 삶에 있는 이 수수께끼 같은 미궁과의 화해와 같은 더 고상한 종교체험으로 가는 관문인지도 모른다.

그러나 용서하기는 너무 어려워서 다른 사람의 도움이 필요한 듯하다. 여기에서 내가 말하고 싶은 것은 잘못—그리고 잘못했다는 기억—이 두 사람에게 모두 기억 나지 않는다면, 그것은 배신당한 사람에게 떨어진다는 사실이다. 비극이 일어난 더 넓은 맥락은 두 사람 모두에게 비슷한 감정을 떠올리게 하는 듯하다. 그들은 모두 한 사람은 배신한 사람, 다른 사람은 배신당한 사람으로 여전히 관계성 속에 있다. 그러나 배신당한 사람만이 그것을 잘못된 것이라고 느끼고, 배신한 사람은 그것이 있을 수 있었던 일이라고 넘겨버린다면, 배신은 여전히 진행중이며, 어쩌면 더 커지는지도 모른다. 실제로 일어났던 일과 거기에서 파생되는 아픔을 이렇게 교묘하게 얼버무리는 것은 배신당한 사람에게 가장 가슴 아픈 일이다. 그렇게 될 때, 용서는 더 어려워지고, 원한은 더 커진다. 배신한 사람이 그의 과거에 책임지지 않고, 그의 행동이 솔직하지 않기 때문이다. 융은 우리가 우리의 죄를 감당한다는 것은 우리의 죄를 다른 사람이 우리 대신 감당하도록 떠미는 것이 아니라 우리의 죄를 떠맡는 것이라고 주장하였다. 우리가 우리 죄를 감당하려면, 우리는 먼저 그 죄와 죄의 잔혹성을 인식해야 한다.

심리학적으로 볼 때, 죄를 감당한다는 것은 그것을 기억하면서, 인식하는 것을 의미한다. 그 두 사람에게 배신의 체험과 관계되는 모든 정동들은—배신한 사람에게는 후회와 회개, 배신당한 사람에게는 원한과 복수심—기억이라는 똑같은 심리적 지점으로 나아가게 한다. 원한은 특히 망각으로 다 억누를 수 없는 기억에서 나오는 정동적 고통이다. 그러므로 잘못된 것을 망각과 원한 사이에서 동요하는 것보다는 기억하는 것이 더 낫다. 이런 정동들은 그 체험이 무의식에서 용해되는 것을 막아준다. 그것들은 그 사건이 분해되는 것을 막는 소금이 되는 것이다. 그것들은 쓰라리지만, 우리들로 하여금 우리의 죄를 인식하게 한다. 다른 말로 해서, 배신의 역설은 배신한 사람과 배신당한 사람이 배신 사건이 있은 다음 그 쓰라림을 기억하는 충성에 있는 것이다.

그런데 이런 충성은 배신한 사람에게도 마찬가지로 지켜진다. 왜냐하면 내가 만일 어떤 사람을 배신하였다는 사실을 인정할 수 없거나, 그 사실을 잊어버리려고 한다면, 나는 무의식적으로 잔인성에 고착되기 때문이다. 그때 사랑의 더 큰 맥락과 내 행동의 운명성과 전체적인 사건의 더 큰 맥락은 사라지고 만다. 그러면서 나는 다른 사람에게 잘못을 저지르고, 나 자신에게도 잘못을 저지르게 된다. 내가 나 자신을 용서하지 못하기 때문이다. 나는 더 현명하게 되지 못할 뿐만 아니라 그 어느 것과도 화해하지 못하고 만다.

이런 이유 때문에 나는 한 사람에 의한 용서는 어쩌면 다른 사람에 의한 대속(代贖)을 요청하지 않는가 하고 생각한다. 대속은 우리가 앞에서 말한 것처럼 아버지의 말없는 행동을 지켜보는 것이다. 아버지는 죄책감을 느꼈으며, 고통을 당했다. 그는 그가 어떤 행동을 하는지 모두 알고 있었지만, 아들에게 아무 설명도 하지 않았다. 그는 그 자신이 그렇게 행동하고, 고통받으면서, 아들 대신 속죄하였던 것이다. 그러므로 대속이란 그렇게 자신을 배신에 맡기는 것을 의미한다. 인간을 뛰어넘는 운명이라는 현실을 받아들이는 것이다. 내가 나의 약속을 지키지 못하는 부끄러움 앞에 무릎을 꿇음으로써, 나는 겸손하게 나 자신의 연약함과 비인격적 권능의 실재를 겸손하게 받아들일 수밖에 없다.

그러나 그런 속죄가 그 자신의 마음의 평화나 그 상황을 위한 것이 아님을 생각해야 한다. 그것은 어쨌든 다른 사람을 인식한 것이 아닌가? 나는 이 사실은 아무리 강조해도 된다고 생각한다. 우리는 비극, 배신, 운명 같은 우주적인 희생의 주제들이 횡행하는 인간 세상에서 살기 때문이다. 배신은 좀 더 넓은 맥락 속에서 이루어지고, 우주적인 주제일 수 있다. 그러나 그것은 언제나 우리와 가까운 사람들과 직접적으로 친분이 있는 사람들을 통해서 개인적인 관계 속에서 생긴다. 그것들은 우리들에게 직접적으로 다가오는 것이다. 그러므로 그 사람들이 우리에게 비극을 불러오는 신들의 도구라면, 그들은 우리가 신들과 화해하고, 신들을 대속하는 길이 될 수 있다. 그러나 우리 삶의 조건들은 그것들이 먼저 일어났던 것과 같은 종류의 가까운 사람들과의 개인적인 상황에서 얼마든지 변환되면서 일어날 수 있다. 그때 우리가 신들에게만 속죄하는 것으로 충분한가? 우리가 그렇게만 하면 모든 것이 충분한가? 하지만 우리의 전승(傳承)은 지혜는 겸손에 있다고 말한다. 그래서 우리는 회개로서 속죄는 어떤 것이라고 분명하게 말할 수 없는 듯하다. 속죄는 그것이 우리가 다른 사람을 충분히 아는 가운데서 그 사람과의 관계 속에서 이루어질 때 더 효과적으로 이루어지는 것 같다. 그러므로 그것은 결국 다른 사람을 모두 아는 것, 즉 사랑하는 것이 아닌가 한다.

VI.

여태까지 이 장에서 말한 것을 요약하면 다음과 같이 될 것이다. 신뢰했던 관계에서 배신이 이루어지고 또 용서가 이루어지는 것들이 다양한 단계를 통해서 전개되는 것은 의식의 움직임을 보여준다. 그때 최초의 근본적 신뢰의 조건은 대체로 무의식적이고, 전(前)-아니마 단계이다. 그 다음에 배신이 이루어지는데, 거기에서 약속은 삶 속에서 지켜지지 않는다. 배신에는 부정적인 것들이 많이 있음에도 불구하고, 아니마가 고통을 체험하는 것을 통하여 뿌에르를 "죽음"으로 이끌어가기 때문에 근본적 신뢰를 넘어가면서 진전되는 것을 의미한다. 그 다음에 그것은 복수, 부인, 냉소주의, 자기-배신과 편집증적 방어에 의해서 막히지 않는다면 부성(父性)을 더 강화시키게 된다. 거기에서 배신당한 사람은 덜 무의식적으로 다른 사람을 배신할 수 있는데, 그것은 그가 인간의 신뢰할 수 없는 본성을 통합하였다는 것을 의미한다. 최종적인 통합은 배신당한 사람의 용서와 배신한 사람의 속죄와 화해로 이루어진다. 그때 화해는 반드시 두 사람 사이에서 일어나지 않아도 된다. 각자가 그 사건과 화해하기만 해도 된다. 오랜 시간 동안 인간 정신의 어두운 측면 속에서 이루어진 이렇게 격렬한 싸움과 고통스러운 체험의 각 국면들은 아니마가 발달해온 국면들이며, 내가 그동안 비록 남성적인 것을 많이 강조했음에도 불구하고, 이 장의 중요한 주제이기도 하다.

| 주석

이 글은 처음에 The Guild of Pastoral Psychology, Guild Lecture No. 128 (London, 1964)와 Spring: An Annual of Archetypal Psychology and Jungian Thought (1965), 57-76에 수록되었고, J. Hillman, Loose Ends: Primary Papers in Archetypal Psychology (New York/Zurich: Spring Publications, 1975)에 재수록되었다.

1   G. Marcel, Being and Having (London: Collins, 1965), 47.
2   J.-P. Sartre, Saint Genet: Actor and Martyr (New York: The New American Library, 1964), 191.
3   E. Jung and M.-L. von Franz, The Grail Legend (New York: Putnam, 1971).
4   F. Wickes, The Inner World of Choice (New York: Harper & Row, 1963).
5   "세상은 어질지 않아서 만물을 추구(짚으로 만든 개)처럼 여기고, 성인도 어질지 않아서 백성들을 추구로 여긴다"(天地不仁, 以萬物爲芻狗, 聖人不仁, 以百姓爲芻狗) 도덕경 제5장.
6   CW 12: 32.

제8장
뿌에르의 상처와 오디세우스의 상처

> 그는 괴짜였고, 사이코패스였다. 그는 미쳤고, 근시안이었으며, 언제나 여성들과의 사이에서 문제가 있었다. 그에게는 재능이 많았으며, 매우 예민했고, 집착적이었다. 그에게는 무엇인가 아물지 않은 상처가 있었다.[1]
>
> —제임스 딘 : 엘리아 카잔

젊은 신과 영웅의 신화적 상(像)들은 종종 다리를 절고, 장애가 있으며, 피를 흘리고, 때때로 거세된 모습이다. 사쓰는 융적인 관점에 다리를 저는 모티프에 대해서 어느 정도 자세하게 다룬 적이 있다.[2] 나는 다리를 저는 것을 헤파이스토스의 경우를 생각하면서 창조적인 것과 관계가 된다는 사실을 알게 되었고, 그의 연구에 동의하였다. 그는 다리를 저는 것을 일방적인 입장을 가진 것으로 해석하였다. 발이 온전하지 못하고, 다리에 상처를 입은 것은 창조성에 필요하다고 생각되는 일방적 불균형을 나타낸다는 것이다. 그런 생각은 발에 담긴 성적인 의미를 통해서 강화되지만, 우리는 거기에 있는 더 깊은 의미에 대해서 살펴보아야 한다.

사실 다리를 저는 것에는 그것보다 더 많은 의미들이 들어있다. "창조성"이라는 단어는 탐구하는 정신을 무디게 하고, 흐리게 한다. 그 단어는 그것이 나타내는 것보다 감추는 것이 더 많아서 사실을 말하자면 가장 비창조적인 단어이다. 우리가 보통 어떤 것을 몹시 찬탄할 때, 그것은 우리가 신선하고, 자발적이며, 아름다운 정신에게 보내는 기원이다. 그것은 우리가 앞으로 더 설명해야 하는 뿌에르의 속성에서 나온 것이라는 말이다. 우리가 "창조성"을 가지고 뿌에르의 상처를 말할 때, 우리는 쓸데없이 한 말을 또 하게 될 수 있다.

뿌에르 영은 왜 그렇게 거대한 상처와 절뚝거리는 왜곡을 요청하는가? 우리는 그것을 뿌에르의 상처에 놓으면서 절름발이의 특성에 대해서 탐구해 보아야 한다. 우리는 여기에서 다시 상처 자체가 뿌에르 영을 영웅의 운명과 동일시하는 듯하기 때문에 뿌에르를 영웅과 구분하는 데서 어려움을 느낀다. 그러므로 우리는 이 장에서 뿌에르 의식이 영웅의 상 어디에 육화되어 있는지 살펴보아야 한다. 우리는 영이 영웅의 상처 안에 빠져 있어야 하는 필요성을 알기 전까지 그 둘 사이를 떼어놓을 수 없다. 그러므로 우리의 목표는 영웅은 잃지만 상처는 살리는 신화적 이미지를 찾아내는 것이 될 것이다.

현대 심리학은 우리에게 부모가 상처를 주는 사람이 될 수 있다고 말한다. 모든 사람들은 부모에게 상처 받으며, 부모들 역시 상처 입은 사람인 것이다. 오늘날 우리는 부모에게 받은 상처를 고치려고 치료실에 간다. 사실 고대 신화들은 상처를 주는 부모에 대해서 매우 다양한 방식으로 이야기한다. 탄타루스는 자신의 아들을 국으로 끓여서 신들에게 대접하려고 그의 아들인 펠롭스를 칼로 저몄다.[3] 그러나 펠롭스는 그 사실을 알아챈 신들에 의해서 어깨만 제외하고 다시 태어났다(핀다로스에 의하면 그리스 신화에서 탄타루스는 신들에게 그의 아들 펠롭스를 죽여서 식사 대접을 했는데, 신들이 그것을 알아채고 펠롭스를 살려냈지만, 그 사실을 모르고 펠롭스의 어깨를 먹은 데메테르는 펠롭스에게 상아로 만든 인공 어깨를 해주었다-역자 주). 어깨가 온전하지 못했던 젊은 펠롭스에게 부성-콤플렉스가 있었을 테고, 그 콤플렉스는 그에게 어깨가 해야 하는 능력을 하지 못하게 했을 것이다. 그러나 그의 어깨는 나중에 더 아름답게 되었다. 상아로 만든 인공 관절로 된 어깨가 그에게 없어진 부분을 대체하게 되었기 때문이다.

다른 신화들도 부모에 의한 상처에 대해서 말한다. 펜테우스의 어머니는 디오니소스에 의해서 미치게 되자 그의 아들의 머리를 잘랐으며[4], 리쿠르고스는 그의 아들의 손발을 잘랐다.[5] 어린 오디세우스는 그의 할아버지와 같이 있었을 때 수퇘지의 공격을 받아서 다쳤다.[6] 아킬레스(발두르에게도 마찬가지)에게 취약한 부분은 어머니로부터 온다. 아킬레스의 어머니는 그의 발 뒤꿈치를 잡고 액체나 불에 담가서 그를 무적으로 만들려고 했는데, 그 부분만 적시지 못했다. 그래서 그의 치명적인 상처는 그의 어머니가 그를 보호한다고 하면서 잡았던 부분이다.[7] 헤라클레스는 아버지와 아들들(히포쿤과 그의 아들들)과 싸울 때 상처를 입었다.[8] 아버지와 아들의 갈등은 헤라클레스에게 손의 움푹 들어간 곳에 상처를 입혔고, 다른 이야기에서 헤라클레스는 그의 아이들을 죽였다.

자식에 의한 상처와 상처받은 부모의 예는 부상당한 아버지를 등에 업고 데리고 간 아이네이아스(Aeneas, 아프로디테와 안키세스 사이에서 태어난 트로이의 영웅으로 트로이 함락 후 그의 아버지, 아들과 함께 로마로 갔다-역자 주)와 실수로 그의 할아버지 아크리소스(Akrisos)의 발에 원반을 던져서 부상시킨 페르세우스에 의해서 그려진다.[9]

상처를 주거나 상처를 받는 부모의 신화적 이미지는 심리학적 진술로 말하자면 부모도 상처받는다는 말이 된다. 우리는 부모가 우리의 상처에 책임이 있다고 말하는데, 비유를 들어서 말하자면, 우리에게 상처를 입힌 것이 우리 부모들에게도 상처를 입혔다고 말할 수 있다. 우리의 상처는 우리 아버지와 어머니가 우리들의 아버지와 어머니라는 데서 생긴 것, 즉 운명적인 것이라는 말이다.

1. 절름발이

뿌에르의 상처는 언제나 특별한 이야기 속에서 특별한 이미지들로 생긴다. 그 상처들은 특별한 신체 부위에 생긴 지엽적인 상처인 것이다: 아킬레스의 발 뒤꿈치나 펠롭스의 어깨 같은 것이다. 뿌에르의 심리학을 아들러의 용어로 말하자면, 어떤 특별한 기관 열등성이라고 말할 수 있다. 무엇보다도 몸의 아래 부분에 난 상처인 것이다. 아킬레스의 발 뒤꿈치, 오이디푸스의 부어오른 발, 헤라클레스가 레르나에서 히드라를 죽이는 것[10], 알렉산더 대왕의 발목에 상처가 난 것[11], 오디세우스의 다리, 이아손의 신발이 하나밖에 없었던 것[12], 필록테테스와 벨레로폰(헤라클레스 이전에 카드모스, 페르세우스와 더불어 가장 위대한 영웅이며 괴물의 처단자—역자 주)이 다리를 절었던 것은 모두 발과 관계가 있다.[13] 이브의 후손인 모든 사람들이 뱀에게 발 뒤꿈치를 잘 물릴 것이라는 성경 구절은 모든 사람이 뿌에르가 될 것이라는 사실을 말하지 않을까?

발에 난 상처(그와 반대로 헤르메스의 날개 달린 발과 21마일이나 높이 날 수 있는 신발)는 뿌에르의 조건에는 무엇인가가 있다는 사실을 말해주는 듯하다. 뿌에르의 자세와 입장에 그런 사정이 있기 때문에 그는 사물들과 넓게 접촉할 수 없고, 영웅적으로 되며, 마술적으로 되기도 한다. 그의 영이 이 세상에 충분히 아래로 내려오지 않았기 때문에 그는 이 세상과 접촉하는 부분이 심각하게 취약하다. 그의 의식은 제대로 걸을 수 없어서, 그 자신을 아주 조금씩만 넓혀야 한다. 초월적인 것은 세상 사람들 모두에게 해당되지 않는 듯하다. 그래서 뿌에르는 이 세상에 그의 두 발을 모두 가지고 땅에 있을 수 없다. 그의 소명이 하느님의 나라를 이 땅에 내려오게 하려는 것이었던 그리스도 역시 그의 발에 상처를 입었고, 우리의 머리 위 십자가에 매달렸다. 초월적인 것, 하느님의 아들, 뿌에르는 그렇게 대단한 존재라서 이 땅에 오지 못하는 것이다. 그것은 벨레로폰이 페가수스의 등을 타고 앉은 것처럼 환상 속에 있는 것이다. 그러나 뿌에르가 지구에 떨어지면, 그 영은 벨레로폰이 알레이온 평원의 주위를 발을 질질 끌면서 다녔듯이 "평원을 방황하게 된다."[14] 그렇다면 신발은 얼마나 중요한가: 눈이 많이 오는 메인 주에서 장화, 구루(Guru)들이 신는 신발, 샌들, 바닥이 두꺼운 신, 바닥이 얇은 신, 징을 박은 구두, 공기를 채운 반짝이면서 빛나는 굽이 높은 구두 등은 모두 용도가 다르며, 제의나 마술에서도 쓰이기도 한다.

다리를 저는 것이 영의 수직성과 관계가 있다면, 우리는 절름발이의 이미지에서 어떤 이점이나 성취를 발견할 수 있다. 그러므로 샤만이 추는 외다리 춤은 부자연스럽게 왜곡된 것이 초자연적인 힘을 나타내는 좋은 예가 된다.[15] 또 다른 예는 연금술에 있는 다리가 하나뿐인 헤르마프로디테의 이미지이다.[16] 왼쪽과 오른쪽의 이중적 관점이 하나의 단일한 축으로 통일되는 것이다. 그렇게 될 때, 움직임은 이제 더 이상 앞뒤로 가거나, 이번에는 이쪽, 다음번에는 저쪽으로 가지 않고, 질질 끌지도 않게 된다. 그 대신 의식은 뛰어오르고, 도약하게 된다. 사람들을 명제와 반명제 사이에서 서로 자기-교정을 하면서 견고하게 자리 잡게 하는 좌우의 리듬은 평정을 잃게 되고, 이 세상에서 자신의 발걸음과 템포를 가지고 재 가면서 현실의 차원과 보조를 맞추려는 태도도 무의미해진다.

변하지 않는 대신, 불연속성 안에서 도약의 선물이 주어지고, 그가 내리는 어느 곳에서나 그것과의 전적인 동일시가 이루어진다. 그때 그가 땅에 내린 곳은 어느 곳이나 중심으로 돼서 그의 움직임은 이제 운동력을 잃게 되고, 그는 그 자신의 축 위에 서게 된다. 이와 같은 상황에서 의식은 단일하게 되며, 불안정한 균형을 이루는데, 그것은 우리가 믿고 싶어하는 것처럼 그렇게 전적으로 의식이 중심이 된 상태는 아니다. 이렇게 다리가 하나밖에 없는 상태는 아마 계속해서 불연속성이 이루어지는 상태로서, 연금술에서도 단단한 돌이 얻어진 상태라기 보다는 불안정한 동요, 언제나 흔들리고, 떨어지려는 상태에 있는 것이라고 할 수 있다. 이런 상태에서는 의식도 사물의 중심으로 뛰어오르고, 그런 관점을 가지려고 한다. 그러나 거기에 서있을 수는 없다. 그때 그는 그 자신을 볼 수도 없다. 왜냐하면 그는 이제 발 하나는 안에, 다른 하나는 바깥에 둘 수 없기 때문이다. 지금 우리는 융합 상태, 즉 동일시에 의한 단일한 관점이라는 특별하고, 병리적인 상태에 들어왔다.

연금술에서 외발(one-footedness)은 하나의 달성을 나타내지만, 발을 통해서 "하나로 된" 그 덕성-그것이 정말 하나의 덕성이라면-은 보통 완수된 것으로 생각되지 않는다. 그렇게 달성한 사람은 거기에 책임을 져야 하는데, 그것은 보통 축복으로 생각되지 않는다. 그 두드러진 발은 기껏해야 비정상적인 관점에서 하나로 모아진 조건을 나타낼 뿐이다. 그래서 이아손에게 샌달이 하나밖에 없었던 것은 그가 발 하나(왼쪽 발)를 가지고 지하 세계에 맹세한 것을 의미하였다. 그리고 "새들의 말을 알아들어서 새를 가지고 점을 치는 특별한 기술을 가졌던" 예언자 몹소스(Mopsos)도

뱀에게 왼쪽 발을 물렸다.[17] (예언과 발의 이상한 관계는 가장 초기의 그리스 신화에서 전설적인 예언자였던 "검은 발"의 멜람푸스에게서도 나타난다).[18] 지금-여기라는 정상적인 세계를 살면서 신적인 세계를 보는 것(점술), 즉 시간 속을 투시하려면 대가가 있어야 하는 것이다. 그래서 솟구치려면 겸손해져야 한다. 이렇게 특별한 발은 절름발이이고, 제한하는 방해이며, 좌절이고, 상처이다. 언제나 우리에게 가장 심오한 통찰을 주는 콤플렉스는 우리의 가장 커다란 장애이기도 한다. 우리에게 신들을 영접하게 하는 타고난 민감성은 언제나 우리에게 상처를 주고, 우리를 죽이기까지 한다.

영웅적인 뿌에르는 어떤 의미에서 에머슨이 영웅을 "움직이지 못하고, 중심에 있는"[19] 존재라고 정의했듯이 외발(uniped)이다. "영웅은 그 자신이 세계의 배꼽이고, 그를 통해서 영원한 에너지가 시간 속으로 터져나오는 중심점이기 때문에" 그는 움직일 수 없는 점, 또는 세계의 배꼽에 묶여 있다. 상처는 그의 부동성, 즉 그를 하나의 지점에 못박는 운명의 한계를 나타낸다. 그래서 그의 상처를 통해서 영원성의 에너지들이 흘러나온다. 그렇지 않으면, 적어도 그는 그것을 느낄 수 있다. 상처 입은 다리나 발은 그가 잘 움직이지 못하기 때문에 한 사람을 운명적인 영역에 영원히 묶어 놓는다. 그는 십자가에서 내려가서는 안 된다. 그래서 에너지를 흘려보내는 영웅적인 뿌에르-의식은 마비된다. 거의 세넥스가 된 것처럼 그 자체의 영원성에 고착된다.

그런데 상처받은 발이나 다리에게는 버팀대가 필요하다. 우리에게는 우리가 기댈 누군가가 필요하고, 특별한 경사면이나 발판이나 바퀴가 달린 기구가 필요한 것이다. 뿌에르 상이 약하고, 날개가 있지만, 그는 그의 곤궁이 가진 힘을 통해서 여전히 지배할 수 있다.

또한 절름발이는 그 어떤 일을 하는 초기에 나타나는 연약함과 무력성을 나타낸다. 초기의 순간은 언제나 가장 상처받기 쉬운 순간이다. 첫 발자국들은 언제나 무엇인가를 시도하는 것이고, 불확실한 것이다. 어떤 계획의 전 과정은 그 다음에 오는 것들이 첫 번째 행위가 더 발전한 것이기 때문에 처음에 한 것으로 귀결되고 만다. 우리는 더 나아지고, 바르게 되며, 변환되지만, 언제나 그 원천은 뿌에르의 영감(inspiration)에 의해서 최초에 전해진 처음의 구도나 밑그림이다. "시작하기가 어렵다"는 말이 나오고, 젊은이들이 바보같다거나 터무니없이 허장성세를 부리는 이유는 그 때문이다. 우리는 여기에서 영의 취약성을 본다. 상처 입은 뿌에르는 영의 구조적인 손상이나 손상된 구조를 의인화한 것이라는 말이다.

II. 불구인 손

그 손상은 때때로 무엇인가를 잡거나 연장을 쓸 수 없는 손에 나타나기도 한다. 그때 그는 문제를 이해하거나 현안을 포착할 수 없다. 그래서 뿌에르 의식은 그가 "어떻게 할 수 없다"고 불평한다. 손은 영리하고, 조작할 수 있다. 그러나 그때 그는 "눈 앞에 있는 것"을 잡을 수 없어서 해결하지 못한다. 매듭은 조심스럽게 한 올 한 올 풀기보다 일격을 가해서 산뜻하게 풀어낼 수도 있다.

손을 못 쓰는 것이 꿈에서는 가끔 외과 수술을 통해서 복구되기도 한다. 그녀 자신이 어떤 생각을 재빨리 포착하지 못한다고 느끼는 여성이 꿈에서 그녀의 가운데 손가락에서 민달팽이 같이 생긴 애벌레를 꺼낸 적이 있다. 어떤 외과의사는 어떤 젊은이의 오른손 손가락을 힘겹게 수술하는데, 몇 시간이 걸린 것 같다. 그런데 그가 그렇게 조심스럽게 수술한 것은 그 젊은이의 의존성과 모든 것들을 너무 금방 떨어트리는 힘없는 손가락이었다. 꿈꾼 이는 꿈에서 본 광경이 한편으로는 무서웠지만, 다른 한편으로는 한없는 매혹을 느꼈다. 그는 이제 무엇인가를 만드는 그의 손은 깊고, 오래된 구조에 의해서 만들어졌으며, 그가 만드는 것 역시 내적인 구도에 의해서 이미 만들어진 것이라는 사실을 알 수 있다. 그 꿈은 그가 하는 것에 원형적 의미가 담겨 있다는 사실을 풀어낸 것이다.

손에는 두 가지 영적 기능이 있다: 그것은 창조성과 권위인데, 그것은 마술사의 지팡이(wand)와 권력자의 지팡이(mace)로 표상된다. 손의 창조 기능은 독립적인 힘, 즉 새로운 놀이들을 고안해서 자발적으로 노는 남근 같은 꼬마 요정인 닥틸(dactyl)로서의 손가락이라는 개념 안에서 나타난다. 발명은 손가락의 환상이 만든 것이다. 영은 사물들과 같이 작업하면서, 호기심을 가지고 그것들을 파헤치고, 하나 하나 떼어서 분석하며, 서로 잘 맞지 않는 것들을 상징으로 만든다. 융은 손가락을 영원한 소년과 직접 연결시켰는데[20], 그 결과 우리는 상처가 났거나 불구가 된 손가락을 원형적으로 직접 생각할 수 있게 되었다. 우리는 손가락 끝으로 알지 못하는 것들을 접하면서 성장한다. "팔이 어깨보다 더 빨리 반응하고, 팔보다 손이 더 빨리 반응한다."[21] 우리가 바깥으로 나가서 끄트머리에 다가갈 때, 한 사람의 확장되고, 실험적인 생동성은 작용하기 시작한다. 여기에서도 무의식의 영은 자유분방하게 나오고, 아무것이나 제멋대로 휘갈기거나, 그리게 한다. 그래서 그때 나오는 것들은 읽기가 어렵다. 손가락으로 긁고, 집고, 두드리거나, 돌을 쓰다듬고, 염주를 굴릴 때 손가락은 아주 바빠진다. 자위를 하는 것도 성적 요청뿐만 아니라 할 일이 없었던 손가락을 위해서도 좋은 일이다. 따라서 손가락으로 아무것도 하지 않는 것은 그의 창조적 환상뿐만이 아니라 어린이다운 생동성을 잃는 것이 된다. 말하자면 그것은 "새로움"[22]의 희생을 의미하는 상실인 것이다. 손과 관련된 이런 상상적이고, 유희적인 활동은 손의 또 다른 영적 기능과 구분된다: 의지와 맹세를 하는 주먹, 이 세상을 다루고, 붙들고, 파악하는 기능과 다른 것이다.

손을 중심으로 한 두 가지 영적 의미인 상상과 실행은 서로가 서로를 잡아당기고, 때때로 해를 주기도 한다. 손가락이 활동하면 주먹이 사라지듯이, 손가락 역시 주먹 안으로 사라지고, 무엇인가를 가격할 때 사용된다. 뿌에르-인간이 받은 선물은 그의 손에 담겨있지만, 그는 그 선물을 손으로 버릴 수도 있다. 손의 상상적 기능이 손의 실행하는 능력에 상처를 줄 때, 실행하는 손은 상처받아야 하는지도 모른다. 따라서 그 두 선물은 서로에게 상처를 주는 저주일 수가 있다. 내 손에 있는 재능이 언제나 나의 것은 아닌 것이다. 자신의 재능을 붙잡는 것은 그것을 실현시키는 것인데, 그 작업은 재능을 사라지게 하는 것일 수도 있다. 삶의 방식이 뿌에르적이고, 영을 따라서 사는 사람은 자신의 재능을 다루지 못하거나 그 자체의 의향

대로 왔다 가는 영을 제대로 따라가지 못할 때, 손에 상처가 난 것을 보여준다. 그의 장애는 그가 통제하는 주먹보다는 환상의 손가락에 머물러 있다고 하면서 그의 한계를 상기시키는 것이다.

뿌에르 영은 어쩌면 관리하는 것보다는 상상하는 것에 더 가까운지도 모른다. 뿌에르의 손에는 의지의 고삐가 아니라 형상들, 동작들, 뿌에르적 접촉이 있는 것이다. 일관성 없이 실행하는 것과 우유부단함은 잘못일 뿐만 아니라 칼자루를 잡지 못하고, 앞을 향해서 나아가지 못하는 병리 증상일 수 있다. 그 사실은 우리에게 앞으로 나아가는 것은 때때로 행동에 의해서가 아니라 상상력에 가득 찬 환상에 의해서 이루어질 수도 있다는 사실을 알게 한다. 불구 상태가 모든 것을 하게 할 때는 환상만 지배하는 것이다. 그러나 환상은 영감만 퍼붓지 않는다. 환상에도 그 자체의 법칙이 있고, 의지와 손이 기교(技巧)를 부리려면 따라야 하는 내재적 지성(知性)이 들어 있다. 그 기교가 요청하는 엄격성—환상들이 정밀하고, 솜씨 있게 형상화되는데 필요한—은 상상적 자아에게 훈련과 윤리를 요구한다. 우리는 뿌에르 원형과 그 초월적 기능에 정직하게 머무르면서, 우리 안에 있는 상상력을 가지고 우리의 장애와 작업하는 것이다.

환상을 솜씨 좋게 실현시키는 초보적 방법은 주어진 조각들과 별 것 아닌 것들을 가지고 작업하는, 프랑스 사람들이 브리꼴라주(bricolage)라고 부르는 것을 하는 것이다.[23] 상처는 사람들에게 "작업치료"를 하게 하는데, 그것은 그의 콤플렉스들을 있는 그대로 나타나게 하는 방법이다. 그 다음에 우리는 그의 정신적 복합성이라는 한계를 가지고 무엇인가를 만들 수 있는 재주 있는 사람이 되면서 그 콤플렉스들을 새로운 환상 속에 재조합한다. 여기에서 상처는 그가 그의 야망을 가지고 씨름하게 하는 선생님이다. 상처는 사람들이 구체적인 것 속으로 들어가는 것이다. 브리꼴라주는 "구체성의 과학"이기 때문이다. 그는 아주 하찮은 것들만 가지고 작업하고, 오직 한 번에 하나만 할 수 있다. 그리고 이것을 가지고 이렇게, 저렇게 한다. 이 브리꼴라주는 사람들에게 복합성들을 느끼게 한다. 무딘 자리들과 날카로운 끝을 느끼게 하고, 무엇보다도 그것들이 어떻게 서로에게 맞는지 알게 해준다. 상처 입은 손은 서투른데, 그렇게 하면서 뿌에르의 서투른 구체적인 삶의 치유는 그 자신의 실수들을 체험하면서 시작된다. (우리는 하늘을 날 때, 떠나온 혼란한 것들은 생각하지 않는다). 그러면서 사람들은 콤플렉스들 가운데서 움직이고, 더 솜씨 있게 된다. 왜냐하면 그가 그렇게 서투르지만, 그의 충동들을 바람직하게 추상화시키는 방향으로 붙잡았기 때문이다. 뿌에르의 직선적인 야심은 상처 입은 손에 의해서 부드러워지는 것이다. 그에게서 환상 자체가 상처를 입었기 때문에, 즉 환상 자체가 그 자신의 불가능성에 의해서 제한되었기 때문에 그의 상처는 뿌에르 의식이 너무 높이 날아갔다가 잘못해서 떨어지는 것을 막아준다.

사람들의 손은 세상을 능숙하게 다루려고 자아와 무관하게 자율적으로 뻗어나가고, 세상에 있는 것들을 도구로 삼는다. 욕구와 욕망을 나타내는 가장 좋은 그리스 단어 *orexis*는 어원적으로 볼 때, 팔을 뻗는 것, 팔이 닿는 것, 탐욕을 나타낸다. 뿌에르가 꾸는 악몽은 손의 자율성을 보여주고, 손으로 목을 조르거나 칼로 찌르는 공포를 보여준다. 그러나 자살하려고 손목 끝으로 베는 것은 때때로 손과 손의 독립성을 이용하여 자기-치유를 하려는 시도일 수 있다. 자해-행위는 피를 흘리는 것으로 읽기보다 손에 초점을 맞춰서 읽어야 한다. 뿌에르 인간에게 자율적인 손에 대한 공포가 아무리 많더라도, 뿌에르 의식은 그 자신을 예술가로 믿으면서 그의 자율성을 창조성으로 숭배한다.

우리의 손가락이 우리를 하늘로 날게 한다는 사실을 상기하자. 계통발생적으로 볼 때, 손은 새의 날개와 비교될 수 있다. 손에 있는 상승의 가능성은 다윈의 환상을 통해서 문자 그대로 표현된다. 그는 인간의 수직성을 인간의 손 때문에 생긴 것이라고 생각한다.[24] 우리는 손을 가지고 우리 자신을 동물의 반열에서 끌어올렸다. 손에 우리의 자유가 있고, 손은 우리의 날개인 것이다.

우리는 여태까지 손에 있는 두 가지 정신적 기능을 손가락과 주먹[25]을 가지고 살펴보았다. 그러면서 똑같은 손을 가지고 우리가 재능을 발휘하고, 재능을 통제하기도 하면서 두 가지 기능을 동시에 수행하는 것은 인간을 넘어서는 것이라고 말하였다. 사실 그것은 악마적인 것일 수도 있다. 왜냐하면 사람들은 악마와 악수하는 것을 통하여 그가 하고 싶은 것을 마음대로 할 수 있는 창조적 정신을 얻을 수 있기 때문이다. 우리는 의지대로 하려는 손과 상상력에 이끌리는 손 모두에게 이끌리면 상처를 받는다. 왼손은 환상을 실현시켜서 결혼식의 축가가 울려퍼지기를 바라지만, 오른손은 쥐어졌던 주먹이 풀어지기를 바란다 야망의 힘과 상상력의 힘이 싸움을 멈출 때까지 그 두 힘은 서로를 무력화시킨다.

그러므로 손의 치유는 손의 세 번째 기능인 영혼의 측면이 작용해야 가능해진다. 우리는 지금 치유자로서의 손인 손의 평평한 부분, 감정(feel)의 어근인 손바닥에 대해서 이야기하려고 한다. 모든 종류의 손의 능력은 손바닥을 통해서 이루어진다: 진정시키기, 축복하기, 따뜻하게 하기, 쓰다듬기, 힘을 주기, 두드리기, 빌기 등은 모두 손바닥을 통해서 이루어진다.[26] 여기, 손바닥에 우리의 운명을 나타내는 손금이 있고, 우리는 거기에 못박혔고, 여기에서 우리는 손을 벌리고, 맨손으로, 무력하게 있을 수밖에 없다.

그러므로 손의 세 가지 기능-손가락, 주먹, 손바닥-을 전망하는 또 나른 길은 뿌에르, 세네스, 영혼이라고 할 수 있다. 이것은 손바닥에 난 상처들이 평화롭고, 단순하게는 물론 십자가 형(刑)처럼 복잡다단하게 우리 영혼에 영향을 미칠 수 있을 것이라는 사실을 암시한다. 여기에서 우리는 상처가 물건을 잡는 것과 도구를 사용하여 세상에 적응하는 것에 영향을 주는 것을 알 수 있다. 손으로 많은 고통을 받은 다음 영혼이 깨어날 때, 우리는 실용주의적이기만 한 태도에서 벗어난다. 우리는 사물을 지배하거나(주먹), 가리키면서(손가락) 무엇인가를 더 할 수 없다. 그 대신, 우리는 무엇인가를 붙들거나 잡는 것을 배워야 한다. 계속해서 접촉하는 법을 배워야 하는 것이다. 이것은 무엇보다도 뿌에르가 제대로 할 수 있는 일이다. 그의 상처 입은 손은 오늘날 "인간의 감정"이라고 부르는 것을 다루는 정신의 구조적 불능성을 드러낸다. 그러나 그는 그것에 대한 신호나 길을 보여주고, 가리킬 수는 있다. 그는 뛰어나게 그것을 붙잡지만, 그것을 쥐고 있지는 못한다. 그럼에도 불구하고, 상처 입은 손바닥은 영혼을 열게 하고, 주고받는 것의 중요성을 알게 해준다. 교역과 상업의 신인 헤르메스처럼 발이 빠른 소년인 뿌에르는 그의 상처를 통해서 그의 손 사이로 빠져나간 것들이 가치 있는 것이라는 사실을 안다.

 우리는 이제 상처 입은 손이 뿌에르의 정신을 인간답게 하기 때문에 구원의 은혜라는 사실을 알게 되었다. 이런 불완전성이 없었다면, 모든 뿌에르 인간들은 오래 전부터 그의 길을 하늘에 내고, 태양을 향해서 날아가는 말의 고삐를 놓지 않았을 것이다. 그래서 부상당한 손은 뿌에르가 받은 선물과 관계된다. 그 상처는 그가 받은 선물의 결과인 것이다. 그 선물은 상처를 주고, 선물 자체가 상처이다.

 그에게는 상처 자체가 선물일 수 있다. 부상을 오직 증상적인 관점에서만 보는 것은 원형적 유형 안에 들어 있는 필연성을 놓치고 만다. 물 위를 걸었던 발에는 못이 박혔지만, 꺾어지지 않은 다리는 그리스도가 마지막에 사람들을 통해서 내려오게 하였다. 또한 아킬레스를 세상에서 "제일 빠르게" 만들었던 발은 그를 죽음으로 끌고 간 흠이었다.[27] 상처는 저주이면서 동시에 축복을 담고 있다. 축복에 아무 영향도 미치지 않고, 저주가 치유될 수 있다고 —의지의 힘을 발휘하고, 자아의 약함을 극복함으로써— 생각하는 것은 순진한 생각이다. 또한 그런 생각은 원형적 구조를 무시하는, 신중하지 않은 생각이다. 우리가 뿌에르 의식에 대해서 다룰 때는 무엇보다도 먼저 종교적인 것이나 영적인 것을 염두에 두어야 한다. 그것이 모든 뿌에르의 문제에 있는 원형적 기층이기 때문이다. 자아-의식에서 일어나는 것은 무엇인가 초월적인 것으로부터만 올 수 있다. 그러므로 아들러적인 의미에서의 기관열등성은 자아의 보상이라고 할 수 없다. 기관열등성이 자아를 약하게 만드는 기반인 것은 틀림없다. 그러나 "약한 자아"라는 말은 어떤 사람이 사람이라고 병리적으로 말하는 것과 똑같다. 기관열등성은 인간의 조건이고, 우리 발 뒤꿈치가 상처받을 수 있고, 우리가 죽을 수 있다는 사실을 말하는 것이다. 자아는 죽을 수밖에 없고, 특별한 빈틈이나 결핍이 있고, 콤플렉스 때문에 이상적인 선에서 벗어나 있기 때문에 약하다. 이 콤플렉스들은 우리를 상처받게 하고, 우리를 계속해서 제한하는 열등성이고, 우리의 죽음의 조건이다. 뿌에르가 상처 받는 것은 불가피한 일이다. 그가 상처 없이 재능만 받았을 경우, 그는 인간이 아닐 것이다. 그의 장애는 그의 원형적 구조를 인간의 실존에 맞추어 살게 하면서 전능성을 보상한다. 그가 살 수 있는 것은 그가 상처를 받을 수 있기 때문이다. 상처는 뿌에르로 하여금 무한하게 나아가지 못하는 한계를 제공하면서 세네스스적인 덕성을 준다.

무의식을 분석하고, 자아를 강화시키는 데만 관심이 있는 보통의 심리학자들은 뿌에르 인간이 환경에 제대로 적응하지 못한다고 야단친다. 그가 너무 쉽게 좌절하면서 상처를 받기 때문이다. 그러나 우리는 그들과 달리, 뿌에르에게 있는 상처의 빈 틈을 통해서 "영원히 젊은 개인"[28]뿐만 아니라 죽을 수밖에 없는 인간이 드러나는 것을 본다. 그는 상처 입은 사람이 삶으로 들어가서 사는 존재이다. 야코비가 비난한 이 "유아적이고, 어린아이 같은 개인"은 다른 사람이 아니라 원형적인 아이, 뿌에르의 원초적인 모습이다. 그가 아주 이상하게 적응하거나 아예 적응하지 못하게 하는 상처는 그에게 새로운 운명을 가능하게 한다. 그의 약함 속에서 새로운 정신이 흘러나오고, 그의 구멍을 통해서 기대하지 못했던 것들이 나온다. 폐에 작고, 축축한 점이 있었던 한스 카스토르프는 살 수 없었다. 그래서 그는 마술의 산에 가야 했고, 거기서 살았는데, 그의 상처에 있는 작은 구멍으로 정신의 거대한 영역이 들어왔다. 그 상처에는 정신적인 로고스가 있었던 것이다. 그 상처는 학습자이면서 동시에 교사였고, 입과 비교되기도 하였다(Julius Caesar, 3.1; Henry IV, Pt.II,1,3). 거기에 메시지가 담겨 있었던 것이다.

상처 입은 손을 통해서 특별히 전해지는 의미는 동작과 관계된다. 뿌에르 의식에게 전하는 상상적인 현실은 우리의 행위와 행동에 환상적인 성격을 부여한다. 뿌에르 의식은 콤플렉스에 또 다른 양식을 부여하면서 콤플렉스의 행동화를 동작으로 변환되게 하는데, 그 양식은 기상천외하고, 무책임하고, 심지어 히스테리컬하게 연극적이라고 할 수도 있다. 그러나 뿌에르 의식에게 그 어떤 역할이 공연될지라도 삶은 정신의 동작일 뿐이다. 삶은 하나의 의미 있는 동작인 무드라(mudra, 인도의 제의, 그림, 춤 등에서 광범위하게 이용되는, 손과 손가락으로 표현되는 수많은 상징적 모양-역자 주)이다.

손에 손상을 입은 것은 순전히, 뿌에르이기만 한 사람의 운명을 드러낸다. 그의 삶이 서투른 몸짓처럼 전개되고, 이룬 것이 하나도 없으며, 파편화된 삶의 모습을 보여주는 것이다. 그와 동시에 이런 손상은 이런 운명으로부터 장애가 영혼에 가하는 인간 세계로 들어올 가능성도 있다.

우리 손은 매일의 삶에서 모든 위험에 노출되어 있다. 손은 우리가 구체적인 것들과 제일 처음 접촉하는 신체 기관이고, 우리가 우리를 어떻게 지키고, 어떻게 표현하며, 무엇을 서로에게 주는지를 나타내는 기관이다. 손에는 우리의 감각도 들어있다. 뿌에르의 손이 이 직접적 접촉에 문제가 있다는 사실은 좀 놀랍다. 손이 우리가 전혀 읽을 수 없는 각 사람의 운명을 빚는 특별한 부분으로 작용하면서 인류라는 종에게 독특한 것이기 때문에 우리는 손에서 그 사람의 운명을 읽는다. 손금은 손가락 끝에 있는 지문처럼 모두 다르고, 모든 사람들의 얼굴과 마찬가지로 개인적이다. 따라서 손에 난 상처는 운명에 난 상처이며, 상처 입은 운명이다. 그 모든 의미에 관해서는 우리가 뿌에르 원형의 현상론에서 고찰하려고 한다.

III. 피 흘리기

상처의 또 다른 측면은 피 흘리기이다. 우리는 여기에서 발두르, 중근동의 아티스, 탐무즈, 아도니스를 떠올릴 수 있으며[29], 몸이 조각 난 오시리스와 디오니소스, 예수를 생각할 수 있다. 젊은 신은 왜 피를 흘려야 했으며, 죽음에까지 이르렀는가? 피 흘리며 죽는 것은 이런 종류의 의식에 무엇을 의미하는가?

표면적으로 피를 흘리는 것은 거세를 의미하는 듯하다. 태모(Magna Mater)의 아들들은 사정(射精)되었고, 과다출혈로 죽었으며, 그들의 피로부터 꽃들이 핀다. 그들의 남성적 실체가 어머니의 대지를 비옥하게 하는 것이다. 그들은 외음부를 상실하고, 여자처럼 성기에서 피를 흘리면서, 그들이 본래 나왔던 여성의 몸으로 변환된다. 그들은 "에덴 동산", 자궁을 가리키는 그리스어의 또 다른 이름인 케포스(kepos)가 되면서 자연으로 재흡수되는 것이다.[30] 거세와 그에 이어지는 피 흘림은 아들과 어머니의 초기의 동일성을 말해준다. 한 사람이 그 자신을 어머니 안에 들어가게 함으로써 어머니와 그 자신을 하나로 만든다. 그렇게 하면서 거세의 피 흘림은 위대한 여신의 아들을 더 아들답게 만든다.

그런데 피 흘림의 또 다른 측면은 뿌에르를 더 뿌에르답게 한다. 예수, 발두르, 성인들, 기사들, 영웅들에게는 마치 상처가 본질을 드러내는 것처럼 상처보다 앞서서 피 흘림이 우선적인 듯하다. 이제 멈출 수 없는 것처럼 계속해서 피가 흐르는 것에 초점을 맞춰 보자. 물론 이 이미지는 예수를 통해서 놀라운 종교적 중요성을 보여준다. 예수의 피가 흐르는 성흔과 가슴은 그의 피와 연관된 유물과 함께 기독교에서 가장 깊은 정동을 불러일으켰다. 예수의 피 흘림은 사랑과 긍휼과 고통에 대해서 말하고, 그것을 통하여 인간 세계에 신적 본질이 끊이지 않고 흘러 들어왔고, 인간 세계와 신적인 것이 피의 혈족관계와 피의 신비를 통해서 연결되었다고 알려졌다. 예수의 피 흘림은 기본적인 뿌에르 모티프가 신학의 평면으로 전환된 것이나.

상처 받는 것의 이 특별한 형태는 뿌에르 심리학의 어떤 것을 말하는가? 그의 피 흘림은 그의 원형적 구조를 몇 가지 방식으로 보여준다. 첫째, 그것은 일반적으로 상처 받기 쉬운 것을 나타내는 이미지인데, 그의 피부가 현실적인 삶을 살기에는 너무 얇고, 그가 모든 뾰죽한 도구를 통한 공격에 너무 예민하며, 너무 순진하고, 진리에 열려 있어서 방어하지 못하는 것을 나타낸다. 그의 피 흘림은 희생양이 되고, 그의 주위에 정신병리적인 공격자들이 많이 모여드는 뿌에르적인 성향을 말한다. 로키(Loki, 북유럽 신화에 나오는 신으로 불의 신이다—역자 주), 하겐(Hagen, 게르만족의 신화적 영웅. 니벨룽겐의 노래에서는 부르군트 왕 군터의 신하로서 충성스럽고 신중한 백발의 전사로 나온다—역자 주), 로마 병사들, 수많은 화살을 맞은 세바스티앙 등이 그들이다.[31] 그는 그에게 암살자들을 불러모으는 반(反)-영웅이고, 그의 순교로 인하여 숭고해지며, 그가 행한 것보다 그에게 일어난 일 때문에 기억된다. 그의 외부에서 오는 피에 굶주린 공격은 그의 운명에 속해 있지만, 그는 그것이 그의 성격에도 속해 있다는 사실을 알지 못한다. 그는 "그의 성격이 그의 운명이다"[32]라는 고대의 생각을 상기시킨다. 그래서 우리 성격을 형성하는 콤플렉스들로부터 나오는 통찰 역시 우리 운명에 대해서 말해 줄 것이다. (그러므로 '운명을 사랑하라'(amor fati)라는 말은 그의 콤플렉스들을 사랑하라는 것을 의미할 것이다). 피를 불러오거나 피에 적셔지는 것은 똑같이 유형이 배열된 것이라고 할 수 있다. 영웅인 뿌에르가 미친듯이 살육을 멈추지 못하는 것처럼 (아킬레스는 12일 동안 헥토르의 시체를 훼손하였다), 반-영웅은 그 자신으로부터 피가 흐르는 것을 멈추게 할 수 없다. 피가 흐르는 것이 너무 황홀해서 그는 지혈대를 가지고 있지 않다.[33] 왜 그렇게 피를 가지고 있어야 하는가? 꽃 안에 피가 잠재해 있기 때문인가? 신화들은 우리에게 살해당한 뿌에르들로부터 아름다운 꽃들이 피어난다고 여러 차례 말한다.[34] 뿌에르는 그의 상처를 영광으로 변화시키는 것이다. 그는 마치 그의 혈관이 파괴된 것을 느끼지 못하고, 그의 피 냄새를 맡지 못하며, 꽃들만 볼 수 있는 것 같다. 심미주의는 어떤 사람이 아무리 고통을 줄지라도 아름답기만 하면 그것을 찬양한다. 파르시팔은 암포르타스에게 "너를 괴롭히는 것이 무엇이냐?" 하고 물어보았지만, 성배(聖杯)를 찾으려는 일념밖에 없었던 이 아름다운 젊은이는 상처에 대해서 아무 질문도 하지 않았다. 그래서 암포르타스의 상처는 계속해서 곪아갔다—왕, 즉 세넥스에게 고통이 깊어간 것이다.

곪게 하고, 아프게 하지만 죽음이나 치료로 이끌지 않고, 정신의 복합성에 초점을 맞추게 하는 또 다른 상처들도 있다. 프로메테우스의 간은 항상 찢겼으며, 헤라클레스는 독이 묻은 셔츠 때문에 고통당했고, 필록테테스의 발은 계속해서 감염되었다. 여기에는 아무 꽃도 없다. 다만 수 천년 동안 신화, 드라마, 시에서 반추하는 자료만 있을 뿐이다. 이 쓰라린 상처들은 상하게 하고, 찌르며, 끊임없이 불평하게 한다. 그리고 필록테테스의 경우, 그의 상처로 인한 불평은 그에게 위엄을 더하게 하였다.

상처받았을 때는 삶의 고난 앞에서 "어른이 되지 못하여", 어머니를 찾기보다 불평하는 것이 더 낫다. 그러면 불평은 상처의 한 부분으로 되어 처음으로 자신의 불완전성을 깨닫게 한다. 방패는 뚫렸고, 이제 새턴이 다가와서 삶이 썩는 과정에 들어섰음을 알게 된다. 뿌에르 인간에게 상처는 종종 그의 목소리나 태도에서 불평으로 터져나온다. 그때 그가 무너진 것은 "나는 몰락했어요. 그래서 나는 울어요"라는 외침이 시작되는 것이다. 상처 입지 않는 영은 삶의 비참을 느낄 때 인간화된다. 비탄의 소리는 갓난아기의 최초의 정동이 울음이고, 예수의 마지막 부르짖음이 십자가 위에서의 불평이듯이 그가 인간임을 말하는 징표이다.

인간의 실존은 처음부터 끝까지 상처투성이이며, 뿌에르의 불평은 인간의 물리적 본성, 즉 몸의 삶과 자연적이기만 한 측면은 무엇인가 충분하지 않다는 사실을 깨우쳐준다. 그래서 뿌에르의 몸은 이미 꿰뚫렸으며, 그의 몸은 이제 벌어져 있다. 그의 불평은 인간의 의식이 이제는 더 이상 물리적인 방식 안에만 담겨 있을 수 없다는 사실을 말하는데, 그것은 매우 전도 유망했던 운동 선수가 갑자기 사고를 당했을 때 그에게 삶이 모두 끝날 수 없는 것과 같다. 그 "사고"는 어쩌면 뿌에르를 영웅적인 업적으로부터 해방시켜주는지도 모른다. 그렇지 않았으면 그의 삶이 영웅적인 것을 벗어나 있는데도 거기에만 매달렸을 것이다. 뿌에르는 그 자신의 삶으로 돌아오지만 여전히 불평한다. 그때 그 불평은 그가 본능으로부터 분리되고, 영적 운명으로 부름받았다는 사실을 알려준다. 우리는 뿌에르가 불평하는 것을 들으면서, 그가 어머니를 부르는 것이라고 잘못 생각하기 쉽다. 그러나 그의 외침은 주어진 운명을 벗어나는 것으로서, 어머니인 자연은 이제 우리에게 더 이상 해줄 것이 없고, 신체적인 삶만으로는 충분하지 않다는 것을 말해준다.

또한 피를 흘리는 것은 뿌에르의 분출하는 역동성을 나타낸다. 우리는 그것을 팽창과 열광 상태에서도 볼 수 있다. 뿌에르의 생명력은 퍼져나가고, 연금술사의 '현자의 돌' (lapis)에 있는 팅크제처럼 착색되는 것이다.

그가 피를 흘리는 것은 온 세계를 변환시키기 위하여 자신의 정수를 널리 퍼트리는 연금술에서의 증식(增殖)이다. 뿌에르의 원형적 구조는 분출, 과잉 행동, 카리스마, 희생에 대해서 강조한다. 그래서 핫스퍼는 모티머의 명예를 위해서 "나의 혈관을 다 비우라/그리고 나의 피를 방울 방울 쏟아지게 하라"고 하였다. 뿌에르 인간의 마술과 같은 손짓은 거짓이 아니다. 그것은 그가 그의 계획과 친구들에게 쏟아붓는 생명의 피이다. 그는 그 자신이 죽어갈지라도 그 자신을 쏟아붓는 것이다.[35] 그가 피 흘리는 것이 단순한 과시 같이 보이지만, 그것은 자신의 피를 흘림으로써 그들의 정수(精髓)가 흘러나오게 했고, 창조적 생명력이 펼쳐지게 했던 신들의 행위를 재연(再演)하는 것이다. 뿌에르는 이런 실행을 통하여 그들에게 참여하고, 무한한 에너지를 가지게 된다. 그래서 그는 피를 아무리 많이 흘려도 소진되지 않는다. 이 신적 존재들은 그들의 상처를 통하여 신적인 존재로 인식되고, 그들이 신의 사랑으로 들어가는 것도 신성한 상처를 통해서 이루어진다. 원형적 결함(infirmity)의 모방은 기독교의 신비가들이 그렇게 의기양양하게 선포하는 것처럼 그들에게 역설적으로 힘을 준다. 초인의 능력은 이렇게 드러난 상처를 통해서 흘러나오고, 상처를 받음으로써 펼쳐진다. 그러므로 뿌에르 의식은 계속해서 주고, 흘림으로써 그의 힘을 행사하는 방식과의 접촉을 잃지 않는다.[36] 뿌에르 인간도 마찬가지로 "예수의 고통"을 모방하면서 그 자신을 버리는 것을 통하여 다른 사람들을 지배하고, 힘을 행사하는 듯하다. 그의 비이기적인 너그러움과 자기-희생은 그를 십자가 위에 높이 올려놓는 것이다.

그러나 세 번째로 그에게는 본능의 경직이 없다. 그가 주는 것은 엎질러졌고, 그는 심리적으로 혈우병에 걸렸다. 그에게 세넥스적인 금지 요소는 작동하지 않고, 과잉 반응하는 법도 없다. 그 두 가지 것은 서로 인접해 있고, 그 사이에 아무 경계도 없다. 여기에서 우리는 뿌에르에게 에로스가 쉽지 않다는 사실을 알게 된다. 그의 가슴에서 피가 너무 자유롭게 흐르기 때문에 뿌에르적인 구조는 사람들을 뒤로 물러서게 하고, 그 자신을 지키게 하는 것이다. 그는 그의 생명 에너지와 에로스를 담을 수 있다고 느낀적이 없다. 그것은 그를 통해서, 그로부터 쏟아지거나, 그것을 사정없이 차갑게 닫는다. 그것은 인간의 개입을 넘어서는 전부-아니면-전무의 현상처럼 이루어진다. 그는 펠리칸이 그의 상처로부터 그의 새끼들을 먹이는 것처럼, 그 자신을 양육하고, 그의 본질을 다른 사람들과 나누는 법을 모른다. 뿌에르는 그의 상처를 통하여 다른 사람들을 양육하지만, 그 자신은 방전(放電)되고 만다. 그가 스스로를 사랑하는 방식에는 이상하게도 잘못된 점이 보인다. 코헛이 자기애의 심리에 대해서 연구하였듯이 현대인들은 뿌에르가 하는 이런 상황을 고찰하려고 했지만 중요한 점에서 실패하였다. 원형적인 힘은 그것이 사람에게 육화되었을 때 그것을 돌보지 않기 때문이다. 그래서 자아를 뛰어넘는 힘이 그렇게 강하게 작용할 때 뿌에르들은 피를 흘릴 수밖에 없다. 우리가 우리를 충분히 사랑하면서 돌볼 수 있다면, 우리는 물론 상처받지도 않고, 천사 같은 사탄처럼 작용하는 뿌에르 원형의 지배도 받지 않을 수 있을 것이다. 그러나 사실은 그렇지 않다.

뿌에르는 자신을 돌보는 사랑을 종종 세넥스나 생존본능으로부터 찾지 않고, 보모를 찾는다. 신화는 신성한 아이(divine child)들이 특별한 종류의 조력자들과 함께 있는 것을 보여주는 것이다. 뿌에르 개인들에게 돌봄은 미묘한 역할을 한다. 어떤 때는 그를 지탱하지만, 다른 때는 파멸을 가져온다. 사실 영(spirit)은 철학자들이 밤에 쓰린 속을 달래기 위하여 소피아에게 우유를 얻어 마시듯이 돌봄을 필요로 한다. 그러나 우유와 함께 태모가 다가오면, 뿌에르 영은 신체적 돌봄까지 요구하면서 훌쩍이고, 철저하게 해결해 달라고 떼를 쓴다. 젖에는 많은 원천이 있고, 사람들은 다양한 방식으로 돌봄을 받을 수 있는 것이다. 디오니소스도 젖을 가지고 왔다.[37] 디오니소스의 보모들은 영의 딸이며, 추종자였고, 한 무리의 제의 참여자들이었다. 그녀들은 그녀들이 돌보는 방식대로 즐기면서 영을 돌보았다. 그녀들은 술을 마시고, 춤추고, 유머를 즐겼다. 뿌에르 영이 바쿠스 시녀의 딸들을 통해서 돌봄을 받으면 이제 더 이상 어머니의 어린아이 같은 역할에 머무르지 않고, 한 무리의 "아버지"로 된다. 보모인-딸은 세넥스와 뿌에르를 다시 이어주는 것이다.[38]

IV. 새게 하기와 담기

네 번째는 이 모든 것을 요약해 볼 때, 그릇의 문제이다. 소크라테스는 플라톤의 『대화』, "고르기아스"에서 "입문식을 거치지 않은 어리석은 자"의 영혼은 새는 그릇 같다는 오르페우스 이야기에 대해서 말한다(493b). 입문식을 거치지 않은 사람은 정신의 하데스 같은 심층에서 무의미하게 반복되는 강박의 무자비한 과정을 거쳐야 하기 때문에 불행하다. 그들은 물을 체에 담고, 구멍이 난 항아리에 부어야 한다.[39] 입문식을 거치지 않은 사람에게는 제대로 된 그릇이 없어서, 플라톤은 그들은 봉인이 해제되어, 담아 둘 수 없는 사람들이라고 하였다. 그들은 그들이 가진 것을 붙들고 있지 않기 때문에 열심으로 가득 차 있다. 모든 것이 지나간 다음, 그 사람 역시 아무 실체도 없이 스러진다. 여기에서 드러난 상처는 플라톤적인 의미에서 본래 영혼을 지키고, 간직하는(가두는 것이 아니라) 정신의 몸을 의미할 것이다. 그런데 생명 에너지의 쇄도는 정신적 피부의 얇은 주머니를 터뜨린다. 연금술에서 말하는 적화(赤化)가 너무 빨리 이루어져서 작업 전체가 망쳐지는 것이다.

그러므로 뿌에르의 구조에서 근본적으로 잘못된 것은 그 안에 무엇인가를 담고, 보유하며, 부족하지 않게 하는 정신적 콘테이너(psychic container)이며, 사건들을 담아서 그것들이 정신적 사실로 실현되게 하는 반성(反省)의 시간이다.[40]

히스테리아의 특별한 원인 – 히포크라테스로부터 샤르코까지 2천년 동안 – 으로 간주되는 자궁으로서의 이 그릇에 대해서 살펴보자. 이 여성적인 그릇, 자궁(hystera)이 제 자리에 있지 않으면(돌아다니면), 그것은 실체가 새고, 뚝뚝 떨어지고, 쏟아지게 하거나, 히스테리가 되게 한다. 제대로 된 여성적 그릇이 없으면, 우리는 아무것도 창안할 수 없고, 기를 수 없으며, 온전하게 낳을 수도 없다. 그 자신을 쏟아 부었지만, 새는 그릇을 가지고서 사람들은 외부의 영향에 굴복할 수밖에 없다. 그렇지 않으면, 플라톤이 말하듯이 새는 영혼은 "쉽게 흔들리고, 설득당한다." 이 영혼들은 스스로는 막을 수 없는 체들이다. 그래서 끊임없이 거품을 내면서 흐르는 샘물과 강가에서 그 흐름을 믿으면서 예배 드린다. 그런데 그렇게 흐름을 예배하는 것은 계속해서 흐르는 것을 예배하는 것으로서 임시적이고, 암시적인 것을 예배하면서 결국 그 주위에 있는 그 어떤 것에도 빠질 준비가 되어 있는 것을 의미한다. 여기에서 우리는 뿌에르 의식의 또 다른 위험을 보는데, 그것은 물에 용해되고, 망각하는 것이다. 그때 그에게는 그 어떤 것도 진정으로 일어나지 않는다. 끊임없이 새로워지고, 무분별한 것에 긍정적인 처녀 같은 태도는 언제나 젖어 있고, 눈을 크게 뜨고 있으며, 입이 벌려 있고, 꿇어 엎드릴 무릎이 항상 준비되어 있는 것이다.

상처가 다른 부분보다 더 많이 열려 있다는 명제는 상처 입은 사람이 열려진 것에 더 많은 고통을 받는다는 사실을 의미한다. 뿌에르가 열려 있는 것은 순수한 것처럼 보이는데, 그것은 문자적으로는 "다친 곳이 없다", 해롭지 않다, 해를 끼치지 않는다는 것을 의미한다. 그런데 입문의례에서 그렇게 필수적인 상처는 입문자가 그 전에 가지고 있던 개방성 때문에 고통을 받게 하고, 그에게 경이로운 세계로 가는 길을 차단하면서 새로운 방식으로 또 다른 세계에 데려감으로써 순진한 상태를 종식시키게 한다. 그것은 나에게 상처를 준다. 그래서 나는 나 자신을 지켜야 한다. 나는 이제 더 이상 해를 받지 않고, 나 역시 무해하지 않다. 따라서 뿌에르적 충동이 자동차 사고나 스키 사고를 일으킨다면, 그것은 단지 어떤 위험이나 파괴적 충동 때문만이 아니다. 청소년들에게 그들의 영혼을 입문식에서처럼 몸에 상처를 입히고, 입문식을 거치게 하려는 의도가 있다. 영혼은 신체적 손상을 통해서밖에는 순진한 상태에서 벗어나지 못하는 것이다.

이 사실은 우리에게 뿌에르 상태의 근본적 문제로 여겨지는 거세(castration)에 대해서 다시 살펴보게 한다. 사람들은 일반적으로 뿌에르의 상처를 거세로 환원시키면서 생각해 왔다. 뿌에르는 아버지 때문에 히스테리적으로 된 어머니에게 영향받은 아들로서, 어머니 때문에 약해졌다고 생각된 것이다. 앞으로 우리가 새로운 관점에서 살펴보기는 하겠지만, 일반적인 견해부터 살펴보자. 뿌에르의 거세가 정말 어머니에게로 돌아가려는 것이라고 생각해 보자는 것이다. 그러나 뿌에르는 그녀의 아들이 아니라 그의 자궁, 즉 자궁으로 불려왔던 내면의 "어머니"를 찾으려는 거세된, 방황하는 영이다.[41] 자궁으로 돌아가는 것은 쉼터를 찾고, 그의 유출과 히스테리적 피암시성을 그치게 하려는 시도이다. 다른 말로 해서, 동종요법을 찾으려는 것이다: 내 병은 치료 방법을 보여준다. 어머니에게 히스테리적으로 퇴행하는 것은 상처를 과장하는 것처럼 내가 얼마나 상처에 취약한지를 드러낸다. 그리고 나를 돌보기 위해서 나의 상처로 들어가는 것을 보여준다. 그러므로 히스테리적으로 도망가는 대신 상처를 통해서 입문의례를 해야 한다. 여기에서 환상은 상처이고, 곧 자궁이다. 그때 자궁은 히스테리에 의해서 생긴 상처 속을 돌아다니거나 친구들로부터 변변치 않은 도움을 청하거나, 식당에서 사랑을 찾으려고 하지 않고 배꼽 속 깊은 곳에서 제대로 된 자리를 찾을 수 있다.

상처가 자궁으로 될 때, 거세는 다산(多産)의 기반이 되고, 운반자가 된다. 그의 약점은 그의 미래를 담게 되고, 그의 무능은 잠재성의 원천이 된다. 그래서 우리는 종종 그의 "거세 콤플렉스"가 그의 천재성의 보금자리가 되는 약하고, 히스테리컬한 젊은이의 삶에서 이런 진리를 읽을 수 있다. 그리고 우리는 뿌에르의 거세(그가 얼마나 그의 남근적 힘과 생산성 있는 사고로부터 분리되었는가 하는 것)를 그의 내면에 있는 배아(胚芽) 상태에 있는 가치들을 산출할 수 있는 자궁 같은 영혼을 찾으려는 상처 받고, 절망적인 욕구에 대한 깨달음으로 생각할 수 있다. 나의 자기-거세는 어쩌면 어머니가 나에게 나를 어떻게 돌보아야 하는지 가르쳐 준 것에서 비롯된지도 모른다. 나의 자기-거세는 내가 나를 품으려는 것이기 때문이다. 그래서 거기에는 세상에서 상처를 가지고 피를 흘리기보다 안에서 규칙적으로 피를 흘리는 자궁처럼 드러냄과 숨김 사이에서 움직인다.

드러냄과 숨김은 얼마나 뿌에르적인가! 피를 흘리는 뿌에르는 그의 발가벗은 삶을 보여준다. 그런데 그의 영혼은 본체이다. 어떤 사람이든지 그것을 볼 수 있고, 그는 당신에게 그에 관한 모든 것을 말할 것이다. 그 어떤 콤플렉스 안에도 들어있는 뿌에르의 영향은 그가 만든 것을 공중에게 펼쳐 놓고, 행인들은 모든 사람들이 그렇게 다 드러내는 비심리학적인 것을 보고 놀란다. 이런 공개는 작가, 화가, 전위 예술가들에 의해서 시행된다. 그들의 콤플렉스가 그것들이 널리 출판되어야 하고, 벽에 걸려야 하며, 청중들에게 박수 갈채를 받아야 한다고 강박적으로 주장하기 때문이다.

이런 드러냄과 함께 그와 반대되는 편집증적 불안의 움직임이 잔뜩 끼기 시작한다. 어떤 특별한 비밀주의가 그의 순진성을 어둡게 하는 것이다. 그때 그는 모든 정동은 그가 정말 믿을 수 있고, 배신하지 않을 수 있는 적은 사람들 하고만 나누어야 한다고 느낀다. 드러내는 것은 상처를 주기 때문이다. 이런 불안은 아무것도 방어하지 않는 매력적이고, 순진한 상태와 반대로 소외, 불화, 분리-교활, 추방, 침묵-등을 자아낸다. 편집증적인 걱정들은 과도한 노출에 대한 응답으로 온다. 그것들은 자기-보호적이며, 닫음을 지시한다. 드러냄은 상처를 받을 때 시작되고, 배신은 의식을 순전히 뿌에르적이기만한 조건으로부터 움직이게 하는데 대단히 중요하게 작용한다.[42]

상처들이 치료되면, 그것들은 저절로 아문다. 그러므로 편집증적인 불안은 순진한 뿌에르 인간에게 치유적이다. 그는 비밀주의 속에서 봉인하면서 입문식으로 나아간다. 그에게는 비밀이 있다. 그것이 없으면 그에게는 다른 사람들과 다른 개인성이 없다. 그를 봉인하는 비밀은 종종 편집증적인 아니마와 관계가 있다. 남 모르는 환상, 남 모르는 사랑, 남 모르는 목표 등이 그것이다. 편집증적인 비밀은 그의 안에 말려 있고, 그것은 그의 특별히 개인적인 영혼의 유충(幼蟲)이다. 그의 영혼은 그로부터 무엇인가 독특한 것을 원한다. 아니마에게는 하나의 의미가 있고, 뿌에르의 상처를 치유하는 하나의 치료법이다.

뿌에르의 개방성에 대한 반발에서 생긴 닫힌 아니마의 편집증은 극단으로 치달을 수 있다. 그때 내적인 삶은 성모, 닫힌 문, 닫혀진 정원, 평생 동정 교리(*Semper Virgo*)처럼 딱딱하게 봉인된다. 물리적 경험에 의해서 정동(emotion)이 터져본 적이 없는(우리는 이것을 문자 그대로 성적이고, 신체적 경험으로 그리고자 한다) 처녀의 아니마는 상처를 거부하는 다른 길을 제시하면서 뿌에르 인간의 유아적 순진성을 지속시킨다.

더구나 영혼 안에 있는 성모의 영원한 동정(童貞)은 행동에서 그리스도와의 동일시를 요구한다. 사람들은 내적인 삶과 무관하게 이 세상에 살면서 피를 흘릴 수도 있다. 기독교인의 삶에 있는 어머니-아들의 드라마의 이 변주(變奏)는 이렇게 뿌에르의 특별한 유형을 모방하려는 사람들의 심리 안에서 계절에 따라 진부한 방식으로 전개된다. 그러나 사람들에게 아니마는 언제나 숫처녀로 남아 있고, 그들 역시 정신적인 질문-영과 살, 하느님과 세계, 자아와 자기, 동양과 서양, 개인과 집단의 관계에 대한 질문-때문에 고통 받아서 그런 반복으로부터 아무것도 깨닫지 못하여 심리학적으로 인생의 후반기에 접어들지 못한다. (다행스럽게도 성모의 다른 이미지, 성모-예수의 또 다른 방식의 삶, 평생 동정 교리를 덜 문자적으로 해석하는 사람들도 있기는 하다).

영혼 만들기의 또 다른 방식인 무엇인가를 담는 심리적 그릇을 만드는 것은 피 흘림을 전제 조건으로 요구한다. 우리가 뚜껑이 열린 상태라는 절망적인 상태에 이끌리지 않는다면, 우리는 왜 그 작업을 해야 하는가? 아니마-혼란 상태로부터 아니마-그릇으로의 이행은 다양한 방법으로 나타난다. 약했던 상태로부터 겸손하고 감수성 있는 상태로 옮겨 가고, 쓰라려 하고 불평하는 상태로부터 피와 땀을 맛보는 상태(예수 그리스도가 십자가에 달리기 전에 피와 땀을 흘리면서 기도하던 것을 의미한다-역자 주)로 옮겨 가며, 상처에 대한 정동적 고통에 초점 맞추던 것으로부터-상처의 원인과 주변과 치료에 초점을 맞추는 것-그 깊은 이미지에 초점을 맞추는 것으로 옮겨 가고, 자궁을 여성과 "여성성"에 두는 것으로부터 그 자신의 신체적 리듬에 두는 것으로 옮겨 간다.[43]

우리에게 필요하지만 우리가 놓친 것은 무엇이든지 매우 중요하다. 그래서 뿌에르 의식은 자신을 담는 그릇인 그의 상처를 감당하면서 뒤로 물러나고, 아니마는 뿌에르 의식의 이상하고, 강박적이며, 신비한 부분으로 된다. 그러나 상처를 다루는 작업은 서양 문화에서 매우 낯설다. 그러나 그것이 서양의 역사를 움직여야 한다. 우리는 모두 모험가, 선교사, 특히 십자군 병사의 후예들이기 때문이다. 우리의 영웅적 역사에서 수 세기 동안 도시들을 약탈하고, 휩쓴 십자군적 충동은 신비한 성배(mystical Grail)를 찾으려는 추구에 담겨 있으며, 우리 가슴에도 여전히 돛을 달게 하는 충동으로 남아 있다. 아직 다 담지 못해서 쉬지 않고 흐르는 그리스도의 피를 담으려는 십자군 기사의 숭고한 추구는 그를 모델로 한 뿌에르 의식에 담겨 있는 것이다. 영혼이 이 성배라는 깨달음은 뿌에르 의식이 그 자신을 들여다보게 한다. 상처의 성배 안에는 영이 있다. 이 사실은 인간의 정신은 우리가 피를 흘리는 사랑의 목표이고, 상처는 바로 성배라는 것을 의미한다. 그러므로 그 작업을 위해서 예루살렘에 갈 필요가 없고, 바로 우리 자신의 상처를 가지고 작업을 하면 된다.

V. 상처 입은 의식과 디오니소스

상처가 증상을 통해서 경험되기는 하지만, 그것들은 같지 않다. 증상은 그 밑에 어떤 것이 있다는 것을 가리키면서 진단에 의해서 밝혀진다. 그러나 상처는 우리가 생각하듯이 우리를 상처의 원형적 상황으로 이끌어가고, 전혀 별것도 아닌 증상에도 그것을 뛰어넘는 중요한 것이 있다고 말한다. 그래서 모든 증상은 우리에게 환상을 불러일으킨다: 피부의 반점은 나병(癩病)일 수 있고, 설사는 우리를 아기처럼 만들며, 손목이나 발목을 삐면 우리는 노인들처럼 벤치에 앉아 있어야 한다. 이렇게 상처가 가져오는 과장은 우리를 원형적 의식으로 들어가게 한다. 우리 이성이 하는 것보다 더 한 것을 알게 하는 것이다. 그래서 우리는 마치 우리 의식이 상처 입은 상태에 있는 것처럼 모든 것을 상처 받게 하면서 상처에 개방되게 된다. 우리는 고통의 전반을 느끼면서, 이 세상에 고통이 편만한 것처럼 느끼게 되는 것이다. 사실 상처는 불가능성과 무력성을 말한다. 그래서 "나는 아무 것도 할 수 없어요"라고 말한다. 우리의 상처는 우리에게 잔인하게 한계를 알려주는 것이다. 그 한계는 외부적인 힘에 의해서 바깥에서부터 부과되지 않는다. 오히려 이 해부학적 간격은 나에게 내적인 것으로서 내가 걷는 모든 발걸음과 내가 가는 어느 곳에나 존재한다.

뿌에르의 구조에서 한계는 너무 힘들고, 고통스러워서, 그가 하는 "나는 할 수 없어"라는 말은 상처의 고통에 의해서 드러난다. 그는 당신 앞에 밝고, 명랑하게 서있지만, 그의 발에 감은 두꺼운 회반죽은 그의 무력성을 짙게 풍긴다. 뿌에르 인간은 그의 상처가 그의 의식을 약화시키는 방식으로 비밀을 누설하기 때문에 그의 상처를 감춘다. 의식은 그 자신이 무능하다고 느끼기를 두려워하는 것이다. 왜냐하면 이야기하다가 그의 상처가 폭로되면, 상처는 뿌에르로서의 그를 멸절시키기 때문이다. 각각의 콤플렉스에는 증상이 있고, 상처 받기 쉽고, 몹시 고통스러운 지점을 통해서 그가 인간임을 확인하게 되는 아킬레스 건이 있다. 삼손의 머리카락이나 지그프리드의 가슴이 있는 것이다.[44]

치료는 이 지점을 건드려야 한다. 치료는 상처 받은 상황에서 실제로 아픈 곳으로 넘어가야 하는 것이다. 원형은 보편적인 것이기 때문에 모든 것을 일반화한다. 그러므로 못이 나와 있을 때, 쳐야 한다. 장애가 있고, 못 쓰게 되었으며, 피가 나는 곳으로 가고 간, 어깨, 발, 심장 등 특정한 기관들을 살펴보아야 한다. 각 기관들은 의식에 잠재적인 불꽃을 일으키는데, 고통은 각 기관의 원형적 배경에 대해서 알게 하면서 의식을 깨어나게 한다. 그 기관들은 상처받을 때까지 무의식적 본성의 한 부분으로 단순히 물리적으로만 작동하였다. 그러나 이제 본성에 상처가 나서, 기관이 열등하게 되었다. 본성의 기능적 결함이 기능 자체에 대해서 생각하게 하는 것이다. 우리는 처음으로 거기에 대한 느낌과 가치와 작업 영역에 대해서 알게 된다. 우리가 어떤 것을 잃어보아야 그것에 대해서 알 수 있는 것처럼, 상처를 통해서 한계를 느끼니까 그 기관에 대해서 의식하게 된다. 그것은 죽음이 우리에게 정신적인 것이라는 사실이 그 자체로 어떤 것인가 하는 것을 알게 하는 것이다. 죽음만이 영혼에 정신적인 것의 진정한 의미와 중요성을 일깨울 수 있다. 상처 때문에 우리는 "죽어가는 것"에 대한 의식을 할 수 있다.

죽어가는 인식이나 죽음에 대한 인식에는 상처가 필요하지 않아서 상처를 치유할 수 있다. 이런 의미에서 상처는 뿌에르 의식의 치유이고, 치유가 일어나기 때문에 상처 입은 치유자가 배열된다. 그러므로 우리는 뿌에르 인간과 치유에의 소명 사이의 신기한 관계를 받아들여야 한다.

"상처 입은 치유자"는 단순히 어떤 사람이 상처를 입었고, 상처 받은 사람에게 감정이입을 할 수 있다는 사실만 의미하지 않는다. 그것이 치유하는데 필요하지만 그것만으로는 충분하지 않다. 더구나 그 사실은 그 또는 그녀가 비슷한 과정을 거쳤기 때문에 치유할 수 있다는 것을 의미하지도 않는다. 그의 상처가 그의 의식을 완전히 변화시키지 않는 한 불가능하기 때문이다. 여기에서 우리는 "상처 입은 치유자"라는 말은 인간을 가리키는 것이 아니라 어떤 종류의 의식을 가리킨다는 사실을 기억해야 한다. 이런 종류의 의식은 신체 기관의 상해와 고통을 말하는데, 그것은 이 기관들 속에 기관-의식이나 몸-의식으로 되면서 의식의 불꽃을 해방시킨다. 그때 치유는 그 사람이 온전하게 되고, 통합되었으며, 전체가 되었기 때문에 가능한 것이 아니라 의식이 해체를 거쳤기 때문에 가능하다. [45]

의식이 지엽적으로 나누어지는 것은 그 상처들 안에서 치유를 모색하기 때문이다. 그래서 그것들은 해체되고, 분리된 의식들이며, 지금은 심장, 다음에는 손, 그 다음에는 상처 받고, 걸을 수 없게 된 발이 말을 하게 된다. 언제나 예민하게 열등한 반응을 보이는 것은 상처 받은 의식이다. 이런 해체와 분리는 상처가 있는 두 사람에게 상처를 가지고 대화하게 한다. 나의 상처는 상대방의 상처에게 말을 하고, 상대방의 상처는 나의 상처에게 말을 한다. 상처 받은 의식은 썩어가는 부분의 분열적인 환상(나이가 들어가거나, 암 또는 순환 장애나 정신증)의 위협을 그렇게 많이 받지 않는다. 그 환상들은 지엽적으로 된 상처에서 생겼고, 그 썩은 부분들에서 나왔기 때문이다. 해체에 대한 불안이 그렇게 크지 않을 때, 전일성, 질서, 연합에 대한 이상은 그 보상으로 그렇게 강하게 나타나지 않는다.

상처에 의해서 생긴 죽어가는 의식의 이 원형적 뿌리는 디오니소스적인 해체에서도 찾아볼 수 있다. 뿌에르의 히스테리컬한 해리(解離)의 경향은 의식에 다양한 통찰을 가져오려는 살아있는 생명력을 말하는 것일 수 있다. 그래서 해체는 열정의 문제일 뿐만 아니라 대극에 의해서도 생기는 것이라고 해야 한다. 왜냐하면 그것은 디오니소스를 십자가에 매달고, 자아의 개념을 살아 있는 수준으로까지 가게 하는 것이기 때문이다. 어쩌면 해체는 의식이 신체 기관, 콤플렉스, 성감대라는 원초적 영역으로 비중심화되거나 분해되는 것인지도 모른다. 해체를 통해서 우리는 콤플렉스로 인한 고통뿐만 아니라 감각과도 접촉할 수 있다. 그리고 뿌에르에게 감각적인 것은 때때로 고통을 통해서 온다. 즉 몸과 관계된 콤플렉스들은 우선적으로 피부의 옮조임, 숨쉬기 어려움, 등의 경직, 항문의 경련 및 발이 차가워지는 것을 통해서 느껴진다. 뿌에르들은 종종 고통과 감각이 이렇게 뒤섞여 있는 것을 보여준다. 거기에는 자신의 몸을 사랑하는 자기애와 몸의 고통을 즐기는 매저키즘이 들어 있는데, 그것은 건강염려증(hypochondria)이면서 동시에 콤플렉스의 신체적인 것에 대한 영웅적 무시이다. 그런데 이것은 한 사람 안에서 정신과 리비도적인 몸이 합쳐진 상처에 의해서 생긴다. 상처는 영에 대해서 말하고, 영이 몸 안에 있다고 말하는 입(mouth)이다.

디오니소스는 나누어지고/나누어지지 않은 생명력을 말하는 조에(zoe)인데, 그것은 오늘날 우리가 리비도(로마에서 디오니소스와 어원적으로 같은 말이 Liber이다)를 정신양(psychoïd)이나 발생적 수준에 있을 때를 가리키는 말이다. 그 수준에서 정보와 살아있는 물질 사이를 구분하기는 어렵다. 디오니소스는 "늘어져 있고", "그것들 사이가 평등하게", 통합되거나 통제되지 않은 상태에서 나오는 의식이다. 우리는 몸의 기관에 체계적인 통합이 깨지고 분화가 제대로 되지 않을 때, 상처 받았다고 느낀다.[46] 디오니소스적인 몸에 대한 경험은 우리에게 익숙한 신체적 체계의 죽음에 대한 경험이기도 하다. 그래서 상처는 디오니소스를 만나는 입문이다. 그것은 우리를 미묘체(subtle body)로 들어가게 한다.

VI. 오디세우스의 상처

우리는 우리의 주제와 관계해서 또 다른 그리스의 상(像) 하나를 다루어야 한다. 오디세우스 또는 율리시즈가 그것이다. 오디세우스(Odysseus)라는 이름(라틴어로 Ulixes)의 어원은 상처(oulos)와 넓적다리(*ischea*)이다.⁴⁷ 그의 이름이 그의 상처난 넓적다리에서 유래된 것이라면, 상처난 넓적다리는 그의 본성에서 본질적인 자리를 차지할 것이다.

우리가 여태까지 살펴보았던 다른 상처 입은 영웅들과 오디세우스 사이의 특별한 차이는 오디세우스가 그 상처 때문에 죽지 않았다는 사실이다. 그에게서 상처는 흉터가 되었다. "넓적다리를 멧돼지에게 물리면 왕들은 보통 죽었다. 그러나 오디세우스는 상처가 났음에도 불구하고 어쨌든 살아남았다."⁴⁸ '어쨌든이라고?' 그가 그럼에도 불구하고 살아남았다는 것은 그에게 어떤 특별한 성질을 부여할 것임에 틀림없다. 한편으로는 그가 다른 특성과 더불어서 뿌에르였다는 점이다—언제나 다른 곳으로 가기 위해서 떠나고, 향수와 갈망을 지니고 있으며, 그가 좋아하지도 않는 여성들의 사랑을 받고, 기회주의자이며 사기꾼이고, 영원히 물에 빠져죽을 것 같은 위험에 처하는 것이다. 다른 한편으로, 그는 아버지이고, 남편이며, 대장이고, 다른 사람들에게 조언을 해줄 수 있는 능력을 가지고, 살아남을 수 있는 세넥스이다.

오디세우스가 상처를 받은 이야기는 『오디세이』가 다 끝나갈 즈음에 밝혀진다. 그의 나이든 보모가 그의 발을 씻길 때, 그 흉터를 보았고, 그 상처는 세상에 드러났다.⁴⁹ 우리는 이미 앞에서 그의 이름이 그 상처를 받았던 사건 때문에 지어졌다는 사실도 들었다. 아우에르바하⁵⁰가 지적하듯이 이 이야기가 갑자기 뛰어들어 왔기는 하지만, 오디세우스의 운명은 모두 이 이야기에 의해서 드러난다. 그의 상처는 문학적으로 놀라운 대단원을 말하는 것일 뿐만 아니라 그의 심리적 본질을 드러내는 것이기도 하다: 그는 넓적다리에 상처를 가지고 있는 사람인 것이다.

멧돼지에 의해서 사타구니나 넓적다리에 난 상처의 성적 상징은 위에서 이미 논의하였다. 오디세우스에게 있어서 상처는 그가 이미 젊었을 때, 폭행에 노출되었음을 암시한다. 그의 넓적다리에 난 상처는 제우스의 넓적다리로부터 디오니소스가 태어났듯이 여성의 음문(陰門)이다. 더구나 이 상처는 오디세우스의 이야기가 시작되기 전부터 존재하였다. 그는 상처를 가지고 이 장면에 등장하였던 것이다. 그 상처는 그의 본성이나 본질에 속한 것이라는 말이다. 다른 존재들, 예를 들어서 말하자면 아킬레스는 상처받지 않으려고 한다. 그래서 그는 상처를 받을 수밖에 없다. 다른 말로 해서, 오디세우스는 결코 순진한 존재가 아니고, 그 사실은 『오디세이』에서 그가 계속해서 모험해야 하는 것으로 나온다.[51] 그는 상징적으로 여성적인 다산력과 결부된 그의 타고난 상처 때문에 결코 순진한 존재가 아니다.

오디세우스는—우리가 그를 굳이 영웅으로 부르려고 한다면—그의 여행을 더 길게 만들었고, 그의 삶을 가능하게 했던 많은 여성들이나 여신들과 특이한 관계를 맺었던 한 사람의 영웅이다.[52] 그의 이야기에서 아내, 어머니, 여왕, 보모, 유혹하는 여인, 연인 가운데 누가 그와 대화를 제일 많이 나누었는지 판단하기는 쉽지 않다("그는 이 모든 여인들을 다 잘 알고 있었다"고 제22권에서 결론짓는다). 그러나 오디세우스는 융이 "아니마"라고 부른 전통적 특성을 가진 나우시카(Nausicaa, 난파한 오디세우스를 발견하여 아버지의 왕궁으로 안내한 알키누스 왕의 딸—역자 주)를 만난 다음에 조금 변화된다. 그는 그녀가 준 물로 목욕을 하고 새로워진 것이다.[53]

나는 오디세우스의 이름에서 그의 상처나 고통과 연관되면서 암시되는 그의 아니마와의 다양한 관계들이 "많이 돈다", "많이 돌았다"는 그의 별명의 비밀을 말해준다고 생각한다. 그것은 그의 서사시의 첫구절에도 나와 있다.[54] 오디세우스는 대극 안에 잠겨 있지 않았고, 일방성으로부터 고통 받지도 않았다. 그의 안에는 세넥스와 뿌에르 사이의 갈등이 있을 필요도 없었다. 그의 의식은 아래 세상에 성공적으로 내려온 것을 설명해줄 수 있는 "아니마" 의식이었다.

우리는 그가 네스토르(라틴어로 senex라고 부르는 것)는 물론 아킬레스의 아들(뿌에르에 해당)과 특별한 관계를 맺으면서 늙은이는 물론 젊은이와 좋은 관계를 맺으면서 잘 지내는 것을 본다. 또한 그는 그의 아버지와 그의 아들 텔레마코스와도 사랑하는 관계를 유지하였다. 우리는 그런 모습을 오직 버질의 "아이네아스[55]"에 나오는, 다리를 저는 아버지를 등에 업고, 어린 아들을 손에 잡으면서 이끌고 간 아이네아스에게서만 볼 수 있으며, 그만이 오디세우스의 세넥스-뿌에르의 통합상과 비견할 만하다. 그 책의 마지막 장면은 귀환한 오디세우스와 그의 아버지를 만나러 온 그의 아들이 함께 새로운 날의 새벽을 맞이하는 것으로 나온다.

이런 완결이 유지되도록 돕는 것은 물론 아테네이다. 그러나 페넬로페도 공헌을 하였다. 그것은 다음과 같은 텔레마코스의 말에서도 알 수 있다: "나는 잘 모르지만, 어머니는 '너는 그 사람의 아들이다'라고 말씀하셨습니다. 이 세상에 어느 누구도 자신의 아버지를 알 수 있는 사람은 없을 것입니다." 페넬로페는 그의 아들이 아버지에게 반감을 가지도록 다른 이야기를 할 수도 있었을 것이다. 그러나 그녀는 그렇게 하는 대신 그녀의 아들이 그의 아버지를 구속(redeem)하려는 일에 용기 내도록 북돋우면서 호루스의 어머니처럼 하였다. "오디세우스와 개인적으로 가까웠던 인물들에 대한 연구에서 한 가지 일반적인 특징이 발견된다. 그를 잘 아는 여성들은 그의 남성 친구들 가운데 의심스럽거나 믿지 못할 사람을 발견하지 못하는 듯하다."[56] 그래서 『오디세이』가 여성에 의해서 쓰여졌다고 하는 이론이 제기되었던 것도 놀랄 일이 아니다.

오디세우스는 영웅들 가운데서 가장 인간적인 영웅이었다고 전해진다. 그는 신적인 뿌에르나 세넥스가 전혀 아니지만, 그 두 가지 특성을 모두 가지고 있는 존재이다. 원형적 구성 가운데서 그를 "인간적으로 만드는" 것은 상처이다. 그는 아무 흠도 없거나 피를 흘리는 뿌에르가 될 수만은 없는 것이다. 또한 그의 상처가 치유되었기 때문에 다리를 절고, 이상하게 생긴 세넥스가 될 수도 없다. 그는 넓적다리의 흉터 때문에 도저히 원형적 완전성과 동일시할 수 없었다. 그래서 그는 그가 신과 전혀 닮지 않았고, 죽을 수밖에 없는 인간이라고 담담하게 말한다.[57] 그는 그가 신격화되는 것을 거부하는 것이다. 칼립소가 그를 죽지 않게 하고, 나이도 먹지 않게 해주겠다고 했을 때, 그는 인간의 길을 가겠다고 하였다.[58] 그는 텔레마코스에게 이렇게 말하였다: "아니다. 나는 신이 아니다. 왜 나를 죽지 않는 자처럼 생각하느냐? 나는 너의 아버지이다."[59]

흉터는 흠이고, 약함이다. 그래서 우리는 처음부터 그를 약한 사람으로 만난다. 그는 일반적인 영웅이 아닌 것이다. 그에게서 판단, 신중, 절제, 인내, 우회, 소외, 고통 등은 그를 다른 영웅들과 분리시키는 또 다른 특성들 때문에 강화된다. 그에게는 힘이 별로 없다. 그는 아킬레스, 아가멤논, 메넬라오스처럼 강력한 군대도 없고, 그에게는 오직 한 척의 배밖에 없다. 더구나 그는 애이젝스나 디오메데스처럼 힘이 세지도 않다. 그는 때때로 싸우기보다는 먹으려고 하는 듯하다. 그는 전쟁터에 나가지 않으려고 미친 척하지는 않았지만, 우울증에 걸린 듯하였다. 우리가 그를 칼립소의 섬에서 처음 만났을 때, 그는 새턴처럼 수심에 잠겨서 우울해 하였고, 방랑자처럼 어디로인가 떠나려는 갈망에 사로잡혀 있었다. 그가 제일 자주 하는 변장은 섬의 부랑자나 개들과 같이 다니는 누더기를 걸친 거지였다. 그는 아우톨리코스(Autolykos, 헤르메스와 치오네 사이에서 태어난 그리스 최고의 도둑-역자 주)와 헤르메스의 직계 자손으로 그의 혈관에는 뿌에르의 불안정한 피가 흐른다. 넓적다리에 상처가 있는 텔레포스(Telephos, 헤라클레스의 아들로 미시아의 왕인데, 넓적다리에 아킬레스의 창으로 상처를 입었지만 나중에 고침을 받았다-역자 주)조차 자아가 약하고, 이중적이었지만 상담가였고, 아내 때문에 싸우지는 않았다.[60]

이 모든 것들을 마음에 담고, 우리는 이제 변장을-통한-인정(recognition-through-disguise)이 본질을 계시하는 것이라는 사실을 이해하면서 보모가 오디세우스의 발과 다리를 씻기는 장면으로 다시 가보려고 한다. 그를 알아보게 하는 흉터는 그의 육신 안에 있는 영혼의 표시이다. 그것은 신체화된 정신인 아니마의 봉인인 것이다.

우리의 의식이 상처 받았을 때, 우리 몸이 "온통 아프듯이" 그의 몸에는 상처가 났다. 이제 우리는 증상은 통증을 호소하면서 병리적 상태를 일반화시키는 것이라는 것과 그것은 또한 우리 몸이 상처를 모두 감각하게 함으로써 몸 전체를 상처에 내어주려는 시도임을 안다. 고통 받은 인간인 오디세우스는 그리스도와 디오니소스가 그랬듯이 병리적인 의식을 의인화한 존재이다. 상처받은 몸은 상처를 육화시킨 것이다. 그의 상처는 그의 실존을 그와 함께 걷고, 그의 존재를 움직이게 하는 다리에 두어 상처를 육화시키면서, 그가 이 세상을 이해하게 하고, 땅에 존재를 내리게 하는 도구이다. 이러한 이해의 본질에 대한 단서는 몽테뉴의 다음과 같은 말에서도 찾을 수 있다: "그래서 나는 공공연하게 말하기에는 적절하지 않지만, 이 상처를 잊어버리지 않았으면 한다: 세상사에서 타협해야 할 때 제일 실패하게 하는 우유부단했던 상처 말이다. 나는 어찌해야 할 바를 알지 못하는 일에서 어느 쪽을 택해야 할지 알지 못하였다. '나의 마음 깊은 곳에서는 예라고 하지 못하고, 아니라고도 하지 못하네' (페트라르카)."[61] 그 상처는 의식에서 어느 것을 결정하지 못하고 흔들리는 불확실성, 마음 속에 있는 어두운 상처를 생각나게 한다.

VII. 결론: 같은 것들의 연합

우리가 여태까지 살펴보았듯이, 뿌에르에게는 상처가 드러나있다. 그런데 흉터가 난 상처는 그에게 영양을 공급하고, 그를 정화시키면서 그의 영혼이 그 자신을 돌볼 수 있고, 그의 피가 콤플렉스를 통해서 순환한다는 사실을 말해준다. 그 흉터는 그를 담고 있는 에로스인 것이다. 치유는 어느 다른 곳에서 오는 것이 아니다. 치유는 흉터를 남기면서 상처의 깊은 곳으로부터 온다. 그래서 보모는 언제나 흉터를 볼 수 있다.

오디세우스 안에서 자기 주장을 하고, 버티는 세넥스적 충동은 항상 위험을 감수하고, 죽으려는 뿌에르 정신을 돌보았다. 그에게서 치유와 상처 받는 것은 교대로 나타났으며, 그는 상처를 치유하면서 흉터를 쓰다듬었다. 그리하여 상처와 흉터는 그의 강함과 약함, 부드러움과 딱딱함의 복합적인 이미지를 나타낸다. 그에게 남아있는 흉터는 그의 몸의 부드러움을 상기시켜주는 부드러운 지점으로 남아있다. 그 흉터는 그의 할아버지와 그의 가문이 사냥꾼이라는 사실을 일깨우면서, "죽음을 잊지 말라"(memento mori)고 촉구한다. 그 흉터는 오디세우스가 죽음에 대한 기억을 간직하면서 20년 동안이나 죽음에 대한 의식을 부적처럼 끼고 어느 누구보다 더 위험한 모험을 하게 했는지도 모른다. "일리아드 속에서 오디세우스처럼 그들이 왜 트로이에 왔는지 알았고, 다른 사람들의 죽음에 대해서 그렇게 놀란 사람은 거의 없다."[62]

흉터는 결함으로 될 수 있다. 그것은 원형의 뿌에르-일방성이나 세넥스-일방성의 특성을 의미하는 불구일 수 있는 것이다. 그래서 그 흉터는 융이 말했듯이[63] 아버지와 아들, 어른과 아이, 큰 것과 작은 것을 분리시키는 결함으로 된다. 하지만 오디세우스는 그가 거듭난 인간 유형을 가리키는 만큼 일방성에 의해서 왜곡되지는 않았다. 그는 아버지-와-아들, 남성-과-여성, 신체-와-영혼의 사람이었다. 이렇게 입문된 의식에 대해서는 포토스에 대해서 언급했을 때와 오디세우스가 입문의례를 치렀을 것이라고 말했던 사모트라케 비의에 대해서 언급했을 때 이미 말한 바 있다.[64]

입문의례는 상처 나고 피 흘리는 뿌에르-일방성 의식으로부터 흉터가 있고 열린 뿌에르-와-세넥스 의식으로의 이행을 말한다. 그것은 이야기 속에서 그 자신에게 초점을 맞췄던 것으로부터 모든 부분이 그 안에 동시에 내재해 있고, 나타나 있는 이미지에 초점 맞추는 것으로 이행되는 것으로 체험된다. 영웅적인 뿌에르 의식은 그 자신의 이야기를 앞으로 밀고 나가면서 행동한다. 이런 종류의 의식은 이야기의 방식이 마지막 순간 상처를 피하게 하기 때문에 상처 받지 않을 수 있다. 더 나아가서 뿌에르 의식은 마지막에 뿌에르가 갑자기 행동하지 않고, 그가 실패하거나, 다리를 절거나, 창백해지는 등 정반대로 넘어가기 때문에 "처음에" 머물러 있다. 이야기는 뿌에르와 세넥스가 시작과 마지막, 첫 번째 반과 두번째 반, 초록색과 회색으로 나누어져 있다고 말한다. 하지만 오디세우스의 흉터는 그 상처를 계속해서 드러낸다. 그것은 그의 이름이 말하듯이 오디세우스의 이미지에 속해 있다. 그러므로 그것은 그에게 몰락을 가져오는 운명적 약점은 아니다.

그러나 애이잭스, 테세우스, 필록테테스처럼 자신의 상처를 돌보았던 영웅들은 그들의 이야기 때문에 몰락했다. 그들은 그들이 투명한 이미지로 존재했던 지하세계에서도 그들 자신의 이야기에 집착하였다. 마치 영웅들은 그들의 상상력을 가장 놀라운 방식으로 실현시키는 가운데서도 그 자신이 상상력을 동원하고 있다고 생각해서는 안 되는 것처럼 생각한다. 뿌에르가 영웅으로부터 분리되는 것은 사람들이 그 자신을 이야기와 서사적(敍事的) 운명으로부터 상상적 환상으로 옮겨놓고 생각할 때 이루어진다. 그때 우리의 이야기는 서사시와 비극으로부터 희극이나 악당들의 이야기로 변화된다. 의식은 사람들이 그들의 이야기에 집착했던 것으로부터 빠져나옴으로써 영웅적인 방식으로부터 빠져나올 수 있는 것이다.

우리는 패트리시아 베리와 데이비드 L. 밀러[65]와 함께 이야기 의식(story consciousness)은 우리를 운명적으로 그 이야기에 내재되어 있지만 맨 마지막에 나타나는 상처를 받게 하면서 영웅적인 뿌에르로 만들 것이라고 말함으로써 이 생각을 더 확장시킬 수 있다. "우리들은 서사시에 나오는 주인공들이다"라는 말은 뿌에르적인 신경증을 정의하는 좋은 말이다. 그때 우리는 이야기를 "다시 쓰기"[66] 위하여, 다시 말해서 그 내적 필연성을 찾아내서 증상을 통합하기 위하여 치료받으러 가야 한다. 이런 발견은 우리가 상처는 오디세우스의 상처처럼 우리 안에 언제나 있다는 사실을 깨닫게 하기 때문에 우리를 이야기에서 나와서 이미지로 가게 한다. 그런 깨달음은 상처를 흉터로 만드는 깨달음이다. 다른 말로 해서 이미지 의식은 치료하는 것이다. 우리 자신을 그 안에 모든 부분들을 담고 있고, 모든 부분들이 서로 긴밀하게 연계되어 있는 이미지로 감각하는 것은 흉터에 의해서 기억이 나는 상처처럼 시작과 끝[67]을 모두 간직하고 있다.

『오디세이』의 많은 것들은 그것이 나이든 사람의 시라는 사실을 암시한다. 그에 비견할 만한 것은 셰익스피어의 『템페스트』인데, "거기에서 … 한편에서는 나이든 프로스페로, 다른 한편에서는 젊은 연인들과 아름다운 자연이 세계를 나누어 가지고 있다. … 얻어 맞은 오디세우스는 그에 못지 않게 잘 견딘 노인에게 공감을 가지고 있다. … 그러나 젊은 텔레마코스와 나우시카는 신선한 갱생(更生)을 드러내고, 그가 여행하는 푸른 섬은 자연의 변함없는 젊음을 확인시킨다. … 그것은 늙은이와 젊은이가 합쳐져서 새롭게 된 삶의 경이를 노래하는 것이고, 호우머는 그런 변환을 의식하였다. 어느 부분에서는 그 자신이 오디세우스 안에 있는 것을 알았다."[68]
『템페스트』와 『오디세이』의 배경은 가장 늙은 아버지 오케아노스(우라노스와 가이아의 아들로 강의 정령들과 바다 요정들의 아버지이며, 대양,

ocean은 여기에서 파생되었다 – 역자 주)이며 동시에 끊임없이 새로워지고, 신선해지는 바다이며, 오디세우스의 죽음은 결국 바다로부터 온다.[69] 바다, 위대한 시, 호우머, 오디세우스는 모두 "언제나 젊지만, 그 안에 연륜이 가득 차있다."(스펜서). 그래서 "넓적다리에 상처가 난" 오디세우스가 서양인들의 상상 속에서 거듭해서 형상화되는 것인지도 모른다.[70]

오디세우스가 상상력을 불러일으키는 이유는 많이 있겠지만, 그의 위대성의 중요한 부분은 그가 서구인들의 정신의 근본적인 병적 분열을 해결하였기 때문일 것이다. 우라노스, 크로노스, 막내 아들인 제우스의 중요한 계보 이야기들 – 성서에 나오는 족장들과 그들의 아들은 제쳐놓더라도 – 은 아버지-아들, 뿌에르-세넥스의 투쟁의 무시무시한 이야기들을 전한다.[71] 프로이드는 우리 문화와 영혼의 중심적 주제는 우리가 아버지와 아들이 고통스럽게 싸우는 것이라고 하였다. 세넥스와 뿌에르 사이의 투쟁이 우리 문화의 중심에 있다는 주장은 성부와 성자가 하나라는 깨달음이 구속의 길이라고 주장하는 기독교 교리에서도 확인된다. 그러나 같은 것들의 연합이라는 사실은 십자가 위에서의 성자의 마지막 말에 의해서 위협받는다. 그 말은 아마 성부와 하나가 되지 못한 뿌에르 의식의 잔재(殘滓)일 것이다.[72]

『오디세이』에서는 오디세우스가 이야기 전체를 통해서 세넥스와 뿌에르가 통합된 것으로 그리는데, 그것은 마지막 부분에서 오디세우스와 텔레마코스가 페넬로페를 그들로부터 빼앗아가려는 공동의 적과 같이 싸우는 것에서 명백하게 나타나고, 절정에 도달한다. 그러나 같은 것들의 연합은 여기에서도 전체적으로 미묘하게 짜여 있다. 그것은 우리의 참을 수 없는 정신적 고뇌에 주는 호우머의 대답 – 아니면 오디세우스의 대답 – 이다.

오디세우스가 그의 집에 가서 다시 합쳐지는 장면은 다 헤어진 긴 옷을 입고, 염소 가죽으로 만든 모자를 쓴 채 찔레꽃밭에서 혼자 괭이질 하는 그의 아버지 라에르테스과 만나는 것으로 그려진다. 그는 궁상맞고, 비탄에 젖어 있는 정원사로 새턴이다. 여태까지 오디세우스는 언제나 아버지였고, 텔레마코스는 아버지를 찾아다니는 아들이었다. 그러나 마지막 장면[73]에서 세넥스의 상황을 거의 완벽하게 그리는 라에르테스 앞에서 오디세우스는 그의 상처와 사냥과 어린시절의 정원을 떠올리게 하면서 아들로 된다. 이것은 그가 어떤 사람인지 알게 하는 징표일 것이다.[74] 오디세우스는 세넥스-와-뿌에르로 집에 온다. 그의 여행기는 우리에게 여러 가지 복잡하고, 다양한 과정에 대해서 이야기한다.

| 주석

이 논문은 본래 J. Hillman이 편집한 *Puer Papers* (Dallas Spring Publications, 1979에 수록되었고, *Dromenon* 3 (1981)에 다시 수록되었다.

1. Mary Blume, *International Herald Tribune*, December 13-14, 1969에서 인용.
2. S. Sas, *Der Hinkende als Symbol* (Zurich: Rascher, 1964); 발의 상징(주로 성적인 면에서)에 관해서는 Aigremont, *Fuß- und Schuh-Symbolik und Erotik* (Berlin, 1909)을 참조하시오. Cf. M. Stein, "Hephaistos: A Pattern of Introversion," *Spring: An Annual of Archetypal Psychology and Jungian Thought* (1973).
3. Pindar, *Olympic Ode* 1; Apollodorus, *Epit.* 2, 3.
4. Euripides, *The Bacchae*, 1170-1330.
5. *Ausführliches Lexikon der griechischen und römischen Mythologie*, ed. W. H. Roscher (Leipzig: B. G. Teubner, 1884), II: "Lykourgos."

6 수태지의 상징을 위해서는 E. Neumann, *The Origins and History of Consciousness* (New York: Pantheon, 1954), 77ff., 94f을 참조하시오.; J. Layard, "Boar Sacrifice and Schizophrenia," *Journal of Analytical Psychology*, 1:1 (1955); "Identification with the Sacrificial Animal," *Eranos Yearbook* 24 (1955).

7 아킬레스가 상처를 받지 않게 하려고 목욕탕에서 한 작업에 대한 이야기는 다양하다. 로데스의 아폴로니우스(IV, 869)는 그가 신들이 마시는 음료에 담겨졌다고 하고, 또 달리 불로 단련되었다고도 한다(*Schol.Ilias* XVI, 37). 그렇지 않으면 스틱스 강에 담겨졌다고 한다(*Quint. Smyrn.*, 111, 62). Cf. C. M. Bowra, *Heroic Poetry* (London: Macmillan, 1961), chap. III; 아킬레스의 죽음에 관해서는 K. Kerényi, *The Heroes of the Greeks* (London: Thames and Hudson, 1959), 353. 발 뒤꿈치(발목)가 상처받기 쉬운 부분이라는 것은 기원 전 6세기에 만들어진 그릇에 그려진 그림들에서 말하고 있다: M. R. Scherrer, *The Legends of Troy* (London, 1964), 99.

8 *Pausanias* III, 15, 5; 29, 7.

9 *Ausführliches Lexikon der griechischen und römischen Mythologie*, III: "Perseus."

10 Kerényi, *The Heroes of the Greeks*, 144.

11 알렉산더의 부상에 대해서는 J. R. Hamilton, "Alexander and his 'So-Called' Father," in G. T. Griffith, ed., *Alexander the Great: The Main Problems*, (Cambridge: Heffer, 1966), 236ff을 참조하시오.

12 이아손의 신발이 한 짝이었다는 것에 관해서는 Kerényi, *The Heroes of the Greeks*, 248을 참조하시오.

13 아킬레스의 발 뒤꿈치를 가격한 파리스 자신도 필록테테스에 의

해서 발목에 상처를 입었는데, 그 역시 발에 참을 수 없는 상처를 받았다(Graves, *The Greek Myths* [Harmondsworth: Penguin, 1960], 2: 326). 필록테테스의 아버지 포이아스(Poeas, 헤라클레스가 죽어갈 때, 장작에 불을 붙이고 헤라클레스의 활과 화살을 받아간 궁수-역자 주)는 크레타의 수호자인 날개를 단 영웅 탈로스의 발목을 화살로 쏘았다(*Ausführliches Lexikon der griechischen und römischen Mythologie*, V). 탈로스에게서 피를 흘리는 것과 발목의 모티브는 겹쳐진다: 그의 목에서 아래로 흐르는 피줄기는 발목에까지 흐르도록 멈추지 않았다. 필록테테스의 상처에 관해서는 *Graves*, op. cit., 2: 292-93을 참조하시오. 애이잭스가 상처를 잘 받는 부분은 겨드랑이였다; 포세이돈의 아들 키크노스가 상처를 잘 받는 부위는 머리였고, 헤라클레스의 아들 텔레포스는 넓적다리 위쪽이었다.

14 Kerényi, *The Heroes of the Greeks*, 84. 뿌에르의 방랑에 대한 더 많은 이야기는 제6장에 있다.

15 막대기나 목마 위에서 춤을 추는 외다리 샤만에 관해서는 M. Eliade, *Shamanism* (New York: Pantheon, Bollingen series, 1964), 467ff.과 J. Lindsay, *The Clashing Rocks* (London: Chapman Hall, 1965), 197, 200, 332-33을 참조하시오.

16 CW 14: 720.

17 H. W. Parke, *The Oracles of Zeus* (Oxford: Blackwell, 1967), 14f.; Cf. *Ausführliches Lexikon der griechischen und römischen Mythologie*, ed. W. H. Roscher (Leipzig: B. G. Teubner, 1884), II: "Mopsos." 어떤 사람들은 아르고 호에 탔던 영웅 가운데 하나인 이 예언자를 아폴로의 아들"이라고 하였다. 그는 방랑자이고, 식민지 개척자이며, 아마존의 정복자였다(어쩌면 또 다른 "몹소스"인지도 모른다).

18 Parke, *The Oracles of Zeus*, 165ff.

19 J. Campbell, *The Hero with a Thousand Faces* (New York: Pantheon, Bollingen Series, 1949), 41.

20 CW 5: 180-84.

21 N. Vaschide, *Essai sur la psychologie de la main* (Paris: M. Rivière, 1909), 478. 더 많은 현상들을 살펴보려면 J. Brun, *La main et l'esprit* (Paris: Presses Univ. de France, 1963)을 참조하시오.

22 손가락을 상실하였다는 것은 새로운 것이 만들어지는 것이 방해 받으면서 사회적으로 도움이 되는 것이 포기되었다는 것을 의미한다. 그래서 부족의 율법에서 고태적 보수성을 저해하는 것으로 여겨졌다. 호텐토트 족이나 남아프리카, 남미, 태평양 제도, 인도 및 고대 팔레스타인에서 손가락은 희생제나 애도 예식 때 바쳐졌다. 손가락은 아티스를 떠올리게 하는 여신상의 무덤에서 발견되었는데, 그의 작은 손가락은 그가 죽은 다음에도 여전히 살아있었다. (cf. M. J. Vermaseren, *The Legend of Attis* [Leiden: E. J. Brill, 1966] 와 *Cybele and Attis* [London: Thames and Hudson, 1977], 91). 탄타로스의 손가락 무덤(그는 그의 아들 펠롭스를 저몄다)과 남근적이고, 창조적인 닥틸(손가락)은 Jane Harrisoon의 *Themis* (London: Merlin Press, 1963), 402-3에 언급되어 있다.

23 Cf. E. Wind, *Art and Anarchy* (London: Faber and Faber, 1963), 160; C. Lévi-Strauss, *La Pensée sauvage* (Paris: Plon, 1962), 26-47; N. and S. Schwartz, "On the Coupling of Psychic Entropy and Negentropy," *Spring: An Annual of Archetypal Psychology and Jungian Thought* (1970), 77-80. 브리꼴라주를 제일 처음 한 사람은 1964년 에트루리아에서 발견된 이미지에 나타난 "목수 에로스"일 것이다. 308).

24 Brun은 이 주제에 대해서 *La main et l'esprit*, 제2장에서 훌륭하

게 고찰하였다.

25 주먹과 손가락(권력의지와 환상) 사이의 구별은 종종 왼손잡이와 오른손잡이의 차이로 그려지면서 왼손잡이는 불길한 것으로 규정된다. (e.g., Hertz, *Death and the Right Hand* [Aberdeen: Cohen and West, 1960]). 그러나 Fritsch는 *Left and Right in Science and Life* (London: Barrie and Rockcliff, 1968)에서 왼손은 불길하고, 그릇된 것이라기보다 상상력이 풍부하다고 말한다.

26 Cf. Brun, *La main et l'esprit*, 제10장, "손과 어루만지기" 손바닥의 느낌과 반대로"손등"은 모욕적인 해고의 표현이다.

27 그리스 사상에서 인간과 신 사이의 주된 차이점은 신은 불사(athnetos)인데 반해서, 인간은 죽는다는 점이다..

28 J. Jacobi, *The Psychology of C. G. Jung* (London: Routledge and K. Paul, 1951), 40.

29 레바논에서는 매년 칼로 베인 아름다운 연인의 피로 얼룩진 물이 바다로 흐르면서 아도니스 강이 붉게 변했다고 한다 (*Ausführliches Lexikon der griechischen und römischen Mythologie*, V: "Tamuz").

30 Liddell and Scott, *A Greek-English Lexicon; compare Latin hortus (garden) a term for female pudenda*; 또한 J. J. Bachofen, *Myth, Religion, and Mother Right*, trans. R. Manheim, Bollingen Series (Princeton, N. J.: Princeton University Press, 1967), 131. 이에 관한 가장 완벽한 연구는 M. Detienne, *The Gardens of Adonis: Spices in Greek Mythology*, trans. J. Lloyd (London: Harvester Press, 1977)에 의해서 이루어졌다. 데티엔느는 J. G. Frazer의 *The Golden Bough*의 "아도니스" 항을 기초로 연구하였지만 그 숭배를 근본적으로 재해석하였다. 그의 말을 들어보면, "아도니스는 남편도

아니거나 남성도 아니다. 그는 다만 연인이고, 여성적으로 된 존재 … 유혹의 이미지이다"(122).

31 근세에 사이코패스적인 공격자에 대해서 고전주의자였던 J. J. Winckelmann가 기술하였는데, 그의 삶에는 뿌에르적인 것들이 많았다: 아동기에 대한 강박, 동성애에 대한 환상, 이상화된 인형과 사랑에 빠지는 것, 심미주의 및 동성애를 하는 사이코패스인 괴한 Arcangeli에게 1768년 칼에 찔려서 피를 흘리며 죽은 것 등이 그것이다..

32 Heraclitus, *D. K.*, Frg. 119.

33 피가 흐르는 상처는 보는 이에게 그 사람에 대한 동정보다 더 큰 아름다움을 불러일으킨다. 그래서 출혈은 돌봐주려는 마음은 물론 사랑을 부른다. 트로이 전쟁에서 동료의 상처를 싸매주는 젊은이와 그 행동에 표현된 사랑을 그린 그리스의 그림은 오늘날 전쟁 영화에서 같은 주제로 계속해서 묘사되고 있다. 가슴에서 피를 흘리는 그리스도의 모습은 가장 열정적인 사랑을 불러일으키는 매우 중요한 아이콘이다..

34 Cf. P. Kugler, *The Alchemy of Discourse: An Archetypal Approach to Language*, (Lewisburg, Penn.: Bucknell University Press, 1982), "피"(blood)와 "꽃이 되는 것(bloom)" 사이에는 음운적 관계가 있다.

35 율라노프가 젊은이들에게 열정이 흘러 넘치는 것은 아직 "모성본능"과 분리되지 않은 아니마로부터 나오는 것이라고 주장할 때, 이 점을 놓치고 있다. 항상 태모와 관련시켜서 생각하면, 뿌에르 현상에 있는 영적 진정성을 보지 못하는데, 이 경우 그 현상은 매우 중요한 사랑이다..

36 Cf. James Hillman, *Kinds of Power* (New York: Doubleday, 1995), "Charisma."

37 W. F. Otto, *Dionysus: Myth and Cult*, trans. R. Palmer

(Bloomington: Indiana University Press, 1981), 96.

38 제13장에 있는 젖과 딸에 관해서 참조하시오-편집자.

39 새는 그릇에 대한 충분한 논의는 Eva Keuls, *The Water Carriers in Hades* (Amsterdam: A. M. Hakkert, 1974)에 나와 있다.

40 소크라테스의 자기-반성 및 그 자신의 영혼과 결부시키면서 그가 사용한 그릇의 이미지와 비교해 보시오. *Phaedrus* 235c.

41 히스테리아에 대해서 살펴보려면 졸저(拙著) *The Myth of Analysis* (Evanston, Ill.: Northwestern University Press, 1972), Part 3를 참조하시오.

42 제7장 이하를 참조하시오-편집자.

43 아니마와 피 흘리기에 대한 논의를 살펴보려면 P. Shuttle and P. Redgrove, *The Wise Wound. Menstruation and Everywoman* (London: V. Gollancz, 1978), "Animus, Animal, Anima"를 참조하시오.

44 그레이브는 애이잭스의 상처는 겨드랑이에 있다고 주장하였다. 이 사실은 팔이 강한 사람에게 제일 상처받기 쉬운 부분은 그의 가장 강한 부분 밑에 있다는 것을 말해주는 것이 아닐까? 또한 이것은 어쩌면 겨드랑이 냄새의 탈취에 대한 우리들의 심한 강박, 특히 영혼의 지하계에서 가장 선호하는 감각이 냄새에 대한 감각이라는 사실과 관계가 있지 않을까 생각된다(나의 *The Dream and the Underworld* [New York: Harper & Row, 1979]에서도 이 부분에 대해서 다루었다).

45 나는 "상처 입은" 또는 "통합되지 않은" 의식에 대한 주제를 몇 가지 다른 논문에서도 다루었다: "Dionysus in Jung's Writings," *Spring: An Annual of Archetypal Psychology and Jungian Thought* (1972), 199-205; "On the Necessity of Abnormal Psychology" *Eranos Yearbook* 43 (1974), 91-135; *Healing Fiction* (Putnam, Conn.: Spring Publications, 1994),

Part III; *Re-Visioning Psychology* (New York: Harper & Row, 1975), chap. 2, "Pathologizing."

46 Heraclitus, *D.K* 15.

47 Cf. Graves, *The Greek Myths*, 2:170.10.

48 Ibid.

49 *Odyssey* 19:276ff. 그 상처가 정확하게 어디에 났는지에 대해서는 명확하지 않다. 그의 보모가 씻은 것이 그의 발인지 아니면 발목인지, 그것도 아니면 그녀가 오디세우스의 발을 씻으려고 쭈그리고 앉아서 그의 넓적다리에 있는 상처를 보았는지 확실하지 않은 것이다. 그의 발의 상처(뿌에르 영웅)는 넓적다리의 흉터(뿌에르-와-세넥스)이기도 하기 때문에 학자들 사이에서 모호하게 논의되고 있는 것을 하나로 확정할 필요는 없다

50 E. Auerbach, *Mimesis* (Princeton University Press, 1968), chap. 1, "Odysseus' s Scar."

51 Cf. G. E. Dimock, Jr., "The Name of Odysseus," in C. H. Taylor, Jr., *Essays on the Odyssey* (Bloomington: Indiana University Press, 1963). 디목은 그의 이름이 "고통을 야기하고, 고통 받기를 즐긴다"는 의미를 가진 odyne이라는 말에서 나온 것이라고 주장한다. 그러므로 오디세우스는 고통 받는 사람, 아픈 사람, 고통과 아픔을 가져오는 사람이다. 또한 디목은 오디세우스라는 이름을 "혼란"(trouble)으로 부르자고 한다. 그렇지 않으면 "이상한 사람", "괴짜"(oddball), "밉살스럽거나 화가 나는 사람"(man of odium)으로 부르자고 한다.

52 여기에 대해서는 제4장에서 다루었다 – 편집자.

53 *Odyssey* 6: 216f.

54 Cf. W. B. Stanford, *The Odysseus Theme* (Dallas: Spring Publications, 1992), 99.

55 아이네아드에 나오는 뿌에르-세넥스의 관계에 대해서 더 살펴보

려면 S. Bertman, "The Generation Gap in the Fifth Book of Vergil's Aenead," in *The Conflict of Generations in Ancient Greece and Rome*, ed. Stephen Bertman, (Amsterdam: Grüner, 1976)을 참조하시오.

56 Stanford, *Odysseus Theme*, 65.
57 *Odyssey* 7: 208f.
58 *Odyssey* 5:81, 135, 203-24; 23:335
59 *Odyssey* 16:187.
60 Graves, *The Greek Myths*, 2:160.
61 Montaigne의 수상록, "Of Presumption," by P. P. Hallie, *The Scar of Montaigne* (Middletown, Conn.: Wesleyan University Press, 1966). Cf. 130-33, "The Scar."
62 J. H. Finley, *Four Stages of Greek Thought* (Stanford: Stanford University Press, 1966), 15.
63 CW 5: 184.
64 제6장을 참조하시오 - 편집자..
65 Cf. P. Berry, "An Approach to the Dream ("Narrative") *Spring: An Annual of Archetypal Psychology and Jungian Thought* (1974), 68-71; D. L. Miller, "Fairy Tale or Myth," *Spring: An Annual of Archetypal Psychology and Jungian Thought* (1976), 157-64.
66 "이야기를 다시 쓰다"는 말은 내가 E. S. Casey의 기억의 현상학에 대한 연구에서 빌린 용어이다. Cf. 나의 "The Fiction of Case History," in *Healing Fiction*을 참조하시오.
67 고대의 피타고라스학파의 물리학자 Alcmaion of Croton에 의하면 "사람은 시작과 끝을 통합시키지 못하기 때문에 죽는다.."
68 Finley, *Four Stages*, 11-12.
69 오디세우스의 죽음은 『오디세이』에는 나타나지 않는다. 그러

나 호우머 이후의 전승, 특히 트로이 전쟁의 전설을 말하는 중세 라틴의 저작들에서 그의 죽음에 대해서 기록하고 있다 (*The Trojan War*, trans. R. M. Frazer (Bloomington, Indiana: Indiana University Press, 1966). 그 이야기들에서 오디세우스는 바다로부터 그의 죽음이 다가오는 꿈을 꾼다.

70 W. B. Stanford and J. V. Luce, *Quest for Odysseus* (London: Phaidon, 1977).

71 이런 투쟁에 대한 논의를 위해서는 Bertman, *Conflict of Generations*, 22-23을 참조하시오. 고전적인 신화와 프로이드의 관계에 대해서 재미있는 언급을 한 것은 M. D. Altschule, *Roots of Modern Psychiatry* (New York/London: Grune and Stratton, 1957), 162.을 참조하시오.

72 마태(27:46)와 마가(15:34)는 그리스도의 마지막 부르짖음은 성부에게 버림받은 절규라고 주장한다. 그러나 누가(23:46)는 이 절규에 대해서 말하지 않고, 성부와 성자의 재연합에 대해서 이야기한다: "아버지여, 내 영을 당신 손에 맡깁니다." 성부와 성자의 관계의 모호성이 그리스도의 마지막 말을 여러 가지로 언급함으로써 강조하는 것은 주목할 만한 사실이다.

73 . Cf. D. Wender, *The Last Scenes of the Odyssey* (Leiden: E. J. Brill, 1978).

74 *Odyssey* 24:327ff.

제3부
세넥스

제9장
세넥스 의식

　세넥스라는 말은 라틴어로 노인이라는 말이다. 우리는 이 말이 아직도 노령(senescence), 노쇠한(senile), 상원(上院, senator)이라는 단어 속에 들어있는 것을 볼 수 있다. 로마에서 세넥스는 45세 이후부터 시작되는 것으로 생각했고, 그것은 여성에게도 마찬가지다. 우리가 앞으로 이에 대해서 살펴볼 테지만, 세넥스는 노인이나 노년을 의미할 것이다. 이 짧은 단어에 농축되어 있는 상상적 관념은 우리가 늙음에 대해서 개인적으로 생각하는 그 어떤 것도 넘어서고, 노인이나 노년에 대한 우리의 관심도 넘어서며, 개인적인 삶에서 전개되는 그 과정도 훨씬 더 뛰어넘으면서 확장된다. 그러나 세넥스가 우리의 삶과 우리가 나이를 먹어가는 과정에서 미치는 영향의 이 첫 번째 수준에서부터 우리는 세넥스의 의미를 가장 쉽게 포착할 수 있을 것이다.
　우리가 앞으로 전개할 논의는 두 가지 전제를 가지고 시작된다: 첫째, 세넥스는 하나의 원형이다. 둘째, 이 원형은 뿌에르 원형과 가장 관계가 깊다. 우리가 이렇게 말하는 것은 세넥스는 뿌에르와 얽혀 있고, 뿌에르의 구조 안에 포함되어 있으며, 뿌에르가 하는 것들 뒤에 세넥스의 작용이 있다는 사실을 말하기 위함이다. 이 두 원형적 구조는 뒤엉켜 있지만, 우리는 그 둘 사이에 있는 심리학적 긴장을 드러내기 위해서 가능한 한 세넥스의 특성을 뿌에르와 두드러지게 반대되는 것으로 살펴보려고 한다. 그럼에도 불구하고 세넥스 원형은 우리 삶의 경험에서 나오거나, 인간의 한 측면이나 행동의 한 측면, 사람들이 상상 속에서 맹목적으로 그리는 상(像)만이 아니라 어떤 "심리학적인 것"이다. 세넥스는 유일신론에서 말하는 하느님의 결정체(結晶體)이고, 거기에서 나오는 다양한 누멘(numen, 어마어마

한 신비와 매혹적인 신비를 자아내는 거룩한 것-역자 주)인 것이다. 세넥스는 그 자체가 하나의 신이고, 그의 존재론적 힘이 자연과 문화와 인간의 정신에 나타난 우주적 실재(reality)이다.

우리는 세넥스가 만들어가는 것을 자연적이고, 문화적이며, 정신적인 과정 속에서 그것들이 성숙하게 되고, 질서를 만들며, 단단해지고, 시들어가는 것을 통해서 본다. 이 원리가 인격화된 모습은 성인(聖人)이나 노현자, 강력한 아버지나 할아버지, 위대한 왕, 지배자, 재판관, 괴물, 상담자, 장로, 사제, 은자(隱者), 부랑자, 불구자 등에서 나타난다. 세넥스의 표상은 바위, 오래된 나무, 특히 도토리나무, 큰 낫이나 작은 낫, 시계, 두개골 등이다. 세넥스 감정은 사람들이 그의 체계와 습관에 저촉되는 것들에 대해서 참을 수 없을 때, 더 나은 것을 알려고 하고, 침착하게 되며, 도량을 가지려는 갈망으로 나타난다. 또한 세넥스는 시간, 지나간 것, 죽음 등에 대한 생각이나 감정에서도 강하게 나타난다. 우울, 불안, 가학성, 편집증, 강박적으로 기억을 반추하는 것 등은 세넥스 원형의 특징이다. 더 나아가서 우리 문화에서 말하는 신의 주된 이미지들도 세넥스의 표상이다: 전능, 영원, 의자에 앉아 있고, 수염이 났으며, 추상적 정의의 원리로 지배하는 것, 도덕성과 질서, 자신에 대해서 말로 다 설명하지도 않고 믿으라고 하는 것, 자비롭지만 자신의 뜻이 이루어지지 않았을 때 격분하는 것, 여성적인 것이 결여되어 있으면서도(세넥스에게는 부인이 없다) 창조가 이루어진 성적 측면, 차갑고, 먼 별들과 행성의 세계 등 이 모든 것들은 세넥스적인 신을 묘사하는 이미지이다. 이것들은 모두 세넥스 원형을 통해서 얻어지는 신을 그린 것이다. 우리 문화권에서 말하는 지극히 높으신 하느님은 세넥스적인 신이다. 우리는 이런 구조를 반영하는 의식을 가지고, 그의 형상을 따라서 창조되었다. 그러므로 우리 의식의 한 면은 세넥스적이지 않을 수 없다.

이 원형이 늙고, 질서 있으며, 이미 설립된 모든 것들을 나타내기 때문에, 그것은 특히 우리 문화와 우리 문화에서 죽었다고 하거나 죽어가는 하느님과 밀접한 관계에 있다. 구조의 붕괴는 이 특별한 구조, 즉 구조적 원리의 죽음이다. 우리의 종교의식이 고착된 채, 세월이 많이 흐르면서 너무 초월적인 것들만 추구하여 시들어 버리고, 죽어간다면, 우리에게 남은 이미지는 이 하느님을 나타내면서 마찬가지로 지나가고 만다. 그 의식도 떠나버리고 마는 것이다. 문화의 "파괴"와 한 개인의 삶에서 문화가 붕괴되는 것은 그 전에 지배적이었던 세넥스의 전환으로부터 일어난다. 거기에서도 세넥스의 지배가 있었기 때문이다. 신 하나가 다른 많은 신들의 자리를 차지하고, 하나의 원형상이 다른 많은 원형상들을 대체하며, 하나의 의식이 다른 것들을 무의식에 억압했던 것이다. 현대 서구의 신학계에서 개혁을 외치면서 세넥스적 신의 죽음을 증언하지만, 원형적 힘은 그것이 비었고, 작동하지 않으며, 정체되었을 뿐 결코 "죽을 수는" 없다. 그것은 우리의 환상과 정동에 영향을 주면서 상상의 영역에서 계속해서 작용하고, 우리가 앞으로 살펴보려는 것처럼 우리 정신을 통하여 그에 합당한 예배를 계속해서 받는다. "저기 바깥에 있으면서" 이름과 의례를 가지고 있는 이미지는 비록 하나의 아이콘(icon)처럼 바래기는 하지만, 정신의 환상적 수준에 내재하면서 우리를 내면에서부터 붙잡는다. 그리스 사람들이 크로노스라고 불렀고, 로마 사람들이 새턴이라고 불렀던 것을 우리의 종교 전통에서는 "하늘에 계신 아버지"라고 경배하였다. 그러나 그 세넥스는 하늘로부터 떠났고, 하늘까지 떠나면서, 이제는 심리적 현상을 통해서 간접적으로만 만날 수 있게 되었다.

I. 새턴 안에서 발견되는 세넥스의 특성[1]

세넥스의 중요한 특성들을 살펴보면서, 우리가 참고한 기본적인 자료는 워부르그 연구소(Warburg Institute)에서 나온 "새턴과 우울증"이다.[2] 우리가 앞에서 언급했던 세넥스의 이중적 본성인 것이다. 우리가 그의 특성을 읽으려면, 우리는 이런 이중성을 염두에 두어야 한다. 하나의 특성만 염두에 두고 있다면, 그와 정반대되는 특성을 놓치고 말기 때문이다. 우리가 그를 동시에 괴물이라고 인식하지 않는 한, 결코 좋은 노현자를 만날 수 없고, 파괴적 특징은 위와 아래가 뒤바뀌면서 덕성(德性)으로 되지 않는다.

　제1장에서 말했듯이, 세넥스의 성격은 차가운데, 그것은 먼 것처럼 나타나기도 한다. 세넥스-의식은 사물의 바깥에 있고, 외로우며, 방황하고, 떨어져 있으며, 내쫓긴 의식이다. 또한 차가움은 잔인하고, 가슴의 온기와 분노의 열기가 없으며, 천천히 복수하고, 고문하며, 정확한 공물(貢物)을 요구하고, 속박되어 있다. 새턴은 지하계의 주인으로서 세상을 바깥으로부터 보는데, 그렇게 먼 깊은 곳으로부터 봄으로써 모든 것을 뒤집어서 보고, 그런 관점으로부터 사물의 구조가 계시된다. 그는 말에 있는 역설적 진리를 보고, 도시를 공동묘지로부터 보며, 피부 밑에 있는 뼈들을 보는 것이다. 따라서 세넥스적 관점은 사건의 관계 양식이나 상호-연관성, 감정의 흐름을 알게 하는 대신 그것의 추상적 뼈대와 해부도, 구성과 도식을 제공할 수 있다.

　세넥스의 표상인 두개골은 모든 콤플렉스는 그것의 죽음의 측면과 궁극적인 정신적 핵(核)으로부터 바라볼 수 있음을 가리킨다. 거기에서는 겉모습과 역동성이 모두 제거되고, 그것이 어떻게 될 수 있다는 소망적 사고도 배제되며, 콤플렉스의 "최종적" 해석이 그의 목적으로 된다. 이런 해석은 뿌에르적인 시작의 짝으로서 비관적이고, 냉소적인 회상이다. 콤플렉스들이 자신을 뿌에르-환상들로 흐릿하게 하기 때문에, 세넥스-의식은 이 환상들을 바깥으로부터 보면서 "차가운 현실"과 "쓰라린 진리"라는 환상을 가지고 뿌에르-환상을 꿰뚫고 갈 수 있다. "있는 그대로 드러낸다"는 환상은 예언자 예레미야나 냉소적인 디오게네스 같은 철학자들이 제일 좋아했던 말인데, 그것은 "상처가 있는 곳"을 글자 그대로 뼛속까지 드러낸다. 이런 의식에 들어있는 환상은 콤플렉스는 자기-지식, 즉 우리가 알 수 있지만 유쾌하지 않은 진실을 꿰뚫고 들어가면서 콤플렉스에 집중하면 해소될 수 있다는 것이다. 그런데 이런 환상은 모든 것을 '헛되고 헛되니, 모든 것이 헛되도다'라고 보면서 모든 콤플렉스들에 대한 영원한 냉소주의라는 삶의 양식으로 바뀌게 한다.

　또한 두개골은 세넥스-의식이 가진 구조와 지적 추상에 대한 관심을 말하기도 한다. 새턴에 대한 중세와 르네상스 시대의 심상(心象)은 종종 기하학과 천문학의 도구들과 함께 그려졌다. 구조와 추상은 더 깊은 것을 가리키고, 질서의 원리 자체를 가리킨다. 우주의 본래의 지배자인 크로노스-새턴은 누스(nous)인데, 이런 생각은 플라톤으로까지 거슬러 올라간다.[3] 헤시오도스의 크로노스는 태초부터 다스렸던 것이다. 세넥스는 본래 설계하는 마음으로, 그것의 이상적인 형태, 기반, 나라를 건설하는데 필요한 원리와 공리들을 제공한다. 그는 법과 질서를 선포하는 것이다. 나라와 정부는 콤플렉스의 나라이고, 그 나라를 다스린다는 환상에 의해서 지배되고 있다. 콤플렉스의 구조와 그것을 따르는 규칙은 콤플렉스를 반복적으로 나타나게 하고, 콤플렉스가 벗겨지기 어렵게 하며, 좀처럼 항의하지 못하게 하는데, 그것이 콤플렉스에 있는 세넥스적 측면이다.

법과 질서에 대한 갈망과 가부장적 견고성 아래 농민의 단순성을 가지고 만족하면서 살았다고 하는 황금시대로 돌아가려는 갈망과 같은 세넥스적 환상은 그리스와 로마의 크로니아와 새턴의 세넥스 축제에서 찾아볼 수 있다. 그때 세넥스의 힘은 무정부 상태와 함께 경배 받았고, 독재적 경향으로 나아가지 않도록 달래졌다. 콤플렉스의 경직된 구조가 스스로 파괴되면서 치유되었던 것이다. 그 질서에는 무정부 상태가 포함되어 있었다. 크로노스와 새턴의 축제는 여가, 평화와 선물, 노역이 없는 음식과 음료에 대한 환상을 가져다 주었고, 노예제도와 재산권의 종말을 가져왔다. 그러나 서구 문화는 이제 더 이상 이런 동종요법적 치료를 하지 않는다. 그 대신 우리는 그 구조를 파괴하려고 폭력을 동원하면서 세넥스의 힘을 거꾸러뜨리려고 한다. 그에 대한 이런 공격들은 법을 엄격하게 하고, 질서를 강조함으로써 지배적인 콤플렉스를 더 강화시킬 뿐이다. 세넥스가 그 자신의 비사회적이고, 무정부적인 환상을 통한 갱신의 형태를 망각할 때, 세넥스는 그의 구조에 있는 한쪽 측면을 잃어버리고, 일방적으로 된다. 붕괴되지 못하게 함으로써, 붕괴를 더 확실하게 하는 것이다.

한 개인의 정신에서도 우리는 질서에 대한 세넥스의 똑같은 환상을 본다. 우리는 콤플렉스들을 그것들의 첫 번째 원리, 그것들의 행동 규칙, 연상검사를 통해서 얻어진 분석 결과 등을 따라서 질서 안에 넣으려고 한다. 그렇게 함으로써 콤플렉스의 법칙을 발견하고, 그 법칙을 가지고 그것들을 통제하려고 하는 것이다. 우리가 질서를 만들려고 할 때마다, 우리는 세넥스가 우리 안으로 들어오기를 바란다. 그러면 그는 구조에 대한 환상을 가지고 들어오고, 이 책에서도 그의 환상을 가지고 한 자리를 차지하고 있을 것이다.

새턴과 새턴의 속성은 질서가 수립되는 많은 방법들을 보여준다. 시간과 계급구조를 통해서 질서가 수립되고, 측정이라는 과학적 체계를 통해서도 수립되는 것을 보여주는 것이다. 또한 질서는 한계를 설정하고 배제하는 것을 통해서 수립되고, 논리적 사고를 통해서 거부와 반대를 함으로써도 수립되며, 권력을 세우고, 확장하면서 존속할 것을 정하고, 의무를 완수하게 함으로써도 수립될 수 있다. 질서는 영적 직제와 영적 훈련에서도 작용하는데, 거기에서는 내향화와 소외와 반성이 요구된다. 이런 덕성들도 새턴에 속한다. 우리 삶에서 세넥스의 작용을 살펴보는 것은 우리가 우리 삶을 질서 안에 세우는 것을 지켜보는 것이다. 습관은 우리의 매일의 삶을 통해서 새턴이 움직이는 것이다. 그것을 세고, 기억하는 것이다. 우리가 시계를 보고, 달력을 보며, 해를 지내는 것 역시 새턴의 작용을 보여준다. 우리가 세상을 사는 원리, 우리 자신에게 설정한 한계, 우리를 둘러싸고 있는 세계, 가치의 범위(가치 자체보다 가치의 위계), 그리고 무엇보다도 통제를 통한 질서, 특히 자기-통제와 다른 사람에 대한 통제는 이 세넥스의 본성을 보여준다.

세넥스는 특별히 경계를 통해서 질서를 세운다. 세넥스 의식은 구분선을 그리는 것이다. 여기는 너의 영역이고, 저기는 나의 영역이다. 이것은 의식이고, 저것은 무의식이다. 이것은 몸이고 저것은 마음이다. 또한 브라운(Norman O. Brown)이 영리하게 보여주듯이, 자아와 자아의 질서에 대한 관념은 실제와 환상, 안과 밖 사이의 경계를 요구한다. 경계는 재산과 소유, 영역과 소유권의 설정에서 반드시 필요하다. 그의 것은 그의 경계 안에 있는 것이다. 자기(self)를 나타내는 개념인 개인적이고, 한정되어 있는 속성은 경계를 요청하는데, 그 경계는 세넥스가 설정한다.

그러나 경계는 종교적 이유에서도-여기에 대해서 브라운은 아무 말도 하지 않는다-설정된다. 사원(fanum)과 성스러운 곳(temenos)은 성스러움으로 구획되는 것이다. 경계는 존재의 구역을 구별짓는다. 그것은 존재론적으로 구분하고, 상징을 가능하게 하는 것이다. 세넥스 의식은 벽과 법을 좋아하지 않는 어떤 것에 맞서서 벽과 법을 유지하면서 경계의 심리적 영역을 만들고, 그 실존이 경계를 요구하는 상징을 만든다. 경계가 없으면 담는 것도 있을 수 없고, 유지 역시 있을 수 없다. 경계가 없다면, 문, 관문, 시작, 장애물, 출구, 가입, 비밀, 입문의례, 선출, 비의 종교 등에는 아무 의미도 없을 것이다. 새턴은 선을 긋고, 양쪽을 다 다스린다. 거룩한 것을 찬양하고 세속적인 것을 낮추며, 도시와 추방, 왕과 노예, 자아와 자아의 억압 모두에 관여하는 것이다.

느리고, 무거우며, 오래되고, 둔한(leaden) 것은 새턴과 비슷한 특질들이다. 납(lead)은 특히 연금술의 구속 작업에서 중요하다. 연금술 작업은 납이 없이는 시작될 수 없고, 끝날 수도 없다. 그래서 새턴은 어떤 연금술 체계에서 시작이고, 끝이다. 세넥스의 특질은 시간을 통해서 실현되고, 형상화되기 위해서 필요한 것이다. 그래서 연금술사의 완성은 그 자신의 무기력을 통해서, 그리고 그의 오랫 동안의 참을성 있는 노력과 마음의 우울한 상태 등이 합쳐져서 이루어진다. 납은 단순히 금속에 불과한 것이 아니다. 그것은 연금술사가 납을 가지고 작업할 수 있도록 내면적으로 가지고 있어야 하는 의식의 특질이다. 그와 그 물질은 상응(相應)해야 한다. 납은 라피스에 필요한 성분으로 마지막까지 남아 있다. 그래서 우울한 상태는 우울증을 통하여 남아 있는 의식을 내비치면서 끝까지 간다. 그것은 모두 번쩍이는 황금으로 변환되지 않고, 모두 없어지지도 않는다. 둔하고, 간악한 특성을 가진 유독한 납은 그 작업에서 저주이지만 동시에 필요한 요소이기도 하다.

초기 그리스 시대부터 후기 로마 시대까지 사람들은 미신적인 의미에서 저주를 납으로 만든 판(defixiones, 저주를 새긴 판-역자 주)에 새겼다. 그 저주에 글자 그대로 "구속력"을 부과하려는 의도 때문이었다. 그러면서 그것들을 무덤 속에 두거나 지하계 영들에게 의뢰하기 위하여 묻었다. 새턴은 대중들의 상상 속에서 무덤을 뛰어넘으면서 영들과 특별한 관계에 있으며, 그 영들을 조작하는 마술에 능통한 것이 틀림없었던 것이다. 오늘날 다른 언어로 세넥스-의식에도 똑같은 저주가 행해지는데, 그 이유는 세넥스-의식이 지나간 역사를 조작하면서 현재의 삶을 저주하여 죽고, 묻는 것과 비슷하기 때문이다. 어떤 사람들에게 법정(法庭)과 은행, 의사들의 말, 대학에서의 가르침, 의회의 법령 등과 같은 제도는 영혼을 구속(拘束)하는 "마법"이다. 어떤 이들에게는 법률과 그 제도를 통해서 기록된 규정들은 납으로 만든 판, 저주의 판, 세넥스의 저주처럼 작용한다. 세넥스-의식은 지식과 힘을 혼합하고, 그것을 마술적으로 사용하면서 악을 행하기도 한다. 이 원형은 납이 옛날에는 제일 무거운 금속이었기 때문에 새턴과 디스(Dis, 로마 신화에서 저승의 신으로 그리스 신화의 Pluto에 해당한다—역자 주)를 천저점(imum coeli, 天底點)에서 만나게 하듯이 더 밑에 있는 힘들을 묶는다. 그 아래는 죽은 이들과 이상한 것들이 있는 장소이고, 전통적으로 악의 세계이다.

이런 이유 때문에 극단적인 내향화인 퇴축(involution)과 하향하(우울증으로 인한 낙담, 그리스에서 말하는 병적 우울)는 특별히 의심스럽게 생각된다. 모든 정신 장애 가운데서 병적 우울(melancholic)은 오랫동안 심각한 병뿐만 아니라 특별한 죄와 연관시키기도 하였다. 새턴과 관련된 검은색은 겨울, 밤, 죽음, 먼 거리뿐만 아니라 썩음과 악을 의미하기도 하였다. 빙엔의 힐데가르드(Hildegard of Bingen)는 세넥스-의식의 이 측면을 그녀가 지은 『원인과 치유』에서 신학적으로는 물론 의학적으로 결합하면서 비판하였다. 우울한 기질은 아담의 죄와 인간의 타락에서 기인되었다는 것이다. 그것은 악마의 유혹 때문에 사과를 베어 문 것으로부터 직접 독이 들어가서 치유될 수 없는 유전적 흠으로 되었다. 쇼크요법을 쓰거나 생기를 불어넣는 등으로 우울증을 치료하려는 모든 방법들은 세넥스-의식의 침입에 대한 우리의 극단적인 공포를 드러낸다.

다른 관점에서 볼 때, 새턴의 납은 사람들을 아래와 안으로 끌어들여서 주관성에 들어가게 한다. 다림줄(plumb-line, 錘線)은 언제나 더 깊이 내려가고, 무덤을 향해서 곧추 내려가며, 시간적으로는 과거를 향하고, 지하계를 향한다. 그 자신과 죽음으로 끌어당기는 내향화와 하향화는 어떤 의미에서 융의 개성화 작업에서 세넥스가 주된 역할을 하고 있다는 것을 의미한다. 개성화의 마지막 목표는 종종 세넥스적 심상 속에 나타난다: 홀로 있음, 연합, 돌, 우주적 체계와 기하학적 도식, 특히 만달라 구조와 노현자는 더 세넥스적이다. "통합을 통한 전일성"조차 자기 자식들을 삼키면서 다른 신들을 잡아먹는 새턴의 속성을 반영한다.

더 나아가서 이 목표에 도달하는 방법도 세넥스의 환상에 의해서 결정되는데, 거기에서는 우울증(팽창이 아니라), 고통(웃음이 아니라), 내향성, 상상력 등이 이 세상으로부터 돌아서도록 요청한다. 그와 동시에 자아는 안정되고, 질서 잡혀야 하며, 강해야 하고, 원형적인 기본-구조로서의 숫자를 강조하고, 심리적 법칙(카르마, 징벌, 복수, 크로노스-새턴에게 속한 대극들의 균형)으로서의 보상에 대한 믿음, 고고학, 역사, 종교, 예언, 추방, 비의 현상(occult phenomenon)에 대한 깊은 관심을 두드러지게 강조한다. 이 방법에 속하는 것으로서 훈련의 한 부분으로 추상적 주제에 대한 지적 연구와 꿈에 대한 자세한 탐구, 신탁 같은 절차(역경), 무의식의 분석에 대한 장기적이고, 꾸준한 충성 등도 포함된다. 그래서 농사꾼, 나무꾼 또는 석공 같은 자연인이 제일 이상적이다. 여기에서는 우리들도 "사람들은 새턴에게 속한 습관과 관심으로 돌아감으로써 새턴의 아이가 된다고 믿었던 피치노(M. Ficino)와 생각이 같은 것을 알 수 있다: "… 그런데 우리는 이 세상에 있는 사물들로부터 돌아서고, 놀고, 혼자 지내며, 변하지 않으며, 밀의적인 종교와 철학에 몰두하고, 미신, 마술, 농업 등을 가까이 함으로써 새턴의 영향 아래 있게 된다." 세넥스 원형은 융이 말한 집단의식에 아주 깊은 영향을 주었고, 우리가 나중에 살펴볼 것처럼 뿌에르에 대한 융의 판단에도 똑같이 많은 영향을 주었다.

느리고, 무거우며, 오래되고, 둔한 특질들은 무겁게 한다. 세넥스 의식은 심사숙고하는 것이다. 그것은 로마에 있는 새턴의 사원의 저울처럼 사물들을 무겁게 하는데, 그것은 우울증이나 새턴과 관계된 저울의 이미지에서도 마찬가지다. 이런 의식에서 나온 목소리는 때때로 납처럼 사람들을 무겁게 하는데, 그것은 시대에 뒤떨어지면서도 동시에 예언적인 관점에서 나온 것처럼 때에 맞지 않게 비관적이고, 메마르다. 여기에서 무게는 새턴이 연금술에서 말하는 응고(凝固)의 의인화이기 때문에 응결과 응고를 나타낸다. 응고는 사물을 뻣뻣하게 하고, 같이 있게 하며, 단단하고, 믿을 만하게 한다. 그러나 동시에 빽빽하게 하고, 움직이지 못하게 한다.

응고의 경험은 고전적으로 우울증과 금지 등에서 나타나고, 심리적 반응이 마른 나뭇가지 묶음이나 돌무더기처럼 꼼짝도 하지 않는 무기력 상태처럼 되게 한다. 예전에는 이런 상태를 가톨릭에서 말하는 일곱 가지 중요한 죄(七罪宗) 가운데 하나인 나태(acedia)의 죄 - 오늘날 우리는 태만(怠慢)이라고 부르기도 한다 - 라고 불렀다.[4] 거기에서 오는 주된 고통은 팔다리에 힘이 빠지는 것처럼 신체적으로만 오지 않고, 정신적으로도 느껴지며, 정신적 표현으로도 나타난다. 이런 무거움은 특히 머리에서 느껴지지만 - 우울증 환자는 흔히 손으로 머리를 감싸쥐거나 풀이 죽어서 머리를 책상 앞에 떨군 모습으로 묘사된다 - 그것은 "영적 실성증(aphonia, 失聲症)처럼 영혼의 '소리가 완전히 그친' 것 같은 상태이다. … 내적 존재가 함묵증(緘默症)처럼 완전히 안으로 닫아 걸고, 외부와의 소통을 거부하는 것이다"(키에르케고르는 아마 헤르메스주의라고 부를 것이다).

피치노가 "안일"(安逸)과 "세상 것으로부터 철수된 상태"라고 하거나, 융학파에서 지배적 행동의 내향화 상태라고 불렀고, 연금술사들이 연금술의 그릇, 정신치료자들이 우울증적 억압이라고 말한 상태들의 뒤에서 우리는 세넥스-의식에서 나온 나태를 찾아볼 수 있다. 그래서 멀리 중세 시대에 이르기까지 사람들이 어쩔 수 없이 세상으로부터 물러서는 병에 대한 처방으로 작업 요법이 행해졌는데, 그 이유는 일(과 기도)이 특히 나태한 사람들이 질색하는 것이었기 때문이다. 옛날부터 일과 작업을 통한 치료는 죄와 게으름의 병에 대한 치료로 사용되었다. 악마는 일하는 것을 원수처럼 생각한다. 그래서 세넥스는 노역과 기도는 물론 게으름과 영적 무기력을 동시에 담고 있는 그 자신의 의식에 맞추어서 그의 원형 안에 있는 치료법을 제공한다. 물론 "뿌에르에 대한 치료"를 위해서 작업요법이 언제나 성공적인 것은 아니다. 일은 뿌에르의 구조에 뿌리를 두고 있지 않기 때문이다.

우리는 세넥스 의식의 도덕적 속성에 특히 영향을 미치는 양면적 양식을 많이 찾아볼 수 있다. 그것들에는 양면성이 있는데, 그렇기 때문에 의심스럽기도 하다. 새턴은 정직한 말을 주재(主宰)하지만, 동시에 속이기도 하며, 비밀과 침묵을 주재하지만, 동시에 수다스럽게 중상하기도 한다. 또한 충성심과 우정을 주재하지만, 동시에 이기주의, 잔인성, 교활, 도둑질과 살인을 주재하기도 한다. 그는 범죄를 저지르기도 하고, 범죄의 피해자가 되기도 하며, 갇히기도 하고, 감옥이기도 하다. 그는 기억을 잘 하지만, 잊기도 하고, 게으르고, 냉담하지만 잠을 자지 않는 각성 상태를 주관하기도 한다. 그의 눈은 우울한 기분 때문에 축 처져 있고, 모든 일에 냉담하기도 하지만, 때로는 모든 것을 감안하면서 신의 초자아적인 눈이 되어서 냉정하게 지켜보기도 한다. 그는 정직하게 셈을 쳐주기도 하지만, 사기를 치기도 한다. 그는 거름, 변소와 더러운 옷의 신이지만, 영혼의 정화자이다.

세넥스의 이중성은 그림자와 얽혀 있는 풀 길 없는 도덕적 가치를 드러내는데, 거기에서 선과 악은 구분되지 않는다. 세넥스-의식에 기반을 둔 도덕성은 그의 내적 반명제 때문에 언제나 의심스러운 것에서 벗어나지 못한다. 그것이 아무리 윤리적 순수성을 엄격하게 주장하지만, 고상한 원칙을 집행하는 데서 때때로 그와 정반대 되는 모습으로 소름끼치는 공포를 자아내는 경우도 적지 않다. 그래서 고문과 박해는 최상의 집단에서 가장 합리적인 이유 때문에 자행된다: 이것이 세넥스이다.

II. 새턴의 성욕과 다산성

우리는 새턴과 성의 관계 역시 그가 환관장(宦官長)과 총각-메마르고, 냉담하며, 발기불능-이면서 동시에 호색적인 염소와 개로 나타나면서 이중적이라는 사실을 떠올리게 한다.[5] 알베르투스 마그누스에 의하면, 어떤 종류의 성적 장애는 납으로 다스려질 수 있다: "납에 차갑고, 위축시키는 효과가 있기 때문에 강한 성적 욕망과 몽정을 치료하는데 특별한 능력이 있다." 여기에서 세넥스는 위축시키지만, 동시에 "더러운 늙은이"의 무절제한 호색적 욕망을 연상시키기도 한다. 이 두 경우에서 성욕은 관습적이고, 예상되는 정도를 뛰어넘어서 양 극단으로 치달으면서, 더 이상 실제적인 성욕을 말하는 것이 아니라 성에 대한 환상을 가리킨다. 개와 염소는 성욕의 비인격적 측면, 즉 성욕의 일반적이고, 무절제한 세속성과 지극히 감상적인 에로스적 측면을 가리킨다. 다른 한편, 발기부전은 사람들을 소외시키면서 개와 염소 같은 수준에서의 관계도 가지지 못하게 하고, 성적 충동을 순전히 상상적인 사건으로 이끌고 간다. 그런데 발기부전은 거세와 마찬가지로 사람들이 성을 생식과 성교 등 규범적 수행, 즉 생산과 사랑을 위한 봉사의 측면만 기대할 때 병리적으로 된다. 그것들은 오직 두 가지 가능한 환상인 것이다.

그러므로 성을 외적 상황으로 가지고 가려고 할 때 문제가 생기고, 그 안에 무엇인가 담겨 있다는 생각이 들면, 거기에 어떤 의미가 있는지 물어보아야 한다. 수컷이 아닌 남성, 즉 껄떡이 없고 힘에 불과하고, 일반적으로 창조라고 생각하는 것이 없는 남성은 누구인가라고 질문해야 한다. 삶의 한 복판에서 죽음과 같은 발기부전은 성의 탐구에 대한 또 다른 길을 열어준다. 세넥스 의식은 성에 또 다른 종류의 가능성, 성과 창조성의 의미에 접근하는 또 다른 길을 제공한다. 세넥스와 그것을 하지 못하게 하는 발기부전이 없다면, 성은 외부에서 다 소진되면서, 그에 뒤따르는 쾌락만 쫓다가 끊임없이 아이들만 낳는 일만 하게 된다.

세넥스 의식은 극단적으로 비합리적인 것과 연관되어 있다. 그래서 우리는 다스릴 수 없는 성욕에 대한 생각을 아리스토텔레스의 저작이라고 알려진 『문제들』이라는 책에서 찾아볼 수 있다. 그 생각은 "새턴과 우울증"에 요약되어 있다.

그들이 좋아하는 것을 다 한 다음에 따라오는 우울증은 모든 면에서 볼 때 어쩔 수 없는 것이며, 다스릴 수 없는 성욕에 의해서 야기되기도 한다. … 그것들은 탐욕스럽고, 욕망이 올라오면 과거의 기억을 떠올리려고 하지 않고, 시간이 많이 지난 다음에서야 떠오른다. 이 모든 허약성은 … 그들의 신체적 체질이 너무 예민한 데서 온다. 그래서 사랑도 그들에게 지속적인 만족을 주지 못하고, 먹는 것도 그들의 타고난 연약성을 고쳐주지 못한다. 두 경우 모두(사랑과 먹는 것) 그 자체를 즐기기 위해서 즐거움을 찾지 않고, 그들은 단지 그들의 신체적 결핍으로부터 그들을 보호하기 위해서 그런 행위를 한다. 왜냐하면 그들의 성적 욕구는 극도의 긴장에서 오고, 그들의 탐욕도 신진대사의 부전에서 오기 때문이다.…[6]

사람들은 그들이 특히 눈으로 보는 이미지에 익숙해 있어서 상상력에 대해서는 과도하게 예민하다고 말할 수 있다.[7]

너무 많은 리비도는 "과도한 긴장"과 마찬가지로—아리스토텔레스의 『문제들』에 의하면—"과도한 영"(excessive pneuma)에서 나온다. 세넥스의 성욕은 영적인 원천에서 나오는 것이다. 그의 장애는 그것이 호색(好色)이든지, 아니면 발기부전이든지 상관없이 궁극적으로 고조된 상상력으로 설명 가능하다. 세넥스 의식은 상상력으로서의 성욕을 제시하는데, 성적 행동 자체를 환상의 한 형태로 평가하는 것이다. 그러므로 발기부전과 호색은 무엇보다도 상상력의 한 측면이다. 그것들은 성에서 뿐만 아니라 다른 영역에서도 나타난다. 그래서 우리는 막내인 크로노스에 의해서 아버지인 우라노스가 거세된 것을 그의 다산성이 왕위를 찬탈한 후계자에 의해서 대체된 늙은 왕의 퇴위를 성적 불능의 표상으로만 볼 수 있지 않다. 그 이야기는 신화 제조자이며, 상상적 가능성의 창조자인 늙은 천공신의 지배가 상상력의 힘에 있는 성적 측면이 더 이상 작용하지 않게 되자 끝났다는 사실까지 말한다.

호색과 발기부전이 모두 상상력 고조에서 비롯되는 것이라면, 우리는 이렇게 전혀 같아보이지 않는 현상에 동일성이 내재되어 있다고 추정할 수 있다. 일반적으로 나이든 사람들은 성적으로 힘들기 때문에 추잡한 생각을 많이 한다. 그런데 추잡한 생각들은 일반적으로 "진정한 사물"을 열등하게 대체하는 것이다. 다른 각도에서 보면, "진정한" 성욕은 추잡한 생각들 때문에 점점 줄어드는 것이라고 할 수도 있다. 이런 환상들은 의식을 성적으로 만드는데, 그것은 상상력을 비옥하게 하기 위해서 필요한 에로틱한 자극이기도 하다. 음란한 영과 성적으로 무능한 신체로의 전환은 정상적인 상태로부터 정신적인(noetic) 상태로의 전환이다. 거기에서 발기부전은 왕성한 상상력의 전제조건이 된다. 이와 비슷한 전환은 노년의 기억력 감퇴에서도 일어나며, 그것은 정상적인 상태로부터 정신적 기억으로의 길, 즉 플라톤이 메논(Meno)과 파이돈(Phaedo)에서 말했듯이 초기 어린시절의 기억을 통해서 원형적인 기억으로 가는 길을 열어준다.

그러므로 음란한 환상들이 많이 생각난다면, 그것은 새턴이 가까이 있고, 우울증 역시 가까이 있다는 사실을 의미한다. 그런 환상들은 이런 원형적 관점으로 가는 길과 그에 뒤따르는 세넥스 구조와 관계되는 복잡한 것들과 결부되는 길을 제공한다. 발기부전도 마찬가지다. 아프로디테, 제우스는 물론 판(Pan)도 그것을 원하지 않았을 것이다. 그러나 발기부전은 호색과 마찬가지로 우리에게 성욕을 세넥스를 통해서 다시 생각하기를 촉구한다. 세넥스가 나이든 사람뿐만 아니라 의식의 구조에도 속해 있듯이, 세넥스의 성욕은 나이든 사람의 행동뿐만 아니라 호색이나 발기부전 모두의 뒷 배경이 되는 일종의 성 의식(consciousness)이다.

새턴에게는 발기부전의 측면이 있음에도 불구하고, 크로노스의 속성을 잃지 않는다. 그는 다산의 신인 것이다. 새턴은 농업을 창안하였다. 이 땅과 농부의 신이며 수확과 농신제(農神祭)의 신은 열매와 씨앗의 지배자이다. 거세하는 그의 낫은 수확하는 도구이기도 하다. 농업을 창안한 것은 새턴일 수밖에 없다. 세넥스만이 노역을 감당할 수 있으며, 노역의 중요성과 땅을 경작하는 이들의 보수성을 이해할 수 있다. 세넥스만이 계절이 바뀌는 시간과 계절들이 언제나 왜 반복되는지 그 의미를 알 수 있다. 그는 쟁기질하는 것의 기하학, 씨앗의 본질, 손익계산, 비료가 되는 배설물 등을 추상화하여 인식할 수 있고, 외로움, 자연의 냉혹함, 성(性)의 객관화에 대해서도 인식하고 있다.

III. 세넥스와 여성성

헤시오도스(Hesiod)에 의하면 크로노스가 다스리던 황금기에는 여성이 없었다. 새턴의 인식은 점성술-마술의 서적에서 세넥스와 여성성 사이의 이상한 전승에 대해서 계속해서 나타난다.

로마에서 새턴의 본래적인 상은 결혼하지 않은 것으로 나온다(그의 그리스적 짝인 크로노스가 그의 누이이자 아내인 레아가 있음에도 불구하고). 공화정 시대의 로마에서 그의 여성 배우자는 주로 여성에게 악행을 하고, 작물, 수확을 하는 능력을 지닌 루아(Lua, 전쟁의 약탈, 전리품, 초토화된 들판의 여신)였다. 전쟁통에 작물은 망쳐지거나, 전리품으로 빼앗긴 것이다. 뒤러(Dürer)가 『우울증』에서 말한 후대의 심상(心象)에서 새턴의 여성적 측면은 우울 부인(Dame Melancholy)이다. 오늘날 우울한 기분은 보통 지혜의 표징을 담은 새턴의 속성과 함께 "슬픈 아니마"(anima tristis)가 나타낸다. 어떤 의미에서 우울 부인은 세넥스의 소피아적 비전이다. 세넥스의 지혜는 우울한 빛을 띠며, 세넥스의 우울은 지혜로운 것이다.

세넥스-의식은 여성을 무시함에도 불구하고, 여성적인 것을 비밀스럽고 부드러운 점이나 비밀스러운 여주인으로 은밀하게 담고 있다. 그는 공주와 같이 있는 늙은 왕처럼 여성적인 것을 구출하려고 애쓰면서 다른 사람들을 속이고, 잔인성을 내쫓으면서 여성적 측면이 떠나지 않도록 한다. 그렇지 않으면, 세넥스의 여성성은 우울 부인의 실연(實演)이다. 그때 부정적인 세넥스의 여성적 측면은 어느 누구도 같이 지낼 수 없는 우울한 배우자이다. 그것은 단지 아니마-콤플렉스가 시고, 쓰고, 원망하고, 불평하는 것으로 변한 것이 아니다. 우울한 배우자는 새턴의 악취를 풍기면서 죽어가는 분위기를 뿜어낸다.

콤플렉스들이 생명력을 잃으면, 썩는다. 그런데 부패는 농업과 배설물과 죽음의 신으로서의 새턴에게 속해 있다. 연금술에서 부패는 변화에 필요한 자연스러운 해체 과정이다. 그런 부패는 발효되는 것이고, 사람들의 감수성을 공격하고, 해치는 "유황의" 공격적인 연기가 방출되면서 여러 요소들로 분해된다. 그렇게 하는 목적은 "물질들"에 질서를 새롭게 부여하려는 것이다. 그러나 세넥스가 그의 아이를 잃어버렸을 때, 더 이상 부식되지 않고, 그 어느 것도 흘러들어오거나, 흘러나가지 않게 된다. 사람들은 그 자신의 혼란 속에서 맴돌 뿐이다. 그래서 물질은 변하지 않게 된다. 죽음의 콤플렉스가 그의 정신적 삶 전체에 영향을 미치는 것이다. 그것은 슬픔으로 인식되고, 애도를 통해서 도움을 받을 수 있다. 거기에서 우리는 썩는 것이 무엇인지 알게 된다. 그러나 그것을 알지 못할 때, 그것은 다른 사람의 삶으로 퍼진다. 그때 죽음은 오래되고, 죽는 콤플렉스들 때문에 퍼지기 때문에 우리는 세상에서 배척하는 늙은 마녀, 늙은 악마, 늙은 괴물이 된다. 그러나 우리는 우리가 강하고, 힘이 있다는 망상 속에서 우리 자신이 썩어가는 것을 거부한다.

새턴의 여성 파트너, 루아는 새턴이 확장된 물질주의와 탐욕을 통해서 잘못 나아간 성장을 보여준다. 루아는 새턴의 성분인 '슬픈 아니마'를 몰라서 무작정 확장되는 것이다. 그러므로 세넥스-의식은 선행과 지혜와 질서 쪽으로 나아가려고 하지만, 여성적 파트너의 통제 안에 있는 세넥스-무의식은 역병(lues)을 퍼트리며, 전리품을 얻으려고 싸움을 추구한다. 또한 우리는 새턴의 또 다른 이름이 감퇴의 주인이기 때문에 루아를 부패와 오염의 여신으로 볼 수도 있다. 세넥스의 성장은 안쪽과 아래쪽이거나 뒤쪽인 것이다. 그의 세력은 줄어듦을 통해서 오고, 그의 힘은 과정의 마지막 단계인 썩어가는 단계에서 나타난다. 그는 구강성과 억압뿐만 아니라 세넥스 의식이 콤플렉스의 아래쪽에서 무엇인가를 인식하기 때문에 망쳐지고, 더럽고, 사회로부터 거부된 것을 그의 영역으로 하고 있다. 그래서 우리는 그런 종류의 성장과 엘리어트가 "보통 사람들이 과거와 절연하는 수단으로 삼는 발달에 대한 피상적 관념"(The Dry Salvages)이 무엇을 말하는 것인지 잘 알고 있다. 부처는 말년에 "만물에는 썩는 것이 내재되어 있다"고 말하였다. 그러므로 우리가 하는 것은 우리의 성장을 위한 것이 아니라, 우리가 썩어가는 양태이다.

우울 부인은 아직 마흔 살이 되지 않았을 때 배신당하고, 감옥에 갇힌 보에티우스에게 그녀가 그랬던 것처럼 지혜가 담겨 있는 우울증의 육화이며 비전으로 나타날 수 있다. 거기에서 그의 자살할 것 같았던 우울증은 그에게 『철학의 위로』를 쓰게 했던 지혜의 여성적 모습으로 나타났다. 그래서 그 책에서는 우울증과 자신의 천재성에 대한 깨달음을 분리시킬 수 없다고 말한다. 그러나 우리들 대부분에게 우울증은 천재성과 무관하고, 철학의 위로를 거의 받지 못한다. 다만 우울증 속에서 "어떻게 하지? 어떻게 하지?" 하면서 세상을 바라본다.

심리학에서 세넥스-의식은 "여성적인 것"과 단절되어 있다고 상투적으로 말한다. 그러나 크로노스에게는 어머니와 아내와 딸이 있었다(데메테르, 헤라, 헤스티아). 이 원형은 여성성과 멀리 떨어진 것이 아니라 그를 비춰주고, 그와 분리시킬 수 없는 여성적 상대방-루아, 우울 부인-을 보여준다. 그의 어머니 가이아(대지 모)는 그의 누이-아내 레아의 또 다른 모습이다. 그래서 그의 농경적, 다산적, 물질적 기능들은 이런 여성적 속성의 반영이다. "도시를 건설하고", "돈을 주조하려는" 욕망, 즉 세넥스의 충동을 구체화하려는 마음 깊숙이 자리잡은 욕망은 이 어머니-누이-아내 콤플렉스의 속성으로 받아들일 수 있을 것이다. 크로노스에게 있는 이 땅인 복합적인 여신은 세넥스를 땅에 머무르게 한다. 그러므로 재산과 사물과 질서 확립에 대한 세넥스의 관심은 세넥스에게 "영적 과잉"과 "상상력의 과장된 예민성", 즉 새턴 자신이 타고난 정신에서 비롯된 것이 아니라 세넥스의 여성적 측면, 즉 땅과 거기 연계되어 세 겹으로 강화된 물질주의에서 비롯된 것이라고 할 수 있다.

세넥스의 여성성은 새턴적 특징을 보이면서 아니마의 불쾌하고, 심지어 해롭기까지 한 측면을 나타낸다. 여기에서 우리는 세넥스의 여성적 측면이 지나치게 무드에 빠지고, 비의(祕儀)에 특히 매혹되며, 힘과 소유를 추구하고, 형무소, 하수도, 마술 등 "길에서 벗어난" 것들에 매혹당하는 것을 보게 된다. 우리가 그것들이 아니마적이거나 여성적이라고 생각할 수 없는 개념들에 대한 마음 상태가 조성되는 것이다. 그래서 세넥스의 여성성은 모성원형의 노파적인 모습인 듯하다. 우리는 나이를 먹음에 따라서 칭얼거리고, 도움을 필요로 할 뿐만 아니라 우리의 무기력한 것을 권력으로 사용하는 듯한 것이다. 나이든 사람은 그의 어머니로부터 단절된 것이 아니라, 그의 아버지로부터 단절되었다. 그는 그의 어머니와 결혼해서 어머니와 하나가 되었기 때문이다. 세넥스 아니마는 지배적인 의식을 너무 싫어하지만, 오히려 삶은 세넥스 상태로 질질 끌려갈 수 있다. 그때 사람들은 실제로 여성적인 것과 "절연"하고, 남성적 권위의 유물에 집착하는 것을 통하여 여성의 영향을 거부하면서 우울한 배우자에게 등을 돌린다. 그러면서 그들은 콤플렉스가 자연스럽게 분해되는 것을 거부하고, 세넥스의 신부와 누이를 통해서 나오는 붕괴도 거부한다.

 그렇지 않으면, 뿌에르의 측면이 다시 일깨워지면서 여성적인 것이 강박적으로 사랑에 빠지면서 사랑의 대상으로 다시 나타날 수도 있다. 사랑에 들어갈 때, 아니마는 꿈에서 보이는 소녀이지만, 사랑에서 빠져나올 때는 나이든 여자이다. 썩고, 우울한 모습인 것이다. 사랑에 빠지는 것은 노년의 현상일 뿐만 아니라 낡은 태도이기도 하다. 그것은 삶의 어느 시기에서나 일어날 수 있고, 사람들이 뿌에르의 측면을 상실할 때 생겨난다. 그때 사람들은 "그것을 통하여 익게 된다." 그것이 잃어버린 아이로부터 생기고, 그에게 있는 뿌에르와 다시 연결시키는 것인 만큼, 그 사랑은 여성적인 것을 갱생시키거나 융합하는 환상은 아니다. 따라서 그 여성은 마술적이고, 아름다운 환상과 다시 젊어지려는(senilis to juvenilis) 희망의 상자인 판도라—모든 사람이 남성이었던 크로노스 왕국에 등장한 최초의 여성—가 된다. 환상은 갑자기 밀물이 몰려오고 물결 치면서 무의식적 정동의 바다에서 다시 태어난다. 그녀의 탄생은 세넥스와 밀접한 관계에 있는 것이다. 세넥스는 그녀를 배었고, 혼자 창조하였다. 크로노스와 콤플렉스에 대한 세넥스의 절망이 없었다면, 아프로디테와 그녀의 환상은 거품 속에서 떠다니지 않았을 것이다. 그러다가 비너스는 우라노스의 아들인 크로노스-새턴이 그의 왼손으로 아버지의 성기를 잘라서 바다에 내던진 것으로부터 잉태되었다가 바다에서 일어났다. 세넥스의 행위는 그녀를 아버지의 생식의 원천으로부터 창조한 것이다. 그런데 거품에서 태어난 아프로디테의 눈부시게 하는 유혹 때문에 사랑에 빠지는 것과 늙은 세넥스의 씨와 낫 사이에 숨겨진 관계는 쉽게 파악되지 않는다. 그러나 가장 투명해야 할 사랑하는 사람들의 연애에서 사악한 먹거나-먹히는 싸움이 벌어지거나 끔찍하게 잔인한 사건이 벌어지는 것은 어떻게 설명할 것인가? 그리고 비너스가 떠날 때, 새턴이 상심에 젖은 우울감을 안고, 고독감으로 모든 것을 황폐하게 하면서 돌아오는 것을 어떻게 설명할 것인가? 그때 정신적으로 불구가 되기도 하고, 자살하기도 하는데, 그것은 세넥스의 낫과 관련된 것은 아닌지 모르겠다.

그러나 이 생식기들은 천공신(天空神)에게 속한 것이다. 그것들은 성의 "상위의" 측면, 즉 성의 환상의 능력과 관계된다. 그래서 비너스는 상상이라는 거품, 무의식적 환상의 바다-거품으로부터 태어난다. 우리가 성욕을 세넥스적 억압으로 공격하고, 우리 자신의 산출력이 풍부한 환상들을 단절시키며, 그것을 왼손으로 무의식 속에 처박을 때, 성(性)은 이제 아무 것도 창조하지 못하게 된다. 그 결과 성적 환상은 비너스의 형태로 돌아가서 파도 아래서 수정되고, 절단된 성욕은 그렇게 살게 된다. 그때 그 이미지들은 아버지의 딸로 돌아간다: 환상과 정동이 결합돼서 나온 달콤하고, 매혹적이며, 최음적인 환상들이 생겨나는 것이다.

크로노스에게서 나온 아프로디테 이외의 다른 딸들인 아프로디테의 자매, 모이라(Moira,그리스 신화에서 실을 짜는 운명의 여신-역자 주)와 에리니에스(Erinyes, 그리스 신화에서 복수와 저주의 여신-역자 주)의 모습은 사실 어둡다. 에리니에스는 "크로노스의 딸들"이라고 불리는데, 그녀들은 죽음을 다루는 여신들이고, 모이라 역시, 죽음과 관계되며, 모든 사람들에게 주어진 운명의 어두운 힘과 관계된다. 아프로디테의 이 신화적 자매들은 그녀의 또 다른 신화적 시녀들인 관습(Custom), 비통(Grief), 불안(Anxiety)들처럼 세넥스-의식에 있는 그녀들의 부모의 모습과 지하계적이고, 타계적인 연관성을 비춰준다. 나이든 사람에게 젊은 여성과의 사랑이 가져옴직한 여성적 즐거움조차 그에게는 황량하게 다가오고, 그를 무덤으로 이끈다. 그래서 오이디푸스의 딸들도 마지막에는 그에게 원기회복과 갱신을 가져다주지 못했고, 그의 죽음을 재촉하였다. 세넥스의 국면에서 콤플렉스는 어쩔 수 없이 죽음의 아니마를 통하여 그의 정신적 본성과 운명의 작용을 따르지 않을 수 없는데, 죽음의 아니마는 그녀와 불가분리한 관계에 있는 자매들처럼 아프로디테의 아름다움과 기쁨을 가지고 있다. 우리가 아프로디테의 다른 자매들을 무시하고, 아프로디테와만 있을 때, 아프로디테의 자매들은 끊임없이 분규를 일으키면서 소리지르는 에리니에스처럼 그녀들의 몫을 달라고 주장한다. 그러면서 보복하려 하고, 비난한다.

IV. 아동기와 중년기에서 발견되는 세넥스 의식

원형으로서의 세넥스가 "처음부터" 선험적으로 존재하는 것이라면, 우리는 세넥스 의식 역시 처음부터 인간의 삶에서 작용할 것이라고 생각해야 한다. 우리는 아동기에서 이미 세넥스 원형의 모습을, 어린 소년 안에 들어 있는 노인을 기대할 수 있는 것이다. 그래서 우리는 조그만 아이가 있는 힘을 다해서 "나는 알아", "내것이야"라고 말할 때, 거기에서 세넥스를 보게 된다. 그것은 틀림없이 어린아이가 혼자 있을 때, 나타나는 세넥스이다. 그때 그 아이가 느끼는 것은 어쩌면 나이가 들 때까지 다시 오지 않을지도 모르는 극심한 유기감(遺棄感)이나 소외감, 무력감이다. 세넥스는 사람들에게 존재론적 외로움, 인간의 실존으로부터의 철수, 즉 그들이 나이가 들어서 따로 떨어져서 특별한 세계에 오게 되었다는 느낌을 주는데, 그것은 작은 소년에게는 미친짓 같다. 그런데 아이들에게서 외로움은 그들이 느끼는 비참한 기분 가운데 하나인데, 우리가 "자아-발달"이라고 부르는 국면에서 불가피한 것이다. 우리는 자아에 경계가 있고, 분리되어 있으며, 소외를 견딜 능력이 있다고 생각한다. 자아는 혼자 있을 수 있어야 하는 것이다. 그래서 영웅들이 입문의례를 거칠 때 외로움에 노출된다. 외로움은 자아가 어린시절에서 추방된 다음 이 세상에 대한 비전을 가지게 한다. 어린아이는 외로움 속에서 세넥스처럼 존재의 또 다른 상태에 있는 것이다. 자아는 어쩌면 외로움으로부터 생기는 미신, 또는 사람들이 인간 존재의 전체 세계로 들어가는 마술적인 길인지도 모른다. 그래서 우리는 자아를 전능의 환상의 실연(實演)이라고 부른다.

조그만 아이는 그가 이제 더 이상 연민에 빠지지 않고, 독재자가 되며, 자기가 만든 것들을 부수고, 그것을 즐기면서 그에게 있는 세넥스를 나타낸다. 또한 그가 무엇인가를 시샘하거나 비탄에 젖고, 약한 가운데서도 구강기적 전능성과 항문기적 가학의 환상에 빠지거나, 그의 경계를 방어하고, 다른 사람이 만든 한계에 도전할 때 세넥스를 나타내기도 한다. 그는 나이든 사람들처럼 엄숙하고, 예의를 차릴 수 있는 것이다. 어린아이는 신체가 그에게 가하는 한계에 사로잡혀서 작은 상처에도 고통을 받고 불평한다. 그것들이 자아내는 강박은 나이든 사람들의 경우와 마찬가지로, 거기에 일단 사로잡히면, 그것이 갑자기 사라지기 전까지 도저히 없애 버릴 수 없는 것이다. 세넥스의 특성은 거기 있는데, 우리가 어떤 것을 필요로 하지만, 그것들을 있는 그대로 볼 줄 아는 것이다. 아동기는 어린이 원형뿐만 아니라 어머니에 의해서도 지배받는다. 새턴이 출생기록부에 등재되어 있듯이, 세넥스는 처음부터 그 영향들을 배열해 놓은 채 아동기에도 존재한다. 그래서 세네카는 "아이는 오래 전부터 빛을 보았다. 그는 수염과 은빛 머리칼의 원리를 타고난다. 그것들이 아주 작고, 숨겨져 있지만, 몸 전체의 모든 기능들과 삶에서 계속해서 이어지는 모든 것들은 거기에도 있다"라고 말하였다.

비록 어린이에게 세넥스가 처음부터 존재하고 있지만, 세넥스 정신이 가장 뚜렷하게 나타나는 것은 우리가 그 기능을 사용하거나, 그런 태도를 취할 때, 또는 세넥스 콤플렉스가 전성기(全盛期)에 도달하면서 그 전에 있는 것들을 응고시키기 시작할 때이다. 그것을 떨쳐버리지 못하고, 오히려 더 짙게 하고, 지연시키면서 광적인 우울 상태―납 중독의 광기―로 이끌고 가는 것은 세넥스 콤플렉스 안에 있는 새턴이다. 그것은 그 콤플렉스가 파괴되지 않고, 영원히 지속될 것 같은 느낌을 준다. 그것은 그에게 많은 것들을 억압하고, 내향화시켜서 소외로 치닫게 하면서 세넥스 콤플렉스를 삶과 여성적인 것으로부터 끊어낸다. 따라서 아이들은 견고한 습관들 뒤에 숨고, 그 어떤 악도 미덕으로 만들 수 있는 어린이다운 능력을 발휘하지 못하면서 운명에 빠져든다.

　세넥스 콤플렉스는 사람들이 노인의 가운을 입기 오래 전부터 나타난다. 미켈란젤로와 볼테르는 그들이 비록 여든 살이 넘도록 살았지만, 마흔 살 무렵부터 그들이 늙었다고 불평하였다. 단테는 사람의 나이를 청소년, 청년, 노인(senecte), 노쇠(senio) 등 넷으로 나누었는데, 나머지 두 시기는 완전히 세넥스의 영향 아래 있다. 그리고 셰익스피어는 마흔을 노인으로 보았고, 쉰 살에 죽은 타쏘는 그의 자전적 수기에서 마흔 한 살에 그가 나이가 들어서 허약하다고 하였다. 르네상스 시대의 또 다른 대표적 인사인 토마스 엘리어트는 『건강의 성』(Castle of Health, 1534)에서 노인은 마흔 살부터 시작된다고 주장하였다. 이렇게 볼 때, 우리가 창조적인 사람이라고 생각하는 이들에게서 우울, 한계, 불평으로 나오는 세넥스 원형에 대한 인식과 시간에 대한 감각, 죽음, 쇠약해 짐과 슬픈 아니마(anima tristis)에 대한 감각은 기본적 인식이었다. 그래서 렘브란트는 20대에 노현자의 얼굴을 그렸고, 플라톤 역시 일찍이 죽어가는 노현자와 대화를 하였다. 자크에 의하면, 예술가들에게는 그들의 말년의 예술 작업 과정을 결정하는 "중년의 위기"가 오는데 그 주제는 죽음에 대한 그들의 고뇌 때문이다. 우리가 여태까지 세넥스 원형에 대해서 살펴본 바에 의하면, 그들이 어떻게 세넥스의 문제에 입문할 것인가 하는 것에서 위기가 찾아온다. 그 위기는 사람들에게 의식을 재조정하게 하는데, 이 경우 그것은 세넥스의 문제에 관해서이다.

　창조 신화에서 "두번째 출발"에 대한 필요성은 종종 제기된다. 홍수가 지난 다음, 첫 번째 시작되었던 것들은 모두 스러졌고, 세상은 이제 다시 시작된다. 또한 신들과 영웅들은 두번 태어나거나(오시리스, 디오니소스), 두 가지 기원에 대한 이야기를 가지고 있으며, 신비가들 역시 두번 태어난다. 분석심리학에서는 인간의 존재와 의식 구조에 있는 두 가지 차원에 대한 이 존재론적 이미지를 인식하고, 그것을 인생의 전반기와 인생의 후반기라는 시간의 경과로 해석한다. 그러나 여기에서 말하는 "반기"(half)라는 말은 그것이 우리 삶의 두 가지 수준에 대한 신화적 표현이기 때문에 생물학적이거나 심리적인 사실을 말하는 것이 아니다. 어떤 남성들과 여성들은 그들의 삶의 이른 시기부터 "두번 태어난" 상태의 삶을 살고, 다른 사람들은 중년의 위기를 통하여 하나의 상태에서 다른 상태로 넘어가며, 또 다른 사람들은 어떤 때는 이 상태, 다른 때는 저 상태를 반복적으로 왔다갔다 하면서 산다. 그러므로 전반기와 후반기는 일종의 의식을 말하는 것이지, 시기를 말하는 것이 아니다.

세넥스는 우리가 아직 젊었을 때 꿈에서 나타나기도 한다. 세넥스는 꿈에 아버지, 멘토, 노현자, 노현부인 등으로 나타나고, 그들 앞에서 꿈꾼 이의 의식은 학생이다. 세넥스가 강조되면, 다른 것들을 마비시키면서 모든 힘들이 거기 집중되는 듯하다. 그래서 사람들은 신탁이나 비전의 목소리를 기다리면서 무의식의 도움을 받지 않으면 결정을 내리지 못한다. 이런 조언은 무의식에서 나오는 것이지만, 마치 우리 문화에 있는 표준적인 규범에서 오는 것처럼 집단적 특성을 가지고 있다. 그래서 사람들은 그 조언으로부터 매우 적확하고, 의미 있는 도움을 받을 수 있고, 때때로 영적 진리의 소리를 들을 수도 있다. 이런 대표자들—장로들이나 멘토들, 또는 분석가들이나 노현자, 노현부인들—은 꿈꾼 이의 개인적 경험을 뛰어넘는 지혜와 권위를 가지고 있어서, 그가 꼼짝하지 못하고, 거기 의존하게 한다. 그래서 그는 그 자신보다 더 나아지게 되고, 무의식의 확실성에 이끌려서 "그의 나이보다 더 현명하게" 되며, 그의 선배들에게 인정 받으려고 하고, 동년배들에게 질시 받게 된다. 어떤 연구들에 의하면 세넥스 상은 젊은 남성들의 꿈에서보다 여성들의 꿈에 더 많이 나온다고 하는데, 그 사실은 현재 우리 사회에서 뿌에르와 세넥스의 거리보다 더 놀라운 사실이다. 하여간 여기에서 중요한 것은 세넥스 의식은 어느 나이에서나 배열될 수 있고, 그 어떤 콤플렉스에도 배열돼서 영향을 미칠 수 있다는 사실이다.

| 주석

초판은 *Spring: An Annual of Archetypal Psychology and Jungian Thought* (1970), 재판은 *Fathers and Mothers*, ed. P. Berry (Dallas: Spring Publications, 1990)으로 출판되었다.

1 세넥스와 관련된 기술은 제1장을 참조하시오. 이 장(章)은 제1장에서 언급한 내용을 확장한 것이기 때문에 본래 기술했던 것을 일부 교정한 것도 있고, 생략한 것도 있다-편집자.
2 R. Klibansky, E. Panofsky, and F. Saxl, *Saturn and Melancholy* (London: Nelson, 1964).
3 *Laws* IV, 713b-14a.
4 Cf. S. Wenzel, *The Sin of Sloth* (Chapel Hill: University of North Carolina Press, 1967).
5 제1장의 세넥스에 관한 부분을 참조하시오--편집자.
6 *Saturn and Melancholy*, 34.
7 Ibid., 35.

제10장
부정적 세넥스와 르네상스적 해결책

"사람들은 시작과 끝을 통합하지 못하기 때문에 망한다."
—크로톤의 알크메온

우리는 앞 장에서 세넥스 의식에 있는 두 가지 본질적인 것들에 대해서 살펴보았다. 첫째는 아리스토텔레스의 『문제들』[1]에 기술되어 있는 것으로, 세넥스 의식에는 "영적 과잉"에서 비롯된 "과도한 긴장"이 있다는 사실이다. 세넥스 의식의 이 기본적 특성은 "상상력의 과장된 과민성"을 나타내기도 한다. 다른 말로 해서, 세넥스는 특히 그가 행하거나 고통 받는 정신적 이미지들이 "영적인 방식으로" 미치는 영향, 즉 정신적이고, 지적이며, 영적인 영향을 잘 받는다는 것이다. 둘째로, "과도한 긴장"은 세넥스 상의 극도의 이중성을 나타내기도 한다.

많은 그리스 신들은 이중성을 가지고 있다. 그들은 꾸짖고, 상처 주며, 파괴하지만 도움을 주기도 한다. 그러나 그들 가운데 어느 신도 크로노스처럼 그렇게 근본적으로 이중적인 신은 없다. 그의 본성은 그가 외부적 사건의 세계에 미치는 영향뿐만 아니라 그 자신의 운명에 있어서도 이중적이다. 그래서 그의 과도한 긴장은 우리를 매우 우울하게 할 뿐만 아니라 그 자신 역시 극도로 고통을 받는다. 그에게 이중성이 그렇게 짙게 배어 있기 때문에, 그는 가히 "대극들의 신"(God of Opposites)이라고 불릴 수 있을 것이다.[2]

우리는 세넥스 상에 대해서 기술하면서 다시 한번 세넥스에게서 긍정적인 것과 부정적인 것, 도움이 되는 것과 해로운 것 등 서로 대조되는 반명제적 측면을 발견하게 된다. 그가 나타날 때, 대극의 문제도 나타나고,

대극이 문제시 될 때, 세넥스 의식이 나타나는 것이다.

융도 세넥스의 타고난 이중성을 인식하였고, 거기에 대해서 경계하였다.

> … "단순하고", "친절한" 노인이 나타날 때마다 실제적으로 도움이 될 뿐만 아니라 그밖에 다른 이유 때문에 그 맥락을 자세하게 살펴보아야 한다. … 노인은 원시시대의 주의(呪醫)가 치유자이며 조력자일 뿐만 아니라 무시무시한 독약 제조자였던 것처럼 사악한 측면도 가지고 있다. 약(pharmakon)이라는 단어는 "해독"이라는 의미뿐만 아니라 "독"을 의미하기도 한다. …³

세넥스의 이 이중성을 염두에 두고, 이제 세넥스의 부정적 특성에 대해서 살펴보자.

Ⅰ. 세넥스의 파괴성

> 삶의 전환기-삶의 절정인 언덕 꼭대기-서른 다섯이나 마흔 살 경에-마음은 우울에 빠지고, 자주 광기와 무절제에 빠져서 다른 사람들 가운데서 다른 사람이 된다.
>
> —사무엘 T. 콜리지

이 구조 안에 이중성이 너무 심하게 얽혀 있기 때문에 우리는 어떤 길이 우리를 삶에서 변화시킬 것인지 알 수 있겠는가? 그리고 그런 길이 있기는 할까? 파괴하는 사람과 파괴당하는 사람 가운데서 누가 더 파괴적인가? 메마를 정도로 우울하게 되어서 아무 소리 없이 허공을 응시하는 것과 주먹을 꽉 쥐고 왕좌에서 최후를 맞는 것 사이에 어느 것이 더 비참한가? 어쨌든 이런 이미지들은 유쾌한 것이 아니다. 그것들은 미국의 헌법을 제정한 조상들의 행복의 조건에 들어있지 않은 것들이다. (그 조상들은 뿌에르의 환상을 가지고 있었다. 생명과 자유를 꿈꾸었으며, 늙은 왕으로부터의 독립을 선언하였다). 새턴적 인습으로부터 벗어나서, 우리가 세넥스 콤플렉스에 먹히지 않을 수 있는 길은 있을까?

세넥스와의 동일시는 미묘하게 이루어진다. 우리는 세넥스의 역할을 아주 천천히 배우고, 그것은 우리가 모르는 사이에 다가오는 고질병이다. 우리는 젊음의 상실을 먼저 삶에서 인식하고, 몸에서 세넥스와 싸우는 듯하다. 그러나 마음은 재빨리 옹색해지고(어둡게 되고), 종종 실제로 나이를 먹는 것보다 더 앞서기도 한다. 상상 속에 있던 어린이는 우리 몸이 나이를 먹기 오래 전에 이미 죽는다. 우리의 습관과 태도 안에 있는 늙은 왕을 어떻게 변화시킬 것인가? 내가 배웠고, 지금 알고 있는 모든 것들은 어떻게 해야 내가 너그럽게 사용할 수 있는 지혜로 될 수 있을까? 나는 어떻게 새 것을 받아들이고, 그 잘못과 무질서와 나의 경계 안에 있는 비상식적인 것을 받아들일 수 있을까? 나는 어떻게 올바르게 죽을 수 있을까? 우리가 이 주제들을 우리 안에서 변화시키는 방식은 역사가 전환되는 방식에도 영향을 준다. 우리 각 사람은 융이 말했듯이 역사라는 저울 눈에 영향을 주는 균형추이다. 우리의 정신적 무게는 우리가 가장 무거운 문제인 세넥스의 문제에 어떤 환상을 가질 것인가 하는 것에 따라서 무게를 더 늘일 것이다.

우리는 이 문제들을 우리 안으로 끌어들임으로써 역사가 우리를 위해서 그 문제들을 감당하는 것을 줄여줄 수 있다. 나이를 먹는 문제는 결국 우리 정신 안에서 일어나야 한다. 그때 그것은 개인으로부터 나와서 문명 전체로 들어가 우리가 다 담지 못하는 콤플렉스를 사회 전체가 해결하게 한다. 오염은 우리가 다 소화시키지 못해서 우리 몸에 풀어놓은 개인사(個人史)에서 시작된다. 따라서 거기 있는 역사에는 우리가 다 소화시키지 못한 탐욕, 열정, 회한들이 담겨 있다. 우리가 자살하거나 분해되려는 충동이 질서를 세우는 충동과 기본적으로 똑같은 구조를 가지고 있다는 사실을 받아들이지 않는다면, 우리는 어떻게 미래를 준비할 것인가? 또한 우리 의식은 고양되기를 바라면서 동시에 쇠약해지고, 결국 소멸되려고 한다는 사실을 받아들이지 않는다면, 어떻게 풍성함에 대해서 말할 수 있을까?[4]

실업, 우울증, 에너지 위기, 소외 등은 정신적 현상이다. 그런데 우리가 새턴에 속해 있는 영역에서 일어나는 반응의 원형적 본성을 이해하지 못하면, 우리의 반응은 천편일률적인 것이 되고 만다. 언제나 똑같은 단추를 눌러서 언제나 똑같은 반응밖에 얻지 못하는 것이다. 그래서 역사를 만드는 것이 무엇인지 모르기 때문에 역사는 언제나 반복된다.

역사의 변환은 시간이 만들어 놓은 것을 파괴하는 형식으로 영혼에서 시작된다. 그것은 세넥스에 대한 세넥스의 작업이다. 마음이 썩고, 우울한 검은색 단계(*nigredo*)의 경험은 시간이 쌓이면서 가득 차기 때문이다. 연금술은 이런 작업이 어떻게 진행되는지에 대해서 이렇게 말한다: "신적인 기관은 머리이다. 머리가 신적인 부분인 영혼이 거하는 곳이기 때문이다. … " 그래서 현자(賢者)들은 "다른 기관들보다 더 조심하면서 이 기관을 둘러싸야"⁵ 한다. 검은색 단계에서 머리는 하얗게 된다. 그래서 『현자의 장미원』에 있는 연금술 처방은 이렇게 말한다: "뇌를 취하라 … 그리고 그것을 아주 강한 식초나 소년의 오줌과 함께, 그것이 검게 될 때까지 섞으라." 검게 되는 것이나 밤같이 되는 것은 모두 우울증(검은 담즙 상태)이라고 부르는 정신 상태로 되는 것이다. 『아우렐리아 오쿨타』(*Aurelia occulta*, 연금술서—역자 주)에는 검은색 상태에 있는 변환하는 물질에 대해서 이렇게 말하는 구절이 있다:

> 나는 허약하고, 약하며, 늙은 사람이고, 용(dragon)이라고도 불린다. 나는 동굴 속에 갇혔는데, 왕의 관을 속전(贖錢)으로 해서 구속(救贖)될 것이다. … 화염검이 나를 몹시 상하게 한다. 죽음이 나의 살과 뼈를 쇠하게 한다. … 나의 영혼과 영이 나를 떠난다. 그것은 끔직한 독이다. 나는 검은 까마귀 같아졌는데, 그것은 죄의 삯이다. 나는 재와 땅에 누워 있다. …⁶

세넥스의 관점에서 볼 때, 인간의 복잡성은 정신치료가 아무리 개성화 과정을 의식화가 점점 더 이루어지는 것이라고 주장할지라도 모두 다 명료하게 설명될 수 없다. 빛으로 인도할 수 없는 것이다. 그러므로 우리의 복잡성이 좀 더 분명해진다는 것은 우리가 우리의 어둠, 즉 근본적으로 꿰뚫고 들어갈 수 없는 핵의 다른 쪽과 접촉하지 않는다는 것을 의미한다. 독과 해독제가 같은 물질이기 때문에 해독제는 독으로부터 추출되지 않는다. 우리를 치유하는 뱀은 우리를 물어서 죽이는 뱀과 같은 뱀이다. 그러므로 이 세상에는 "좋은" 뱀도 없고, "나쁜" 뱀도 없다. 낙원에는 하나의 뱀만 있을 뿐이다. 게다가, 사악함으로부터 친절을 추출하고, 어둠으로부터 빛을 추출할수록, 낡은 잔재는 더 짙어진다. 연금술에서도 선으로 분리되어 나가서 남은 콤플렉스의 유독한 부분은 새롭게 검은 부분(nigredo)이 되어서, 그 다음에 변환되어야 하는 실체가 된다. 이제 새로운 작업이 남아 있는 오래된 것, 납, 까마귀, 검은 잔재들에 행해져야 한다. 연금술이 "치유법"이라면, 그 작업이 계속해서 강조하는 초점은 콤플렉스에 있는 세넥스 성분이다. 여기 끈질기게 남아 있는 독이 있다.

이런 의미에서 치료는 새턴에게 행해지는 작업, 즉 콤플렉스와 콤플렉스가 만든 가장 오래된 습관이 고집스럽고, 끈질기게 껍질을 만들어서 자기 자신을 감싸려는 것을 계속해서 갈고, 분쇄하는 작업이 된다. 그런데 그것들은 어린시절의 잔재도 아니고, 부모의 모습이 내사된 것도 아니라, 세넥스 현상이다. 다시 말해서 그것에 의해서 콤플렉스가 지속되는 정신적 구조와 원리라는 말이다. 그 구조에서 근본적인 것은 거기 있는 이중적 본성이다. 그래서 그 어떤 하나의 체험만으로도 도움 받을 수 없다. 친절하고 자비로운 지혜가 작용하는 순간에도 새로운 독성이 만들어진다. 노현자의 사악함과 독의 위험성을 두려워하는 태도는 현명한 주의일 뿐만 아니라, 지혜의 본질, 즉 지혜의 새턴적 측면에 대한 진정한 파악이 된다.

연금술에서 새턴과 관계되는 작업을 할 때, 작업자와 작업의 대상이 되는 물질 사이에는 공감적 관계가 형성되어야 한다. 그 둘 사이에는 원형적으로 같은 배열이 일어나야 하는 것이다. 치료자가 내담자의 어두운 마음과 만날 때, 치료자는 그에게서도 식초의 신 맛과 싱싱했던 것의 뒤에 있는 소금의 쓴 맛이 느껴지는 것을 안다. 우울감은 우리가 세넥스에 속한 그 어떤 것과 작업할 때도 전제 조건이 된다. 의식 역시 우리가 이 검은색 단계에 접근하기 전에 어두워진다. 우리는 해결할 수 없는 문제들을 거기 알맞도록 절망적인 태도로 맞아야 한다. 그런 태도가 거기에 알맞고, 그 문제들을 정직하게 보여주기 때문이다. 거기에서 증오, 시기, 천박한 태도는 우리에게 통찰을 제공하는 도구가 된다. 그것들은 빛을 어둡게 하고, 심리적 진실 속으로 깊이 재단(裁斷)하게 한다. 우울감은 빛을 흐리게 하고, 머리를 감추고, 덮으면서 영혼을 감싸고, 보호한다. 우리의 작업 대상이 콤플렉스 속에 있는 "노인"이라면, 그 작업은 우리의 약하게 하고, 병들게 하는 그 노인을 다루지 않고는 이루어질 수 없다. 그 노인은 모든 것을 고약한 기분 속으로 처넣는 괴물 같은 파괴력을 지니고 있다.

세넥스의 파괴성은 우리가 생각하는 것보다 훨씬 더 위험하게 다가온다. 특히 우리가 뿌에르의 난폭하고, 정처없는 혼돈이라는 파괴성에 주의를 기울이면 더 그렇다. 세넥스의 위험성은 우리가 그것의 위험성을 인식하지 못한다는 사실에 기인한다. 우리는 우리가 그것을 가지고 우리 사회나 삶과 개념을 형성하는 제도적 질서에 너무 익숙해 있어서, 그 제도들과 이미지들이 세넥스적인 신의 모양을 하고 있으며, 세넥스적인 세력으로 조건지어져 있는지 알지 못한다. 우리는 우리의 콤플렉스들과 그것이 풍기는 악취에 너무 익숙해 있어서 그 썩어가는 냄새를 맡지 못하는 것이다.

우리가 역사적인 문제와 맞서기 위해서 가지고 있던 환상들은 그 환상들의 뒤에 있는 세넥스와 너무 다르다: 평화와 풍요와 완전 고용에 대한 희망, 경계의 획정과 경제적 균등을 통한 안전, 만병통치적인 도시-계획, 장수(長壽), 법과 지식의 확장, 국가 기구를 확장시키고 전매 제도를 확립하여 통일성을 기하고, 모든 사람들이 자신을 방어할 수 있게 하며, 개인의 방공호를 가지게 하는 등 개인적 삶을 보장하며, 컴퓨터에 기억 용량을 늘리고, 검색을 원활하게 하고, 마지막으로 합리적 치안 질서를 유지하는 부모 같은 세계 기구를 설립하는 환상 뒤에 있는 세넥스의 배신을 눈치 채지 못하는 것이다.

그러므로 우리가 바라는 위대한 개인, 즉 창조적인 현자, 과학자나 지도자 역시 문제를 일으킬 수 있다. 땅과 가까이 있지만, 길 위에 서있는 현자 역시 똑같은 세넥스 신의 또 다른 신인동형동성론적 이미지이다.[7] 융 자신이 우리가 앞에서 언급했던 글 속에서 지적하듯이, 노현자에게는 해독제와 독이 분리될 수 없다.[8] 따라서 아버지의 정신적 작업 – 고독, 반성, 지혜 – 으로 가는 길에서 돌아서는 것은 죄를 더 어둡게 한다. 영혼은 정신이 아무리 정상에 혼자 올라서려고 할지라도 참여와 정동을 요청한다.[9] 라 로쉬푸코(La Rochefoucauld)는 "혼자서 현명하게 되기를 바라는 것은 매우 어리석은 일이다"라고 했는데, 그 말의 의미는 고독한 현자의 지혜는 어리석을 수 있다는 말이다. 우리가 노현자와 선(禪)으로부터 블라바츠기에 이르기까지 "지혜에 이르는 길"이 세넥스의 문제를 해결할 수 있다는 생각을 할 때, 우리는 그런 생각에도 양가성이 있다는 사실을 염두에 두어야 한다. 지혜를 선택하는 것은 세넥스를 선택하는 것인데, 세넥스에 대한 선택은 어떤 면에서 파괴를 선택하는 것이기 때문이다. 원형은 언제나 자아로 하여금 더 달콤한 부분만 고르지 못하게 하는 것이다.[10]

세넥스와 그의 아니마인 루아는[11] 정신으로부터 떨어져서 물질화하고, 외재화하려는 경향이 있다. 그러나 어떤 정신적인 것이 오늘날 실제로 일어나지 않는다면, 우리는 그것에 대해서 생각할 수 없다. 우리는 생각하고, 계획을 세울 수 있다. 그러나 그 생각과 계획은 주관적 요소에 반영되지 않을 수 있으며, 원형적 충동의 반영으로서 건설적인 해결책을 요구하는 것일 수 있다. 사상가나 계획자에 의한 반-심리학적 측면은 새턴을 배반하는데, 그것은 예언자적 열광과 상상적인 통찰에 의해서가 아니라 질서에 대한 그들의 집착 때문이다.

우리 안에서 세넥스는 질서를 유지하기 위하여 법칙들을 세우면서 싸우고, 갈등을 종식시키기 위하여 새로운 체계를 계획한다. 우리는 우리 안에서 세넥스와 뿌에르가 다투는 소동을 원하지 않는다. 그래서 새턴은 그 문제들이 심리학적인 것이 아니라 실제적이고, 경제적이며, 정치적이거나, 실용적인 것이라고 주장하면서 자신을 영속화하려고 한다. 그러므로 우리가 이런 이유를 대거나, 그것이 반-심리학적이거나 반-에로스적인 것이라는 입장을 취할 때마다, 그것은 세넥스가 말하는 것이라고 해야 한다. 새턴은 "결코 여성이나 아내에게 호의적인 경우가 없는 것이다."[12] 새턴은 에로스와 정신이 관계하는 것을 방해한다.

이런 관계를 방해하는 중요한 속임수 가운데 하나는 에로스를 성욕이라고 구체적으로 생각하는 오래된 태도이다. 그래서 세넥스는 음란한 포르노그라피들도 새턴에 의해서 처리될 수 있다고 말한다. 그러나 포르노그라피적인 에로스에는 영혼이 담겨 있지 않으며, 그것은 또 다른 세넥스인 건조하고, 세속적이며, 사랑이 없는 강단의 심리학과 다르다. 메마른 것은 음란을 부르고, 거부는 포르노그라피를 초대한다. 우리는 정신적 실재가 우선적인 것이고, 정신적 실재 안에서 우선적인 것은 환상, 감정, 에로스의 가치라는 사실을 망각하고, 의식을 현실-지향적인 것이라고 정의하면서 정신병리적인 시대를 만들고 있다.

정신병리는 유예를 두지 않고, 반성하지 않으며, 돌이키지 않고 행동화하기만 한다. 그래서 반사회적 이상성격자들은 그의 병리와 심리를 사회에 쏟아붓는다. 그에게 사회는 불만의 대상이고, 그의 운명이 바뀔 수 없는 장소이다. 그래서 그는 우기고 있다. 사회병리학에서의 사고 모형은 사회학에서의 사고 모형과 크게 다르지 않다. 그 둘은 모두 사회를 정신적 고통이 원인이며 치유책이라고 한다. 세넥스는 존재하는 것은 행동화 된다고 말한다. 그런데 뿌에르는 사회를 변화시키려고 할 때, 자기도 모르게 그의 아버지의 신념에 사로잡힌다. 그래서 그는 거세 당하면서, 삼켜진다. 그 결과 진정한 변화를 가져오지 못한다. 진정한 변화는 원형적 변화, 즉 우리의 지각(知覺)이 신화적 지배 안에서 변화되는 것이다.

세대 간의 문제와 거리를 만드는 것은 세넥스이다. 세넥스는 시간[13], 연속, 아버지와 아들의 가부장적 비전 안에서 생각하기 때문이다. 우리가 이런 말을 하는 것도 세넥스의 지배 아래서이다. 세넥스가 후원과 유산이라는 축복을 주기도 하지만, 세대 사이의 모형에는 거세도 내재하고 있다. 그의 아버지를 거세한 크로노스는 그의 부성(父性)도 거세하였던 것이다.

"아버지"와 "아들"은 단지 시간의 연속에 의한 것이 아니다. 조상의 원형을 육화시키는 다양한 방법들이다. 나 자신의 존재에도 아버지 형

(形), 아들 형, 할아버지 형, 작은 소년 형들이 있고, 그것들은 나의 가족의 신화를 실연(實演)하는 방법들이다. "젊음"과 "나이"는 어떤 정신적 실재(psychic reality)를 인격화를 통해서 나타내는 상징적 방식들이다. 나는 이런 인격들 가운데 어느 하나에 사로잡혀서 내가 노인의 상이나 형에 있을 때 나의 의식은 조그만 소년에 있을 수 없고, 그 반대도 마찬가지다. 새턴적인 마음은 우리 의식이 조상들의 상이나 아직 태어나지도 않은 아이를 포함하여 가족의 드라마에서 많은 부분들을 연기할 수 있음에도 불구하고 우리들을 고지식하게 우리의 피부와 눈의 주름에 고정시켜놓는다. 세대의 환상과 그들 사이의 전쟁은 우라노스-크로노스-제우스 유형에게 본질적인 것이었다. 그리고 매 페이지마다 세대간의 전승이 가득 차 있는 가부장제적 책인 성서도 마찬가지다.

정신병리의 시대는 현대인들에게 임박한 파괴의 가능성을 가지고 계속해서 위협한다. 그러나 그 적(敵)은 예전과 같지 않아서, 어떤 적은 세계를 지배하려는 정신분열증적 꿈과 편집증적 음모를 가지고 위협한다. 거기에 전반적인 계획은 없지만, 우리 가운데 암살자는 이미 활동을 시작하였거나 전리품의 일부를 획득하였다. 파괴는 화창한 오후에 노는 것밖에 할 일이 없는 아이로부터 오거나, 뿌에르에 사로잡힌 암살자가 폭발물이 되어 세넥스 때문에 썩어가는 세계를 정화시키려고 살아있는 횃불이 되기도 한다. 그가 설치한 시한폭탄은 늙은 왕에 의해서 그의 손에 놓여졌다. 세넥스 의식은 뿌에르와 갈라질 때, 이렇게 상습적으로 파괴를 일삼는다. 질서를 확립하려는 세넥스는 오직 하나의 길만 열어놓는데, 그것은 질서에 위배되는 것을 모두 말살하려는 것이다. 그러나 여기에서도 새턴에 내재하는 모순인 지지하려는 성향과 부정하려는 성향이 작동한다. 노쇠, 강박, 편집증, 우울한 성향 이외에 우리는 세넥스 의식에 또 다른 조현병적인 양가성을 진단의 범주로 덧붙일 수 있다. 파괴는 그의 방어 기제 가운데 하나인 것이다.

세넥스 자신이 배열시킨 세넥스의 파괴성은 내면에서 시작될 수 없을까? 이미 확립되어 있는 것은 통찰을 통해서 제거되거나 녹을 수는 없을까? 기념물들은 남을 수 있다. 그러나 그것들이 우쭐거리는 위엄을 심각하게 받아들일 필요는 없다.

농신제(農神祭)는 위계, 법칙, 질서, 시간을 파괴하면서, 황금기를 다시 살게 한다. 모든 경계를 무너뜨리고, 욕망을 풀어내며, 거부와 주의를 "놀이"라는 한계 안에서 바람에 맡긴다. 농신제는 뿌에르를 다시 합체시키면서 자유에 대한 그의 꿈과 시간의 바깥에서 이루어지는 세계를 다시 살게 한다. 그러나 농신제 역시 내적 현상으로서, 우리는 그 안에서 우리들 자신과 문명을 통하여 똑같은 농신제적 비전을 볼 수 있다. 내가 나 자신을 그 역시 똑같이 희화화된 모습으로 볼 때, 농신제는 시작되고, 나의 광기는 내가 거기 대항해서 만든 체계를 통해서 빛을 비추기 시작한다.

그리스 사람들은 "노망과 어리석음의 상징"이었던 크로노스를 조롱하였다.[14] 크로노스는 언제나 낡아빠진 말들만 하고, 폴란드 사람-같이 진부하며, 노망이 나서 쓸데없는 일들을 하느라고, 왕좌까지 아들에게 빼앗길 것 같은 우스운 존재였다. 그의 예언자적인 재능조차 눈꼽 낀 눈의 흐릿한 시력 때문에 어두워졌다. 그는 영리하지만, 모자라기도 하였다.

새턴에게 힘이 빠졌다는 것은 부분적으로 새턴이 그 자신 특유의 유머를 즐기는 데서도 보인다. 그가 쾌활하게 반응하지 못하는 것은 임상적으로 볼 때 중요한 우울감의 신호이다. 상스러운 농담은 재래식 변소나 속옷이나 좋지 않은 바람 같은 것인데, 그것은 전형적으로 새턴에게 "속해" 있다. 여기에서 그들은 사물을 "아래로부터" 보면서 더러운 농담을 한다.

풍자(satire) 역시 이렇게 해체하는 작업에 속한다. 엘리엇[15]는 문학에서 풍자는 사물을 뒤엎는 형식이라는 것을 보여주면서 농신제와 풍자 사이의 관계에 대해서 언급한다. 풍자 역시 새턴이 자신의 우월한 규칙을 유지하면서, 심각한 상황에서 빠져나오는 작업이다. 어떤 사람이 스위프트(Swift)나 도미에(Daumier, 19세기 프랑스의 화가, 풍자 만화가-역자주)처럼 복잡한 것들을 기괴하게 풍자할 수 있다면, 사람들은 그가 인간의 약점을 꿰뚫고 들어가서 보는 재능을 물려 받았다고 생각할 것이다. 그것은 신처럼 행동하는 것인데, 노현자들의 또 다른 팽창 방식이다. 이런 종류의 통찰은 정신적인 것에서 나오지 않는다. 여전히 세넥스적인 관점에 속해 있으며, 좀 어두워진 것이다. 풍자가들이 정신적으로 깊이가 있지 않다는 사실은 잘 알려져 있다. 그들은 그들의 예리함을 새롭게 하려고, 단지 그들의 기량을 닦을 뿐이지 정신적으로 깊게 들어가지는 못한다.

그들이 사용하는 도구가 그 어떤 것이든지, 중요한 것은 사람들이 이런 의식을 사용하여 파괴하려는 데 있다.

세넥스는 늙은 신이 하늘에 "정좌하지" 않은 것 같이 사회 제도의 "바깥에" 있지 않다. 그는 아래 떨어져서, 그 안에 있다. 우리는 혼자 생각하고, 정리하며, 계산하는 곳에서 세넥스를 본다. 그는 일을 하러 가는 길에 수레의 뒤에 있거나, 소나기를 맞아서 머리를 말리거나, 혼자 부엌에 앉아서 커피를 끓이거나, 밤중에 침대에서 무엇인가를 응시한다. 그러면서 오늘의 일 가운데 해결되지 않은 것들을 마음에 두고, 질서를 잡으려고 한다.

여기 이렇게 우울한 가운데서 무엇인가를 꿰뚫어 보면서, 알려고 하는 사람이 있다. 그러나 진실을 말하자면, 우울 자체가 지(知)이다. 독 자체가 해독제인 것이다. 세넥스의 가장 파괴적인 속성은 그의 질서가 때때로 광적이라는 점에 있다. 질서 자체가 미친 것이다.

늙은 왕은 미친 리어 왕이다. 그리고 노현자는 움직이지 않는 파르메니데스의 원리에 사로잡힌 예언자이며 기하학자 같이 미친 사람이고, 그의 회사의 확장 계획을 들여다보는 늙은 이사장과 "장난감"이라고 불리는 무기를 들고 있는 세넥스적인 장군처럼 미쳤다. 우리는 늙어가면서 더 미치는데, 우리에게 있는 콤플렉스들 안에 있는 세넥스에는 선견지명이 있다고 콜리지(Coleridge)는 말했다(*On the Constitution of the Church and State*).[16] 토마스 브라운은 콤플렉스 안에서의 광기의 진행에 대해서 도덕적인 언어로 말하였다.

> 나이는 우리의 기질에 나쁜 습관이 들어 고약하게 하면서 우리 본성을 바로 잡게 하기 보다는 휘게 하며, (마치 병처럼) 치유해야 하는 악덕으로 만든다. 우리가 매일 나이를 먹으면서 약해지고, 죄가 더 강하게 된다. … 마흔 살에 저지른

> 악행은 열여섯에 저지른 악행과 같지 않다. … 우리 나이의 상황에 의해서 더 부풀고, 두 배로 된다. … 더 멀리서 죄를 지으면, 악은 더 많이 쌓인다. 시간이 지나면서 나쁜 것이 더 늘어나는 것이다. ..[17]

세넥스 의식은 광기의 예지와 광기에 맞서서 질서, 체계, 지식, 정의 등을 세우지만 그것들 역시 점점 더 뒤틀어지는 것에 맞서려는 콤플렉스의 환상이기 때문에 실제로는 무너지고 만다. 사실 뿌에르 의식은 원형의 광기를 보지 않는다. 뿌에르 의식은 신들에게 음식을 대접하는 아름다운 가니메데처럼 신들 사이에서 돌아다닌다. 그는 신들의 메시지를 전해 나르지만, 행간에 있는 무시무시한 것은 읽지 못한다. (우리 안에 있는 뿌에르가 고통을 알고, 악취를 맡으며 움츠러들고, 시고, 쓰고, 양잿물 같고, 납 같으며, 배설물 같은 것들을 깨달아 알려면 얼마나 많은 시간이 필요할까?) 세넥스 의식에 있는 예언자는 신이 얼만큼의 비율을 차지하며, 원형이 어떤 광기로 이끌어갈 수 있을지 안다. 자아의 영역, 카이저의 영역, 세넥스의 영역 등 어떤 것을 설정하는 것은 피난책이다. 그것들이 정신을 온전하게 해주기 때문이다. 그러나 정신이 온전하다는 것 역시 환상이다. 그래서 유일한 보호책은 온전하다는 것에 대한 환상을 부수는 것이다. 조셉 콘리드의 언어로 말하자면, 비책(祕策)은 "파괴적인 것들 속에 잠기고", 정말 "무시무시한 것"이 무엇인지 아는 것이다. 이 경우, 그것은 새턴 자신의 특별한 광기, 즉 그의 병적 우울에 대해서 알아야 한다. 그런데 우리가 세넥스의 파괴성에 내재한 수수께끼를 꿰뚫고 들어가려면 어둠의 심장에 다가가야 한다.

우리가 가장 바라는 것이 지혜이고, 가장 두려워하는 것이 파괴이며, 그 둘이 모두 "새턴의 자식"이라면, 어떻게 해야 지혜를 쌓고, 파괴에서 벗어날 수 있을까? 세넥스의 한 면과 다른 면이 우리의 시간과 운명을 지배해서, 우리가 빠져 나갈 수 있는 출구가 없는데 말이다.

Ⅱ. 세넥스의 불치성

"출구"는 농신제와 농신제의 농담이나 우울을 통해서 우울에 대한 통찰로 이끄는 풍자적 유머 이외에 출구에 대한 생각 자체를 버리는 데서 온다. 이런 생각은 그 자체가 세넥스에 대한 뿌에르의 반동인데, 뿌에르 의식은 죽음에서 벗어나려고 한다.

세넥스의 이미지는 모래 시계, 수확하는 사람, 흰 수염이 난 노인들인데, 그것들은 단지 우리의 안이나 바깥에서 일어나는 시간의 과정을 손쉽게 그리려는 이미지만은 아니다. 오히려 플루다르크가 말하듯이 헤시오도스의 크로노스(Kronos)와 시간(Chronos) 사이에 있는 오래 된 정체성을 말한다. 그 이미지가 말하려는 것은 원형적 구조는 양(量)으로서의 시간, 경과로서의 시간, 지나가는 시간과 관계되지 않고, 시간 자체의 존재론적 실재와 관계된다는 것이다. 그러므로 여가(餘暇)나 게으름도 "시간을 찾거나", "시간을 만들려는" 것이고, 세상의 물결로부터 벗어나는 것 역시 그가 영원한 것에 참여하고, 영원한 것에 포획되고, 사로잡히려는 수단이다. 그래서 불변성, 비탄, 무감각, 고독은 단지 사물을 정체시키거나 바깥으로 내모는 것이 아니라 크로노스-시간의 세넥스적 본질을 체험하려는 수단일 수 있다. 거기에서 시간은 그 어느 종류의 과정이나 변화도 없는 무한(우정의 성실성, 계절의 순환, 애도의 비탄)을 향해서 나아가는 특성이다. 그 상태에서 무엇인가가 이루어지는 것은 언제나 시간의 끝에서이다.

그런 의미에서 세넥스-의식은 비전을 장기적인 안목에서 기획하면서 시간적 특성을 보여준다. 세넥스-의식은 길게 지속되기 때문에 영원을 전망하고, 그의 판단은 통찰을 일깨우거나 아름다움을 추구하지 않고, 항구적 진리에 기반을 두고 있다. 거기에서는 아름다움에 대한 정의도 형태나 의미가 변하지 않는 것으로 이루어지고, 영원한 진리와 관계된다. 그래서 정말 사랑하는 것은 그 사람을 숭배하는 것이 아니라 변하지 않고 사랑하는 것이다. 이디시의 격언, "나를 조금만 사랑하세요. 그러나 오래 사랑하세요"라는 말은 세넥스적인 이런 특성을 잘 보여준다. 따라서 어떤 것이 지속되면, 그것은 세넥스 원형과 관계될 수 있고, 어떤 콤플렉스가 오래 되면 그 자체가 그 사람의 정신 체계의 일상적인 부분으로 굳어지면서 고정되려고 한다. 그래서 결국 감추고 싶은 습관에서부터 처치 곤란한 것으로 된다. 세넥스 의식에서는 오랫동안 햇볕에 그을리거나, 무두질하거나, 건조한 바람이나 소금이나 연기나 백반에 쪼이는 것 같이 시간이 "치유책"이다.

 세넥스 의식에서 콤플렉스는 그 특성을 잃지 않고 계속 같은 작용을 보여준다. 이런 항구성과 고통을 통해서 악덕은 결국 덕성으로 여겨지게 된다. 콤플렉스의 문제에서는 견디는 것이 관건(關鍵)이다. 그래서 오랫동안 지속된 그 어떤 콤플렉스도 정신적인 삶에서 표준이 된다. 그 사람의 정신은 그에게 제일 일관성 있는 요소에 의해서 지배받고, 그가 그것을 견뎠기 때문에 그에게 지속적으로 작용하는 콤플렉스가 다른 태도에도 영향을 끼치게 된다. 이런 것들에는 시간—역사와 느림으로서의 시간, 또는 변화에 저항하는 시간—이 그 바탕에 있다. 어떤 습관이나 증상에는 그 사람의 개인사가 관계되고, 역사적 상징이 연관된다면, 우리는 그것을 받아들일 수 있다. "나는 언제나 그렇게 살았다"고 할 수 있는 것이다. 그래서 어떤 강박이 오랜 시간에 걸쳐서 자세한 부분까지 인식될 수 있다면(어떤 관계나 분석이나 "창조적" 작업을 통해서), 그것은 그 사람의 삶의 양식의 한 부분이 된다. 그렇지 않으면, 세넥스 의식의 관점에서 볼 때, 어떤 것이 완강하게 고집 부리고, 모든 처치를 거부하면서 변화되지 않는다면, 그것은 바로 그 영속성 때문에 진실한 것일 수 있다. 그런 고착에도 그 나름대로의 가치가 있는 것이다. 이렇게 세넥스는 사물이 지속되게 하고, 떨구지 못하게 하며, 우리들을 이렇거나 저렇게 딱딱함 속에서 굳게 하고, 스토아적 태도를 점점 넓히게 하면서 우리가 만든 정신적 체계에서 성격의 갑옷을 입게 한다. 세넥스는 우리가 만성적인 고통 속에 있게 하고, 그 고통에 오랫동안 같은 방식으로 처치받게 한다. 그래서 우리는 시간의 희생자가 돼서 어떤 직업에 붙들려 있게 되고, 결혼 생활에서 떠나지 못하게 하며, 새해에 아무리 맹세를 해도 습관을 버리지 못한다. 끈질김이 결국 모든 것을 농익게 하는 것이다.

III. 억압과 거부

> 우리 지식의 오류 때문에 우리 안에 어둠이 너무 짙게 깔려서 우리가 아무리 암중모색할지라도 실패할 수 있다.
>
> — 알브레히트 뒤러

융 심리학에서 우리는 "부정적인 어머니", "부정적인 아니무스", "페르조나를 복구하려는 부정적 시도" 등 원형을 부정적인 방식으로 명명하는 경우가 많다. 부정적인 세넥스도 같은 별명인데, 그렇게 해서는 안 된다.[18]

첫째, 우리는 부정적인 세넥스가 자아의 잘못이 아니기 때문에 자아에 의해서 변화될 수 없다는 사실을 분명히 알아야 한다. 그것은 단순히 도덕적 훈계의 문제가 아닌 것이다(그것은 단순히 자아가 더 나아지든지, 더 온건하든지, 겸손하거나 "의식적으로 되어야" 하는데 문제가 있는 것이 아니다). 더구나 그것은 생각을 새롭게 해야 하는 문제도 아니다(자아가 "움직이고 있어야" 하는 것도 아니다). 새로운 영감을 받아서 생각을 바꾸고, 굳어 있던 것을 풀기 위하여 여행하는 것은 19세기 정신과 의사들이 우울증을 치료하기 위하여 권했던 것이고, 그 연원은 셀수스에게까지 올라간다.[19] 더구나 이렇게 굳어지는 것의 뿌리는 단지 생물학적 생명력의 감소 때문만은 아니다(자아가 몸을 건강하고, 활력 있게 해야 하는 것만은 아니다). 자아의 문제들은 원인이 아니라 결과이다. 그것들은 자아의 원형적 기반에 있는 선험적 장애를 나타내기 때문이다. 부정적인 세넥스가 자아 때문에 생기는 것이 아니라는 분명한 사실은 절망적인 나태[20]의 상태에서 그대로 드러난다. 거기에서 나태의 원인은 자아에 있는 것이 아니라, 자아 바깥에 있다. 그때 정신과의사는 내인성이거나 대사성 우울증이라고 하면서 그 상태는 모두 이성이나 의지의 영향과 전혀 무관한 듯이 말하면서 물리적 처치를 권한다.

따라서 우리는 세넥스 의식의 부정성에 대해서 더 자세하게 질문해야 한다. 고대 사회에서는 그런 현상들이 토성의 영향 때문에 나빠진 것이라고 하면서, 우리가 일관성을 유지하려면 "구속"(救贖) 받아야 한다고 하였다. 세넥스 현상론의 한 면을 그림자 안에 넣음으로써 침묵, 부패와 오물, 병적 상태와 결핍에 초점 맞추기, 냉담, 편집증적 경직, 발기부전, 정신적 고통 등 모든 현상들을 더 이상 생각하지 않았던 것이다. 그리고 그 의미에 대해서 생각하지 않고, 정죄하였다. 상상을 의식의 구조 안에 가두어버렸던 것이다.

예를 들어서 말하자면, 세넥스의 가장 유명한 범죄, 즉 헤시오도스가 처음 말했고, 살류스트로부터 고야까지 충실하게 언급했던, 그의 자녀들을 잡아먹는 크로노스는 "부정적인" 세넥스에게 속한 것으로서, 젊음이 나이에 삼켜지고, 기쁨이 우울에 삼켜지며, 자유가 형식, 상상력이 지식, 순수성이 경험에 삼켜지는 것처럼 부정적인 의미를 가지고 있다. 그런데 우리가 세넥스에게 귀속시키는 바로 그 부정적인 것은 우리를 부정적인 세넥스에 사로잡히게 한다. 우리는 그의 자녀 가운데 하나가 되고, 우리가 처해 있는 자리 때문에 상상력에 의해서 우리의 환상은 원형적인 강요로 삼켜지고, 우리는 더 이상 상상하지 않는 경우가 많다. 우리는 원형적 구조의 기본적 이원성이 우리로 하여금 자아에게 친숙한 자세를 긍정적으로나 부정적으로 취하도록 한다. 그러므로 우리를 세넥스 의식에 들어가게 하는 것은 분열 자체이지, 우리가 우리의 판단으로 긍정적으로나 부정적으로 되는 것이 아니다. 원형에 대한 그런 모든 판단은 자아에서 온다. 자아는 원형으로부터 그 자신의 보존에 필요한 것들을 취하고 다른 측면들을 "부정적인 것"으로 거부하면서, 다른 한편 그에 대한 보상으로 또 다른 부정적인 것들을 더 쌓아간다. 자아가 이렇게 "부정적인" 판단을 할 때, 자아는 세넥스의 인도를 받는다. 부정적인 것들은 세넥스를 필요로 하는 듯하다. 왜 그런 것인가?

우리는 앞에서 이런 구조는 질서에 대한 강박을 극복하려는 "과도한 긴장" 때문에 고통 받는다는 사실을 살펴보았다. 그것은 한편으로는 그에 대한 반명제가 다른 신이 아닌 새턴과 함께 주어져서, 이런 의식이 자기-파괴적인 방식으로 양가적이고, 비합리적으로 되고, 다른 한편으로는 그것이 질서를 통해서 오래-존속되는 원리가 돼서 원형적으로 그 자신의 갈등적 본성을 강박적으로 부정하는 것이다. 새턴이 "대극의 주인"이기는 하지만, 그의 본질적 양가성과 내면의 반대가 사람들로 하여금 그렇게 생각하게 하는 "모호성의 주인"은 아니다. 새턴은 모호성보다는 그의 질서가 모호성을 거부하는 엄밀성과 측정의 주인이다. 세넥스의 본성은 그 자신을 서로 겹치는 대극의 쌍 안에서 나타나지만(수확과 약탈, 진리와 사기, 보호자와 잡아먹는 자) 동시에 분리하고, 합리적인 질서를 통해서 대극의 상징적 모순을 억압한다. 긴장의 원인은 바로 여기에 있다.

더 나아가서, 그 긴장 속에서 반명제는 지속되는데, 극도의 긴장을 자아내는 세넥스는 황금기로 되돌아가고, 내면의 긴장을 제거하려는 원리 자체(프로이드)이다. 똑같은 원리가 이성 위에 우주를 세우고, 그 이성의 구조를 양립할 수 없는 모순율 위에서 찾으려고 하는 것이다.(『파르메니데스』 안에서 플라톤, 니콜라스 쿠자누스, 칸트). 그같은 원리는 한편으로는 구체적이고, 문자적이며, 논리적인 것을 주장하고, 다른 한편으로는 엠프슨(Empson)이 제7의 유형 또는 모호성이라고 부르는 마음의 깊이를 향해서 나아간다[21].

정리하는 방법은 많고, 우리는 앞에서 몇 가지를 요약하여 언급하였다.[22] 정리하고, 질서를 세우려는 강박은 결국 자아를 형성하려는 것으로 나아가는데, 자아의 형성은 인식론적 습관에서 나온다. 세넥스는 그 사이에 경계, 범주, 벽을 만드는 규칙들과 법칙들을 설정하면서 중간을 배제시키고, 대극 사이에 극도의 긴장을 조성하는 것을 통하여 자아를 세운다.

이렇게 생각하는 습관은 그 동안 아리스토텔레스의 논리, 유클리드의 공리와 증명, 린네(Linnaeus)의 분류, 칸트의 모순율 등의 작업을 통해서 행해졌다. 이런 습관은 다음과 같이 말하는 플라톤의 논리를 따른다: "우리는 우리가 오르는 정상에 도달하고, 우리 여정의 목표에 이를 때까지 그 전과 마찬가지로 계속해서 나누고, 한 부분을 선택해야 한다"(『정치가론』, 268d-e).

세넥스 의식에서 특히 중요한 것은 반대의 법칙이다. 대극, 즉 뿌에르와 세넥스 같은 대극은 서로 반대가 된다. 옥덴(C. K. Ogden)은 이 주제에 관한 그의 논문에서 "반대되는 것은 그 차이를 극대화시키지 말고, 특별한 종류의 반복으로 보아야 한다. 다시 말해서 그 유사성 때문에 서로 파괴적인 두 개의 비슷한 것으로 보아야 하는 것이다"라고 주장하였다. 반대되는 것은 파괴를 상호 배제되는 안에서 동결시킨다. 서로를 이것이냐, 저것이냐 하면서 거부하게 하는 것이다. 그래서 도덕적이거나 심미적이거나 심리적 영역 그 어디에서나 긍정적이고 부정적인 판단은 거부의 원리 위에 서게 된다. "무"(無)-의식 역시 이런 세넥스적 방식으로 명명되었다. 그래서 우리는 무의식이 의식과 비슷한 부분을 보지 못하고, 의식에 맞서는 것으로만 체험한다. 자아 역시 프로이드의 후기 저작에서 부정하는 세넥스의 영향력 아래서 정의되었다.[23]

프로이드에 의하면 부정(negation)은 억압이다: "부정적 판단은 억압의 지적 대체인 것이다. 그래서 그 안에서 표현되는 '아니다'라는 말은 억압의 징표이다."[24] 여기에서 프로이드는 부정을 철학으로부터 심리학으로 옮겨온다. 그는 부정을 억압과 같이 보는 것이다. 그러나 이런 종류의 억압은 왜 생기는가? 그에 대해서 칸트는 이렇게 대답한다: "부정적 판단의 특별한 영역은 단지 오류를 방지하기 위한 것이다."[25] 다시 말해서 우리가 거부라고 부르는 종류의 억압은 특히 진리와 질서의 이상적이고, 완벽한 비전, 즉 세넥스적 코스모스를 만들려고 하는 것이다.

의식이 정리를 의미하고, 더구나 부정에 의한 정리를 의미하는 한, 억압은 필요하다. 다른 원형적 관점―루나, 헤르메스, 영웅, 아폴로 등―은 다른 자아 유형을 만들면서 세계를 다른 논리로 만들려고 한다. 그러나 세넥스적 자아는 억압을 통해서 자라나고, 그의 힘을 그의 강화된 경계로부터 끌어낸다. 그러나 디오니소스의 우주에서 억압의 해소와 자아의 약화는 있을 수 없다. 세넥스로부터 억압이 해소되면, 자아는 그의 통제의 역할을 하지 못하게 된다. 세넥스 안에 있는 원형적 도움이 사라져서, 그는 "침입당하고", "무의식화" 되어서, 왕위를 박탈당한 왕이 된다. 그리고 리어왕처럼 방황하며, 사랑을 갈망하지만, 그의 가장 깊은 사랑의 표현은 "그럴 수 없다"(King Lear, 5.3)는 것처럼 죽음으로부터 온다. 정신분석에서 억압의 해소는 본래 원숙하게 되기 위한 것이 아니었다. 억압은 세넥스 의식에서 그의 내적 반명제로부터 자연스럽게 흘러나오는 필연이었다.

우리 사회에서 억압은 오랫동안 항문성과 관계되는 것으로 생각했다. 프로이드는 항문적 성격의 세 가지 중요한 특성을 다음과 같이 말한다: "그것들은 예외적으로 질서정연하고, 인색하며, 고집스럽다."[26] 이런 특성들은 그 다음에 형성되는 것들과 더불어서 (금지, 가학성, 시간에 대한 특별한 강박) 세넥스의 전형적 속성을 기술하는 정신분석학 언어인 듯하다. 항문과 우울증 사이의 관계는 아주 긴 역사를 가지고 있다. 우울증에 대한 특별한 치료법은 피넬이 거기 대해서 권위 있게 인도적인 목소리를 냈을 때까지 헬레보레(hellebore, 크리스마스 로즈라고도 불리는 미나리 아재비과에 속하는 독성 식물 – 역자 주)를 사용하면서 우울증을 아주 거칠게 다루는 것이었다.[27] 사람들은 헬레보레를 가지고 우울증 환자에게 있는 과도한 검은 담즙을 제거할 수 있으리고 기대했던 것이다. 그래서 환자들이 헬레보레를 복용한 다음 검은 대변을 보면(그것은 실제로 장의 출혈일 것이다), 그것이 치료가 되어가는 증거라고 잘못 생각하였다. 히포크라테스의 문헌에서도 치질의 치료는 우울증의 치료에 아주 좋은 예후라고 생각되었다. 초기의 현대 정신과의사였던 에스키롤과 1870년대의 칼메일도 여전히 항문의 출혈과 우울증의 치료 사이에 부합되는 것이 있다고 생각하였다.[28]

브라운은 억압과 구강성에 관한 결정적인 논문을 발표하였다.[29] 그는 거기에서 세넥스의 특질과 기능에 대해서 아주 많은 것들을 다루었다. 그것들은 『새턴과 우울증』에 기술된 자료들을 현대적으로 덧붙인 것이지만 그는 거기에서 원형의 일관성에 대해서 잘 지적하고 있다. 브라운에게서 항문성과 억압은 같이 속해 있어서 억압을 그치는 것(이것이 그의 논문의 목적이다)은 항문기적 성격에서 벗어나는 것이고, 그에 따르는 억압적 행동들에서도 벗어나는 것이다. 그때 사람들은 여태까지 문명화된 것이라고 불렀던 자아에서도 벗어나게 된다. 그런데 그는 항문기적 특성을 지닌 자아는 가학적이고, 인색하며, 편집증적이고, 자살충동적인 특성을 가지고 있다는 사실을 계속해서 지적한다.

우리가 브라운의 생각을 더 전개시키려면 우리는 먼저 세넥스적 의식, 억압, 상징과 신체-영역으로서의 항문 사이를 구분하고,[30] 먼저 억압을 항문기에 초점을 맞추고 항문기적 성격으로 환원시켰던 것에서 벗어나야 한다. 그리고 더 잘 이해하기 위해서 세넥스 원형, 억압, 항문성을 순차적으로 살펴보아야 한다. 세넥스에 억압이라는 속성이 내포되어 있으므로, 억압은 다시 항문을 포함하고 있다. 억압은 무엇보다도 세넥스에 속해 있다. 구강성은 그 다음이다. (의미와 진리, 나이듦, 우울 및 우리가 지적한 다른 모든 특질들도 아무리 정신분석적 체계를 넓게 잡는다고 할지라도 구강성에 모두 담을 수는 없다). 구강성에 관한 논의는 서구 사회에서 많이 행해지지는 않았다. 그러나 리비도의 에너지를 집중시키기 위해서 억압적으로 항문에 초점을 맞췄던 세넥스적 의식에 대해서는 논의하였다. 그러므로 억압은 세넥스적 의식에서 나온 것이다.[31]

그의 책에서 브라운이 취한 입장 가운데 제일 문제가 되는 것은 그의 전제가 몸을 정신보다 우위에 두었다는데 있다. 따라서 억압과 거부 같은 정신적 특성이 항문이라는 리비도의 실제적 영역의 하위에 놓이게 되었다. 그러나 정신적 사건이 몸으로부터 비롯된다면, 몸은 정신과 다른 것으로 되고, 우리가 "단단한 기반"으로 "의뢰할" 수 있는 장(場), 즉 무엇인가 더 오래되고, 더 보편적이며, 객관적인 것으로 된다. 몸은 상상력을 체험하는 기관이 아니라 또 다른 종류의 실재(reality)가 되는 것이다. 그리하여 몸은 외적 관찰에 기반을 두고 존재론적이고 도덕적인 내용들로 구성된 일련의 개념들이 된다. 그러나 나는 브라운이 "모든 관념적인 상위구조를 몸에 기반을 두고 생각하는 주된 정신분석적 통찰"[32]로부터의 신-프로이디안의 탈주라고 생각한 것에는 결코 동조하지 않을 것이다. 그러나 우리는 몸과 정신 가운데서 어느 것이 더 실제적이고, 기본적이거나 더 가치가 있고, 어느 것이 먼저인가 하는 것을 생각하지 않고, 몸과 영혼을 같이 생각할 것이다. 우리가 몸을 "기반"으로 생각하자마자, 우리는 또 다른 질서를 가진 생물학적 실체를 만들고, 그것을 몸이 체험하는 것으로부터 분리시키게 된다. 모든 생각 속에 내재한 반명제는 우리가 어떤 것을 우위에 둘 때마다 동시에 그것을 아래 놓게 되는 것을 말한다. 우리가 몸에 대해서 강조할 때마다, 우리는 몸과 접촉하지 못하게 되는 것이다.

억압을 몸에 초점을 맞춰서 환원시켰던 것으로부터 해방함으로써 우리는 항문을 세넥스적 의식의 억압으로부터 해방시킬 수 있다. 항문이 아프로디테의 지배 아래 있다면, 그것은 즐거움과 성애의 지역이다. 그곳은 트릭스터에게는 책임질 것 없이 놀고, 농담하는 영역이고, (늙은 왕에게 봉사하려고 했던) 헤라클레스에게는 청소하고, 문화적 과업을 이루는 곳이었으며, 소화시키는 것과도 관계가 있었던 데메테르에게는 성장과 부패의 순환을 하는 부끄러울 것이 없는 부분이었다. 다른 말로 해서, 원형심리학은 몸의 영역과 기능을 매우 다양한 관점에서 상상할 수 있는 것이다. 세넥스적 의식과 억압이 구강성에 고착되지 않는다면 우리는 또 다른 "배설물에 대한 비전"(브라운)을 펼칠 수 있다. 억압은 구강기보다 앞서고, 그 단계들을 통해서 유아적인 리비도 구성이 가능하다는 말이다. 그렇게 될 때 억압은 발달을 가능하게 한다. 억압이 원형으로서의 세넥스에 속해 있기 때문에 억압은 원형적인 것이지 항문에 기원을 두지 않는 것이다.

프로이드는 "억압된 것들은 시간이 지나도 변하지 않는다"[33]고 주장하였다. 억압된 것은 변질되거나 사라지지 않고, 발달하지도 않는다는 것이다. 그러나 자아가 발달하지 않기 때문에 억압은 억압된 것들을 부분적으로 돌아다니게 하고, 부분적으로 정체되게 하면서, 내면의 시간과 맞지 않게 한다. 그러면 우리는 프로이드의 말을 우리의 목적에 맞도록 다음과 같이 말할 수 있을 것이다: "콤플렉스가 시간에 따라서 변하지 않게 하려면, 그것들을 억압하라." 새턴은 모든 것들이 그 나름대로의 방식으로 무시간적으로 있게 하는 위대한 보존자인데, 그때 억압과 부정(否定)은 중요한 역할을 한다. 지금까지 우리는 억압을 자아의 작용이며 방어기제로서 악하고, 신경증을 유발하는 것이라고 보았다. 그런데 우리는 억압을 새롭게 보면서, 억압이 "구원적인" 현상이라고 생각할 수 있지 않을까? 억압의 필요성은 어떤 것인가?

억압이 정신적 사건을 시간의 바깥에 둔다면, 억압은 그것들을 무시간적으로 만드는 것이다. 자아의 관점에서 보면 무시간성은 억압인 것이다. 그러나 자아는 도약하는 역동성이고, 영웅적으로 앞으로 나아가며, 매연을 내뿜고, 과거의 것들이 배기되지 않은 굉음을 내게 하는 낡은 배기관이다. 자아는 시간을 갈구하지만, 언제나 시간이 충분하지 않다. 그런데 사물을 시간의 바깥으로 가져가면, 역사의 움직임과 성장과 형성은 그치게 된다. 시간 밖에서 억압될 때, 콤플렉스들은 원형적 세계의 무시간성으로 다시 가까이 오게 된다. 물론 이때 콤플렉스의 유아적 요소들은 시간에 의해서 접촉되지 않은 채 있게 된다. 그러나 유아적 요소들 역시 콤플렉스의 초기에 머물러서, 그의 유아적 측면, 즉 원초성을 띠게 된다.

우리가 프로이드를 따라서 "원초적으로 억압된 것"에 대해서 말할 때, 억압은 원초적인 것으로 된다. 프로이드가 억압을 자아에 두기는 했지만, "우리는 무의식에서 '아니'라는 것을 찾아볼 수 없다"[34]고 말한다면, 그것은 억압(투사와 마찬가지로)은 자아가 형성되기 전에 행해지고, 자아를 우리가 아는 자아로 만드는 것이라고 올바르게 말하는 것이 된다. 억압은 이드와 함께 원초적으로 주어지기 때문에 원형적인 것이고, 필요한 것이기도 하다. 그것은 원형에 속해 있고, 특히 세넥스에 속해 있는 것이다.

우리는 원형적 억압을 이렇게 생각할 수 있다. 그런데 원초적 힘의 질서는 그들 사이의 경계[35]를 요청한다. 그래서 어느 하나의 의식은 다른 의식을 배제한다. 그들의 관점 사이의 상호 배척은 그들의 의미 사이에 서로 함축하는 것이 있다는 상호 배제의 경향이다.[36] "하나의 신은 다른 신을 경계하는 것이다."[37] 그래서 모든 것들은 다른 것들을 억압한다. 억압은 한계를 설정하고, 부정에 의해서 만들어진 원형적 세계를 통해서 질서를 세운다. 그때 그 부정은 그 어떤 힘도 필요 이상으로 나아가는 것을 막아준다.

억압이 원형 안에 있는 경계를 긍정하기 때문에 우리는 억압에 의해서 우리가 사는 삶의 유형의 경계 역시 당연한 것으로 받아들인다. 우리가 실행하는 역할은 이런 저런 원형적 유형에 들어맞는 것이다. 그러므로 억압을 철회하는 것은 그 경계들을 무너뜨리는 것이고, 실존 방식 사이의 구분을 흐리게 하는 것이 된다. 그래서 다신론적 배경을 가진 실존 방식은 삶의 여러 형태들에 있는 에너지들을 계속해서 쫓아내도록 한다. 스틱스(증오)를 걸고 맹세한 신들은 다른 신들을 그 안에 들이지 않고, 그 자신도 다른 신의 영역에 들어가지 않는다. 모든 신들은 그들 나름대로 특별한 배제 방식을 가지고 있기 때문에, 우리가 억압할 때 우리는 그 가운데 어느 하나로 한다. 신화에 의해서 억압의 방식이 분화되는데, 우리가 지금 억압한다면 어떤 신이 어떤 신을 배제하는 것인가? 억압에는 우리가 다른 모든 것들을 배제하는, 즉 그 어떤 신이든지 배제하는 유일신교적 원리를 따르지 않는 한 일반적 억압은 있을 수 없다. 집단적 무의식에 대한 정확한 정의(定義)는 그것이 종교 혼합주의나 범신론이나 유니테리언적 일신론을 가지고 설명할 수 없는 불꽃의 다원성이라는 점이다. 이 "이즘들은" 모두 다른 것들의 의미를 조금씩 떼어붙여서 억압에 의한 구분이 없어졌기 때문이다.

상상의 영역도 확정된 경계를 요청한다. 그렇지 않으면 상상의 지도도 불가능하기 때문이다. 그런데 중요한 것은 내면의 공간이 아니라, 내면의 장소이다. 각각의 원형상이 그 전망의 잘 구분된 맥락 안에 있는 것, 즉 토우피(topoi, 그리스 어로 place를 뜻하는데, 아리스토텔레스에 의해서 사고의 집합, 아이디어가 모이는 장소라는 의미를 가지게 되었다 – 역자 주)를 명확하게 하는 것이다.[38] 황금기가 크로노스-새턴이 다스리는(그가 지배받지 않고) 유토피아라면, 황금기는 원초적 억압이 행해진 곳이고, 거기에서는 억압이 계속해서 다른 원초적 이미지들을 구별하면서 분명한 자리를 만드는 장소일 것이다.

사람들은 억압을 통하여 원초성으로부터 발달하면서 정신적 삶을 살게 된다. 그렇다. 억압은 콤플렉스들을 유아적으로 되게 하고, 콤플렉스들이 유아적 상태에 머무르게 한다. 그러나 이것은 콤플렉스들이 상상에 더 가깝다는 말이 아닌가? 원초적 억압은 억압으로 돌아가는 것을 의미한다. "황금기"라고 부르는 초월적 비전으로 돌아가는 것이다. 이 상상의 자리로 돌아가는 것은 크로노스의 근본적 목적이고, 세넥스적 의식에 있는 계속적 의도이며, 그것은 완전성을 회복하려고 한다. 세넥스적 의식은 유토피아적인 것이다. 거기에서만 모순은 극복된다.

우리가 억압된 것이 무엇이냐고 묻는다면, 우리는 그 대답을 프로이드와 신화에서 찾을 수 있다. 억압된 것은 유아적인 것이며, 상상력이 원형적으로 아주 다양하게 펼쳐진 크로노스의 아이들인 것이다. 삼켜진 아이들은 사람들에게 환상적인 삶을 살게 하는 유아성이며, 프로이디안들이 정신역동적으로 신경증적이고, 퇴행적인 것이라고 하는 것이다. 그러므로 전치(轉置), 왜곡, 상징화, 환상들은 사람들 안에서 발효하게 하고, 영적인 것을 만드는 아이들이다.

세넥스적 의식에서 아이는 삼켜져야 한다. 그것은 신화에 속해 있는데, "부정적인 것"이 아니다. 신-플라톤주의(Sallust)에서 아이를 잡아먹는 것은 "삼키는 것이 그 자신의 실체와의 연합을 의미하는"[39] 내향화된 자가-수정을 나타낸다. 그 자신의 씨를 배양하고, 그 씨를 자라게 하는 것이다.[40] 세넥스 의식에서 볼 때, 아이들이 내면에 있는 것은 제대로 있는 것이고, 그들을 삼키는 것은 그들을 살리는 것이다.

아이들이 바깥에 나가면, 문제가 생긴다. 새턴은 그의 마음이 너무 멀리 나아가면서 그것을 구체적으로 실현시키려는 충동에 사로잡히기 때문이다. 그는 염소 자리와 물병 자리에서 나란히 사는 것이다. 추상적인 것들과 이미지들을 구체화시키려는 욕구는 그 아이(무의식의 내용)를 화석으로 만드는데, 그렇게 물질적으로 만들고, 문자 그대로 생각하는 것은 세넥스적 의식의 특징이다.

따라서 우리는 담고 있는 원형과 담은 것을 파괴하는 원형은 같은 원형이라는 사실을 알게 된다. 새턴은 너무 구체화시키려고 하기 때문에 충분한 발효가 일어나지 않는다. 그의 그릇을 너무 문자적으로 만드는 것이다. 세넥스가 정신적인 내용을 발효시키는 그릇을 좌지우지할 때, 우리는 그 그릇을 문자 그대로 금지로 봉인하면서 연금술이나 영적 실천이나 정신치료의 기법을 너무 엄격하고, 분명한 규칙과 규범을 가지게 하고, 그 결과 그 그릇은 깨지고, 새턴 역시 파괴되고 만다. 세넥스 의식이 연금술의 비방

제10장 부정적 세넥스와 르네상스적 해결책

(祕方)을 새턴적 억압을 가지고 사용하기 때문이다. 그때 신비는 아무 말도 하지 못하는데, 그런 일은 언제나 자기-방어적으로 생기는 현상이다.

우리는 자아에 의한 억압 행위보다는 원초적 억압에 대한 상상으로부터 출발하면서 우리의 정신적인 삶에서 억압이 필요할 수도 있다는 사실을 살펴보았다. 우리는 억압이 신들(무의식의 내용들)이 서로를 존중하면서 서로에게 등을 돌리는 방법이라고 생각한다. 그들은 영원히 새턴과의 관계를 유지하면서, 그의 질서의 제한을 받는 것이다. 그리고 그는 제우스를 낳음으로써, 배제, 억압, 부정, 제한이 창조적 행동의 아버지가 되게 한다.

새턴은 그의 영역의 테두리 바깥에서 다른 신들에게 부과하고, 세넥스 의식이 정신에 부과하는 제한(制限)은 변형된 형태의 부정(否定)이다. 거기에 제한하는 세넥스 영에 영향 받은 새턴적 자아의 진정한 가치가 존재한다. 그래서 그대 자신을 알라는 말은 그대의 한계를 알라는 것이 되고, 이 경지를 넘어서면 모든 것을 능가할 수 있는 힘이 있다. 그때 자아는 이제 더 이상 행위자, 제작자, 창조자가 되지 않고, 영웅이 우리에게 그렇게 되라고 부추기는 낭만적인 사랑을 하지도 않을 수 있다. 오히려 자아는 허약한 왕국의 국경을 지키고, 증언하는 파수꾼이 되며, 별들로 가득 찬 광기의 언저리에서 그 바깥에 있는 것들과 관계 맺는 사람이 된다.

제한하는 의식은 다스리면서, 동시에 바깥에 있다. 그것은 콤플렉스들 사이에서 떠다니고, 환상의 밤을 지킨다. 그러면서 그들 내면의 하늘에 오가는 이미지들을 지켜보면서 시간을 보내는 점성가이다. 영웅들은 아래로 떠나갔는데, 그의 규칙은 우울증과 희생에 의한 것이다. 제한은 언제나 희생의 신인 새턴에게 바치는 것이기 때문이다. 족장이었던 모세와 아브라함은 언제나 전부를 요구했는데, 모든 것을 내놓으라고 했던 몰록과 다를 바 없었다. 이제 왕국은 무너졌고, 내리막 길은 다시 오르막으로 이어진다. 희생제로 바쳤던 것은 썩기 때문이다. 그러나 우울증의 다른 모습이며, 제한이기도 했던 희생은 한 번으로만 그치지 않는다. 연장된 우울증을 통해서, 희생은 고질적인 것으로 된다. 희생제가 고수되고, 제한을 세넥스적인 왕을 모방하는 양식으로 영속화시킨다.

IV. 르네상스적인 해결

> 사변적 지성은 실제적인 것을 전혀 생각하지 않고, 우리가 피해야 할 것이나 추구해야 할 것에 대해서 아무 말도 하지 않는다.
>
> —아리스토텔레스, 『영혼론』, Ⅲ.

원형의 전체적인 것과 어떻게 관계를 맺어야 할지 하는 것은 르네상스 시대의 사려깊은 심리학자였던 마르실리오 피치노(1433-99)에게 중요한 문제였다.

> … 그 자신은 우울증 환자였고, 새턴의 아들이었다. 토성은 그에게 실제로 좋지 않는 상황을 조성하였다. 왜냐하면 그 영향을 굳게 믿는 그에게 그의 별자리에서 어두운 별이 올라오고 있었기 때문이다. 더구나 어두운 별은 토성의 "밤의 거소"인 물병좌 안에 있었다. 그것은 토성에 대한 피치노의 생각과 우울증에 대한 그의 개인적이고, 심리학적인 기반을 설명해준다. 그가 아무리 단테와 고대의 신-플라톤주의를 잘 알고 있었음에도 불구하고, 토성을 본질적으로 불운을 가져다주는 별이라고 생각하고, 우울증을 불행한 운명으로 생각하고 있었음을 의심할 나위없이 보여주는 것이다. 그래서 그는 그 자신과 다른 사람들의 우울증을 그가 그의 아버지에게 배웠고, 그 자신의 훈련을 통하여 완성시켰으며, 신-플라톤주의의 별의 마술로 다진 의료 기술을 가지고 치료하려고 애썼다.[41]

그의 작업의 결과는 세 권으로 된 『삼중의 길』(De vita triplici, 1482-89)[42]인데, 그 책에서는 세넥스 의식에서 비롯된 증상과 치료를 다루고 있다. 피치노는 그 책에서 그 자신과 그가 다루는 주제 사이를 완전히 동일시하는데, 저자와 그의 작업은 같은 배열의 영향을 받고 있다.

피치노의 체계—이것이 아마 가장 위대한 성과일 텐데—는 새턴의 "내재적 모순"에 구속적(救贖的) 능력을 부여하려는 것이었다. 뛰어난 재능을 가진 우울증 환자―새턴이 그의 몸과 몸의 기능들을 비탄, 두려움, 우울감으로 괴롭히면서 새턴에게 고통을 당한 환자―는 바로 새턴으로부터 몸을 돌리는 행동을 통하여 그 자신을 구원할 수 있었다.[43]

세넥스적 모순에 내재한 구속(救贖)의 능력은 그 모순으로부터 몸을 돌리는 것을 통해서 찾아진다. 그의 본성에 있는 대립되는 명제가 치유의 통찰을 하게 한다. 그 통찰은 사고 기능과 관계되며, 명상, 사변, 음악, 수학, 그리고 특히 상상력이 왕도가 된다. 이제 문제들은 그가 현실을 살지 못하고, 그 원천을 상상적 현실에 둔 환상에 빠지면서 극단으로 치닫는다. 그때 그의 세계는 로고스 속으로 들어가는데 그 목적은 누스(nous) 속에서 새롭게 출발하려는 것에 있다. 그래서 문제는 이제 우울감으로 가득하고, 비인격적이며, 상상적 우주에 대한 우울한 명상으로 뻗어간 인격의 좁은 장(field)에서 떠나게 된다. 그리고 나태(acedia)와 그 어느 누구도 비난하지 않고, 오직 자기 자신만 비난하고, 내향화되면서 내면의 공간, 즉 기억의 세계로 들어간다.

이런 내향화에서 중요한 것은 내면성이 검게 되고, 비어져야 한다는 점이다. 그렇지 않을 경우 해독제는 독에서 추출되지 않는다. 이렇게 미래의 희망을 떠올리면서 미래로 도망가지 않고, 자기 자신에게 초점을 맞추는 것이 우울증 요법의 핵심이다. 그것이 원형적인 자기-교정의 과정인 것이다.

옹색해진 고독과 내면의 상상에 의한 독백에서 비롯된 동요와 머리에서 맴도는 생각들은 모두 어떤 중심을 가운데 두고 이루어지는 주변적인 활동이다. 이렇게 중심과 주변이라는 모순은 "안절부절하지 못하는 우울증"의 역설인데 사람을 쥐어짜고, 제대로 걷지도 못하게 하며, 잠도 오지 않게 한다. 그래서 고도로 정신 집중을 하려고 했던 사막의 성자는 그의 마음을 분산시키는 수다 떠는 환상의 공격을 받았고, 왕들은 혼자서 조용히 책을 읽으려고 하면서 동시에 아주 멀리 떨어진 국경을 부지런하게 지키려고 하였다. 우리들 역시 우리가 마음에서 떠오르는 심상에 집중하려고 할 때는 종종 "수 천 가지 일들이" 떠올라서 마음이 복잡해진다. 우리의 정신 구조는 내면과 정반대되는 작업을 강박적으로 하는 것이다. 그래서 몸을 나타내는 상징은 여전히 머리이다.[44]

히포크라테스는 고대 의학 원리로 다음과 같이 말하였다: "영혼이 피로해지는 것은 너무 많이 생각하기 때문이다."[45] 피치노는 그 의미를 뒤바꾸어서 말하였다. 정신적으로 노력하면 영혼이 회복된다. 피곤, 우울로부터 출발할 수 있는 것이다. 그러므로 냉담, 나태, 우울증 등은 고쳐야만 하는 잘못된 것의 증상이 아니라 영혼이 무엇인가를 찾고 있다는 징표, 즉 상상의 힘을 모두 동원해야 하는 지침이다. 여기에서 우리는 "동종요법"에 대해서 생각할 수 있다. 원형이 취약하고, 방해 받을지 모르지만, 원형은 불멸하는 신-플라톤주의자들의 신처럼 영속적으로 작용한다. 그의 에너지가 고갈되는 법은 없다. 그래서 그것은 스스로 재활성화되는 방법을 찾는다. 우리는 이렇게 재활성화되는 방법 몇 가지에 대해서는 앞에서 살펴보았다 : 그것들은 아버지 안에서 발효가 계속해서 일어나도록 아이를 잡아 먹는 페도파지(pedophagy), 나이든 사람들의 조상숭배(여기에서는 "원형"으로서의 숭배이다)인데, 그들은 조상의 모습을 손자에게 보면서 숭배한다. 또한 우울증에 깊이 침잠하여 조용한 분노가 영혼을 휘젓게 하는 것, 주위로부터 에너지를 빨아들이는 우울증, 가치를 전도시킴으로써 신의 통치를 회복시키게 하는 농신제(農神祭) 등이 그것이다. 이 각각의 것들은 원형이 그 자체를 유지해나가는 방법들이다.

어떤 정신치료자가 우울증에 걸린 사람이 우울증에 저항하지 않거나, 나이든 사람이 그의 생각과 비전 또는 꿈에 나타나는 이상한 것들에 관심을 기울이는 것이 그들에게 도움을 줄 것이라는 사실을 알고, 그들에게 그렇게 하기를 권한다면, 그는 새턴의 아들이었던 피치노가 매우 타당한 방법이라고 소개한 방법을 채택한 것이 된다. 세넥스적 의식은 결국 고태(archai)의 상상의 영역에 머물러 있는데, 그곳은 끊임없이 복잡하고, 모순된 것이 많은 모호한 신의 영역이다. 우울증은 우리를 더 이상 생각하고,

상상할 수 없는 곳, 우리 마음의 가장 먼 한계이기도 한 가장 공허한 곳으로 몰고 간다. 그것들은 경계선인데, 프로이드가 말했던 우울증의 뿌리가 되는 정동적 양가성의 경계선적 상황이다.[46] 그러나 우리가 이제 피치노가 우울증의 밑바닥에 있는 것으로 보았던 데서 찾아낸 것을 살펴보면 이것이나 저것을 선택하려는 내적 모순에 대한 분노를 찾아볼 수 없다. 그들에게서 서로 반대되는 충동들이 서로 구분되지 않고, 그 경계에서 이쪽과 저쪽이 다르지 않은 것이다. 여기에서 환상은 문제로서의 대극을 뛰어넘는다. 이미지들은 이미지들일 뿐이지 판단이나 입장이나 반대라고 비난받지 않는 것이다. 거기에는 아리스토텔레스가 "환상은 주장이나 부정과 다른 것이다…"[47]라고 했듯이 아무 긍정이나 부정도 없다.

새턴의 땅[大地] 및 새턴과 연관된 지하계적 영들의 관점에서 볼 때, 우리를 망치게 하는 루아(Lua), 즉 존재하는 모든 것들을 검게 만들고, 우울의 저주에 집어 넣으며, 파괴하는 루아를 새롭게 이해할 수 있다. 그것들은 썩어가는 것과 땅속으로 꺼지는 것 및 숨어 있는 신(*Deus absconditus*), 누스(*nous*)의 대지, 즉 숨어 있는 땅을 말한다. 숨어 있는 대지는 코르빈(Corbin)의 언어로 말하면 이슬람 세계의 "천상의 대지"[48]이며, 폴 무스(Paul Mus)의 용어로 말하면 불교에서 말하는 "정토"(淨土)[49]이다. 새턴이 작업하는 지리학의 거룩한 기술은 이런 땅을 만들려고 한다. 눈에 보이는 어떤 점이나 직선이나 원을 제시하는 물리적 세계가 아니라, 이 땅 어디에도 존재하지 않는 추상적인 환상의 체계를 만들려는 것이다. 우울증은 이 영토를 찾으려는 정신의 향수(鄕愁)를 나타내는데, 거기에서 우울증은 아름답고, 아름다운 것은 우울하다.[50] 또한 거기에서 사람들은 슬퍼할 수 있고, 죽을 수도 있으며, 음악을 할 수도 있다.[51]

음악은 종종 새턴과 관계되는데, 특히 르네상스 시대와 인문주의자들에게서 그랬다. (여기에서도 대극의 법칙이 작용하는데, 새턴은 귀머거리였기 때문이다). 이런 음악은 내면의 땅에 속해 있다. "음악은 그렇게 깊게 들렸다/그 소리는 아무것도 들리지 않으나 그대가 음악이네/음악이 지속되는 동안."[52] 카트린느 메디치의 딸 가운데 한 사람은 죽음이 가까이 온 것을 느꼈을 때, 그녀는 그녀의 음악가를 부르러 보냈다. 그리고 이렇게 말하였다. "줄리앙, 당신의 바이올린을 켜서, 그 음을 들려주세요. 내가 죽었다는 것을 알 때까지 계속해서 그 음을 들려주세요." 그가 살던 시대에 가장 학식이 많았던 사람 가운데 하나인 카스티글리오네(B. Castiglione)는 음악은 오직 여성들에게만 알맞은 것이라는 사실을 거부하였다. 세넥스적 의식을 가지고 있던 그에게, "이 세상은 음악으로 구성되었다. 하늘은 그가 움직이면서 화음을 내고, 영혼도 같은 방식을 따라 작용하면서 일깨움받고, 음악을 통해서 그의 힘이 되살아나는 듯하다."[53] 음악은 죽음으로 들어가는 또 다른 입구였고, 음악을 통해서 원형적으로 재활성화되었다. 음악은 소리에 나타난 수(數)가 배분된 것이었고, 완성이었다. 음악은 기하학처럼 영혼을 숨어있는 세계와 이어주는 그의 기능에 음을 맞추면서 두 세계를 이어준다.

또한 음악은 눈에 보이는 세계도 이어준다. 피치노는 음악을 통하여 그의 우울증을 고치려고 체계적으로 시도했는데, 그때 그는 별들의 노래를 들으려는 정률(定律)을 고안하였다. 소우주/대우주의 유비에서 볼 때, 인간의 음은 천체와 조화를 이루며, 특히 개인의 행성은 음을 통해서 천체와 조화를 이룬다. 각 행성이 인간의 생명, 몸, 영혼, 행동을 지배하듯이, 천체에 있는 행성은 정동(emotion)이라는 음악의 효과를 통해서, 그리고 별자리-마술의 영향을 통해서 소우주적인 인간을 활성화시킬 수 있다. 피치노의 체계에서 세넥스적 우울증은 정신적 과로, 즉 마음이 과도한 긴장과 너무 씨름을 했기 때문에 생긴다. 과로는 피에서 정기를 너무 많이 추출하여 그것을 메마르고, 묽고, 검게 만드는데, 그것이 우울증이다. 따라서 도움이 되는 행성들(목성, 태양, 금성)에서 울려나오는 천상의 노래를 들으면 우울증은 완화될 수 있다.[54]

음악을 통해서 슬픔을 치료하는 기법을 발견한 것은 피치노가 아니었다. 그러나 버튼(Burton)은 많은 저자들은 피치노가 음악을 통한 슬픔의 치료법을 신-플라톤주의적 체계와 연계시켰고, 그 자신이 거기에 대한 생각들을 많이 개진하였다는 사실을 보고하였다고 말한다.[55] 슬픔의 치료는 신-플라톤주의적 체계에 의해서 새턴을 변화시키는 것으로 되는데, 피치노가 생각했던 것을 우리 말로 하면 원형적 치료(archetypal therapy)이다. 이렇게 음악을 통해서 원형과 관계를 맺게 하면서 슬픔을 치료하는 것을 호우머와 헤시오도스도 알고 있었다.[56]

> … 왜냐하면 어떤 사람이 마음이 괴로워서 영혼이 혼란에 빠져 슬픔과 비통 속에 있고, 두려움에 갇혀서 살지라도, 뮤즈의 시종인 노래하는 이가 고대인의 영화로운 업적과 올림푸스에 사는 자애로운 신들에 대해서 노래하면, 그를 짓누르는 삶의 무게를 잊게 되고, 그의 슬픔을 다시는 기억하지 않을 것이다. …
> ─『신통기』(神統記), 97ff.

음악에는 수많은 장르들이 있기 때문에 음악만 가지고는 충분하지 않다. 음악이 그 사람의 영혼에 가락을 맞추려면, 거기에 맞는 자애로운 신들과 영웅들의 "천상의 노래"를 불러야 한다. 그 내용과 체계가 숨어있는 땅과 연결될 수 있는 원형적 다리를 제공해야 하는 것이다.

이 또 다른 땅의 무게와 실재는 쿤달리니 요가에 나오는 비슈다 차크라 체계의 코끼리의 육중한 무게와 비교할 수 있다. 그것은 위에 있는 땅의 지역이며, 거기에서 코끼리는 하얀색인데, 그의 실재는 더 잘 이해될 수 있다. 그곳은 목구멍, 노래하고, 말하며, 침묵할 수도 있는 자리이다. (우리는 앞에서 항문 지점에 해당하는 물라다라 자리의 고통, 즉 어두운 코끼리[57]와 관계되는 침묵의 소리[58]에 대해서 언급한 바 있다).

두 땅을 이어주는 다른 새턴의 상징은 두 개의 축을 가지고 있는데, 콤파스와 저울이 그것이다. 여기에서 이 세계는 이 도구들에 의해서 서로 비슷하게 만들어진다. 그것들은 정확한 연장들이다. 이 땅에 있는 물질의 정확성은 마음의 숨겨진 땅의 완전성과 같다. 엄밀함을 요구하는 세넥스적 강박은 항문성, 편집증, 경계선의 힘, 부정을 의미할 수 있다. 그러나 그것은 동시에 재건의 유토피아적 비전일 수도 있다. 그때 모델은 완전성으로 된다. 천상의 대지에 지상의 땅을 측량, 질서, 숫자, 음악 및 예언자적 열정을 가지고 회복시키는 것이다. 우리는 여기에서 엄밀한 과학에 감춰져 있는 이상주의와 비정상적일 정도의 강박성을 찾아볼 수 있다. 그래서 우리는 여기에서 추상적인 것과 구체적인 것 사이의 극도의 고뇌가 해소되는 것을 본다.

세넥스적 의식의 계획과 설립―구체적인 것에 대한 충성, 법, 정의, 도시를 위한 돈의 주조―은 비전을 이상적으로 실현하려는데 목적이 있다. 그 비전은 새 예루살렘, 신의 도성의 건립이다.

그러나 세넥스 의식은 유토피아의 비전을 왜곡시키면서 그 비전을 혼자 찾고, 혼자 헤아리려고 하면서 우울감에 사로잡힌다. 그때 그 비전은 인류애, 사랑을 통한 구원과 관계가 없어지는 것은 물론 세넥스의 작업, 법, 지식, 정의, 기도를 통해서 실현하려는 것에서도 멀어진다. 그것은 다만 사변에 불과한 것으로 되고, 무(無)를 위한 것으로 되며, 거기에는 부정하는 것만 남게 된다. 세넥스의 상상 안에 있는 이 정토(terre pure)에 도달하는 것은 추방 당하여 고통받는 사람의 비전을 통해서 이루어진다. 그는 다리를 다쳐서 이 땅을 걸을 수 없고, 오직 땅에 대한 환상을 통해서만 볼 수 있다. 그는 땅에 대해서 낙담하고, 땅을 자기의 것이 아니라고 생각한다.

우리가 내쳐졌을 때, 우리는 세넥스의 도움으로 새로운 것을 지각할 수 있다. 추방은 우리에게 인간의 삶 자체가 크로노스의 황금기 안에 있는 본래성, 즉 원형적인 '천상의 땅'(terre celeste)으로부터 내쳐진 것이라는 생각을 일깨우는 것이다. 우리 각 사람은 추방당하였다. 그러나 겨울의 저장고(貯藏庫) 안에 갇힌 세넥스 의식은 상상력과 음악을 통해서, 그렇지 않으면 쇠퇴하는 것이 "죽어간다는" 깨달음을 주면서 우리를 그 너머의 세계와 이어준다. 세넥스 의식은 그 너머를 보고, 통찰을 통해서 그 바깥을 보는 것이다. 그럼에도 불구하고, 피를 흘리지 않고, 정화되거나 변하지 않는 우울증적 기질은 꿰뚫을 수 없는 암흑이 검게하는 인식[59]에 의해서 돌파(突破)된 종말을 보고 만족한다. 거기에서 그의 생각은 끄트머리에 닿았기 때문이다.[60]

피치노의 비전은 그런 것이다. 르네상스 시대에 그가 제시한 해결책은 그가 우리 각자의 본성에 있으면서, 우리가 싸우는 "부정적 세넥스"는 물론 우리 시대의 "부정적 세넥스"에 대한 질문을 해결하게 하기 때문에 우리의 관심을 끌기에 충분하다. 우리 안에 내장된 모순과 세넥스 의식 안에 내재한 거부하려는 욕구는 그에 의해서 영혼을 만들려는 심오한 과정으로 변환되기 때문이다. 세넥스 원형에 대해서 그가 한 작업은 그 자신의 영혼을 만들었고, 그 시대 사람들의 정신이 배열되는데 좋은 영향을 주었는데, 그때는 르네상스 시대였다. 그가 한 말들이 우리를 다시 살아나게 할 수는 없을까?

르네상스 시대의 정신과 피치노 사이의 관계에 대한 이야기는 더 많이 기술되어야 한다. 그럼에도 불구하고, 그가 했던 작업으로부터 배운 것을 다시 설명하지 않을 수 없다.[61] 그는 결국 우울증의 변환은 우울증 때문에 약해진 그의 상처와 약함 안에 있는 그 자신의 다이몬(daimon)과 만나야 이루어진다고 강조하였다. 그런 움직임은 일반적으로 열렬한 지적 호기심에 의해서 촉발되는데, 그것은 주로 전형적인 생각이나 신에 대한 명상, 에로스와 영혼에 대한 특별한 헌신의 지배를 받는다. 그의 생각을 잡고 있던 그물은 신-플라톤주의였다. 그가 개인적으로 살아나려면 정신이 재생한다는 플라톤주의적 환상을 붙들고 있어야 한다고 생각했던 것이다. 또한 그의 생각을 직조(織造)했던 그 환상과 거기에서 비롯된 지배적인 주제들에는 뿌에르적인 성향도 들어있었다.

사실 피치노와 그를 둘러싸고 있던 세계에는 뿌에르 원형이 놀라우리만치 많이 작용하고 있었다. 예를 들어서 말하자면, 우리는 나이든 미켈란젤로가 읊었던 사랑의 시가(詩歌)를 상기하거나 읽을 필요가 있고, 르네상스 시대의 아름다움과 그 시대의 아니마 환상들에 현혹당할 필요가 있으며, 용감한 젊은이가 악의 그림자 속에서 믿지 않는 모험을 하는 것을 지켜볼 필요가 있다. 또한 그 당시 사람들의 정신 속에서 다른 역사적인 시대의 옷을 입고 나타났던 똑같은 긴장이 움직이고 있었다는 사실을 이해해야 한다. 그러나 그것들은 이미 확립되었던 모든 것들과 함께 급격하게 실험을 하기 위해서 다가왔고, 그것들과 함께 시간을 보냈다. 베네치아의 총

독들, 생각이 깊은 교회, 미켈란젤로처럼 나이 먹은 이들, 99세가 되어가는 티티안 등을 생각해 보라. 그것들은 언제나 고대를 뒤돌아보면서 그들의 영혼을 우울하게 한다. 세넥스는 그 전에 빛나는 것이 있었기 때문에 그 뒤에 있는 어둠과 분리할 수 없는 것이다. 그래서 르네상스 시대의 대표적인 격언은 '천천히 서두르라'(festina lente)였다.[62]

| 주석

처음에는 Spring: An Annual of Archetypal Psychology and Jungian Thought(1975)에 수록되었다..

1. R. Klibansky, E. Panofsky, and F. Saxl, Saturn and Melancholy (London: Warburg Institute/Nelson, 1964), 33-36와 주. Problemata는 옥스포드 번역 개정판 The Complete Works of Aristotle의 제2권에 포함되어 있다.
2. Saturn and Melancholy, 134-35; 또한 네테스하임의 아그리파의 기도를 참조하시오. 거기에서 새턴은 "그 어디에서보다 더 반명제적인 것들로" 불리어진다. 354.
3. CW 9.1: 414
4. "증가와 쇠퇴를 동시에 가지고 있는 이에게": "To Saturn" in The Mystical Hymns of Orpheus (London: Kessinger Publishing, 2003), 40. 1824년 Thomas Taylor의 번역.
5. CW 14: 732; see CW 13: 95, 101; CW 11: 350. 하데스는 머리에 개가죽을 썼었고, 새턴은 머리를 가리고 있었다. R. B. Onians, Origins of European Thought (Cambridge, Mass.: Cambridge University Press, 1954), 424.

6   *CW* 14: 733.
7   비록 삐뚤어지게 반-융적인 태도를 보이지만, 서구의 르네상스 시대 그리스 문학에 나오는 현자, 노현자 또는 "긍정적인 세넥스"에 대한 아름답고, 철저한 기술을 보려면 Alarik W. Skarstrom, "*Fortunate Senex*": *The Old Man, a Study of the Figure, his Function and his Setting*, diss. (Yale University, 1971)와 Ann Arbor: University Microfilms, 1972)를 참조하시오.
8   *CW* 9.1: 413-15.
9   영혼과 정신의 차이에 대해서 더 깊은 논의가 이루어진 것을 살펴보려면 이 책의 제3장과 *Re-Visioning Psychology* (New York: Harper & Row, 1975), 68-70를 참조하시오.
10 Cf. A. Guggenbühl-Craig, *The Old Fool and the Corruption of Myth* (Putnam, Conn.: Spring Publications, 2006).
11 W. W. Fowler, *The Religious Experience of the Roman People* (London: Macmillan, 1933), 481-82; *Ausführliches Lexikon der griechischen und römischen Mythologie*, ed. W. H. Roscher (Leipzig: B. G. Teubner, 1884), III: "Lua." Marcel Leglay (*Saturne Africain* [Paris: Arts et Métiers Graphiques, 1961-66], 1: 457). 르글레이는 루아를 루아 사투르니(*Lua Saturni*)의 이름이며, 거기에서 접두사는 새턴의 커다란 능력에 있는 낮은 속성을 가리킨다고 생각한다. 그래서 루아는 농업과 군대라는 두 가지 특별한 기능을 가지면서 새턴 콤플렉스 안에 있는 특별한 능력이나 힘을 의미한다. Cf. G. Dumézil의 "Lua Mater" in *Déesses latines et mythes védiques, Coll. Lat* (Bruxelles: 1956), 99-107를 참조하시오. 그는 루아(베다에 나오는 Nirrti에 해당한다)는 질서의 우선적 중요성(로마와 인도에서는 그렇게 생각하지만 그리스에서는 그렇지 않다)을 강조하는 기본적인 인도-유럽의 배열에 속한다고 말한다. 그러므로 루아

는 질서와 균형을 맞추려는 대극을 나타낸다. 또한 세넥스와 여성적인 것을 다룬 제9장도 참조하시오
12 제1장에서 인용한 말이다-편집자.
13 E. Panofsky, "Father Time," *Studies in Iconology* (New York: Harper Torchbook, 1962).
14 A. O. Lovejoy and G. Boas, *Primitivism and Related Ideas in Antiquity* (New York: Octagon, 1965), 77ff.; H. Oeri, *Der Typ der komischen Alten in der griech-ischen Komödie* (Basel: B. Schwabe, 1948).
15 R. C. Elliott, "Saturnalien, Satire, Utopie," *Antaios* IX (1967): 412-28. "Very little is known from early authors of the Greek Cronia," Lovejoy and Boas, op. cit., 65. 그들은 거기에 알맞은 자료를 다음에 제시한다. 65-70.
16 S. T. Coleridge, *On the Constitution of the Church and State* [1830] (London: J. M. Dent, 1972), 52.
17 T. Browne, *Religio Medici* (London: Everyman, 1964), 47.
18 익음이나 완수는 크로노스라는 단어의 의미의 뿌리 가운데 하나라고 추정되고 있다(H. J. Rose, *A Handbook of Greek Mythology* [London: Methuen, 1964], 69n.). 우리가 익음을 끈질김이나 견딤이라는 단어와 혼동할 때, 크로노스를 시간(Chronos)과 신화적으로 합체시키는 것을 반복하게 된다. 그때 견디는 것(endurance)은 그의 어원인 "딱딱함"(dure)으로 돌아간다. 그래서 세넥스의 논리는 다음과 같이 말한다: 우리 안에서 익은 것은 우리 안에서 충분히 굳은 것, 돌이다. 디오니소스는 익은 것을 달콤하고, 수분이 많은 포도 같은 것으로 말할 것이다.
19 J. Starobinski, *Geschichte der Melancholiebehandlung von den Anfängen bis 1900* (Basel: Documenta Geigy, 1960), 67ff. 칼메일(Calmeil)이 제안한 우울증을 위한 여행 요법은 고

대에 대한 재발견, 즉 르네상스적인 것을 되살리려는 것을 목표로 한 듯하다. "박물관이 병원을 대체하고", 플로렌스, 로마, 나폴리, 아테네 등 고전적인 장소를 여행하면서 우울증을 치료하려는 것이다. 그런 시도는 문자 그대로 고대의 이미지들과 다시 관계를 가지려는 것이다. 그때 환자는 스승-인도자-치료자와 함께 실제로 고고학적 발굴을 수행하게 된다. Cf. *Dictionnaire encyclopédique des sciences médicales* III: "Lypemanie" (Paris: 1870). (Lypemanie 는 섬망을 동반하지 않는 큰 슬픔을 말하는 19세기 단어이다).

20 S. Wenzel, *The Sin of Sloth, Acedia in Medieval Thought and Literature* (Chapel Hill: University of North Carolina Press, 1967).

21 W. Empson, *Seven Types of Ambiguity*, rev. ed. (London: Chatto and Windus, 1947), esp. 192-97, 232-33.

22 융학파의 이론은 숫자를 가지고 정리하기를 좋아하는데(이것은 때때로 미네르바나 메르쿠리우스에게 전가되기도 하지만, 전통적으로 새턴의 영역에 속한다). 융은 말년에 "수(數)를 "질서의 원형"이라고 하였다(*CW* 8: 870). 융의 그런 관심은 그 후 폰 프란츠에 의해서 『수와 상징』, *Number and Time* (Evanston, Ill.: Northwestern Univ. Press, 1974)에서 다뤄졌는데, 우리는 그 책에서 세넥스 의식에 관한 많은 이미지, 개념, 관심을 찾아볼 수 있다 A. Plaut, "The Ungappable Bridge: Numbers as Guides to Object Relations and to Cultural Development," *Journal of Analytical Psychology* 18/2 (1973).,

23 프로이드가 『쾌락원리를 넘어서』(1920)(London: The International Psychoanalytical Press, 1950)에서 자아에 대해서 기술할 때, 그는 마치 "세넥스의 아이"인 것처럼 세넥스 의식을 가지고 정의한 것 같다. 그는 정신분석은 "자아가 오직 보호

하는 구조이며, 반응하는 체계를 만들 수 있는, 억압하고, 검열하는 기구라는 사실을 처음 알게 되었다"(69-70)고 하였다. 그는 "우리가 죽음의 본능과 동일시하는 자아 본능을 삶의 본능과 동일시하는 성적 본능과 날카롭게 구분하였다"(71-72). 죽음의 본능은 자아를 그의 억압의 도구로 사용하면서 그 자신을 새디즘과 미움 안에서 드러낸다. 자아는 실체들의 결합에 반대한다(Eros). 그렇게 함으로써 자아는 인간 정신에서 분리시키고, 소외시키는 요소로 된다. 무엇보다도, 우리가 프로이드의 새턴적 태도에서 강조하려고 하는 것은 죽음의 본능이 "내면의 긴장을 제거하고"(78), "사물의 초기-상태를 회복시키려고 한다는 점이다"(79). "우리를 죽음의 본능에 들어서게 하는 반복강박"(ibid)은 "모든 살아 있는 실체의 가장 보편적 노력-즉 비유체적 세계의 정적으로 돌아가려는 노력"(86)과 일치한다. 우리는 새턴의 비유기체적이고 추상적인 상징을 향한 성향에 대해서 안다. 프로이드의 개념 속에서 자아가 세넥스에 속해 있다는 사실은 그의 논문 "Negation," *Collected Papers* V (London: Hogarth Press, Institute of Psycho-Analysis, 1950), 185에 더 뚜렷하게 나타나있다: "긍정은... 에로스에 속해 있다; 그 반면에 부정은... 파괴의 본능에 속해 있다"

24 Freud, "Negation," 182.
25 그런 구절은 *The Critique of Pure Reason*, trans. J. M.D. Meiklejohn (London: Everyman, 1934), 407의 방법론의 초월적 교리의 제1장 앞 부분에 나온다 : "부정적 판단들 - 단지 논리적 형식의 면에서만이 아니라 그 내용에 있어서도 - 은 일반적으로 특별한 점에서 제기되는 것이 아니다. 그와 반대로 그것들은 우리의 만족할 줄 모르는 인식욕의 질투심 많은 적으로 여겨진다." 오류의 필연성에 대해서는 나의 논문 "On the Necessity of Abnormal Psychology," *Eranos Yearbook 43* (1974)과 *Re-*

Visioning Psychology, chap. 3을 참조하시오.

26 Freud, "Character and Anal Erotism," *Collected Papers* II (London: Hogarth Press: Institute of Psycho-Analysis, 1953), 45.

27 헬레보레(검은 뿌리)는 종종 우울증에 대한 처방으로 사용되었지만, 그렇게 특별한 약재는 아니었다. 그것은 다른 정신 장애와 신체적 장애에도 사용되었던 것이다. 그에 대한 기술을 보려면, "elléborisme" in *Dictionnaire des sciences médicales* (Paris: 1815)와 Pecholier가 *Dictionnaire encyclopédique des sciences médicales*, XII (Paris: 1886)에 쓴 항목을 참조하시오.. 우울증이 문자 그대로 검은 담즙으로 인한 질병으로 여겨지는 처치법이 되었다. E. Fischer-Homberger, Hypochondrie (Bern: Huber, 1970), 23을 참조하시오. 고대 그리스 문헌에서는 어두운 분노, 어두운 기분, 어두운 영이 새턴적 성향을 말하는 것이었다. F. Kudlien, "Die Urgeschichte der griechischen Begriffe 'Schwarze Galle' und 'Melancholie,' " in *Der Beginn des medizinischen Denkens bei den Griechen* (Zurich/Stuttgart: Artemis Verlag, 1967)을 참조하시오.

28 Starobinski, op. cit., 18.

29 N. O. Brown, *Life Against Death* (New York: Vintage, 1959), Part V, "Studies in Anality."

30 전통적으로 새턴과 관련된 다른 신체 부위와 통증은 다음과 같다: 비장, 검은 담즙, 뼈와 머리, 지라, 피부와 몸에 난 털, 오른쪽 귀(와 귀먹음), 현기증, 모든 만성적 질병(류머티즘)들과 열, 어떤 종류의 기능부전(불구, 언어결손, 발기부전), 배설물들(대변, 담석, 소변, 눈꼽, 콧물 등).: cf. *Picatrix: Das Ziel des Weisen von Pseudo-Magriti*, trans. H. Ritter and M. Plessner (London: Warburg Institute, 1962).

31 Cf. Freud, "On the Transformation of Instincts with Special Reference to Anal Erotism," *Collected Papers* II, 164: "... 인색, 현학, 완고 등 세 가지 특질들은 각각 항문-성애적 원천에서 비롯되거나—좀 조심스럽고, 더 완벽하게 말하자면—이 원천들이 강력한 영향을 미친다." 쿤달리니 요가 체계에서도 의식은 물라다라와 연관되는데, 항문-성기-미저골에 "위치한" 몸의 중심부는 항문과 생식기의 원형적 근원으로부터 영향을 받지만, 특별히 항문이나 생식기적인 성격을 지니고 있지는 않다.

32 Brown, *Life Against Death*, 203. 몸에 근거를 둔 사고의 모든 상부 구조에 대한 가정들은 몇몇 언어 이론으로부터 지지받을 수 있다. Cf. O. Jespersen (*Negation in English and Other Languages*, 2nd ed. [Copenhagen: A. F. Høst, 1966], 6ff.)."

33 Freud, *New Introductory Lectures on Psychoanalysis* (London: Leonard and Virginia Woolf at the Hogarth Press, and the Institute of Psycho-analysis, 1933), 99. Cf. *Beyond the Pleasure Principle*, 33; *Life Against Death*, 274-77.

34 Freud, "Negation," loc. cit. sup.

35 N. O. Brown, "Boundary," in *Love's Body* (New York: Random House, 1966).

36 Cf. *Myth of Analysis*, 264.

37 H. Usener, *Götternamen* (Frankfurt: Verlag G. Schulte-Bulmke, [1895] 1948), 348.

38 원형의 도상학을 보려면 E. S. Casey, "Toward an Archetypal Imagination," *Spring: An Annual of Archetypal Psychology and Jungian Thought* (1974)을 참조하시오.

39 C. O. Muller, *Introduction to a Scientific System of Mythology* (1825), trans. J. Leitch (London: Longman, Brown, Green, and Longmans, 1844), 308; 샐러스트의 논의

는 그의 *Concerning the Gods and the Universe*, A. D. Nock, ed. (Cambridge: The University Press, 1927), par. 4에 있다. 우라노스-크로노스-제우스의 이야기는 많이 그려져 있으며 특히 신-플라톤주의 문헌에 많다. Cf. F. Bacon, *Cogitationes de scientia humana* (1605), Sp. III, 86; Sp. VI, 723-25. 베이콘이 "설명한" 이 신화와 다른 신화들은 P. Rossi, *Francis Bacon* (London: Routledge and K. Paul, 1968), 73-134에 나와 있다. 비코(Vico)는 더 사회학적인 해석을 한다 (T. G. Bergin and M. H. Fisch, *The New Science of Giambattista Vico*, Book II, par. 587 [Ithaca, N.Y.: Cornell University Press, 1968], 213).

40 Cf. "On Seeds," Appendix III, in Skarstrom, op. cit.

41 *Saturn and Melancholy*, 256. 그의 친구 카발칸티에게 보낸 편지에서 피치노는 그의 별자리에 대해서 다음과 같이 말하였다: "토성은 물병좌의 가운데 있었다. 나의 별은 같은 자리에서 화성의 영향을 받으면서 올라가고 있었다. 염소 자리 안에 달이 있었던 것이다... " ("Lettres sur la Connaissance de soi et sur l'astrologie," trad. et ann. par A. Chastel, in *La Table ronde* [n.d.]). Cf. *Saturn and Melancholy*, 256ff. with notes, for English and Latin versions of many letters.

42 Cf. T. Moore, *The Planets Within: The Astrological Psychology of Marsilio Ficino* (Great Barrington, Mass.: Lindesfarne Press, 1990); *Marsilio Ficino's Book of Life*, trans. C. Boer (Dallas: Spring Publications, 1980).

43 *Saturn and Melancholy*, 270-71. 플로렌스의 주교에게 보낸 편지에서 피치노는 그를 완전히 위축시킨 우울감에 대해서 기술하고 있다. 그가 요청했던 호의가 받아들여지지 않은 다음, 그는 이렇게 말했다. "저는 매우 놀랐고, 이런 일련의 혼란의 이유에 대해서 매우 깊이 살펴보았습니다. 그러나 나는 그 이유를 이 땅에

서는 찾지 못하였고, 하늘에서 찾았습니다." 채스텔은 이것이 피치노의 "새턴적 강박증"의 시초라고 제안한다. ("Lettres," 200).

44 *Saturn and Melancholy*, 286, "The Motif of the Drooping Head." Cf. E. Goodenough, *Jewish Symbols in the Graeco-Roman Period*, Vol. 10 (New York: Bollingen, 1964), 58. 쓰러진 가요마트의 머리에 관해서 보려면 "The mysticism of the seven metals"; R. Burton, *The Anatomy of Melancholy*, 3 vols., (New York: E. P. Dutton and Co., Everyman edition, 1932) I: 409; II: 235; also vol. I, 300-30을 참조하시오. Cf. Plotinus, Enn. V, 1, 4; *Saturn and Melancholy*, 153, 155.

45 Saturn and Melancholy, 84.

46 Freud, "Mourning and Melancholia," *Collected Papers* IV, 161, 168ff.

47 Aristotle, *De Anima* II, 9, 432a, 10-12.

48 H. Corbin, *Spiritual Body and Celestial Earth*, trans. Nancy Pearson (Princeton, N.J.: Princeton University Press, Bollingen Series, 1977).

49 P. Mus, "Traditions asiennes et Bouddisme moderne," *Eranos Yearbook* 37 (1968), 226-33.

50 아름다움과 우울증에 관해서는 A. Vitale, "Saturn and the Transformation of the Father" in *Fathers and Mothers*, 9와 *Arcipelago Malinconia*, ed. B. Frabotta (Rome: Donzelli, 2001)에 있는 논문들을 참조하시오.

51 영어에서 "sad"라는 단어는 라틴어의 *gravis*에 해당하는데, 두 단어는 모두 어원사(語源史)에서 새턴의 신화와의 관계 속에서 같이 발달하였다. 단어들도 원형적 메시지를 전달하는 것이다. *gravis* (여기에서 "무덤"이라는 단어도 나왔다)의 의미 가운데 하나는 "무거운", "무게가 나간다"이고, "단단하다", "속

이 가득 찼다"와 같은 의미가 있으며 심지어 "임신하다"는 의미도 가지고 있다. "sad" 역시 한때 "가득차다"라는 의미를 가지기도 하였다. 앵글로-색슨에서 *saed* (sade의 복수형)은 고대 노르웨이어의 *saddr*와 형제어이고, 라틴어의 *satur*와 사촌 관계에 있으며, 이 모든 단어들은 본래 같은 의미를 가지고 있었다: 가득찬, (음식으로) 가득, 충만한" 등의 의미를 가지고 있는 것이다(C. S. Lewis, "Sad," *Studies in Words* [Cambridge, Mass.: Cambridge University Press, 1967], 77.) 여기에서 우리는 다시 새턴과 삼키는 주제를 보게 된다. 그러나 거기에는 어떤 사람의 슬픔에 가득 찬 것, 심지어 충만함 등의 의미도 담겨 있는 것이다..

52 T. S. Eliot, "The Dry Salvages," *Four Quartets*.

53 W. Kaegi, "The Transformation of the Spirit in the Renaissance," in *Spirit and Nature* (Papers from the Eranos Yearbooks) (New York / London: 1955), 280-81. Cf. G. Bandmann, *Melancholie und Musik* (Cologne: Westdeutscher Verlag, 1960); E. E. Lowinsky, "Music in the Culture of the Renaissance" in *Renaissance Essays*, ed. P. O. Kristeller and P. P. Wiener (New York: Harper and Row, 1968), 337-81, and his "Music of the Renaissance as viewed by Renaissance Musicians," in The *Renaissance Image of Man and the World*, ed. B. O'Kelly (Columbus: Ohio State University Press, 1966).

54 Cf. *The Planets Within*, 85-90, 193-208; D. P. Walker, "Ficino's Astrological Music" in *Spiritual and Demonic Magic* (London: Warburg Institute Studies, 1958), 12ff., 230ff.; Cf. "Ficino's 'Spiritus' and Music," *Ann. Musicol.* I (1953) (Paris), 131-50; P. Ammann, "*Musik und*

Melancholie bei Marsilio Ficino," C. G. Jung Institut, 1965. 분석가 자격 논문. 피치노는 학술 모임에서 노래 부르기를 좋아하였고, 종종 그가 지은 시에 즉흥곡을 만들어서 부르기도 하였다. (그러나 그는 종종 그의 편지["Lettres," 204]에서 그의 마음의 쓰라린 상태는 그가 그렇게 했음에도 불구하고 진정되거나 나아지지 않았다고 불평하였다.

55 *The Anatomy of Melancholy*, vol. II, 115ff.

56 Cf. 노래를 통한 치료에 대해서는 P. Lain Estralgo, *The Therapy of the Word in Ancient Antiquity* (New Haven: Yale University Press, 1970)을 참조하시오.

57 도해(圖解)나 전승(傳承)에서 흔히 우울과 연관되는 까마귀, 개, 염소 이외의 동물들, 그래서 사람들을 우울하게 하는 동물들로는 "우울한 엘크", 양과 백조(아폴로의 성스러움을 나타내지만, 그의 죽음을 노래해서 우울이라는 의미도 담고 있다) 등이 있다. Cf. *Saturn and Melancholy*, 378, 105ff. 전승에서는 새턴 아래 거북이, 달팽이와 당나귀, 낙타 등을 놓는데, 앞의 두 동물은 느리고, 목을 뒤로 빼지만, 뒤의 두 동물은 무거운 것을 나르고, 끈기가 있으며, 건조한 것을 잘 견딘다 개는 그의 성적이고, 나태한 특성 때문에 세넥스적 의식을 나타낼 뿐만 아니라(Wenzel, op.cit., 106 and notes), 전통적으로 지하계를 나타낸다. 거기에는 새턴과 관계되는 지하계에 있는 영들과 조상, 죽은 영혼들, 예언적 지혜의 주인인 하데스가 산다. 크로노스는 퇴위한 다음에 그의 세 아들인 제우스, 포세이돈, 하데스 가운데서, 하데스와 같이 지냈다. 로마에서 새턴은 지하계의 지배자이며, 그는 개의 호위를 받으면서 들어온다. 이집트에서 크로노스는 Anubis와 관계가 있다..

58 Cf. *Saturn and Melancholy*, 34, 50)

59 Cf. *Saturn and Melancholy*, 338.

60 Ibid., 345.

61 나는 원형적 심리학에 피치노의 생각이 적용될 수 있다는 사실을 언급하였다. *Re-Visioning Psychology*, part 4, and in "Plotinus, Ficino, and Vico as Precursors of Archetypal Psychology" in *Loose Ends: Primary Papers in Archetypal Psychology* (New York/Zurich: Spring Publications, 1975).

62 "*Festina lente* (천천히 서두르라)는 르네상스 사대에 가장 사랑받던 격언이었다." Cf. E. Wind in P*agan Mysteries in the Renaissance* (Harmondsworth: Penguin/Faber, 1967), 98.

제4부
옛 것과 새 것

제11장
코드: 방법론에 관한 고찰

한 사람의 삶의 이야기에 대해서 말하면서 도토리 이론(acorn theory)[1]을 전개하는 것은 영원한 소년(*puer aeternus*)에서 비롯된 무시간적이고, 영원하지만, 눈에 보이지 않는 저 세상과는 약하게 연결된 것을 육화시킨 영원한 소년의 원형에 대해서 말하는 듯하다. 영원한 소년은 우리가 미누힌(Menuhin)이나 가를란드(Garland)의 글에 나오는 조숙한 아이를 말하며, 사람들이 운명을 거역하지 못하고 사는 것을 설명해주는 용어이다. 그는 특히 그의 징표를 일찍부터 보이고, 평범한 것들을 휘저으며, 전설 속에 들어가면서 눈에 보이는 상(像) 속에서 지배적인 원형으로 그 모습을 드러낸다. 그런 사람으로는 제임스 딘, 클라이드 배로우, 쿠르트 코뱅, 모차르트, 키이츠, 셸리, 랭보, 슈베르트 등이 있으며, 알렉산더 대왕이나 예수(서른세 살에 죽었다), 열여덟 살에 이미 미국 혁명에 참여하였고, 이상적인 새 나라 건설에 매진하여 건국의 아버지가 되었던 뛰어난 청년 알렉산더 해밀턴(A. Hamilton) 등도 마찬가지다. 한편 젊은 나이에 죽은 이들을 보면, 찰리 파커는 서른 다섯, 버니 베리건은 서른 셋, 지미 블랜턴은 스물 셋, 버디 홀리는 스물 둘에 죽었으며, 장-미셸 바스키아와 케이트 해링 같은 화가 역시 젊은 나이에 죽었다. 우리 모두는 이렇게 유명한 사람들뿐만 아니라 우리 곁에서도 촉망 받았지만 곧 떠난 남자나 여자의 이름을 많이 열거할 수 있다.

물론 원형으로서 영원한 소년은 성별의 구애를 받지 않는다. 여성으로는, 장 해로우는 스물 여섯, 캐롤 롬바르드는 서른 셋, 패스티 클라인은 서른, 쟈니스 조플린, 에바 헤스, 모이라 드라이어, 아멜리아 에어하르트 등도 이른 나이에 죽었다.

이 유명 인사들의 뒤에는 신화적 인물들이 있는데, 이카루스와 호루스는 그들의 아버지보다 더 높이 날랐고, 원탁의 기사에 나오는 젊은 랜슬롯과 가웨인, 수많은 영웅적 행위를 한 테세우스가 있으며, 가슴에 창을 관통 당한 성 세바스찬, 시편의 달콤한 노래를 지은 어린 다윗, 올림푸스 산에서 신들의 음식을 나른 가니메데 등이 그들이다. 또한 아도니스, 파리스, 나르시서스 같은 빛나는 연인들도 그들을 뒷받치고 있다.

우리는 일상 언어에서 뛰어난 젊은 유망주를 "천재"라고 부른다. 특히 로마에서는 천재와 뿌에르, 도토리와 귀두(龜頭) 사이를 관련시키면서 천재를 산출력이 풍부한 남근적 능력과 동일시하였고, 그에 따라서 음경은 부분이 전체를 대표한다는(pars pro toto) 생각에서 천재 자체를 나타냈다.² 또한 사람들은 그에게 직관적인 눈이 있거나, 의지가 굳거나, 감정이 풍부하다는 말을 하는데, 그것들은 그 사람의 운명에 지배적인 영향을 준다. 그때 그들은 그 기관에 눈에 보이지 않는 신성의 신비한 동작을 부여하면서, 그것을 숭배한다.

뿌에르적인 인물들인 발두르, 탐무즈, 예수, 크리슈나, 아티스 등은 신화를 현실로 데려온다. 그 신화들은 뿌에르가 너무 쉽게 상처받고, 죽임 당하지만, 인재니 재빈 생히는데, 그것은 뿌에르가 모든 상상의 작업의 씨앗이 되는 하부 구조라는 메시지를 전해준다. 이 인물들은 신화와 마찬가지로 "사실"이 아닌 듯하다. 그들의 실체는 없는 듯한 것이다. 그들에 대해서 말하는 이야기는 그들이 너무 쉽게 피를 흘리고, 넘어지며, 약해지고, 죽는다고 말한다. 그러나 다른 세계에 대한 그들의 헌신 — 그들은 초월성의 선교사들이다 — 은 사라지지 않는다. 어딘가에 무지개가 있는 것이다. 그래서 "천국의 아이들"이라는 영화에서 하얀 얼굴을 한 광대는 "나의 나라는 달이다"라고 하였다. 뿌에르는 고독하고, 사랑스러우며, 창백하다. 그것이 뿌에르이다. 그는 땅에 받아들여지기를 바라면서, 땅과 임시적으로 접촉한다.

마음의 상태를 변화시키려는데 대한 헌신은 뿌에르의 환상을 반란의 불을 지름으로써 나라 전체의 마음(mind of state)을 바꾸려는 쪽으로 나아가게 한다. 영원한 세계로의 부름은 지금 이 세상이 근본적으로 변화되고, 이 세상이 사랑이 가득하고, 시적이며, 광적인 달의 세상과 비슷하게 회복되기를 바라는 것이다. 그 세상은 히피들이 꽃을 뿌리고, 뉴욕에서 음악제가 개최되며, 1968년 파리와 버클리대학에서 학생운동가들이 외쳤던 세상이다. "상상력의 힘"을 주장했던 것이다. 점진적 개혁이나 타협은 필요없다. 영원성은 시간과 관계 없기 때문이다. 영감과 비전은 그 자신이 결과를 산출한다. 그러면 어떻게 될 것인가? 불멸의 이상(immortal ideal)은 필멸(mortal)하고 말 텐데 말이다. 그러면 그들의 자식들은 나중에 자라나서 일하기 바쁠 것이다. "아름다운 소녀들과 젊은이들도 반드시/굴뚝 청소부들처럼, 먼지로 된다네." 그래서 마노레테(Manolete, 스페인의 전설적인 투우사–역자 주) 역시 모래 위에서 피를 흘리고 쓰러졌다.

원형상(原型像)의 영향을 받는 것은 한 사람의 삶만이 아니다. 이론들도 원형상의 지배를 받는다. 그래서 뿌에르의 영향을 받은 이론은 그 어느 것이나 비일상적인 것에 이끌려서 저돌적으로 실행하려고 하며, 예술 지상주의로 나아가려고 한다. 그 이론은 영원하고, 보편타당하다고 주장한다. 그러나 그 이론이 타당하다는 증거를 제시하지는 않는다. 그 이론 안에 뿌에르의 춤이 담겨 있고, 상상력을 야심적으로 전개시키며, 인습에 대해서 반항한다. 그러나 뿌에르의 영감을 받은 이론은 소위 현실성이라고 불리는 것, 즉 하얀 머리의 왕과 새턴, 고집 센 사람과 융통성 없고, 보수주의자 같은 뿌에르의 전형적인 반대자들에게 질문 받으면 그런 사실들 가운데서 앞으로 더 나아가지 못하고, 심지어 전복되기도 한다. 그는 이미지, 비전, 이야기를 원하지 않고, 통계, 예증, 연구를 원한다. 이런 것들이 어떻게 배열되는지 알고, 그것들이 우리가 읽은 것에 어떤 영향을 미치고, 우리가 읽은 것에 어떤 반응을 하는지에 대한 인식은 그것들이 원형의 지도(map)에 어떤 자리를 차지하는지 깨닫는데 도움을 준다. 그들이 어떤 때는 혁명의 열기 때문에 어떤 사상들에 빨려 들어가고, 어떤 때는 말도 되지 않는 소리에 회의적인 눈초리를 보내는지 아는 것이다.

이렇게 살펴보는 것은 일종의 심리학적 방법론을 적용한 것이다. 다른 학문 분야에서 사용하는 방법론들과 달리, 원형심리학에서는 그 생각들을 받아들일 때 먼저 원형심리학의 신화적 전제를 제시해야 한다. 그것이 어떻게 문제를 제기하는지 설명해야 하는 것이다. 지금 이 경우 우리에게는 도토리의 신화가 핵심이 된다. 이 모든 이론들은 단지 머리에서만 나오거나 차가운 데이터에서 유도되는 것이 아니다. 이론들은 개념적 용어를 가지고 신화 이야기를 전개시키고, 드라마가 펼쳐지면서 패러다임의 전환을 넘어선다.

우리의 방법론에서 뿌에르는 도토리의 신화와 관계 된다는 사실을 알고 있다. 그러므로 도토리에 대해서 더 검토해 보자. 학식이 많았고, 의료(醫療)에 대한 저술을 많이 했던 갈렌(Galen)은 도토리는 사람들에게 원초적인 식량이었다는 고대의 믿음을 확증시켜 주었다. 신화적으로 말해서 사람들이 도토리를 먹는 것은 그 자신의 알갱이(kernel)를 먹는다는 것이다. 당신의 소명(召命)은 당신의 정신에 주어진 첫 번째 양식(糧食)이다. 갈렌은 아카디아 사람들은(아카디아는 펠로포네소스 반도에 있는 고원 지방으로 이상향이 있었다는 전설이 있다-역자 주) 그리스인들이 곡물을 재배한 다음에도 도토리를 먹었다고 전한다. 이 사실은 도토리의 상용(常用)이 자연의 어머니인 데메테르-세레스(Demeter-Ceres)의 실용적이고, 문명화된 결과보다 앞선다는 것을 말해주며, 곡물(cereal)이라는 이름 역시 문명을 가져다 준 그 여신 다음에 만들어진 말이다. 그러므로 도토리는 양육이 시작되기 전에 주어진 자연의 선물이고, 자연은 신화적이고, 신성한 처녀(결코 알 수 없고, 포착되지도 않는)이다. 그 사실을 제임스 프레이저는 그의 편찬서에서 도토리는 아이들이 태어날 때 그 옆에서 지키고 있던 아르테미스의 영지에 속해 있었다는 말로 뒷받침한다.

현대 프랑스와 영국의 시가(詩歌)와 그림에서는 상상력을 바탕으로 해서 원초적인 도토리 왕국이었던 아카디아를 에덴 동산이나 낙원과 비슷한 원시적 자연으로 그린다. 거기에서는 자연 그대로의 영혼이 자연과 조화를 이루면서 살았다. 그러므로 치료는 아카디아를 아동기에 이식시키는(transplant) 것이다. 치료는 도토리를 먹는 자연적 존재를 어린이가 되게 하고, 내면의 어린이에게 세례를 주는 것이다. 치료는 도토리를 먹는 거친 아카디아 사람들뿐만 아니라 동물들과 뱀, 원죄와 지식으로 가득 찬 에덴동산을 대체하는 것이다. 이상화된 내면의 아이는 오용될 수 있기 때문이다. 당신은 이교도에게 "어린 시절로 돌아가라"고 말하지 않고, 자유인의 목가성(牧歌性)을 되찾기 위하여 순수함을 찬양하지도 않을 것이다. 그때 당신은 우리가 우리의 다이몬에 의해서 돌봄을 받는 상상의 지경(地境)이 있는 아카디아 사람들에게 갈 것이다.

도토리 안에는 살아내기 전의 삶의 온전한 형태뿐만 아니라 아직 다 살지 못한 불만족스럽고, 좌절된 형태의 삶도 들어 있다. 도토리는 세상을 보고, 알고 있으며, 욕망하지만, 그가 무엇을 할 수 있을까? 그래서 씨앗과 나무, 하늘에 있는 신의 무릎에 있는 굴대와 땅에 있는 가족의 무릎에서 돌아가는 굴대 사이에 있는 이 거대한 불일치와 차이는 도토리를 분노에 휩싸이게 한다. 도토리는 그가 상상한 것을 실행할 수 없어서 분노에 사로잡혀서 얼굴이 새빨개진 작은 어린아이와 같다.

도토리는 영양가가 많고, 달콤하기도 하지만, 그 맛은 쓰고, 떫기도 하다. 그것은 소크라테스의 다이몬이 주의를 촉구하듯이 뒤로 물러서게 한다. 그래서 실제로 도토리를 맛이 있는 가루로 갈기 전에 도토리를 물에 담그고, 침출시키고, 끓이고, 계속해서 희게 만들고, 부드럽게 해야 한다. 도토리를 가공하는 요리법에는 이렇게 쓰여 있다: "그 맛이 이제 더 이상 쓰지 않으면, 당신은 다 되었다는 것을 알 것이다." 아름다운 뿌에르의 안에 무시무시하고, 심지어 독성이 있으며, 쓴 맛이 있다. 우리는 그런 것을 바스키아(Basquiat, 엔디 워홀과 같이 활동한 미국의 현대 예술가-역자 주)의 동작들과 코베인(Cobain, 미국 시애틀을 중심으로 활동하다가 요절한 미국의 가수-역자 주)과 헨드릭스(요절한 미국의 록 가수-역자 주)의 소리에서 들을 수 있으며, 도토리로 될 때까지의 시간을 기다릴 수 없는 자살할 것 같은 절망에서 본다. 도토리 이론과 뿌에르가 비전, 아름다움, 운명의 형태로 삶에 제공하고, 그것이 삶을 예외적으로 들어올리는 것은 한 번에 삼켜버리기에는 너무 딱딱한 열매인 것이다.

이 결론부는 필요하기는 하지만, 마지막으로 우리의 방법론에 대해서 말하는 여담이기도 하다. 여기서 우리는 도토리 이론을 우리가 찾은 이미지들에 적용시키고, 그 이미지들을 영원한 소년이라는 신화적 상과 연관시켰다. 나는 이 여담을 통해서 도토리 이론이 어떻게 인간의 삶의 발달을 말해주는 모델이 될 수 있는지 보여줄 수 있어서 만족한다.

인생은 자연적인 과정일 뿐만 아니라 그것을 넘어서는 신비이기도 하다. 자연의 유비를 가지고 삶 속에 감춰진 계시를 설명하는 것은 "자연주의적 오류"가 될 수 있다. 다시 말해서, 정신적인 삶을 모두 진화와 유전으로 기술하는 자연법칙에 굴복시킬 수 있는 것이다. 그러나 인류는 언제나 영혼의 암호를 해독하고, 인간의 본성의 비밀을 풀려고 노력하였다. 그러나 인간의 본성이 자연스럽지 않고, 인간적이지 않다면 어떻게 되는가? 우리가 찾는 것은 어떤 것일 뿐만 아니라 어떤 곳이기도 하다는 생각을 해보자. 사실 우리에게는 찾아야 한다는 부름이 있음에도 불구하고 갈 곳이 어디에도 없다. 그러므로 우리에게는 부름 받았다는 사실을 넘어서 바라볼 곳은 아무데도 없다. 우리가 그 부름을 회피하기 보다는 부름의 원천을 찾으면서 기다리는 것이 훨씬 더 현명하다.

모든 사물의 중심에 있는 불가시성은 전통적으로 "감추어진 신"(deus absconditus)이라는 말로 불렸고, 오직 이미지나 비유나 역설적인 수수께기 등으로만 표현할 수 있었으며, 거대한 산에 묻힌 대단히 값이 나가는 보배나 모든 것을 태워버릴 수 있는 힘을 간직한 불꽃으로 여겨졌다. 이 전승에서 가장 중요한 것은 그것이 뚜렷하지 않다는 사실이다. 도토리는 하나의 비유일 뿐이고, 도토리 이론은 블레이크, 워즈워드에게로 거슬러 올라간다. 그리고 더 멀리 독일의 낭만주의나 마르실리오 피치노, 르네상스 시대의 니콜라스 쿠자누스에게까지 올라간다.

도토리가 그런 작은 것을 나타내는 은유이듯이, 다이몬과 영혼도 은유이다. 그런데 다이몬과 영혼은 눈에 보이지 않기 때문에 작은 것보다 더 작다. 비록 우리가 영혼이 부르는 힘에 끌려 왔지만, 영혼은 측정될 수 있는 실체가 아니고 어떤 본체나 힘도 아니다. 피치노는 영혼에는 실체가 전혀 없고, 다이몬의 본성과 영혼의 코드는 물리적인 방법으로 담을 수 없다고 주장하였다. 그것은 다만 신비한 생각이나 헌신적인 감정, 암시하는 듯한 직관, 대담한 상상력 등으로 파악할 수 있다고 했는데, 그것들은 모두 뿌에르의 인식 방법이다.

이 이론은 뿌에르의 특수한 원형상을 간직하면서 그 주체에 대한 영감을 고취시키고, 혁명을 불러일으키며, 신선한 사랑의 애착을 자극한다. 당신의 개인적이고, 주관적인 삶의 이야기는 당신이 당신의 삶을 상상하는 것에 따라서 전개될 것이라고 말하는 것이다. 왜냐하면 당신이 삶에 대해서 상상하는 것은 자녀의 양육, 청소년기의 문제에 대한 태도, 노년의 문제 및 죽음 앞에서의 의무와 당신의 개인성에 대한 생각에 절대적인 영향을 미치기 때문이다. 사실 그것은 당신의 교육관과 정신치료는 물론 당신이 글을 쓰는 것과 시민으로서의 삶에도 지대한 영향을 미칠 것이다.

| 주석

J. Hillman, *The Soul's Code* (New York: Random House, 1996)에서 인용하였다.

1 힐만은 『영혼의 코드』(*The Soul's Code*)의 앞부분에서 '도토리 이론'에 대해서 다음과 같이 말하였다: "도도리 이론은 당신과 나와 모든 사람들은 어떤 특정한 이미지를 가지고 태어난다는 사실을 제안하며, 나는 그 주장에 대해서 예증하려고 한다. 개인성은 형상적 원인 안에 있는 것이다—여기에서 형상적이라는 용어는 아리스토텔레스적인 의미이다. 우리 각 사람은 플라톤이나 플로티누스의 언어로 말하자면 우리 자신의 이데아를 육화한 것이다. 그런데 이 형상, 이 이데아, 이 이미지는 너무 옆길로 나아가는 것

을 참지 못한다. 이 이론은 타고나는 이 이미지에는 마치 의식의 불꽃처럼 천사나 다이몬적인 의도가 있다고 주장한다. 더구나 그 이미지가 스스로 우리 자신을 선택하였기 때문에 그 중심에서 우리에게 관심을 가지고 있다고 말한다" (11-12) – 편집자.

2 Jane Chance Nitzsche, *The Genius Figure in Antiquity and the Middle Ages* (New York: Columbia University Press, 1975), 7-1

제12장
옛 것과 새 것: 세넥스와 뿌에르

로라 포지(이하 로라): 당신의 글을 읽으면서 사람들은 현대적인 것에 대해서는 거의 보지 못할 것 같습니다. 당신은 당신이 치료했던 사례에 대해서는 거의 말하지 않고, 시사적인 것에 관해서 이야기할 때도 그 모델들을 과거의 인문주의적이고 고전적인 시대에서 가져 옵니다. 당신에게는 과거의 문화가 우선 순위에 있는 듯합니다. 왜 그런 것입니까?

제임스 힐만(이하 제임스): 그렇습니다. 고대의 문화가 저에게는 우선 순위에 있습니다. 저는 그것이 더 중요하다고 생각하기 때문입니다. 그 이유 가운데 하나는—당신은 지금 이유를 물으셨지요—제가 미국에서 살면서 위협을 느꼈던 것은 모든 것을 지금 일어나는 시사적인 문제와 연관시킨다는 사실이었습니다. 미국은 지금 완전히 현재 일어나고 있는 일이 무엇인가 하는 것에 잠겨 있습니다. "지금의" 일과 완전히 "현재"만 있는 것입니다. 따라서 제가 과거의 것들을 살펴보는 것은 그 문제에 대한 사회적 논평을 하는 것이라기보다는 "지금"으로부터 바깥으로 걸어나가려는 의도로 보아야 합니다. 물론, 당신이 있는 곳으로부터 당신 자신이 바깥으로 전혀 나가지 못하기 때문에 제가 하는 행동이 이미 하나의 논평이 되기는 합니다. 우리가 똑같이 나아가야 하는 곳은 그 어디에도 없습니다. 르네상스란 그 어느 곳이나, 그 어떤 시간에 있는 것이 아닙니다. 그것은 "지금" 살아야 하는 존재의 양태나 지금 우리가 바라보고, 말을 해야 하는 양태입니다. 그러나 저는 제가 말하는 것이 반드시 "현재"의 언어로 이야기되어야 한다고는 생각하지 않습니다. 제가 신화적이고, 역사적인 용어로 말하는 바로 그것이 제가 "현재"에 대해서 말하는 것입니다. 그것들은 그것들로 해서 당신이 "지금"을 볼 수 있고, "현재" 속에서 잃어버린 것들을 구원해낼 수 있는 환상을 그려내는 풍경화인지 모릅니다.

로라: 그래서 당신은 최근에 저술한 책에서 르네상스 시대로 나아갔군요. …

제임스: 저는 언제나 시간 속을 떠다니고, 잃어버린 문화 속에서 사람들이 또 다른 시대에서 만든 똑같은 것들을 찾아내고 있습니다. 그것들은 되돌아옵니다. 르네상스 속에서도 – 그것들도 그때 잃어버린 것입니다 – 다시 돌아오고 있습니다. 그것은 예술가들, 사상가들, 문화에 의해서 만들어진 움직임입니다. 그것들은 돌아오고 있으며, 우리는 지금 그 어딘가 있습니다. …

로라: 과거가 더 알찹니까? 과거가 현재보다 더 낫느냐는 것입니다.

제임스: 아닙니다. 더 알차지는 않습니다. 그러나 우리는 과거로 가면서 이미 훈련 받은 안목을 가질 수는 있습니다.

로라: 과거의 눈이요?

제임스: 그렇습니다. 과거의 눈, 과거의 부름. 그것은 본질적인 눈입니다. 그 눈은 시간과 관계되지 않고, 본질과 관계됩니다. 그것은 우리 눈으로 하여금 올바른 움직임을 읽을 수 있고, 손으로 하여금 그것을 만들 수 있도록 훈련시키는데, 그것은 단순히 오래 되었기 때문만은 아닙니다. 그것을 "오래 되었다"고 하는 것은 이미 하나의 편견입니다. "현재"라는 말은 단순히 시간의 문제가 아니기 때문입니다. "현재"는 단순히 아직 생각하지 않은 자연스러운 관점, 일들이 일어나는 방식을 의미합니다. "현재"는 여기, 드러난 것에 한정되어 있습니다. 그러므로 멀고, 깊으며, 본질적인 것은 오래된 것에 의해서 주어집니다.[1] 현재 – 의식은 옛 것은 시간과 무관하다는 사실을 이해하지 못합니다. 옛 것은 아무것도 생산하지 못하는 방식으로 세넥스에 속해 있지 않습니다. 당신이 르네상스가 옛 것이라고 생각한다면, 당신에게는 현재 – 의식이 없는 것입니다. 저는 르네상스가 오래되었다고 생각하지 않고, 르네상스는 우리와 똑같은 것을 더 본질적으로 다루었다고 생각합니다. 저는 전통을 역사적인 것으로 생각하지 않고, 우리가 무엇을 하고 있으며, 무엇을 느끼고 있는지 알려주는 현대적인 것

이라고 생각합니다. 사람들로 하여금 그리스의 신전이나 피라미드나 알타미라 동굴에 그렇게 흥미를 가지게 하는 것은 무엇입니까? 그것은 단지 그것들이 첫 번째 수준에 있는 역사이기 때문이 아닙니다. 사람들은 그것들을 보고, "세상에, 4천년 전 사람들이 이런 것을 하다니 얼마나 놀라운 일인가? 그들이 어떻게 현대의 크레인도 없이 피라미드를 만들 수 있었을까?"라고 스스로에게 물을 것입니다. 첫 번째 수준의 반응은 그런 것입니다. 그러나 "현재"를 깨부수는 첫 번째 충격 다음에 질문의 수준과 질이 바뀌면서 사람들은 무엇인가 더 본질적인 것과 접하게 됩니다. 그런데 본질적인 것이라고 해서 그것이 거기에 수 천년 동안 있었어야 한다는 것을 말하는 것은 아닙니다. 그 대신에, 그리스 신전에 있거나 피라미드를 보거나 스페인의 동굴 벽에 있는 낙서를 보는 것들은 영혼에 무엇인가 영원하고, 본질적인 이미지들을 불러일으킵니다. 내가 보는 것이 꼭 실제의 피라미드일 필요는 없습니다. 그것은 문자주의입니다. 그때 당신은 단지 피라미드 자체를 보는 것이 아니라 고대의 이미지들, 즉 원형적 이미지들을 보는 것입니다. 피라미드를 보는 것은 이 세상에 영원한 이미지가 있다는 원형적 감각을 불러일으키고, 그것들은 당신에게 본질에 대한 감각을 일깨워줍니다.

로라: 당신이 영원한 이미지, 원형적 이미지라고 말하는 것은 정확하게 어떤 것을 가리킵니까?

제임스: 우리로 하여금 우리에게 주어져 있는 것과 접촉하게 하는 것, 즉 인식의 틀과 인식의 기반이 되는 것과 나에게 옳고 그른 것을 알게 하고, 내가 잘하고 있는지 아닌지를 알게 하는 모든 것과 나의 상상력의 몸통을 지배하는 것—이것들이 본질적인 이미지입니다. 그런데 그것들은 본질적으로 인간적인 것들입니다. 그것들은 나를 인간적으로 되게 하고, 인간의 역사에 대한 나의 공감을 깊이 있게 해주며, 나에게 나의 개인적 교육과 경험의 한계를 뛰어넘으면서 사물을 이해하고, 그 속에서 느끼게 합니다. 당신은 우리가 본질적인 상상력을 엶으로써 우리의 공감을 확장시킬 수 있다는 사실을 알 것입니다.

로라: 그것은 인문주의자들의 오래된 생각이기도 하지요. 문화가 인간의 마음을 확장시키고, 마음을 더 민감하고, 인간적으로 만들어준다는 믿음 말입니다.

제임스: 그것이 내가 인간의 "도덕성"을 이해하는 방식입니다. 당신에게 당신의 상상력을 지배하는 조직이 없고, "현재"의 한 가운데서 영원하고, 원형적인 감각이 없다면, 당신은 당신이 어디를 가고 있으며, 당신이 어느 체계에서 살고 있는지 알지 못하고, 당신의 동물적 반응인 본능도 제대로 작동하지 않을 것입니다. 융은 본능과 이미지는 같은 것이라고 말했습니다. 당신이 본질적인 이미지에 대한 감각을 잃을 때, 본능은 작동을 멈추게 됩니다. 그래서 당신의 몸매는 흉하게 되고, 당신은 과식해서 뚱뚱해지며, 당신의 조직 전체는 혼란에 빠지게 됩니다. 그러면서 당신은 부도덕해질 것입니다. 여기에서 제가 부도덕해진다는 말의 의미는 당신에게 아무 본능도 작용하지 않고, 무감각해져서 온당치 못하게 된 것입니다. 그래서 저는 점점 더 옛날의 자리로 갑니다. 거기에 본질적인 것이 있기 때문이 아니라, 그 자리가 저에게 본질적인 것에 대한 감각을 불러일으켜주기 때문입니다. 저는 당신에게 "역사를 알아야 한다"고는 절대로 말하지 않습니다. 중요한 것은 역사가 아니라, 본질에 대한 감각이기 때문입니다. 오히려 역사를 탈문자화해야 합니다. 이것은 대단히 중요한 일인데, 역사는 그것이 세넥스적인 것으로 받아들여질 때 커다란 짐이 되기 때문입니다.

로라: 그것이 모든 것을 죽이는군요…

제임스: 그것은 모든 것을 절대적으로 죽입니다. 역사는 그 자체로는 아무것도 아닙니다—단지 공원에 서있는 동상으로 그 주위에는 비둘기들만이 있습니다. 역사는 단지 현재를 조망해서 볼 수 있는 수단으로서만 가치가 있을 뿐입니다. 당신은 역사를 가까이 가서는 볼 수 없습니다. 모든 것이 평평해지기 때문입니다. 당신이 역사적인 감각을 가지게 되자마자 그것은 당신에게 검색 능력을 제공하고, 하나의 관점을 줌으로써 사건들 속에서 사소한 것들을 분류하게 하기 때문에 역사를 의미 있게 만들 필요가 없습니다. 역사는 역사 그 자체인 것입니다.

로라: 당신의 글에는 "관점"이라는 말이 많이 나옵니다. 당신은 신을 관점이라고 말하고, 신화가 우리에게 관점을 제공해서 사건들을 다르게 볼 수 있다고 말합니다. 당신이 말하는 "관점"이라는 관념에 대해서 더 좀 설명하실 수 있겠습니까?

제임스: 그것에 대해서 저는 제가 최근에 생각하는 용어를 가지고 설명하고 싶습니다. 옛 것과 새 것, 또는 우리가 본질적인 것과 "현재"라는 말도 게슈탈트 심리학에서는 전경(前景)과 배경(背景)이라는 용어로 설명할 수 있기 때문입니다. 게슈탈트 심리학에 의하면 당신이 초점을 맞추는 것은 전경(foreground), 즉 지금 실제로 보이는 것이 됩니다. 배경(background)이 있지만 말입니다. 어떤 사건이나 당신을 사로잡는 것, "현재" 당신에게 문제 되는 것을 생각해 보십시오—어떤 증상이나, 화제가 되는 뉴스나, 나르시시즘 등 심리학에서 논의되는 것이나—그것은 즉시, 완전히, 문자 그대로 떠오를 것입니다. 마찬가지로 우리가 르네상스 시대, 이집트 신화, 그리스 신화 또는 셰익스피어나 키이츠의 글귀를 떠올리는 순간 우리는 그것들을 전경으로 보게 됩니다. 그것들은 배경과 연결되어 있고, 배경에 메아리를 울리게 합니다. 그것들은 전면에 있고, 부풀어 올랐습니다. 그러나 그것들은 배경을 가지고 있고, 단지 전경으로 나선 것이기 때문에 갑자기 상대화될 수도 있습니다. 마찬가지로 "현재"도 다만 지금일 뿐이지 전체의 형태(gestalt)를 나타내는 것은 아닙니다. 그것은 하나의 이미지이지, 사건은 아닌 것입니다. 그것은 사례들에서도 똑같습니다. 그 사례들은 단지 사례일 뿐입니다. 다시 말해서 그것들은 우리가 그것들을 본질적인 관점, 즉 일종의 배경인 원형적 환상을 가지고 볼 때까지는 완전히 문자 그대로의 사람이나 문제입니다. 그러나 우리가 그것을 원형적 환상을 가지고 볼 때, 그것은 이미지들로 됩니다. 그러나 여기에서 조심해야 합니다. 그것들이 원형적 신화나 환상의 이미지가 아니라 전경으로서의 이미지이기 때문입니다. 배경은 그 뒤에 있습니다. 역사는 게슈탈트를 만드는 하나의 방법입니다. 과거에서 나온 역사적 전거(典據)들과 인물들은 그것이 어떤 것이라고 말하는 것에 고착되어 있던 것으로부터 전

경이 되는 사건을 풀어내는 것입니다.

로라: 그러나 그것은 일종의 수사학적 언사(言辭)가 아닙니까? 현재는 언제나 사소한 문제들을 가지고 논쟁을 벌이게 하는 것인데 반해서, 과거는 모든 것들을 고상하게 윤색(潤色)하는 "언사"가 아니냐는 말입니다.

제임스: 그것은 물론 세넥스-새턴의 관점, 이미 통용되고 있는 지혜입니다. 과거를 심화시키고, 더 살아 있게 하며, 증거가 되는 것입니다. 당신은 그것이 전형적인 방법이라는 사실을 알 것입니다. 그래서 라틴 사회에서는 어떤 것을 입증할 때, "시간이 진리를 증명해준다"는 말이 있습니다. 그러나 사람들이 세넥스적 의식과 반대되는 쪽에 있을 때, 즉 그들이 어린이 원형 안에 있거나, 그들이 열네 살이든지 아니면 나이를 더 먹었을지라도 뿌에르 신화가 지배적인 상태에 있다면, 그들은 과거에 속한 모든 전거들을 던져버릴 것입니다. 역사와 시간은 당신의 자리를 완전히 못쓰게 할 것입니다. 뿌에르는 시간이나 반복되는 것에서 아무것도 배우지 않습니다. 그는 발달에 저항하고, 언제나 독특한 것을 좋아합니다. 그에게는 앞선 것도 없고, 지나간 것도 없습니다. 그것이 그가 느끼는 방식입니다. 우리 문화에서와 마찬가지로 뿌에르 원형의 문화에서는 과거와 맹렬하게 저항하고, 기성의 것이나 독특하지 않은 것과 맹렬히 싸웁니다. 이것이 그 문화의 모든 것을 보여줍니다. 예를 들어서 말하자면, 미국의 사회학, 심리학, 인류학, 심지어 역사 교과서도 3년 이상이 된 것은 있을 수 없고, 교과서 목록에서도 빠집니다. … 그 책은 3년이 넘으면 개정되어야 합니다. 즉각 교정되어야 한다! 오직 최신의 것만이 좋은 것입니다.

로라: 당신이 "다시 읽기"(re-visioning, 힐만은 revisioning이라는 단어를 re-visioning이라고 썼다-역자 주)라는 생각을 소개하면서, "다시 읽기"는 "새롭게 하기"나 현대화하기라고 하지 않았습니다. 오히려 당신은 과거에 기반을 둔 새로운 비전을 가지고 다시 보는 것이라고 했습니다. 당신이 새로 낸 책 『심리학 다시 읽기』(Re-visioning Psychology)은 새로운 심리학 책입니까? 아니면 과거의 심리학 책입니까?

제임스: 이 질문의 의도는 무엇입니까? 거기에는 어떤 차이가 있습니

까? 그 질문은 우리를 뿌에르와 세넥스, 새 것과 옛 것 사이에서 마비되게 합니다. 중요한 것은 정말 새로운 것은 "현재"가 아니라는 사실입니다. 정말 새로운 것은 다시-새로워진(re-new) 것입니다. 여기에서 중요한 것은 "re"라는 음절입니다. 그 음절은 remember, return, revision, reflect … 등 심리학에서 가장 중요한 음절입니다.

로라: 인식(recognition)이라는 말도 우리 영혼이나 삶에 이미 있는 것으로부터 오는 지식을 말합니다.

제임스: 그렇습니다. 반응(response)입니다. 거기에서 올바른 것이 어떤 것이라고 반응하는 것입니다.

로라: 반작용하다(react) …

제임스: 그렇습니다. Re-act는 반복하고, 반응하는 것입니다.

로라: 반복하는 것은 "과거로 돌아가는" 길입니다.

제임스: 이것들은 중요한 단어들입니다. 그리고 회개하다(repent), 후회하다(remorse)는 단어들은 종교적인 용어입니다.

로라: 종교(religion)라는 단어 자체가 "다시 잇다" 또는 "다시 묶다"는 의미를 가진 "re-ligion"으로 설명되지 않았나요?

제임스: … 그렇지 않으면, "다시 연결시키다"라는 의미이지요. "re"가 들어가는 단어 가운데서 가장 중요한 단어는 "존중하다"(re-spect)일 것입니다. '다시 보다'라는 의미이지요. 당신은 알고 계셨습니까? 심리학이 하려는 것은 모두 그것입니다. 그 한 단어 속에 있는 것을 하려는 것입니다. 우리가 꾸는 꿈들과 기억이 하려는 모든 것들은 우리가 우리 자신을 존중하게 하는 것─죄책감을 가지고 검열하지 않고─어제 어떤 일이 있었고, 어린 시절에 어떤 일이 있었는지 다시-지키고(re-gard), 다시-보면서(re-spect) 그것들을 존중하라는 것입니다. 우리는 우리가 잊어버렸거나 억압한 것들을 다시 보고, 망각의 기제와 억압의 기제를 다시 살펴보며, 우리가 다시 보는 것들 속에서 우리 자신이나 문화 안에 있는 것들 가운데서 다시 존중할 것들을 얻습니다. 그러나 당신은 그렇게 하면서 그것을 있는 그대로 두어야지, 그것을 시대에 맞게 하거나, 새롭게 해서는 안 됩니

다. 새롭게 하려는 것은 역사를 지우려는 것입니다. 우리의 삶에서 오래된 것보다 더 미움받고, 억압된 것은 없습니다. 세넥스에는 늙은 조지3세가 그랬듯이 절망적인 두려움이 있습니다. 그러나 세넥스는 노현자나 노숙한 사람, 노인이기도 합니다. 당신이 오직 새로운 것이나 미래에 고착되어 있으면, 당신은 파랑새나 모기를 쫓는 것이지 노숙한 사람이나 노인이 아닙니다. 우리는 여전히 모두 실증주의자입니다. 우리는 당신이 과거로부터 몸을 돌려서 앞으로 나아간다고 생각합니다. 그 반면에 르네상스 시대 사람들은 뒤를 돌아보면서 앞으로 나아갔습니다. 그 당시 가장 사랑을 받았던 경구는 "예지에 대한 사랑은 회귀(回歸)를 가져온다"(*Philosophia duce regredimur*) 라는 말입니다.

로라: 당신은 지금 제가 방금 전에 했던 말을 그대로 하고 있군요. 오래된 것을 고상하게 하기 위해서 과거, 그렇지 않으면 세넥스를 수사학적 언사로 포장하고 있습니다.

제임스: 물론입니다. 뿌에르는 와서 이렇게 말할 수 있을 것입니다: 르네상스 시대에 대한 역사적 전거들은 논의를 무디게 하지만, "별들의 전쟁"에 관한 것은 우리의 논의를 살아 있게 하고, 타당하게 하며, 활성화시킵니다. 이 사실은 우리는 언제나 수사학의 이런 유형이나 저런 유형을 가지고 있다는 사실을 알게 합니다. 당신은 당신의 입을 통해서 나오는 원형적 관점을 가지지 않고서는 말을 할 수 없습니다. 수사학은 단순히 우리가 다른 사람을 설득하기 위해서 말하는 기술이나 체계를 의미하지 않습니다. 나는 모든 원형들은 그 나름 대로의 수사법을 가지고 있으며, 그런 의미에서 모든 언설은 수사학이라는 의미로 수사학을 이해하고 있습니다. 모든 언설은 설득하려는 의도를 가지고 수사학을 사용하는 것이지요.

로라: 다시 한번 말합니다. 르네상스, 특히 당신은 왜 … 이탈리아의 르네상스에 대해서 그렇게 많은 말을 합니까?

제임스: 나는 르네상스에 대해서 문헌학자나 문화에 대한 지식이 있는 사람으로 말하지 않습니다. … 나는 나 자신을 그리스나 르네상스 또는 역사에 대해서 아는 학자로 생각하지도 않습니다. 나는 역사가도 아닙니다.

그러나 나는 이 자료들이 우리의 뿌리, 서양의 역사적 뿌리인데, 그것들이 학자들에 의해서 잠겨 있고, 대학이나 박물관에 처박혀 있어서, 당신과 나 같은 우리 시민들이 우리 뿌리로부터 단절되어 있다고 생각하기 때문입니다. 그리고 그것을 연구하는 학자들은 다른 사람들이 더 문화적으로 되도록 가르친다고 하지만, 그들은 실제로는 우리를 문화로부터 더 단절시킵니다. 그들은 그것을 더 학문적으로 가공하려고 하기 때문입니다. 당신이 르네상스에 대해서 제대로 된 작업을 하려면 수십 년 동안 학문적으로 세뇌된 것들을 샅샅이 살펴보아야 합니다. 그것들은 시민들이 그들 자신의 문화를 영위하기 위해서 뚜껑이 벗겨져야 합니다. … 우리는 끔찍한 분열의 시대를 살고 있습니다. 그것은 르네상스인들도 마찬가지였습니다. 그러나 그들은 그 분열을 치유할 수 있는 "양쪽을 본다"(gloria duplex)라는 격언을 가지고 있었습니다. 그것이 그들의 의식을 양쪽에서 잡아주었던 것입니다. 위험은 그 양면이 오직 세넥스나 뿌에르로 분열될 때 생깁니다. 일방성이 문제인 것입니다. 그때 하나가 다른 하나에 등을 돌리기 때문입니다. 우리는 지난 1960년대 뿌에르가 일방성을 띠었던 것을 알고 있습니다. 그리고 지금 그 파괴를 가져온 혼돈은 세넥스의 잘 조직된 파괴 양식에 길을 내주고 있습니다 — 정치적 억압, 군비 경쟁, CIA 등이 경제 발전과 안전이라는 이름으로 더 큰 파괴를 하는데, 그것들은 모두 세넥스의 이상입니다. "양쪽을 본다"는 말이 너무 구식이고, 당신에게 너무 이탈리아적인 것으로 들린다면, "re"라는 작은 음절의 말은 어떻습니까? 그 말은 과거의 것을 취하고, 그것을 뿌에르적으로 뒤틀지 않습니까? 그 말은 사물을 뒤로 돌리면서 동시에 완전히 뒤엎지 않습니까?

로라: 당신은 도대체 세넥스와 뿌에르의 재-연합을 어떻게 생각하고 있습니까?

제임스: 나는 먼저 우리는 그 어느 것이나 단순하게 보지 말아야 한다고 생각합니다. 단순화한 것들은 이미 분열된 이쪽이나 저쪽의 부분들을 꾸민 것이기 때문입니다. "양쪽을 본다"는 것은 대안적 시나리오로 제시된 수많은 답변들 가운데 하나를 말하는 것이 아니라 복잡한 대답입니다.

일련의 대안들은 제가 말하는 "다양성"과 거리가 멉니다. 다양성은 언제나 복합적이기 때문입니다. 에드가 윈드(E. Wind)가 주장했듯이, 르네상스인들은 단순성 대신 복합성에 대해서 말을 했습니다. 우리가 올바른 방식으로 뒤얽히게 되면, 우리는 상상력을 발휘하게 됩니다. 그러나 단순성은 상상력을 그치게 합니다. … 우리가 이 세상에 대해서 상상하고, 우리 삶의 문제들을 상상할 때, 그것들은 내면화되기 시작하고, 심리학적으로 됩니다. 그러나 그것들을 복잡하게 만드는 것은 우리가 아닙니다－그것은 우리의 정신, 아니마입니다. 사물들을 뒤섞어 놓고, 가장자리를 흐릿하게 하는 것은 아니마의 작업인 것입니다. 아니마는 사물을 엉키게 합니다－그것은 "주름진 것", 접힌 것이 아닐까요? 따라서 뿌에르-세넥스의 재연합은 아니마가 양쪽을 취하게 하고, 메말라진 세넥스로 하여금 조금 촉촉해지고, 집시의 환상을 하는 영혼을 느끼게 하는 한편 하늘을 높이 날고, 불을 입에 넣는 뿌에르가 좀 열등하고, 우울하며, 혼돈을 느끼게 하는 것으로부터 시작됩니다. 세넥스처럼 좀 외롭고, 소외되어 있으며, 이해받지 못한다고 느끼게 해야 하는 것입니다. 커다란 병리학적 문제들이 희미하나마 해결책을 찾게 되는 것은 매우 어려운 일입니다. 나이가 많고, 위험한 해군 제독과 노현자 사이의 유일한 차이점은 그들이 아니미와 어떻게 관계를 맺느냐 하는데 있습니다.

로라: 그러면 당신이 오래된 것을 가치와 본질을 제공하는 양식으로 보고, 관심을 기울이는 것과 세넥스에 사로잡혀서 단순히 보수적으로 되거나－전통적으로 그 나름대로 의미를 부여하고, 젊은이들을 억압하는데 사용되었던－가부장적으로 되는 것 사이에는 커다란 차이가 있군요.

제임스: 나에게 주어진 중요한 과제는 세넥스를 그것의 모든 다른 측면들과 접촉을 유지하게 하는 것입니다. 세넥스는 우리가 모르는 사이에 단지 우울증이나 잔인성으로 뿐만 아니라 다양한 형태로 미끄러져 들어갑니다. 우리는 심리적 요소로서의 세넥스에 너무 쉽게 무의식적으로 사로잡힙니다. 왜냐하면 세넥스는 그의 관점을 "사실이다", "어렵다", "저 바깥에" 등으로 구체적으로 말하거나 … 경제가 어떻다 하는 식으로 말하는 경

향이 있기 때문입니다. 새턴은 모든 것을 문자 그대로 고정시키거나 물질적으로 추상화시킵니다.

로라: 당신이 말하는 것은 다시 한번 융학과 사람들이 흔히 그렇듯이 구체적인 세계와 법칙에 대해서 별로 관심을 보이지 않는다는 말처럼 들립니다.

제임스: 당신의 말에는 세넥스가 말하는 것이 옳다는 것 같습니다. 나는 구체적인 세계, 물질의 세계에 전혀 무관심하지 않습니다. 그와 정반대입니다! 나는 물질에 관한 모든 종류의 질문들, 심지어 화학이나 버스 운송과 도심의 건축물들에 대해서도 언급한 적이 있습니다. 그러나 물질에 대한 특정한 하나의 견해-즉 과학적, 경제적, 사회적 견해-는 우리 사회를 천천히 몰락시키게 합니다. 그렇지 않으면, 그런 견해는 뿌에르를 일방적으로 세워 놓기 때문에 빨리 몰락시킬 수도 있습니다. … 그러면 뿌에르는 반작용을 일으키게 되고, 세넥스적인 세계관을 금방 무정부주의적으로 만들고, 묵시록적 화염에 휩싸이게 합니다. 따라서 심리학의 작업은 언제나 세넥스를 심리학적 맥락에서 벗어나지 않게 하고, 새턴이 편집증적이거나 반사회적으로 나아가지 않게 하는데 있습니다. 새턴에게는 그런 본성이 내재해 있기 때문입니다. 내가 유일신론과 그렇게 싸운 것은 그 때문입니다. 나는 새턴이 그 안에 있으며, 그의 위험한 "독단적 견해"가 그 안에 있다고 봅니다. 세넥스의 불관용성과 맹목성은 우리 모두를 쓸어가버립니다. 나는 맹목성을 특히 영혼이 없는 구체성이라고 생각합니다.

로라: 당신이 물질 세계에 접근할 때 당신의 태도는-그것이 비록 구체적인 것일지라도-영혼이 없는 것은 아닙니다. 다시 말해서 당신이 구체적인 것이나 본능과 물질적 세계에 대해서 본능적으로 관심을 보이는 것은 영혼이 없이 대하는 것이 아니라는 말입니다.

제임스: 맞습니다. 나는 세계에 접근할 때 세계의 혼(anima mundi)을 통해서 다가갑니다. 세계를 영혼 안에 있는 것으로 보는 것입니다. 우리가 지금 말하는 세넥스는 구체적인 것에 문자 그대로-그것이 어떤 것이든지 간에 경제적, 정치 권력, 에너지 등에-아무 정신적인 것도 없고 영혼

에 대한 고려 없이 고착되어 있습니다. 우리가 말했듯이 세넥스에게 세계는 영혼의 표현이 아닙니다. 세계는 영혼의 반대편에 있습니다. 그리고 이런 영혼이 없는 구체성은 핵폭탄을 만들려는 계획과 테러리스트들의 태도를 지배하고 있으며, 이것은 또한 그들이 똑같은 원형적 실재, 똑같은 광기를 나누어 가지고 있다는 사실을 보여줍니다. 그들은 모두 가장 실제적인 것은 물리적이고, 외적인 구조라고 생각합니다. 영혼이 없는 구체성인 것입니다. 그러나 나는 가장 실제적인 것은 의식의 구조, 상상력의 구조라고 생각합니다. 그래서 우리의 생각이 움직이고, 마음이 움직이며, 이미지들이 움직이면, 다른 것들도 같이 움직인다고 생각합니다. 똑같이 구체적이고 제도적인 구조를 공격하고, 방어하면, 양자 사이에는 갈등이 깊어집니다. 그러면 옛 것을 지키려는 집단과 그것을 부수려는 집단이 서로 서로를 강화시키고, 그 어느 것도 지키거나 새롭게 하지 못합니다. 영혼에 와닿는 것이 아무것도 없어서, 어느 것도 움직이지 않는 것입니다. 내가 생각하기에 무정부주의적이고, 테러적인 비전은 매우 낡은 비전으로, 우리가 꿰뚫어 보고, 극복해야 하는 19세기 초반의 심리학-이전, 비유-이전, 현상학-이전 현상입니다. 그 반면에 정신분석학에는 더 많은 반대파들, 즉 랭(Laing)이나 반-정신의학 운동을 했던 사람들보다 더 많은 반대파들이 생겨야 합니다. 그것은 그 직종의 고정된 자산—사례비, 의료보험, 사례 관리—을 꿰뚫어 보고, 뒤흔들기 위해서 그 자체의 "영혼의 테러리스트들"을 필요로 하는 것입니다. 그들의 윤리적 법정과 관료적 협회를 재정비하고, 영혼의 세계로 다시 나아가게 해야 하는 것입니다.

로라: 당신의 말은 메시아 대망처럼 들립니다. 그것은 다시 뿌에르의 수사학으로 돌아가는 것이 아닙니까?

제임스: 왜, 그렇지 않겠습니까? 적어도 잠깐 동안은 그것도 필요합니다. 그것은 환상이 너무 오래 되면 뿌에르가 뚫고 들어오는 것을 보여주기 때문입니다. 옛 것과 새 것의 원형은 실제로 서로 떨어질 수 없습니다. 내가 생각하기에는 새 것에 문자 그대로 초점을 맞춰서 세넥스가 뿌에르를 흡수하고 구체화시키면서 뿌에르를 고갈시키는 방식으로 영혼을 말살시

키게 하는 것보다 옛 것에 조심스럽고, 끈질기게 초점을 맞춰서 지금 우리가 하는 것처럼 뿌에르가 자발적으로 뚫고 들어오게 하는 것이 더 좋은 듯합니다.

로라: 옛 것과 새 것, 노인과 젊은이에 관한 주제는 문학의 기본적인 소재로 아주 오랫동안 다루어졌고, 이제 정신분석학에서 아버지와 아들 사이의 문제로 오이디푸스 이야기와 『토템과 타부』를 통해서 반복해서 다루고 있습니다. 그러나 그것은 언제나 새롭게 들립니다. 그 주제를 라틴어 용어로 마치 옛 것처럼 말하지만, 우리에게는 새롭게 들립니다. 그래서 다른 문제로 보이기도 합니다. 세대 간의 갈등, 문명의 갱신, 보수주의 대 급진주의―심지어 예술, 건축, 문학에서 양식에 대한 논쟁에 이르기까지― 등도 이 원형적 쌍 안에 담고, 거기에 대해서 생각할 수 있게 합니다. 그렇게 함으로써 언제나 우리에게 있는 문제를 단순히 똑같이 오래된 방식으로 다루기보다 더 심리학적으로 고찰하게 하면서 그 갈등에 대해서 깨닫게 합니다.

제임스: 갈등을 깨닫는다는 것은 세넥스와 뿌에르는 언제나 같이 나타난다는 것을 상기(想起)하면서 그것을 심리학화한다는 말입니다. 당신은 그 가까이에 어느 하나가 있지 않는 한 다른 하나를 만날 수 없습니다.

로라: 세넥스와 뿌에르라는 용어 자체는 우리가 여태까지 말한 것들을 아주 잘 설명해주고 있습니다. 그리고 이탈리아의 르네상스 시대로 거슬러 올라가는 것은 대단히 가치 있는 일이며, 동시에 새로운 어떤 것을 심리학에 가져다 줍니다.

| 주석

처음에 *Inter Views: Conversations Between James Hillman and Laura Pozzo On Therapy, Biography, Love, Soul, Dreams, Work,*

Imagination and the State of Culture (New York: Harper & Row, 1983)에 수록되었다.

1 나의 *The Force of Character and the Lasting Life* (New York: Random House, 1999), 특히 chap. 3, "Old"를 참조하시오.

제13장
젖과 원숭이에 대한 담론

발레리우스 막시무스가 쓴 로마의 자비(caritas romana)를 나타내는 페로(Pero)와 시몬(Cimon)의 이야기는 르네상스 시대 중기와 말기에 많이 그려졌고, 카라바조, 루벤스, 리베라, 파넬, 무릴로 같은 중요한 미술가들도 그림으로 많이 그렸다.[1] 형무소의 방에 수염이 난 노인이 길게 누워 있는데, 그의 손은 묶여 있고, 발에는 족쇄가 채워졌으며, 죽어가고 있었다. 그의 보호자인 그녀의 딸이 그에게 젖을 먹이고 있다. 세속 사회에서 나온 이 세속적인 주제가 아무리 효심과 기독교적 자비(배고픈 자들을 먹이고, 형무소를 방문하는 것)를 보여주면서 도덕화하려는 목적을 가지고 있지만, 이 그림에는 신화적인 면에서도 심리학적 깊이를 지니고 있다.

『떠오르는 새벽 빛』(Aurora consurgens)의 한 부분이라고 알려진 다른 그림에는 지혜의 어머니 앞에 두 노인이 무릎을 꿇고 앉아서 그녀의 가슴으로부터 젖을 빨고 있다.[2] 그 그림의 제목은 "자연의 과정"이고, 거기에서 그 젖은 "시작, 중간, 마지막"인 원질료(prima materia)라고 새겨 있다. 손과 발이 묶여서 움직이지 못하고, 아무것도 할 수 없는 노인은 두 가지 본성을 가진 세넥스인 새턴인데, 그는 생명으로부터 단절되고, 그의 의무라는 줄에 묶여 있고, 그 자신의 체계라는 구성물에 갇혀서 탈진되고, 목이 마른 채 바닥에 누워 있다. 그는 힘이 빠져서 무력해졌다.[3] 그래서 왕의 고문이었던 보에티우스 역시 배신 당하고, 권력에서 쫓겨나, 감옥에 갇혔을 때, 절망하였고, 그의 실제 나이보다 더 많이 보였고, 죽기를 바라고 있었다.[4] 그러나 그는 권력을 잃자, 지혜가 시작되었다. 그는 그의 갈증을 달래주는 여성상의 방문을 받은 것이다. 그녀는 그에게 그가 이미 그녀의 젖을 먹였으며, 이제 그에게 『철학의 위로』로 그의 욕구를 채워주겠다고 하였다. 그래서 그 책은 노래로 시작된다.

"시작, 중간, 마지막"으로서 젖은 우리의 주제인 세넥스, 뿌에르와 관계가 된다. 세넥스와 뿌에르는 모두 젖을 필요로 하기 때문이다. 시작으로서 젖은 원질료이며, 우리는 가슴으로부터 시작한다. 마지막으로서 젖은 또한 노인을 그녀의 가슴을 통해서 다시 살아나게 하는 지혜가 되는 원질료이다.[5] 과정의 시작과 마지막은 늙은 신체적 인간을 약하게 하고, 새로운 영적 인간으로 굳히는 젖에서 합쳐진다.[6] 세계는 젖을 휘저어 놓은 듯한 바다로부터 시작되었고, 다른 연금술서는 젖이 피나 물보다 먼저 있었으며, 처음에 있었던 것들 가운데서도 제일 처음에 있었다고 말한다.[7] 따라서 사람은 가슴으로부터 출발하고, 그 다음과 마지막도 마찬가지다. 사람은 어머니의 젖을 먹고, 연인의 가슴에 안기며, 노인이 되어서도 마찬가지다. "아가서(雅歌書)는 누이의 가슴에 과일의 "새 것과 옛 것"이 있다고 노래한다.[8] 사람이 시작과 마지막을 함께 할 때, 즉 뿌에르와 세넥스가 같이 있으면, 여성은 딸이고, 어머니이며, 누이이고, 음식을 주는 사람으로서의 보모이다. 모든 것들은 우리를 그녀의 가슴에 품고 가르치는 "가정교사로서의 성모"로 모아진다. 사람들은 가슴에서 배운다. 그러면 사람들은 가슴에서 무엇을 배울까? 젖을 통해서 무엇을 배울 수 있는가?

그러나 우리가 이 질문으로 돌아갈 수 있으려면, 그 전에 필요한 조건을 충족시켜야 한다. 먼저, 젖이 등장해야 하는데, 그것은 갈증과 갈망, 새턴의 박탈, "약하고, 지친" 피카트릭스(Picatrix, 아랍의 마술서 – 역자 주)의 새턴을 필요로 한다.[9] 갈증이 먼저이고, 갈증을 가시게 하는 것이 그 다음이다. 그러나 왕좌에 앉은 힘이 센 사람은 젖, 지혜, 노래를 필요로 하지 않는다. 먼저 젖에 대한 욕망과 욕구가 있다. 그런데 늙고, 미친 사울 왕이 "꼬마 다윗아, 이리 와서 하프 연주를 해 다오"라고 말한다. 뿌에르이거나 세넥스이거나 자기-충족적인 사람은 자폐적이다. 두 부류의 사람들은 그들의 욕구를 부인하고, 그들의 경계를 지킨다. 그러나 절망에 빠져 있고, 갈증을 끊임없이 느끼는 사람의 입은 젖을 자연스러운 과정으로 이끄는 듯이 항상 벌어져 있다. 그것은 마치 갱신의 전제 조건은 욕구와 의존성을 받아들이는 것이라는 사실을 가리키는 듯하다. 융은 갱신의 이런 전제 조건을 『아직 찾지 못한 자기』(Undiscovered Self)에서 다루고 있는데, 우리는 그것을 가지고 시작하였다.

> 인간관계는 분화와 완전이 언제나 차이를 강조하거나 정반대되는 것을 확인시키기 때문에 분화와 완전에 기초를 두지 않는다. 오히려 인간관계는 불완전에 기반을 두며, 약하고, 무력하며, 지지를 필요로 하는 것에 기초를 두는데, 그것은 바로 의존의 터전이고, 동기이다. 완전한 사람은 다른 이들을 필요로 하지 않는다. 그러나 약한 사람은 …

> 그리고 다시, "존재의 새로운 형태가 일어나는 것은 이상적인 요구나 단순한 소망에서가 아니라 비탄과 욕구에서이다"[10]라고 하였다. 또한 융은 전이 현상의 깊은 의미에 대한 결론을 말하면서 다음과 같이 주장하였다. "우리 세계에서 부족한 것은 정신적 관계인데, 그 어떤 파벌이나 이익 공동체나 정당, 국가도 그것을 대신해 줄 수는 없다."[11]

그런 욕구, 고뇌, 갈망은 우리가 바라는 존재의 형태를 가리킨다. 그 갈증은 그의 대상, 즉 자신을 만족시킬 수 있는 것을 가리키는 것이다. 한 사람을 원초적인 상태로 근본적으로 변환되게 하는 원초적 음식은 원초적 지식인데, 그것은 역사가 시작되기 전, 같은 것들이 분할되기 이전부터 존재했던 지식이다. 그것은 아직 "어리고", "연약한" 도(道, Tao) 같은 것이다. 젖은 영혼의 원초적인 수준을 먹이면서 타인은 물론 그 자신과의 정신적 관계를 회복시켜준다. 이런 젖의 수준에서 모든 관계와 나이의 차이는 정신의 무시간성 속에서 녹아버린다. 늙은이는 작은 아이가 되고, 작은 아이는 지혜 때문에 현명해진다.

뿌에르와 세넥스 사이에 있는 부정적 상호성과 그들의 정신적 관계의 결핍, 그들의 분화와 독립 및 자아에게 질서와 방어와 무엇인가를 찾게 하는 긴장은 모두 사라진다. 시간과 함께 하는 역사와 시간이 멈춘 것이다.

그래서 내가 누구였고, 어떻게 되어야 하는지는 없어졌다. 나 자체가 없어진 것이다. 그러나 나의 영혼은 나의 약함과 욕구를 받아들임으로써 열리게 된다. 이런 욕구들이 나를 인간이 되게 하였고, 나의 피조성(被造性)으로 하여금 창조에 의존하게 하였다. 다르게 말해서, 도(道)는 아직 약하기 때문에 도에 이르려면 우리의 욕구를 받아들이고, 우리가 계속해서 의존 상태에 있어야 하기 때문이다.[12] 그러나 우리가 자폐적인 상태에 있거나 입을 닫고 있으면 이런 욕구들을 충족시킬 수 없다. 양육하는 자비와 철학의 위로를 필요로 하는 버려진 아이와 버려진 노인은 그들이 갈망하는 그런 사랑을 그들에게 통제와 지식이 사라진 다음에나 발견할 수 있다.

영양섭취를 통해서 정화가 이루어지면, 거기에는 용해(溶解) 이외에 다른 의미가 있다. 나는 젖이 내 몸을 취하게 하고, 내가 어머니의 대양(大洋)과 같은 지복 상태에 녹게 하는 대신, 내가 내 몸으로 젖을 먹는다. 젖을 먹는 것은 "내가" 남아 있고, 내가 안으로부터 변화되며, 안으로부터 바깥으로 변화하기 때문에 퇴행하는 것이 아니다. 지혜의 젖이 내 입, 내 속으로 들어가고, 내 혀를 넘어서 나의 뱃속으로 들어간다. 따라서 우선적으로 우리가 가슴에서 배우는 것은 그 안에 새턴이 메마른 채 갇혀 있는 명령 체계와 추상적인 건조물들을 녹여버리는 신체적 지식이고, 구체적 지식이다. 그리고 그 젖은 "맛있는 지식"이고, 그 맛은 진정한 지혜의 원천이 된다. 그것이 대답되어야 하는 첫 번째 욕구이다.

젖을 먹는 것이 단지 모성 속으로 녹아 들어가는 것이 아니라 원초적 지혜를 취하는 것이기 때문에 가슴은 오직 "어머니"만일 수 없다. 가슴은 프로이드 학파가 그랬듯이 "부분이 전체를 대표한다"는 의미에서 오직 위대한 세계의 암소의 젖통으로 취급되어왔다. 그러나 그것은 어떤 것을 오직 하나의 의미로만 해석하는 기호(sign)가 아니다. 가슴은 하나의 상징이며, 제의적인 물체로, 꾸미기도 하고, 감추기도 하며, 갈망과 기쁨을 의미하는 대상이다. 또한 가슴은 부드러움의 계시이며, 인간의 감정에서 우러나오는 자비의 계시이다. 그것은 어머니에게만 있지 않고, 누이와 연인에게도 있으며, 보모와 딸에게도 있다. 우리가 젖을 먹는 아들일 때 가슴은 어머니이고, 우리가 연인일 때 가슴은 누이-연인에게 있으며, 약하고, 지친 늙은 왕일 때 젖은 자신이 생명을 준 존재 안에 있는 생명으로, 딸로부터 온다. 그러나 우리는 거기에 대해서는 거의 관심을 가지지 않는다. 딸의 젖을 통한 구속(救贖)은 우리에게 영혼과 새로워진 관계를 암시한다. 딸-아니마는 그의 현재의 고통을 그 전에 그가 보모-어머니나 누이-연인과 맺었던 관계를 가지고 보는 것과 다르게 보고, 다른 관계를 맺게 함으로써 그 "늙은이"를 회복시켜 준다. 딸과 함께 공동성, 상호성, 친밀성은 모두 아니마의 미래에 영향을 미친다. 딸은 자아로부터 독립적인 영혼을 나타내고, 그녀의 젖은 아니마에 대한 자아의 의존성을 말한다.[13]

숄렘 교수가 에라노스에서 우리에게 들려준 것으로 조하르(Zohar, 유태교 신비주의 문서-역자 주)에 나오는 신(神)의 신비한 이미지를 그린 거룩한 늙은 왕의 눈은 젖에 담겨 있다.

> 게브라(Gevurah, 유태교 신비주의 카발라에 나오는 것으로서 창조적 감정의 두번째 속성-역자 주)가 그 자신을 확장시키고, 그 눈들이 붉은빛으로 빛날 때, 아티카 카디샤(Atika Kadisha)는 그의 순백(純白)을 비추고, 그것은 어머니 안에서 빛난다. 그리고 어머니는 젖으로 가득 차고, 모두에게 젖을 먹이며, 모든 눈들은 끊임없이 흘러나오는 어머니의 젖에 잠긴다.[14]

흐르는 젖은 그의 사랑에 찬 눈물일 수 있고, 젖에 잠긴 눈들은 그의 본래적인, 어린아이다운 비전을 회복시켜주면서, 사람들이 보았던 모든 것들과 역사에서 분노를 일으키는 사건들을 모두 씻어버리는 현자(賢者)의 세안제(洗眼劑)일 수 있다.

천사는 젖통에서 나온 음료를 예언자에게 주고, 예언자는 마치 그가 꿈을 꾼 동안 그것을 마신 것처럼 예언하였다.[15] 지식의 젖, 즉 지혜나 자기 인식은 꿈 같은 상태로부터 온다. 아마 젖에서 나온 음료는 꿈이고, 젖통은 꿈의 통인지 모른다. 그러므로 우리가 가슴에서 배우는 것은 우리 자신에 대한 인식으로, 우리 자신의 본질, 즉 우리가 이 세상에서 태어나고, 죽는다는 인식이다. 우리가 이 세상에 살면서 나이가 들지 않고 영원한 소년으로 사는데 필요한 것은 우리가 언제나 입을 벌리고 있는 아주 어릴 때의 꿈을 꾸는 "상상하는 동물"이라는 것이다. 그때 우리에게는 "이빨도 없었다". 아무것도 방어하지 않았던 것이다. "우리는 그런 존재들이다/꿈이 그렇게 말하고, 우리의 소박한 삶이 그렇듯이/삶은 잠 속에서 그렇게 둥글게 말리지 않을까?"[16] 우리는 가끔 꿈에서 그런 것을 떠올리면서 잠에서 나와 삶으로 들어가고, 마지막에는 다시 잠으로 돌아가는 것이 아닌지 모르겠다. 그 전에 우리는 무엇인가를 만든 공작인(工作人, homo faber)이었고, 삶을 즐길 줄 아는 유희인(遊戲人, homo ludens)이었으며, 생각하는 사유인(思惟人, homo sapiens)이었고, 뿌에르나 세넥스였다. 우리는 정신적 실재 속에서 최초로 꿈을 꾸는 존재이고, 상상의 우주에 있는 영원한 젖과 정신적으로 관계 맺으면서 사는 상상하는 존재이다. 그래서 우리에게는 언제나 어린시절의 어머니의 젖에 대한 이미지들과 사랑할 때의 황홀했던 이미지들과 노인이 보는 예언적 이미지들이 따라다닌다.

이것이 연금술에서 말하는 "달의 물기"나 "고목(枯木)에 돋아난 새싹"인 본질적 인식의 흐름이며, 진정한 꿈이 아닌가? 이런 꿈은 진실되고, 달콤하다. 이 꿈들은 다른 차원에서 볼 때 이븐 시나(Ibn Sina, 이슬람 세계의 과학자—역자 주)가 나이든 사람들에게 정신적인 세계와 관계 맺게 해주는 습윤성 식품이 아닌가? 이 정신적 관계—융이 그렇게 중요하다고 했던—는 우리가 관심을 기울여야 하는 바로 그것이 아닌가? 그러면 그것은 무엇인가? 우리가 아는 한, 그것은 단지 사람들 사이, 젊은이와 늙은이 사이의 관계성만은 아니다. 여기에서 말하는 정신적 관계는 정신요소와의 관계를 말한다. 다시 말해서, 우리 내면에 있는 원형적 관점으로부터 자발적으로 솟아오르는 것과 관계를 맺으라는 것이다. 따라서 그것은 나이와 무관하고, 나이에 따른 관점을 없애면서, 모든 것을 그것의 본질로부터 똑같이 상상하며 "보는" 원초적 세계와 관계 맺는 것을 의미한다. 그래서 젖은 정신적 세계관으로 가는 길이다. 젖으로 가는 이 길은 세넥스와 뿌에르 체계의 추상 속으로 들어가지 않고, 우리 혀가 금방 맛을 느끼는 것처럼 직접적이다. 이 길은 모든 사람들에게 최초의 음식이 그랬듯이 우리 모두를 인간으로 관계시킨다. 그것은 우리를 인간 본성의 핵과 이어주기 때문이다. 젖은 정신의 영역의 문을 열거나 요엘[17]이 약속했고, 오순절 날 베드로[18]가 다시 말했던 "하느님의 나라"로 가는 문을 열어준다. 거기에서 모든 사람들은 나이에 관계없이 "너희 아들들과 딸들은 예언을 하고, 늙은이들은 꿈을 꿀 것이며, 젊은이들은 환상을 볼 것이다."

마지막으로 젖은 우리가 "기억하기를" 바라는 세계와의 본래적인 관계와 계속적인 갈증을 "나타낸다." 본래적인 것에 대한 기억을 통하여 기억은 역사로부터 정화된다. 늙은 크로노스와 젊은 신의 황금기가 이미지로 돌아올 수 있는 것이다. 그러므로 역사는 정신이 원초적인 것과 관계를 맺는 것을 통하여 원형적 기억의 딸인 클리오(Clio, 그리스 신화에서 뮤즈의 하나로 역사의 신 – 역자 주)를 받아들임으로써 구원받게 되고, 역사는 정신적으로 의미 깊은 것을 경축하게 한다. 우리는 그 왕국에 대한 갈증 안에서 뿌에르도 아니고 세넥스도 아니고, 다만 그것들이 나누어지기 전 "도(道)의 가슴에서 젖을 빨고 있었다."[19] 그리고 원초적 이미지는 본질과 같고, 상상력은 물리적인 것처럼 맛이 있다. 달콤하다는 것과 자비와 지혜는 같은 것이고, 모든 앎과 지식은 비–역사적 인식인 "아하" 체험으로부터 온다는 사실을 배운다. 젖이 가르쳐주는 이런 깨달음은 구원 받은 모성–콤플렉스를 반영하는데, 그것은 예언자, 시인, 신비가, 메시아, 왕, 어린이, 문화, 영웅, 사제, 현인(賢人)들이 전해주는 비밀이다. 그런데 이것들은 원형적 형태의 살아 있는 이미지들이고, 양극으로 나누어지지 않은 양가적 상들이며, 비교종교학에서는 그들에게는 젖이 필요하다고 말한다.

***

젖의 길이 우리를 겸손하게 과거로 내려가 우리 본성과 만나게 하고, 우리의 분열을 치료하며, 분열된 것들을 정화시켜서 우주에 있는 은하수로 이끌듯이 원숭이도 마찬가지이다. 그러면 다시 화가들이 원숭이에 대해서 그린 신화적 이미지에 대해서 확충해 보자.

융은 1930년대에 파블로 피카소가 인간의 정신에 있는 고대의 지하계적 세력을 그림으로 그리는 것을 지켜보았다. 디오니소스의 색조를 한 어릿광대나 익살꾼 같은 이 어두운 세력은 입문식의 동굴 안으로 내려가는 길을 따라갔다. 융이 지켜본 이래 세넥스-와-뿌에르가 같이 존재하는 피카소가 나이를 먹어감에 따라서 그의 작품에는 유인원이 계속해서 나타났다.

사회주의 계열의 비평가들은 피카소가 나이를 먹으면서 역사적인 메시지를 말하지 않고, 그의 캔버스도 렘브란트와 티티안처럼 달라지지 않으면서 점점 더 비어간다고 불평하였다. 그러나 그 유인원(ape)은 그의 익살의 표현이며, "추악한 노인"의 추함과 감각을 나타내는 자기-계시적인 것이었다. 융은 피카소의 작품에 나타난 유인원의 의미를 예견하고, 이렇게 말하였다: "인류의 정신사를 추적하면, 인류는 피의 기억을 일깨우면서 전인(全人)을 회복하려는 것을 볼 수 있다."[20]

피에 대한 기억과 사람 속에 야수를 복원시키는 것은 위험한 것으로서 1930년대와 1940년대에 행해졌다. 그래서 그것이 어떻게 이루어지느냐, 그것이 인류를 위한 것이냐 아니면 동물을 위한 것이냐 하는 것은 결코 작은 문제가 아니다. 내가 이 젖을 내 안에 넣을 것인가 아니면 젖이 나를 녹여버리게 할 것인가 하는 것이 문제인 것이다. 아담을 떠올리고, 아담에 대해서 깨달으면 피에 대한 기억은 그를 다시 살아나게 할 것이다. 그래서 피에 대한 기억은 젖에 대한 기억과 같은데, 역사보다 앞에 있는 그 메시지, 그 원초적 이미지에 대한 기억은 초역사적인 유인원과 합쳐진다. 왜냐하면 탈무드와 다른 유럽의 전설에서는 최초의 인간으로서 전인(全人)이었고, 신에게는 뿌에르이지만 인류에게는 세넥스가 되는 아담은 본래 원숭이처럼 꼬리가 달려 있었다고 말한다. 융과 호일(Hoyle)은 이 책들의 앞부분에서 사람들이 카이로스(kairos)라고 하는 말은 "본질적으로 원시적인 피조물"[21]과 관계되는 사건을 말하는 것이고, 종교사에서 신의 모습이 변하는 것 — 하인리히 침머는 모든 신들은 인간의 내면에 있다고 말한다—

은 "우리 안에 있는 무의식적인 인간이 변한다는 표현"[22]이라고 주장하였다. 그러면 "본질적으로 원시적인 피조물"과 "우리 안에 있는 무의식적 인간"은 원숭이라는 말인가? "신이 죽었다면", 신은 어떤 형태로 다시 태어날 것인가? 그렇지 않으면, 예이츠가 『재림』(再臨)에서 묻듯이 매와 매잡이가 떨어지고, 모든 것들이 떨어져나가고, 중심을 잡을 수 없을 때, " … 어떤 사나운 짐승이 결국 나타날 시간이 되지 않을까/그가 베들레헴을 향해서 몸을 구부정하게 서서 태어나지 않을까?" 하고 묻지 않을 수 없다.

심리학자들이 제일 좋아하는 헤라클리투스는 "가장 아름다운 유인원도 사람과 비교하면 추하듯이, 아무리 현명한 사람도 신과 비교하면 유인원에 불과하다"라고 말하였다.[23] 우리 인류는 유인원도 아니고, 천사도 아니며, 그 가운데 있다. 우리는 마지막과 시작이 만나려는 이 전환의 시간에 어떤 것이 뒤로 가는 길이고, 어떤 것이 앞으로 가는 길이라고 말할 수 있을까? 그렇지 않으면 그 두 길은 만날까? 아담에게 꼬리가 있었고, 아담이 신의 형상을 따라서 창조되어서 신을 닮았다면, 이 말은 우리에게 신의 형상(*Imago Dei*)이 어떤 것이라고 말하는 것일까? 그러므로 우리는 우리의 쌍둥이인 천사에 대한 개념을 다시 생각해보아야 한다. 그 문제에 대해서 융은 다음과 같이 말하였다.

> 차라투스투라는 원형이라서 신적인 특질을 가지고 있었으며, 그 사실은 그것이 언제나 동물에 기반을 두고 있었다는 말이 된다. 그러므로 신들은 동물로 상징화되었다. 심지어 성령도 새이고, 모든 고대의 신들과 외래의 신들은 동물이다. 노현자는 실제로 커다란 유인원이고, 그것이 그의 독특한 매력을 설명해준다. 유인원은 자연히 그 어느 동물이나 식물처럼 자연의 지혜를 가지고 있지만, 그 지혜가 자신에 대한 의식이 없는 존재에게 담겨 있기 때문에 지혜라고 할 만하지도 않다. 예를 들어서 말하자면, 반딧불이는 열을 내지 않으면서 빛을 내는 비밀을 알고 있다. 인간은 아무런 열 손실 없이 98%의 빛을 내는 방법을 알지 못하지만, 반딧불이는 그 비밀을 아는 것이다. 반딧불이가 그가 열 손실 없이 빛을 내는 비밀을 가지고 있다는 사실을 아는 존재로 변환될 수 있다면, 그 반딧불

이는 우리가 지금 아는 것보다 훨씬 더 큰 지식과 통찰을 가진 인간이 될 것이다. 그래서 그는 위대한 과학자가 되거나 우리가 가진 현재의 기술을 변환시키는 위대한 발명가가 될 것이다. 따라서 이 경우 차라투스트라인 노현자는 유인원의 지혜에 대한 의식(유인원의 지혜를 의식한 존재)이다. 그것은 자연의 지혜이고, 자연 자체이다. 그리고 자연이 그 자신에 대해서 의식한다면, 비일상적인 지식과 이해를 가진 우월한 존재가 될 것이다.[24]

이 자연적 지혜의 이미지에 인간의 그림자의 억압이 투사되었다. 우리가 빛을 향해서 올라갈 때 우리가 안에 묻어두거나 뒤에 던져버린 원시적 어둠은 원숭이와 많이 닮았다. 그래서 그 문턱에 있는 것 — 털이 많고, 당황하게 하며, 속이고, 너무 영리한 — 은 원숭이에 의해서 우리에게 전달된다.

그러나 원숭이에 관한 중국과 인도의 이야기들에서는 (손오공과 하누만) 원숭이에게 날개가 있고, 해, 바람, 하늘과 같이 산꼭대기에 사는 등 사람보다 높이 있다. 원숭이는 그의 이런 모든 연금술적 전환성 때문에 뿌에르를 연상시키고, 집단적 무의식의 민중적 수준에서 가장 생생하게 살아있는 땅이고, 농부이며, 원숭이 숭배와 예배는 여전히 마을들에 남아 있다. 그는 신이며, 신들의 조력자이다. 고대 이집트, 인도의 드라비다족, 남아프리카에서 원숭이는 현자이고, 시인, 학자, 현인으로서 사람보다 "위에" 있다. 위에 있는 원숭이와 아래 있는 원숭이에 대한 동일시는 중국의 고전적 이야기인 손오공에 나와 있다. 거기에서 손오공은 나쁜짓을 저지르는 경향이 많지만, 두번이나 죽지 않는다. 또한 그는 고기를 좋아하고, 술을 좋아하지만 이야기의 끝에서 부처가 된다. 중국의 점성술에서 원숭이는 서양 점성술에서 궁수 자리에 해당하는 아홉번째 자리에 있다. 한쪽 끝에는 야수와 동물이 있고, 다른쪽에는 영웅의 가정교사와 음악과 의학의 아버지가 있다.[25]

서양 문화의 주류에서 원숭이는 부정적인 것들과 연결되었다. 유태인들에게는 이집트적 어둠의 이미지였고,[26] 고대 그리스에서 원숭이는 흉하고, 비합리적이었으며, 기독교인들에게 "원숭이"라는 별명은 이방인, 이교도, 신성모독자, 불신앙자 등 그리스도의 원수들에게 붙여졌다.[27] 또한 로마에서도 일찍부터 꿈에서 원숭이가 나오면, 불길한 징조이거나 광기의 전조일 수 있었다. 서양 문화에서 원숭이는 적어도 13세기까지 주로 악마의 상으로 여겨졌다. 원숭이는 사람이 신을 흉내내듯이, 교만하게 사람 흉내를 낸다. 그는 "오직 인간적인 것"들을 그에게 끌어모은다. 중세 시대에 사과를 가지고 있는 원숭이는 죄의 열매를 탐하는 유혹자 이브였고, 르네상스 시대에는 디오니소스가 포도주와 미각과 춤, 음악이 주는 쾌락을 좋아했기 때문에 디오니소스를 나타냈다.[28] 유인원은 죄인인데, 세계의 다른 곳에서도 같은 말을 한다.[29] 원숭이는 한때 사람이었다(사람이 한때 천사였듯이). 그런데 원숭이는 사람을 저주하고, "죄에 빠지기 쉬운" 사람으로 전락하였다: 어리석음, 허영, 게으름, 인색, 멍청함, 관능적, 호기심, 위선, 타락 등과 같은 쾌락원리의 "매우 다양한 도착"에 빠지기 쉬운데, 오늘날에도 원숭이는 꿈에서 종종 그런 것들을 나타낸다. 우화 해석자는 오르페우스도 원숭이가 그의 앞에 앉아서 자신의 악기를 연주하지만 그를 매료시키지 못하고, 그것이 그의 악마성의 증거가 된다고 말한다. 원숭이는 그의 주된 목소리를 잃지 않고 자신의 음악을 연주하기 때문에 오르페우스의 더 높은 수준의 질서에 굴복하지 않을 것이다. 유태인의 전설에 따르면, 우리가 술에 취하면 우리 안에 있는 원숭이가 나온다: "그때 사람은 원숭이처럼 행동한다. 춤추고, 노래하며, 음담패설 하지만, 자기가 무엇을 하는지도 모른다."[30]

그는 그가 무엇을 하는지 모른다. 이성을 잃었고, 의식이 가려졌다. 이것은 자연 지혜의 수준의 저하인가? 아니면 광기인가? 이 그림자 속에는 우리가 우리에게서 나오는 빛 때문에 눈이 부셔서 보지 못하는 빛이 있기는 한 것인가? 그리고 우리의 빛은—그것은 빛인가 아니면 어둠인가? 지혜인가 아니면 광기인가? 원숭이는 거기에 대해서 무엇이라고 말할까? 노인과 소년은 원숭이 안에서 합쳐지는데, 그들은 원숭이의 속임수와 사기, 허영에서 똑같고, 그들의 어리석음과 소리없는 절망에 있어서 똑같다: 어리석은 노인과 어리석은 꼬마, 더러운 노인과 더러운 꼬마, 게걸스러운 노인과 게걸스러운 꼬마에 있어서 똑같다. 헤라클리투스가 말한 "신에 대한 인간의 관계는 인간에 대한 유인원의 관계와 같다"는 공식은 다르게 말해서 "사람은 유인원에게 하듯이 신에게 한다"는 말로 바뀔 것이다. 위와 아래가 하나이기 때문에 타락한 인간이 그의 본래적인 신과 비슷한 모습으로 회복되려면 먼저 그의 안에 있는 타락한 유인원과 재결합해야 한다. 그래서 두번째 아담으로 부활하려면 첫 번째 아담이 복원돼야 한다. 신과 닮은 모습인 꼬리가 달린 이 이미지는 신성의 조용하고, 절망적인 모습이기 때문이다.

    우리는 우리의 죄를 담은 신성의 타락한 측면에 많은 신세를 지고 있다. 우리 안에 있는 선사인(先史人)의 깊은 그림자, 우리의 기묘한 모습들은 시간의 영향을 받지 않고, 세넥스와 뿌에르의 극 안에 분열되지 않은 채 들어있으며, 어리석으면서도 현명하다. 그에게 어떤 일이 일어날 것인가는 카이로스에 달려 있다. 우리의 행운이 부분적으로 그의 손에 달려 있다면, 그는 틀림없이 부분적으로 우리의 수호천사일 것이다. 그래서 우리는 그에게 도움을 청해야 한다. 우리의 아픈 의식은 생리학자인 플리니의 전승(傳承)에 나오는 "병든 사자"의 상징과 비슷하다. 원숭이들을 먹는 것이 "왕"을 치료하는 길이다.

    우리의 위와 아래에 동시에 있는 원숭이는 우리를 그림자의 본질적 양가성 속에 깊이 빠지게 한다. 우리의 가치들은 위와 아래가 뒤바뀌었는데, 그것은 신들의 모습이 변한 것과 똑같다. (우리는 처음에 이 책에서 우리가 지금 처한 역사적 상황은 신들이 변하는 시점이라는 융의 말을 인용하지 않았는가?) 그것은 아마 원형적 그림자의 카이로스인 듯하다. 그러나 우리는 그림자의 자리에 들어감으로써 뿌에르와 세넥스 사이의 분열을 치료하고, 그림자가 서로 투사하는 것을 치료할 수 있다. 우리가 아직 회복되지 않은 채 우리의 문화에 자리 잡고 있는 아래 있는 유인원들의 곁을 떠나면, 우리는 그들에게 그들이 손에 들고 있는 상징들을—그들 역시 우리가 잃어버린 인간성의 일부이다—맡기고 가는 셈이 된다. 우리가 신화나 전설에서 보는 춤추고, 노래하는 원숭이들은 우리를 위해서 공연하는 것임에 틀림없다. 거기에서 다시 연주되지 않고, 버려진 채 있는 악기들과 유인원-음악은 사회적 불화에서 나는 소리이고, 그림자의 반란이 아닐까? 새로운 세대는 새로운 노래를 가지고 온다.[31] 그러나 뿌에르-세넥스의 분열은 우리가 그 노래들을 제대로 듣지 못하게 하고, 우리는 내면의 가장 깊은 수준에서 일어나는 소리와 움직임의 변화를 놓치고 만다. 이 가장 깊은 수준은 정신양(精神樣, psychoïd, 융은 원형이 단순히 정신적인 것만이 아니라 신체기관처럼 실제로 존재하는 것이기도 하다는 의미에서 정신양이라고도 불렀다-역자 주)이기 때문에 "더 높은" 측면도 가지고 있으며, 본능에서 나오는 노래와 상황에서 나오는 노래는 조화를 이룰 수 있다. 디오니소스가 좋아했던 포도와 실락원의 사과는 단지 도덕적 과오만은 아니다. 거기에는 손오공이 먹어서 그에게 불멸을 가져다 준 "더 높은" 측면도 담겨 있다. 오랫동안 원숭이를 그린 그림에서 원숭이가 들고 있는 거울은 단지 허영과 모방만 의미하지 않는다. 거기에도 "더 높은" 차원이 있을 것이다. 사람들이 나중에 자기-의식에 이르려면, 처음에는 자기-몰두를 하게 된다. "사람들이 어떻게 볼까?" 하는데 대한 흥미, 자신의 나쁜 버릇이라는 어리석은 가죽옷을 입은 겉으로 드러난 모습은 결국 그에게 자신의 내면을 들여다보게 하고, 통찰이라는 거울을 준다. 그는 모방 본능을 통해서 깨달음에 이르게 되는 것이다. 모방은 원시적인 학습 방법이다. 그런데 모방은 치료의 방법이기도 하다. 사람들은 그들의 앞에서 행해지는 다른 사람들의 행동이 그들의 내면에 있는 신체적 실재를 비추고, 반향하는 것들을 모방하면서 거기에 본래적으로 있는 양가성을 상실하지 않고, 자신에 대한 의식에 이른다. 우리가 유인원처럼 어리석고, 말도 하지 않을 때, 우리는 다른 사람의 그림자와 만나면서 우리에게 양가성이 있다는 사실을 깨닫게 된다. 우리는 이런 것들을 가지고 하나가 되지만, 우리에게는 두 쌍이 있다. 그리고 우리는 바깥에 있는 것들의 반사를 받으면서 깨달음에 이르게 된다.

    융은 『개성화과정에 나오는 꿈의 상징』에서 유인원의 상위 측면과 하위 측면에 대해서 지적했는데, 그것은 처음 에라노스 학회에서 발표하였고, 나중에 『심리학과 연금술』에 더 확대하여 출판되었다. 일련의 꿈 속에서 처음 정사각형의 만달라가 나타났을 때, "긴 팔 원숭이가 재건되려고 한다."[32] 자아-의식을 뛰어넘어서, 우리보다 높이 있으며 동시에 아래 있는 본능적 수준에서 우리는 뒤쪽으로는 "동물적으로 고태적이고, 유아적이며", 앞쪽으로는 "신비한 최고의 인간"(mystical homo maximus)이 된다. 이렇게 말한 것은 융의 원형적 직관에서 나온 말로 아마 예언적인 말인 듯하다. 그 꿈에서 꿈꾼 이인 자아는 중심에 있지 않다. 긴팔 원숭이가 가운데서 재건되고 있다. 17세기 초의 또 다른 과학자, 로버트 플러드(R. Fludd)도 사람과 자연과 하늘의 관계를 말하면서 그가 그린 우주적 만달라의 중심에 유인원을 놓은 적이 있다.[33] 르네상스 전성기와 우리 시대의 고도로 과학화된 합리주의의 자아중심성(egocentricity)이 그에 대한 보상으로 유인원을 부른 것이다. 우리가 아무리 그런 상황을 극복하려고 노력하지만, 그의 긴 꼬리를 정신의 고태적인 층에 늘인 원숭이는 여전히 가운데 있는데, 그는 실제로 우리에게 우리가 이루어놓은 것들에 어떤 의미가 있는지 묻는 듯하다. 자아가 발달할수록, 그림자도 짙은 법이다. 모루스(Morus)는 이런 정신적이고-역사적인 사실에 대해서 다음과 같이 말하였고, 이아손에 대한 그의 작업은 이것을 확증해준다: "16세기부터 원숭이는 과학과 시문학 작품 모두의 전면에 등장하기 시작한다."[34]

중심에 있는 원숭이는 얼마나 기괴한 장면인가? 원숭이를 가운데 두고 산다는 것은 원숭이를 중심축에 놓고 다른 것들은 모두 문지방에 놓고 산다는 것인데, 그것은 언제나 원숭이의 음악을 들으면서 그의 어리석음과 무정부주의와 악덕을 가지고 산다는 것을 의미한다. 인간으로 산다는 것은 중심에 있는 하위-인간(sub-human)과 정신적 관계를 맺으면서 사는 것이다. 그것은 우리가 우리 내면에 있는 그림자-천사에 진실하고, 자연의 지혜이기도 한 우리 자신의 광기에도 진실하게 될 것을 요청하는데, 하위-인간은 무의식 상태에 있어서 아무 말도 하지 못한다. 이것은 우리 자신에 있는 "광기"에 전적으로 새로운 존경심을 가지고 다가가는 것을 의미한다. 우리 자신을 그를 중심으로 둘러서고, 우리 안에 그가 살 수 있는 공간을 마련해주는 것을 의미하는 것이다. 우리는 비합리적인 것을 미친 것이나 쓸데없는 것이라고 금지하지 않아야 한다. 비합리적인 것은 노현자의 본성에 속한 것이기 때문이다. 우리가 융이 앞에서 노현자라고 말한 지혜를 얻으려면, 우리는 먼저 지혜의 무의식적 측면—그것은 우리 안에 있는 유인원이다—과 만나야 한다. 우리가 그를 신뢰해야 그는 더 친근하게 되고, 우리의 인도자와 친구가 된다. 우리 가족처럼 되는 것이다. 그때 의식은 자아의 세넥스적 체계와 뿌에르의 역동을 벗어나는 문지방으로부터 나타난다. 이런 본성을 가진 의식은 "자연 그대로의 인간"(*homo naturalis*)의 경계에 있는 특질을 가지고 있다.

우리는 여기에서 19세기의 유산으로 일부 남아 있지만 우리의 종교적 견해에서 받아들이지 못한 신화적 사고에 의해서 재-통합될 수 있다. 니체도 거기에서 예와 아니오, 빛과 어둠, 선과 악이 뒤바뀌는 새로운 중심화를 요청하였다. 그가 주장한 초인(超人)은 세넥스적 문명에 대한 뿌에르적 반동 때문에 선악을 넘어서는 극단으로 치달았다. 하지만 원숭이 안에서 초인은 너무-인간적인 모습으로 돌아간다. 선과 악 사이에서 싸우는 낮은 자리로 돌아가는 것이다. 대극들은 선악의 문제의 원천이 되는 유인원에 이웃해 있는 양가적 긴장 안에 남아서 초월되지 못하고, 그 아래쪽에서 다시 합쳐진다. 따라서 다윈이 인간의 후손에 대해서 말한 비전(vision)은 다르게 읽혀야 한다. 그것은 생물학적 선언일 뿐만 아니라 신화적 선언이기 때문이다. 다윈은 인간이 자연의 지혜의 면에서 뛰어나고, 인간에게 꼬리가 나타내는 자연스러운 신적 측면을 가장 가까이에서 중개해주는 "천사"인 유인원보다 열등하다고 하였다. 그런데 다윈의 학설에 영향을 받은 프로이드는 19세기에 머물러 있다. 우리의 유인원적 자기는 유아성욕에서 나온 생물학적 이드이며, 사람들은 쾌락원리와 여러 가지 다양한 도착으로 시달리는 것이다. 프로이드의 관점은 아래 있는 유인원의 물질적 현상에서 떠난 적이 없다. 그래서 그는 유인원이 상위 측면도 가질 수 있다는 사실을 보지 못하였다. 더 위에 있는 이 측면은 그의 말에 신화적 짝을 가져다준다. 이드와 유아성욕은 자연의 지혜인 창조적 환상을 드러내는 살아있는 창고인 "천사의 메시지"라고 말한다. 이 환상-메시지들은 "말씀의 씨앗"이다. 다시 말해서 그것들은 유인원으로부터 나온 의식의 씨앗이 되는 기반인 것이다.

이제 우리의 마지막 논의를 위해서 개코 원숭이(baboon)와 토트(Thoth)로 돌아가보자. 각각의 메시지들은 자연의 빛이 우리의 빛보다 앞서 있는 것처럼, 그것이 전하는 말보다 앞에 있는 천사의 말이다. 그 의미는 그것을 담은 말보다 앞서는 것이다. 영혼을 더 높은 단계의 지식으로 안내하는 서기관이며 교사인 토트는 아마 피카소가 그린 유인원과 "중앙에 있는 긴팔 원숭이" 뒤에 있는 존재일 것이다. 토트의 함묵(含默)으로부터 말씀이 나온다. 자연의 언어는 말로 표현될 수 없고, 단지 기호인 것이다. 그의 문양 기호를 만들고, 그의 남근을 흔들면서 보여주는 말없는 원숭이는 개혁자이고, 새로운 질서의 수립자이며, 새로운 생산자이다. 그의 안에서 횡설수설과 가르침, 성(性)과 로고스, 노숙한 지혜와 헤르메스는 하나다. 그에게는 앞과 뒤가 없지만, 그는 그의 기록을 통해서 역사를 창조하는 서기관이다.[35]

세트와 호루스가 빛과 어둠을 나누면서 싸울 때, 토트는 세트가 세상 끝 언저리를 넘어서 어둠 속에 내던진 눈을 찾아서 그 눈을 재창조하고 있었다. (그러나 촛불을 밝혔음에도, 방구석은 뚫을 수 없는 흑암으로 뒤덮혔다. …). 원숭이가 재창조한 눈은 달의 눈(moon-eye)이다. 왼쪽 눈은 꿈을 꾸고, 세상을 마음으로 느끼는 눈이고,[36] 내면의 눈은 원초적인 젖의 길의 이미지를 찾아가는 눈이다. 그 눈들은 원형적 기호들과 동작들의 말없는 전-언어적 세계에 대한 시야와 기억을 되살려주는 눈들이다. 그래서 이집트력(曆)에서 첫 번째 달은 토트가 새로운 시작의 희미한 빛을 전해주기 때문에 토트에게 속해 있었다. 그리고 그의 별명이기도 한 "새벽의 개코 원숭이"는 새벽별을 숭배하는데, 그는 새벽별이기도 하며, 신과 닮은 우리의 늙은 유인원은 팔을 높이 들고 미명(微明)을 향해서 환호한다.

***

우리의 결론은 신화적 이미지로 양가적으로 끝난다. 우리에게 긴장이 아직 해소되지 않았기 때문이다. 우리는 먼지가 자욱한 세상의 부드러운 빛 안에서 모든 것들을 뚜렷하게 볼 수 없다. 지금은 아마 하루가 저물고, 어둠이 깔리는 시간인 듯하다. 곧 새벽별이 뜰 것이다. 그는 루시퍼인가? 그리고 유인원은 인간에게 타락한 천사인가? 가까이 다가온 계시이며, 재림은 베들레헴을 향해서 몸을 구부정하게 하고 있는 예이츠와 피카소의 거친 짐승일 것이다. 짐승은 다만 짐승일 뿐이다. 그래서 이 세상에는 지금 무정부주의적인 피로 얼룩진 물결이 흐르고, 해질녘에 더듬거리며 말하는 유인원들이 돌아다니며, 엄청난 권력들이 행사된다. 아마 신들을 닮으려는 듯하다. 이제 결국 어둠을 뚫고 새로운 통치가 시작되는 시간이 온 듯하다. 그렇지 않으면, 그 부드러운 빛은 새 천년의 여명(黎明), 해와 달이 같이 뜨고, 지혜와 자비가 함께 하는 여명인지도 모른다. 거기에서는 지혜와 광기가 서로를 축하하면서 얼싸안는다. 개코 원숭이가 전해주고, 우리에게 그것을 볼 수 있는 눈을 주는 완전히 새로운 종류의 날이 온 것이다.

이것이냐/저것이냐 가운데서 한 가지 사실은 분명하다. 우리는 "우리 안에 있고, 지금 변하고 있는 무의식적 인간"(융)인 유인원으로 내려갈 수 없으며, 우리의 주된 신과 의식에 갇혀 있고, 뿌에르-세넥스의 극성 때문에 긴장 가운데 있는 우리 자신의 개인성을 변환시키지 않고서는, 우리의 미래가 달려 있는 "본질적으로 원시적 피조물"(호일)을 변환시킬 수 없다. 개인은 이제 "무게가 더 나가는 추(錘)"가 되었다. 왜냐하면 전인의 회복, 즉 그가 새 날로 들어가려면 계속해서 몽롱한 상태를 받아들여야 하기 때문이다. 그는 매일 그의 명료한 상태를 조금 희생시키면서 그 자신을 부드럽게 하고, 그가 신들에게 훔친 것을 신에게 돌려주면서 그의 자아의 빛이 어두워졌다가 다시 정신을 차려야 한다.

우리는 뿌에르-세넥스의 분열이라는 역사적인 의미에서 시작도 끝도 없이 세대가 전환되는 것을 양가성 속에 남기는 것인지도 모른다. 신화와 자연에서 온 이런 이미지들은 가장 오래 되었지만 새로운 관계를 가리킨다. 우리가 인간으로서 자연적 의식이라는 신적인 빛에 의존하는 것을 가리키는 것이다. 이 부드러운 빛은 언제나 밝아오는 문지방에 있으며, 젖처럼 신선한 전-의식인데, 그것은 여전히 원초적인 무정부 상태를 향하여 질주한다. 그러나 각 개인 안에서는 자연의 빛이 무의식적 정신에서 떠오른다.

| 주석

논문 "Senex and Puer: An Aspect of the Historical and Psychological Present."의 마지막 부분에서 발췌한 것이다.

1. E. Harris, "A Caritas Romana by Murillo," J. Warburg Courtauld Institute 27 (1964), 337ff.
2. 복사해서 만든 사진은 ARAS Archive, C. G. Jung-Institut에 있다. Cf. *Aurora Consurgens*, (토마스 아퀴나스의 저작이라고 알려진다. M.-L. von Franz, (New York: Pantheon, 1966)가 편집하고 주석, 59 (milk), 28-29.
3. H. M. Barrett, *Boethius* (Cambridge, Mass.: Cambridge University Press, 1940).
4. Ibid., 77ff.
5. M. Ruland (The Elder), *A Lexicon of Alchemy*, trans. A. E. Waite (London: Watkins, 1964), 221-22.
6. Peter Bonus (of Ferrara), *The New Pearl of Great Price* (London: Stuart, 1963), 278-79.
7. "Exercitationes in Turbam XV;" cf. Aurora consurgens, 264.
8. *The Song of Solomon*, 7: 13-14.

9   Cf. *Aurora consurgens*, 381, 106n.

10 CW 14: 385; CW 10: 579.

11 CW 16: 539.

12 Wingtsit Chan, *The Way of Lao Tzu* (Tao-te ching) (Indianapolis: Bobbs-Merrill, 1963), 10, 21, 28, 55; 36, 43, 76, 78

13 Cf. "Oedipus Revisited," in *Oedipus Variations: Studies in Literature and Psychoanalysis*. With essays by K. Kerényi. (Dallas: Spring Publications, 1991).

14 *Zohar* 2:122b-123a. Quoted in G. Scholem, *The Mystical Shape of the Godhead*, trans. Joachim Neugroschel (New York: Schocken Books, 1991), 53.

15 H. Corbin, "Imagination créatrice et prière créatrice dans le soufisme d'Ibn Arabî," *Eranos Yearbook* 25 (1956), 178-79 [*Creative Imagination in the Sufism of Ibn Arabî*, trans. R. Manheim (Princeton University Press, 1969)].

16 W. Shakespeare, *The Tempest*, 4.1.

17 Joel 2: 28.

18 Acts 2: 17.

19 *Tao-te ching*, 20.

20 C. G. Jung, "Picasso," CW 15: 213. Cf. E. Neumann, "Der schöpferische Mensch und die 'grosse Erfahrung,' *Eranos Yearbook* 25 (1956), 31.

21 Midrash Rabbah, *Genesis* XIV, 10 (Cf. H. W. Janson, *Apes and Ape Lore in the Middle Ages and the Renaissance* [London: Warburg Institute, 1952], 135); Jung, CW 14: 589, 602.

22 H. Zimmer, "Zur Bedeutung des indischen Tantra-Yoga,"

Eranos Yearbook 1 (1933), 52-55.

23 Heraclitus, *Frag.* 98-99 (J. Burnet, *Early Greek Philosophy*, 4th ed. [London: Black, 1948]); Plato, *Hippias Major*, 289a-b; Plotinus, *Enneads* VI, 3, 11.

24 C. G. Jung, Seminar Report on Nietzsche's *Zarathustra*, X, 51ff. (허락을 받고 개인적으로 복사하였다). Psychological Analysis of Nietzsche's *Zarathustra* 라는 제목의 융 세미나 (Zurich, Winter 1935), ed. M. Foote (Zurich: 1934-39).

25 E. T. C. Werner, *Myths and Legends of China* (London: Harrap, 1922); J. Bredon and I. Mitrophanow, *Das Mondjahr* (Wien: P. Zsolnay, 1953); A. Waley (trans.), *Monkey by Wu Ch'engen* (London: Allen/Unwin, 1942, 1965).

26 J. Hastings, *Encyclopaedia of Religion and Ethics* 11 (Edinburgh: Clark, 1909, 1953), 486a.

27 J. Gonda, *Die Religionen Indiens* I (Stuttgart: Kohlhammer, 1960), 316.

28 W. C. M. Dermott, *The Ape in Antiquity* (Baltimore: Johns Hopkins University, 1938); Janson, op. cit. sup.; L. Hopf, *Thierorakel und Orakelthiere in alter und neuer Zeit* (Stuttgart: Kohlhammer, 1888).

29 V. Elwin, *Myths of Middle India* (Madras: O. U.P., 1949), 226.

30 L. Ginzberg, *The Legends of the Jews* I (Philadelphia: Jewish Publ. Soc., 1961), Vol. I, 168; cf. R. Riegler, *Das Tier im Spiegel der Sprache* (Dresden/ Leipzig: C. A. Kochs, 1907), 8.

31 P. Ammann, "Musik und Melancholie bei Marsilio Ficino," diss., C. G. Jung Institut, 1965.

32 C. G. Jung, "Traumsymbole des Individuationsprozesses.

Ein Beitrag zur Kenntnis der in den Träumen sich kundgebenden Vorgänge des Unbewussten," *Eranos Yearbook* 3 (1935); CW 12: 164ff.

33 F. A. Yates, *Giordano Bruno and the Hermetic Tradition* (London: Routledge, 1964), pl. 10, "Nature and Art.", Robert Fludd, *Utriusque cosmihistoria*, I, 3.

34 Morus (R. Lewinsohn), *Animals, Men and Myths* (London: Gollancz, 1954), 199.

35 R. T. Rundle Clark, *Myth and Symbol in Ancient Egypt* (London: Thames & Hudson, 1959), 254 ; H. Bailey, *The Lost Language of Symbolism* I (London: Benn, 1912, 1957), 69 ; *The Hieroglyphics of Horapollo*, trans. G. Boas (New York: Pantheon, 1950), 66-70.

36 A. R. Pope, "The Eros Aspect of the Eye (The Left Eye)," diss. (C. G. Jung Institut, 1960).

부록 1

(원전은 1967년 뿌에르와 세넥스에 대한 에라노스 학회의 개막 강연에서 이루어졌다.)

지난 여름에 있었던 에라노스 강연과 1967년의 이 모임 사이에 우리는 20세기의 마지막 삼분의 일로 넘어 왔습니다. 이런 종류의 시간은 시계와 달력의 양적 시간이 아니라 환상적 시간에 속합니다. 그래서 우리는 이런 전환이 이루어질 때 시간을 잘 가리킬 수 없습니다. "시간"은 합리적으로 측정되는 것이 아니라 자의적이고 환상적인 요소에 속해 있기 때문입니다. 달력이 변할 때 시간에 어떤 일이 생기고, 이 세기가 시작될 때나 1세기가 시작될 때, 또는 역사적 예수가 태어날 때 그와 함께 우리가 사는 시대의 "시간"에 어떤 일이 생겼는가 하는 환상적 요소에 속하는 것입니다.

이런 모호함이 있지만, 우리는 이제 한 세대만 지나면 21세기에 진입하게 됩니다. 우리는 19세기에 있는 것보다 시계와 달력으로 측정할 수 있는 시간으로 21세기에 더 가까이 있습니다. 또한 우리는 측정할 수 있는 시간으로 볼 때, 19세기 초에 살던 사람들보다 22세기에 사는 사람들에게 더 가까이 있습니다. 나폴레옹(1821), 바이런(1832), 제퍼슨(1826), 베토벤(1827), 헤겔(1831), 괴테(1832) 등은 2100년대에 존재할 모르는 사람들보다 우리에게 더 멉니다.

우리 세기의 마지막 세번째는 이 천년기(millennium)의 마지막 30번째에 해당합니다. 우리는 점성술의 달력으로 볼 때 60번째 에온인 기독교 시대를 나타내는 물고기 자리의 시대에 살고 있습니다. 기간(期間)의 신화에서 우리의 역사적 방향은 그렇게 되는 것입니다. 이 에온에서 우리 뒤에는 59세대가 있습니다. 한 세대는 우리 앞에 있습니다. 그것은 마지막, 끝을 맺는 하나인데, 우리를 다음 천년기인 물병(Aquarius)의 시대로 데려가는 전환의 세대입니다. 한 세대에서 일어나는 천년기의 전환은 이 시기가 시작될 때 오직 한 세대만 살았던 그 건립자들에 의해서 일어났던 신들의 변모(變貌)에 같은 반향(反響)을 일으킬 것입니다. 세넥스-뿌에르의 양극성은 우리가 지금 살고있는 이 역사적 상황에 의해서 주어집니다.

부록 2

이 점을 좀 더 명료하게 하기 위해서 우리는 레오나르도 다 빈치에게 돌아가자. 그의 초기에 있었던 기억 가운데 중요한 기억(프로이드와 노이만[1]이 기록하였듯이)은 그가 요람에 있을 때 실제로 새가 그에게 내려왔다는 것이다. 레오나르도는 그의 할머니와 차례 대로 두 명의 의붓 어머니와 살았고, 친모는 다시 결혼하여, 레오나르도의 삶에서 사라졌다. 레오나르도는 그것이 어린 시절의 실제 기억이라고 말했는데, 니비오(nibio)가 그의 꼬리로 그의 입을 열고, 입술을 여러 차례 건드렸다고 자세하게 말하는 환상을 가지고 있었다. 그 새는 프로이드와 노이만이 말했듯이 독수리가 아니었다. 노이만은 니비오가 독수리가 아니라고 하면서 프로이드의 오류를 바로잡고 있음에도 불구하고, 프로이드를 따라서 레오나르도에게 모성-콤플렉스가 있었다고 분석하기 위하여 그 오역(誤譯)을 상징적으로 교정하면서 그런 입장을 유지하고 있다.[2]

그러나 사실은 그렇지 않다. 레오나르도의 환상 속에 나타났던 새는 매(hawk)의 친척으로, 매처럼 falconidae 속(屬)에 속하는 이종(異種)인 솔개(kite)였다. (매는 광범위한 용어이고, 솔개는 매의 이종이다). 우리가 지금 여기에서 말하는 것은 프로이드가 독수리＝어머니라고 그의 상징적 방정식으로 설명하려고 이집트 설화에서 제일 잘 확충될 수 있는 상징을 찾아서 말한 것을 지적하는 것이다. 그러나 그 방정식은 이제 매, 솔개, 송골매(falcon) ＝ 호루스 ＝ 뿌에르라는 방정식이 되어야 한다. 해를 향해서 올라갔던 매는 왕들의 대관식 때 왕들 위로 내려왔고, 영-영혼(ka)이며, 다른 일련의 맥락에서 특별히 뿌에르의 상징이었기 때문이다.[3]

이 새가 특히 뿌에르의 의미를 담고 있기 때문에 프로이드와 노이만이 그의 천재성의 기반으로 삼는 그의 "이중의 어머니 주제"(dual mother theme)는 오히려 뿌에르 원형이 마치 솔개가 갑자기 나타나듯이 그의 삶의 초기에 개입해서 생긴 어머니와의 관계의 불연속성에서 기인하는 것이라고 수정되어야 하고, 레오나르도가 그것을 인상적으로 기억하고 있다고 이해되어야 한다. (나는 그의 전기적 자료들을 니비오의 개입이 그의 많은 어머니들 가운데 두 어머니 사이의 정확하게 어떤 시기에 이루어졌는지를 말할 수 있을 만큼 충분히 조사하지는 못하였다. 그러나 나는 불연속성이 다음 두 가지 요소들 만큼 문자 그대로 그렇게 중요하다고는 생각하지 않는다: 뿌에르 원형의 개입과 어머니들 안에서의 불연속성).

그러므로 그에게 있었다고 알려진 채식주의와 동성애는 물론 비행(飛行)에 대한 레오나르도의 흥미, 새들에 대한 그의 사랑의 배경에는 "독수리"보다는 "매"가 있었을 것 같고, 그렇기 때문에 모성-콤플렉스보다는 뿌에르 현상의 일부라고 파악되어야 할 것 같다. 영어에서 다양하게 사용되는 "연"(鳶)이라는 단어에는 뿌에르라는 의미가 많이 담겨 있다. 연은 하늘을 날고, 삼각형이며, 틀이 가벼운 장난감이며, 작은 소년들이 매우 좋아한다. 그리고 연은 "다른 연들을 잡아먹으려고 한다." 또한 연은 가벼운 바람에 출항하는 가장 높이 나는 배를 가리키기도 한다.

더 나아가서 레오나르도의 "사례"는 일반적으로는 원형심리학, 특별하게는 천재의 심리학 모두에서 전형적인 사례인 듯하다. 사람들은 어떤 이미지의 진정한 의미를 무시하면서 (이 사례에서는 매-송골매-솔개) 어떤 사람의 삶에서 중요한 사건을 원형적으로 잘못 배열하면서 그릇된 속성을 부여할 수 있다. 그러면 그 천재는 그의 정신과 이른 시기의 부름이라는 견지에서 올바르게 관찰되지 못하고, 어머니 운명의 특이성에서 비롯된 것으로 귀착된다. 독수리인가-아니면-솔개인가 하는 논쟁이 어머니와 뿌에르 사이의 관점의 갈등을 나타내기 때문에 우리는 정신분석학이 일찍이 모성원형을 강조했던 것이 얼마나 중요하고, 그 결과 얼마나 사실을 잘못 보게 하며, 이제 겨우 재평가가 이루어지기 시작하는 뿌에르 개념을 억압하는지 알 수 있다. 우리가 디오니소스와 레오나르도의 사례에서 이끌어낸 가르침은 사물을 보는 것은 우리의 관점에 의해서 결정되고, 그것은 다시 우리가 어디에 서있느냐 하는 것에 의해서 결정된다는 사실을 알려준다.

이 책의 제4장 "태모와 그의 아들과 그의 영웅 및 뿌에르" 제6절에서 일부분 언급하였다.

| 주석

1 S. Freud, "Leonardo da Vinci and a Memory of His Childhood," in SE 11; E. Neumann, "Leonardo and the Mother Archetype" in *Art and the Creative Unconscious*, trans. R. Manheim, Bollingen Series (New York: Pantheon, 1959).

2 Neumann, "Leonardo," 14: "레오나르도가 어린 시절의 환상을 통해서 보았던 것은 그것이 가슴-어머니, 남근-아버지와 창조적으로 꼬리를 물고 이어지는 것으로 미루어 볼 때 원형적 관계의 배경과 달리 상징적으로 '독수리'라고 해야 한다. 아무리 레오나르도가 그것을 '니비오'(nibio)라고 해도 마찬가지다... (다시 말해서, 독수리 = 어머니의 상징적 일치인 것이다"[7].)

오스카 피스터(O.Pfister)는 성 안나가 성모와 어린 예수와 같이 있으며 마리아의 파란 옷이 드리워 있고, 그 사람들이 함께 있는 레오나르도의 그림에서 이 독수리를 "보았다". 융도 그 그림에서 독수리를 보았으며, 1909년 6월 17일 프로이드에게 보낸 편지에서 그는 피스터와 다른 자리에서 독수리(독일어로 Geier)를 보았다고 썼다. 융의 독수리는 그의 "부리를 음부(陰部)에 두고" 있는 것이다.

프로이드 전집을 편집한 스트레취(Strachey)는 감추어진 독수리라는 생각은 레오나르도가 정말 보았던 새인 솔개-매-송골매라는 빛에서 포기되어야 한다고 말하였다. 그러나 노이만은 여기에 대해서 피스터, 프로이드는 물론 레오나르도에게서도 "태모의 상징적 이미지는 '솔개'(SE 11: 64-66)라는 실제 이미지보다 더 그럴 듯하게 입증된다"고 주장하였다. 태모의 원형적 이미지의 힘이 이 모든 언급자의 정신분석적 해석에 지배적으로 작용하는 것이다. 그러나 그것이 레오나르도에게도 똑같이 지배적으로 작용하지는 않을 것이다.

독수리-솔개의 혼돈에 기반을 둔 레오나르도에 대한 프로이드의 논문을 간결하게 정리한 것을 위해서는 D. E. Stannard, *Shrinking History: On Freud and the Failure of Psychohistory* (New York: Oxford University Press, 1980), 5-21을 참조하시오.

3 이 책의 5장 "수직성에 대한 고찰: 창조, 초월, 야심, 발기, 팽창"에서 이 주제를 더 확장하였다.

약어

CW = *Collected Works of C. G. Jung*, trans. R. F. C. Hull, 20 vols. (Princeton, N.J.: Princeton University Press, 1953-79), 다른 언급이 없으면 문단 숫자를 표기하였다.

SE = *The Standard Edition of the Complete Psychological Works of Sigmund Freud*, ed. J. Strachey, 24 vols. (London: The Hogarth Press and the Institute of Psycho-Analysis, 1953-74).

UE = *The Uniform Edition of the Writings of James Hillman* (Putnam, Conn.: Spring Publications, 2004 -).